Petrarch Commentary and Exegesis in
Renaissance Italy and Beyond

Materiality, Paratexts and Interpretative Strategies

LEGENDA

LEGENDA is the Modern Humanities Research Association's book imprint for new research in the Humanities. Founded in 1995 by Malcolm Bowie and others within the University of Oxford, Legenda has always been a collaborative publishing enterprise, directly governed by scholars. The Modern Humanities Research Association (MHRA) joined this collaboration in 1998, became half-owner in 2004, in partnership with Maney Publishing and then Routledge, and has since 2016 been sole owner. Titles range from medieval texts to contemporary cinema and form a widely comparative view of the modern humanities, including works on Arabic, Catalan, English, French, German, Greek, Italian, Portuguese, Russian, Spanish, and Yiddish literature. Editorial boards and committees of more than 60 leading academic specialists work in collaboration with bodies such as the Society for French Studies, the British Comparative Literature Association and the Association of Hispanists of Great Britain & Ireland.

The MHRA encourages and promotes advanced study and research in the field of the modern humanities, especially modern European languages and literature, including English, and also cinema. It aims to break down the barriers between scholars working in different disciplines and to maintain the unity of humanistic scholarship. The Association fulfils this purpose through the publication of journals, bibliographies, monographs, critical editions, and the MHRA Style Guide, and by making grants in support of research. Membership is open to all who work in the Humanities, whether independent or in a University post, and the participation of younger colleagues entering the field is especially welcomed.

ALSO PUBLISHED BY THE ASSOCIATION

Critical Texts
Tudor and Stuart Translations • New Translations • European Translations
MHRA Library of Medieval Welsh Literature

MHRA Bibliographies
Publications of the Modern Humanities Research Association

The Annual Bibliography of English Language & Literature
Austrian Studies
Modern Language Review
Portuguese Studies
The Slavonic and East European Review
Working Papers in the Humanities
The Yearbook of English Studies

www.mhra.org.uk
www.legendabooks.com

ITALIAN PERSPECTIVES

Editorial Committee
Professor Simon Gilson, University of Oxford (General Editor)
Professor Francesca Billiani, University of Manchester
Professor Manuele Gragnolati, Université Paris-Sorbonne
Professor Catherine Keen, University College London
Professor Martin McLaughlin, Magdalen College, Oxford

Founding Editors
Professor Zygmunt Barański and Professor Anna Laura Lepschy

In the light of growing academic interest in Italy and the reorganization of many university courses in Italian along interdisciplinary lines, this book series, founded by Maney Publishing under the imprint of the Northern Universities Press and now continuing under the Legenda imprint, aims to bring together different scholarly perspectives on Italy and its culture. *Italian Perspectives* publishes books and collections of essays on any period of Italian literature, language, history, culture, politics, art, and media, as well as studies which take an interdisciplinary approach and are methodologically innovative.

APPEARING IN THIS SERIES

20. *Ugo Foscolo and English Culture*, by Sandra Parmegiani
21. *The Printed Media in Fin-de-siècle Italy: Publishers, Writers, and Readers*, ed. by Ann Hallamore Caesar, Gabriella Romani, and Jennifer Burns
22. *Giraffes in the Garden of Italian Literature: Modernist Embodiment in Italo Svevo, Federigo Tozzi and Carlo Emilio Gadda*, by Deborah Amberson
23. *Remembering Aldo Moro: The Cultural Legacy of the 1978 Kidnapping and Murder*, ed. by Ruth Glynn and Giancarlo Lombardi
24. *Disrupted Narratives: Illness, Silence and Identity in Svevo, Pressburger and Morandini*, by Emma Bond
25. *Dante and Epicurus: A Dualistic Vision of Secular and Spiritual Fulfilment*, by George Corbett
26. *Edoardo Sanguineti: Literature, Ideology and the Avant-Garde*, ed. by Paolo Chirumbolo and John Picchione
27. *The Tradition of the Actor-Author in Italian Theatre*, ed. by Donatella Fischer
28. *Leopardi's Nymphs: Grace, Melancholy, and the Uncanny*, by Fabio A. Camilletti
29. *Gadda and Beckett: Storytelling, Subjectivity and Fracture*, by Katrin Wehling-Giorgi
30. *Caravaggio in Film and Literature: Popular Culture's Appropriation of a Baroque Genius*, by Laura Rorato
31. *The Italian Academies 1525-1700: Networks of Culture, Innovation and Dissent*, ed. by Jane E. Everson, Denis V. Reidy and Lisa Sampson
32. *Rome Eternal: The City As Fatherland*, by Guy Lanoue
33. *The Somali Within: Language, Race and Belonging in 'Minor' Italian Literature*, by Simone Brioni
34. *Laughter from Realism to Modernism: Misfits and Humorists in Pirandello, Svevo, Palazzeschi, and Gadda*, by Alberto Godioli
35. *Pasolini after Dante: The 'Divine Mimesis' and the Politics of Representation*, by Emanuela Patti

Managing Editor
Dr Graham Nelson, 41 Wellington Square, Oxford OX1 2JF, UK
www.legendabooks.com

Petrarch Commentary and Exegesis in Renaissance Italy and Beyond

Materiality, Paratexts and Interpretative Strategies

Edited by Guyda Armstrong,
Simon A. Gilson and Federica Pich

Italian Perspectives 56
Modern Humanities Research Association
2023

Published by Legenda
an imprint of the Modern Humanities Research Association
Salisbury House, Station Road, Cambridge CD1 2LA

ISBN 978-1-83954-148-3 (HB)
ISBN 978-1-83954-149-0 (PB)

First published 2023

All rights reserved. No part of this publication may be reproduced or disseminated or transmitted in any form or by any means, electronic, mechanical, photocopying, recording or otherwise, or stored in any retrieval system, or otherwise used in any manner whatsoever without written permission of the copyright owner, except in accordance with the provisions of the Copyright, Designs and Patents Act 1988, or under the terms of a licence permitting restricted copying issued in the UK by the Copyright Licensing Agency Ltd, Saffron House, 6–10 Kirby Street, London EC1N 8TS, England, or in the USA by the Copyright Clearance Center, 222 Rosewood Drive, Danvers MA 01923. Application for the written permission of the copyright owner to reproduce any part of this publication must be made by email to legenda@mhra.org.uk.

Disclaimer: Statements of fact and opinion contained in this book are those of the author and not of the editors or the Modern Humanities Research Association. The publisher makes no representation, express or implied, in respect of the accuracy of the material in this book and cannot accept any legal responsibility or liability for any errors or omissions that may be made.

Trademark notice: Product or corporate names may be trademarks or registered trademarks, and are used only for identification and explanation without intent to infringe.

© Modern Humanities Research Association 2023

Copy-Editor: Dr Nigel Hope

CONTENTS

	Notes on the Contributors	ix
	List of Illustrations	xii
	List of Abbreviations	xiv
	Introduction	1
	GUYDA ARMSTRONG, SIMON GILSON, AND FEDERICA PICH	

PART I: PHILOLOGY, MATERIALITY, AND PARATEXTS

1. I *Trionfi* nell'esegesi del Commento Portilia — 25
   BERNHARD HUSS

2. Come veniva letto il Vellutello nel Cinquecento. Fortuna e fruizione dei commenti al Petrarca volgare — 41
   SABRINA STROPPA

3. Il commento a Petrarca di Silvano da Venafro (1533) — 59
   NICOLE VOLTA

4. Forms and Aims of Exegesis in Girolamo Ruscelli's Editions of Petrarch (1554) — 79
   BRIAN RICHARDSON

PART II: EXEGETICAL STRATEGIES IN COMMENTARIES AND LESSONS

5. Reading Petrarch's Sonnets of the *Innamoramento* (*Rerum vulgarium fragmenta* 2 and 3) in Early Modern Italy — 95
   GIACOMO COMIATI

6. Petrarca, il ritratto e le arti figurative. La lezione di Giambattista Gelli sui sonetti 77 e 78 del *Canzoniere* — 123
   JOHANNES BARTUSCHAT

7. *Utile dulci* in Sixteenth-Century Readings of the *Canzoniere*: Ethical Issues in Academic Lectures on Petrarch — 141
   LORENZO SACCHINI

PART III: VISUAL EXEGESIS AND RECEPTION IN FRANCE AND ITALY

8. La traduzione del Canzoniere di Petrarca di Vasquin Philieul (1548) e il suo commento letterario-morale — 161
   JEAN BALSAMO

9. 'From thowght to thowght': How Thomas Wyatt Read (and Heard) his Petrarch — 177
   WILLIAM T. ROSSITER

10. Visual Exegesis of the *Fragmenta*: Book Illustrations and Emblematic Invention — 213
    ANDREA TORRE

Index — 233

NOTES ON THE CONTRIBUTORS

Guyda Armstrong is Senior Lecturer in Italian, and Scientific and Digital Humanities Lead for the John Rylands Research Institute and Library at the University of Manchester. As Faculty Lead for Digital Humanities at the University of Manchester (2013–2021) she directed the Manchester Digital Collections project, and is now responsible for developing new computational and scientific research approaches for the special collections. She has published extensively on Boccaccio, Dante, and Petrarch, and their literary and material afterlives, and works more widely in translation and early modern print culture. She is the author of *The English Boccaccio: A History in Books* (2013) and one of the co-editors of the *Cambridge Companion to Boccaccio* (2015). Her 2020 article in *Italian Studies* on 'Rematerializing the Incunable Petrarch' won the inaugural Society for Italian Studies prize for the best research article published in the journal that year.

Jean Balsamo is emeritus Professor of French Sixteenth-Century Literature at the University of Reims. He is the Vice-Chair of the Barbier-Mueller Foundation for the Study of Renaissance Italian Poetry (University of Geneva). He is the author of a number of studies on court culture, French-Italian literary and social relationship, and book history. Amongst his publications are the following: *Les Poètes français de la Renaissance et Pétrarque* (Geneva: Droz, 2004), and *'L'amorevolezza verso le cose Italiche'. Le livre italien à Paris au XVIe siècle* (Geneva: Droz, 2015), distinguished by the Académie française.

Johannes Bartuschat is Professor of Italian Literature at the University of Zurich since 2008. His research areas include Dante, Petrarch and Boccaccio, didactic and allegorical literature of the Middle Ages, the relationships between visual art and literature and the history of literary criticism. He is the author of *Les Vies de Dante, Pétrarque et Boccace en Italie. Contribution à l'étude du genre biographique* (Ravenna: Longo, 2008).

Giacomo Comiati is a postdoctoral research fellow at the University of Padua. He previously worked as a research fellow at the University of Warwick (from which he obtained his PhD in Italian Studies, 2016), the Freie Universität in Berlin (2016), and the University of Oxford (2017–2020) where he was also a research associate to Corpus Christi College. His research interests include the Renaissance reception of Latin antiquity, early-modern Italian and Latin poetry, and Petrarchan works and exegesis.

Simon Gilson, FBA is Agnelli-Serena Professor of Italian at the University of Oxford and Fellow of Magdalen College. He is the author of *Dante and Renaissance*

Florence (Cambridge: Cambridge University Press, 2005) and *Reading Dante in Renaissance Italy: Florence, Venice and the 'Divine Poet'* (Cambridge: Cambridge University Press, 2018).

Bernhard Huss is Full Professor for Romance Philology (Literary Studies) at Freie Universitaet, Berlin, where he heads the Center for Italian Studies and is spokesman of the DFG research group 2305 'Discursivisations of the New: Tradition and Innovation in Medieval and Early Modern Texts and Images'. His research is primarily concerned with the literature and poetology of the early modern period (Italy and France), with questions of the reception of antiquity and early modern knowledge transfer, with the history and theory of literary genres, as well as with the literature of the French classical period, the romantic period and with contemporary Italian narrative literature. He has published extensively on the literature of the Italian Renaissance (*Lorenzo de' Medicis Canzoniere und der Ficinianismus*, 2007; *Literaturtheorie(n) der italienischen Renaissance*, 2012 [co-author]), on epic in the early modern period (*Chronotopik und Ideologie im Epos*, 2016 [co-author]), on the Latin work of Francis Petrarch (co-editor of bilingual annotated editions of *Secretum meum*, *Africa*, and *De remediis utriusque fortune*) and on Petrarch's Italian texts, especially on the *Trionfi*, with a particular focus on intermedial relations between text and image (illustration).

Federica Pich is *ricercatore* at the Università di Trento which she joined in June 2021. Previously she was Lecturer and then Associate Professor of Italian at the University of Leeds (2012–21), where she co-directed the Leeds Centre for Dante Studies (2018–21). She was Andrew W. Mellon Visiting Professor at the Courtauld Institute of Art (2016) and Alexander von Humboldt Senior Research Fellow at Freie Universität Berlin (2019–2021). Her research has focused mainly on Italian Renaissance poetry, with a distinctive interest in the interactions between literary and visual culture, in Ariosto and in the sixteenth-century reception of Dante and Petrarch. Her current book project is a study devoted to the features and functions of rubrics in printed *libri di rime* (*c*.1450-*c*.1650).

Brian Richardson, FBA is Emeritus Professor of Italian Language at the University of Leeds. His publications include *Print Culture in Renaissance Italy: The Editor and the Vernacular Text, 1470–1600* (Cambridge: Cambridge University Press, 1994), *Printing, Writers and Readers in Renaissance Italy* (Cambridge: Cambridge University Press, 1999), *Manuscript Culture in Renaissance Italy* (Cambridge: Cambridge University Press, 2009), *Women and the Circulation of Texts in Renaissance Italy* (Cambridge: Cambridge University Press, 2020) and an edition of Giovan Francesco Fortunio's *Regole grammaticali della volgar lingua* (Padua: Antenore, 2001).

William T. Rossiter is Associate Professor in Medieval and Early Modern Literature at the University of East Anglia, where he specializes in Anglo-Italian literary and cultural exchanges from Dante to Shakespeare. He is the author of the monographs *Chaucer and Petrarch* (2010) and *Wyatt Abroad: Tudor Diplomacy and the Translation of Power* (2014), and the co-editor of *Authority and Diplomacy from Dante to Shakespeare* (2013). He is currently editing a special journal issue on Pietro Aretino, a companion to Europe in British Literature and Culture, and writing a biography of Aretino.

Lorenzo Sacchini specializes in Italian literature of the sixteenth and seventeenth centuries. He completed his PhD at the University of Durham in 2013. His publications include various articles on late Renaissance Italian literature and academy culture in *Lettere italiane*, *Aevum* and *Filologia e critica*. He is the author of *Identità, lettere, virtù. Le lezioni accademiche degli Insensati di Perugia (1561–1608)* (Bologna: I libri di Emil, 2016).

Sabrina Stroppa is *Professore ordinario* of Italian Literature at the Università per Stranieri di Perugia, and a 'chercheur attaché' to Cerlim (Centre d'études et de recherche sur la littérature italienne du Moyen Age) of the Sorbonne Nouvelle — Paris 3. She has recently edited the Petrarch commentary by Alessandro Vellutello (Treviso: Antilia, 2021, 'Commenti antichi dei *Rerum vulgarium fragmenta* e dei *Triumphi*', 2), and has provided her own commentary to Petrarch's *Canzoniere* (Turin: Einaudi, 2011). She is author of many essays on Dante, Petrarch (including the monograph *Petrarca e la morte tra Familiari e Canzoniere* published by Aracne in 2014), Ariosto, as well as publishing on contemporary Italian poetry.

Andrea Torre is Associate Professor of Italian Literature at Scuola Normale Superiore of Pisa. He is the author of: *Petrarcheschi segni di memoria. Spie, postille, metafore* (2008), *Vedere versi. Un manoscritto di emblemi petrarcheschi* (2012), *Letteratura e arti visive* (2019, with Giancarlo Genovese), and *Scritture ferite. Innesti, doppiaggi e correzioni nella letteratura rinascimentale* (2019). He is currently working on the cultural theme of wounds in early modern European literature.

Nicole Volta is currently a postdoctoral fellow at the Istituto Italiano per gli Studi Storici in Naples where she is working on a project on the patronage of Alfonso d'Avalos. She completed a doctorate in Italian Studies at the Sapienza Università di Roma, where she worked on a commentary to the lyrics of Lodovico Ariosto. She has published on Ariosto, Neapolitan Petrarchism in the fifteenth and sixteenth centuries and Renaissance commentary on Petrarch.

LIST OF ILLUSTRATIONS

FIG I.1. Landing page of the Petrarch Exegesis in Renaissance Italy (PERI) database: available online at https://petrarch.mml.ox.ac.uk/

FIG I.2. The 1501 Aldus Manutius edition of Petrarch's *Rvf* in Manchester Digital Collections (Shelfmark 20957), fol. a2^r, showing the Bembo family crest at the foot of the page. Courtesy of the University of Manchester

FIG I.3. Octavo edition of Petrarch's *Rvf* in facing-page book view in the Mirador viewer within Manchester Digital Collections (Shelfmark 9464), showing its unusual typeface. Courtesy of the University of Manchester

FIG I.4. Landing page of the Petrarch Digital Library, with collection summary at left, and the individual editions arranged vertically at right

FIG 2.1. 1525 Giovanni Antonio and brothers da Sabbio edition of Alessandro Vellutello's Petrarch commentary, *Le volgari opere del Petrarcha con la espositione di Alessandro Vellutello da Lucca* (Venice: Giovanni Antonio e fratelli da Sabbio, 1525). Annotations on fol. 26^r in the copy held at the Biblioteca Angelica, Rome, shelfmark Z.XXII.23. Courtesy of the Italian Ministry of Culture.

FIG 2.2. 1525 Giovanni Antonio and brothers da Sabbio edition of Alessandro Vellutello's Petrarch commentary, *Le volgari opere del Petrarcha con la espositione di Alessandro Vellutello da Lucca* (Venice: Giovanni Antonio e fratelli da Sabbio, 1525). Annotations to *TC* 4.130 in the copy held at the Biblioteca Casanatense, Rome, CC G.V.66. Courtesy of the Casantense Library, Rome, MiC.

FIG 2.3. 1525 Giovanni Antonio and brothers da Sabbio edition of Alessandro Vellutello's Petrarch commentary, *Le volgari opere del Petrarcha con la espositione di Alessandro Vellutello da Lucca* (Venice: Giovanni Antonio e fratelli da Sabbio, 1525). Annotations to *TC* 1.36 in the copy held at the Biblioteca Casanatense, Rome, CC G.V.66. Courtesy of the Casantense Library, Rome, MiC.

FIG 2.4. 1525 Giovanni Antonio and brothers da Sabbio edition of Alessandro Vellutello's Petrarch commentary, *Le volgari opere del Petrarcha con la espositione di Alessandro Vellutello da Lucca* (Venice: Giovanni Antonio e fratelli da Sabbio, 1525). Annotations to *Rvf* 352 in the copy held at the Biblioteca Casanatense, Rome, CC G.V.66. Courtesy of the Casantense Library, Rome, MiC.

FIG 2.5. 1525 Giovanni Antonio and brothers da Sabbio edition of Alessandro Vellutello's Petrarch commentary, *Il Petrarcha con l'espositione d'Alessandro Vellutello di novo ristampato con le figure a i Triomphi, e con più cose utili in varii luoghi aggiunte* (Venice, Gabriel Giolito de' Ferrari, 1544). Annotations to fol. 163^r in the copy held at the Biblioteca Alessandrina di Roma, O.N. 102. Courtesy of the Italian Ministry of Culture.

FIG 9.1. Map of Vaucluse in Alessandro Vellutello's *Le volgari opere del Petrarcha con la espositione di Alessandro Vellutello da Lucca* (Venice: Giovanni Antonio e fratelli da Sabbio, 1525)

FIG 9.2. Opening lines of Thomas Wyatt's translation of *Rvf* 129. British Library, MS Egerton 2711, fol. 70^r

FIG 9.3. Thomas Wyatt's translation of *Rvf* 49, 57 and 173. British Library, MS Egerton 2711, fols 20^r–22^v

FIG 9.4. Alessandro Vellutello's *Le volgari opere del Petrarcha con la espositione di Alessandro Vellutello da Lucca* (Venice: Giovanni Antonio e fratelli da Sabbio, 1525), sigs. I1^r–I2^r. Edition and commentary on *Rvf* 49, 57 and 173.

FIG 9.5. Alessandro Vellutello's *Le volgari opere del Petrarcha con la espositione di Alessandro Vellutello da Lucca* (Venice: Giovanni Antonio e fratelli da Sabbio, 1525), sigs. E8^v–F1^r. Edition and commentary on Rvf 140 and 147.

FIG 10.1. Marginal illustration to *Rvf* 65 at fol. 29^v in a print copy of *Le cose volgari di Francesco Petrarca* (Venice: Aldo Manuzio, 1514), housed in the Devonshire Collection at Chatsworth House. © Devonshire Collection, Chatsworth. Reproduced by permission of Chatsworth Settlement Trustees

FIG 10.2. Illustration to *Rvf* 142 at fol. 65^v in a print copy of *Le cose volgari di Francesco Petrarca* (Venice: Aldo Manutius, 1514), housed in the Devonshire Collection at Chatsworth House. © Devonshire Collection, Chatsworth. Reproduced by permission of Chatsworth Settlement Trustees

FIG 10.3. Illustration to *Rvf* 4 at fol. 3^v in a print copy of *Le cose volgari di Francesco Petrarca* (Venice: Aldo Manuzio, 1514). © Devonshire Collection, Chatsworth. Reproduced by permission of Chatsworth Settlement Trustees

LIST OF ABBREVIATIONS

Libraries

BL	British Library, London
BNCF	Biblioteca Nazionale Centrale, Florence
BNFP	Bibliothèque Nationale de France, Paris
JRRIL	John Rylands Library Research Institute and Library, Manchester

Databases

Edit16	Censimento nazionale delle edizioni italiane del XVI secolo: available online at http://edit16.iccu.sbn.it/web_iccu/ihome.htm
OPAC SBN	National Library Service of Italy: available online at https://opac.sbn.it/opacsbn/opac/iccu/free.jsp
PERI	*Petrarch Exegesis in Renaissance Italy*: available online at https://petrarch.mml.ox.ac.uk

Works by Petrarch

Fam.	*Rerum familiarum libri*
Rvf	*Rerum vulgarium fragmenta (Canzoniere)*
Sen.	*Seniles*
TC	*Triumphus Cupidinis*
TP	*Triumphus Pudicitie*
TM	*Triumphus Mortis*
TF	*Triumphus Fame*
TT	*Triumphus Temporis*
TE	*Triumphus Eternitatis*

Works by Dante

Inf.	*Inferno*
Purg.	*Purgatorio*
Par.	*Paradios*

In line with the varied conventions found in both Italian and Anglo-American scholarship, we have not standardized the ways our contributors refer to the titles of Petrarch's two main lyric poetic works. Thus, we have retained *Canzoniere* and Canzoniere and *Rerum vulgarium fragmenta* for Petrarch's collection of rhymes and we have used both *Trionfi* and *Triumphi* to refer to the *terza rima* body of poetry. We have, however, adopted the standard abbreviation *Rvf* for references to the first collection.

INTRODUCTION

Guyda Armstrong, Simon Gilson, and Federica Pich

No poet was so foundational to the language, literature and cultural awareness of Renaissance Europe as Francesco Petrarca (Petrarch, 1304–74). In Italy, in the second half of the fifteenth century, Petrarch's vernacular poetry, that is, his collection of verse that we now know as the *Rerum vulgarium fragmenta* (*Rvf*) or *Canzoniere* and his *terza rima* poem, the *Triumphi* or *Trionfi*, began to emerge as a major model for poets writing in Italian. By the end of the third decade of the sixteenth century, this body of verse had become *the* imitative model for Italian poets; indeed, by the mid-sixteenth century, it was a major influence on poets active throughout much of Europe, contributing in part to the flourishing of national vernaculars. The remarkable diffusion of, and appetite for, Petrarch's Italian poetry is conspicuously evident in well over a thousand extant manuscript copies and the hundreds of printed editions produced, in the countless imitations and translations fashioned and refashioned, and in a richly heterogeneous body of accompanying commentary and exegesis of all kinds, often but not exclusively connected to editions. Such was the cultural significance and literary popularity of Petrarch that critics have come to apply the term 'Petrarchism' to designate the complex, and, at times, bewildering set of contemporary preoccupations associated with his name by the sixteenth century. Indeed, this designation has been used variously and flexibly to refer to a host of practices related to the cult and cultivation of Petrarch that are not only stylistic and imitative but also social and cultural and that pertain to the domains of morality, religion, personal conduct and sociality.[1]

Much excellent work has been done on various aspects of what we might call the Renaissance Petrarch phenomenon, on the circulation and re-use of manuscript copies and of print editions, on specific editors, commentators and readers, on paratexts and illustrations, on the practices of reading, annotating and imitating, on readings in Academies, and on multiple other facets of Petrarchism or Petrarchisms.[2] The current volume arises from a three-year collaborative research project, entitled *Petrarch Commentary and Exegesis in Renaissance Italy, c.1350–c.1650* (2017–19), which was generously funded by the United Kingdom's Arts and Humanities Research Council (AHRC).[3] The project responded to one major set of lacunae in the bodies of study outlined above, namely, our lack of adequate information about the extent and character of exegetical work carried out on Petrarch's vernacular verse in Italy in the fifteenth, sixteenth and early seventeenth centuries. Of course, excellent work has been done in this field, too. Among modern contributions, one should signal in particular Carlo Dionisotti's ground-breaking 1974 article on Petrarch's fifteenth-century 'fortune', and the pioneering monographs by Gino Belloni (1992) and William J. Kennedy (1994).[4] What is more, a varied and growing scholarly work has been produced in the field, especially in Germany and Italy, over the last thirty years. This important body of scholarship has rightly emphasized the significance of exegesis on Petrarch, and has studied specific parts of it, in particular some individual commentators and academicians and their associated milieu.[5] In recent years, the importance of Petrarch commentary and related exegetical material has also led to the development of new online projects, such as the *Oregon Petrarch Open Book* project; and one should also signal the presence of some early print Petrarch editions and commentaries in important digital libraries such as the Biblioteca Italiana platform.[6]

All the same — and significantly — we have until recently lacked any detailed map of commentary and exegesis on Petrarch as a *global* phenomenon in Italy during the period of its most remarkable flourishing and its greatest influence. The AHRC project set out to provide more comprehensive coordinates and related tools to explore this exegetical tradition, and to help inform future work on Petrarch's reception in Italy and indeed in other European vernaculars. At its heart lay the creation of two digital resources. The first is an open-access searchable database, *Petrarch Exegesis in Renaissance Italy*, known as PERI (https://petrarch.mml.ox.ac.uk), a resource that offers its users detailed records for Italian commentaries and other forms of exegesis on Petrarch in Italy across some three centuries, *c*.1350–*c*.1650. The second is a major digital library of some eighty fully digitized editions of Petrarch texts and accompanying commentaries held in the University of Manchester's John Rylands Library, housed in Manchester Digital Collections (MDC) <https://www.digitalcollections.manchester.ac.uk/collections/petrarch/1>.

This introduction has two main aims. First, it attempts to detail and contexualize the information and tools made available by the project, the work undertaken to create them, and the critical and other choices that informed how they were elaborated. In so doing, we will also explore how both PERI and the digital library might be used and what they might offer for those studying exegesis on Petrarch and other related topics including the main fields — genre, materiality, reception — that are tackled by the ten essays in this volume, which are based on contributions made to the AHRC project's closing conference held at Leeds in December 2019. The second principal aim of the Introduction is to examine how these essays respond to the complex questions posed by genre, materiality and reception regarding Petrarch commentary and related exegesis.

The PERI Database and the Manchester Petrarch Digital Library

PERI is, then, a free, fully searchable catalogue of print and manuscript copies of commentaries, lectures, and other modes of exegesis and forms of assistance for the reader — most notably lives, manuscript annotations, short notes, and indexes — as they are found in manuscript copies and print editions and in a limited number of other sources such as glossaries, rhyming dictionaries, dialogues, and letters. The database covers material produced in Italy for both Petrarch's two major vernacular works, and extends from Luigi Marsili's late fourteenth-century readings of two

Fig. I.1. Landing page of the Petrarch Exegesis in Renaissance Italy (PERI) database: available online at <https://petrarch.mml.ox.ac.uk/>

compositions (*Rvf* 26 and 128) to mid-seventeenth century reprints. In this way, the digital resource provides a census that allows researchers investigating the field of Petrarch exegesis to access a corpus of materials that is sufficiently extensive to facilitate both general overviews as well as closer analyses. The database currently contains records for some 297 printed editions and some 468 manuscript works. These records cover all the known major Petrarch commentaries (including their multiple editions and reprints). A primary outcome has been to offer what is as exhaustive a catalogue as possible of the print editions produced in Italy during the period up to 1650. At the same time, PERI also attempts to offer a rich sampling of manuscript copies that contain exegetical and other supplementary material for readers. Alongside full-scale commentaries, the database contains — as we have noted — records for a variety of other writings with a notable exegetical interest, including academic lectures, discourses, dialogues, lives, annotations, and even some extended letters. There are, for example, some eighty-six academic lectures on Petrarch in the database, both print and manuscript, and these provide an indication of the remarkable interest in public readings of Petrarch at the many academies that developed in Italy as important centres for vernacular learning, especially from the 1520s onwards. The database also contains over 100 entries where there are extensive annotations on manuscript copies of Petrarch's verse. Records are provided, additionally, for over 200 lives of Petrarch (many by the same biographer, of course, in reprinted editions or multiple manuscript copies); and, in a category specially created for the database, 'tools for the reader', there are some 488 records pertaining to indexes, short notes of various kinds, epitaphs, glossaries and word lists. We will come back both to these materials and to the categories utilized in the discussion below.

The top-level record type in the database lists a range of metadata relevant to either a specific manuscript or a print copy (in several cases more than one exegetical work is found in a single manuscript or print and this is noted). The metadata includes the following information: 'creators' (usually here we find both Petrarch and the exegete or academic lecturer or annotator when known), titles, the copy or copies seen, its place and date of composition (of course with many manuscripts the dating remains conjectural), its copyist or editor or printer, its dedicatees, its mode of exegesis (a category to which we will return), the Petrarchan work concerned (be it the *Rerum vulgarium fragmenta* and/or *Triumphi*) or the part of it, and visual elements (decorations, illuminations, illustrations, portraits, maps, and drawings). Each record provides a physical description divided into format (including information on size, foliation, pagination) and textblock (the material support, hand, type, and other aspects related to the *mise-en-page*) and an internal description (each section of a given print is recorded, as are the incipit and explicit of the relevant parts in manuscript copies). Most entries are also accompanied by notes provided by the project team, bibliographical references, and an indication of any available digitized editions, as well as relevant online references in major catalogues. For all records of works housed in the John Rylands Library at Manchester, additional information on provenance is provided. The database has a variety of search functions, including keyword search of the entire corpus. Within the tabs for manuscripts and prints the user can simply search through the full list of each set of these in chronological order, or else deploy a variety of filtering options that allow one to search the corpus of prints and that of manuscripts by date, mode of exegesis, place of publication, and so on.[7] Our concern with exegesis led to the creation of a field called 'mode of exegesis' that was specifically designed for the database. This field contains five sub-elements — commentary, lecture, tools for the reader (see below), annotations (a category primarily devised for manuscript copies only), and life. It is possible to search by sub-element and thus one can isolate, for example, the over 200 lives found in editions and commentaries. As noted, the field 'tools for the reader' was also created as a purposefully fluid category that contains material that offers assistance and support for the reader, including indexes, short notes of various kinds, glossaries and word lists, and in some cases even letters and poems. We included these materials since we believe they significantly modify readerly apprehension and approach to Petrarch and may influence reuse and interpretation. We were also conscious that visual elements and typographical features and layout may have an important role to play in how the reader accesses and interprets Petrarch — we might perhaps have placed them into modes of exegesis in their own right. Our aim throughout the work undertaken on the database has always been to describe in depth the actual physical object in its individuality and complexity. In this way, we hope to present what texts were normally or more frequently associated with Petrarch's poems, and to provide a better insight into the historical and geographical context of each work.

Some additional explanation is necessary here regarding the work undertaken, the fields chosen and the discussions that informed the creation of the database.

The compilation of the records was the result of the indefatigable efforts of the project's postdoctoral fellows — Giacomo Comiati and Lorenzo Sacchini along with a former fellow, Francesco Venturi. After a phase of desk work making use of available catalogues and other online resources, the fellows travelled far and wide to inspect copies and manuscripts, visiting well over 200 libraries in the United Kingdom, Italy, Spain, France, Germany, Switzerland, Austria, Norway, Russia, and the United States. Of course, they dedicated most time and effort to collections in Italy, above all in Florence and Rome. Alongside the work undertaken by the fellows, Federica Pich and Simon Gilson held regular — indeed for much of the project this meant weekly — meetings to discuss at length the extension of the corpus and the level of detail of its entries and individual fields. For both aspects, we attempted to be rigorous and pragmatic at the same time, focusing on what could realistically be achieved by the team in the three-year timeframe of the project. First of all, we had to decide what to include and what to exclude, providing reasonable limits to our work: on the lower edge of the spectrum, there are manuscripts that include an index of first lines for the *Rerum vulgarium fragmenta* and/or for the *Triumphi* or woodcuts for the *Triumphi*; on the higher, there are prose dialogues or *rimari* that have significant exegetical implications. We also had to decide what to make of the intricate issue of the ordering of the *fragmenta* and possible presence of extravagant poems and so-called *disperse*.[8] Realistically, it would have been unfeasible for the postdoctoral fellows to check the ordering for nearly 500 manuscripts — therefore, we decided not to provide this kind of information unless it was in some way prominent. For the same reason, for later academic lectures, we did not attempt to establish which edition an individual commentator might have used (as Paola Vecchi Galli had rightly suggested at a project workshop we held in Venice). As for the *disperse*, we highlighted their presence whenever we came across them in manuscripts and prints (often as an appendix after the *Rerum vulgarium fragmenta* or *Triumphi*), but we did not specifically look for them. We did the same for handwritten *postille* in printed editions, that is, we recorded their presence when we found them but did not look for them outside the corpus of items identified for inclusion in the database. We recognized at the outset that the database could not consider every possible form of interpretation of Petrarch's vernacular verse. For example, it would be possible legitimately to include works on poetics, treatises on love and beauty, and different kinds of rewritings, including parodic ones, of which perhaps the most notable is Nicolò Franco's *Petrarchista*, whose very title may echo Vellutello and which presents a richly textured parodic rewriting of his commentary and its approach.[9]

Again consistently and pragmatically, as the focus of our work was exegesis, in the case of manuscripts we provided a detailed internal description only of the Petrarch-related sections — while at times pointing to other available resources for 'other contents'. Similarly, in the field 'textblock', devoted to material features and layout, we focused only on the Petrarch-related sections and elements, be they poems, commentaries or various additional tools for the reader (indexes, excerpts from prose writings by Petrarch, summaries etc.). In order to make research possible through the 'search' field, we standardized the names of authors and introduced conventional labels for a number of tools (e.g. Petrarch's note on Laura). We also made an *ad hoc* use of the field 'short title' for manuscripts and incunables, again to make the search tool more useful.

While it is obvious that material description is *per se* interpretative and has arbitrary and conventional aspects, there are other fields of our entries for which the role of critical analysis and interpretation is more prominent and at times crucial. In this respect, the project team had long discussions about how to handle the fields 'modes of exegesis' and 'notes'. To some extent, 'modes of exegesis', is *the* field of this project, in the sense that it takes on the difficult task of drawing lines of continuity and acknowledging similarities across a very diverse and nuanced corpus of materials. In the multi-vocal and non-hierarchical spirit with which we approached the vast territory of Petrarch exegesis, we did not conceive the labels 'commentary', 'lecture', 'annotations', 'life' and 'tools for the reader' in a rigid way, imposing unifying categories over disparate objects. On the contrary, we moved precisely from an awareness of their multiplicity and complexity, attempting to offer flexible ways to navigate them, not to make complex phenomena uniform at all costs. Of course, this complexity and irregularity is, in the first place, a Renaissance phenomenon — one thinks of the varied use of titles for exegesis and the remarkably disparate critical lexicon used from the fifteenth to the mid-seventeenth century: exegesis might be referred to by titles as various as *comenti, chiose, esposizioni, dichiarazioni, annotazioni, discorsi, ragionamenti*.[10] Indeed, one future area of study that the PERI database might help to inform is the possible reconstruction of a sort of living glossary of critical terminology used in Petrarch exegesis. The field 'tools for the reader' includes elements as different as indexes, *rimari*, collections of epithets, addresses to the readers, and Petrarch's note on Laura. Our discussions about the possibility to distinguish between commentary and annotations were long and covered specific issues for manuscripts and prints — and again they centred on what to include and what to exclude. By crossing multiple fields and consulting internal descriptions, it will be possible to consider how often a certain mode of exegesis is connected with the presence or absence of given elements (for example, a life or the so-called *Appendix aldina*). In other words, it will be possible both to reconstruct Petrarch exegesis in its specific conformations and to follow the circulation and transformations of its individual elements.

As for the 'Notes' field, this should be understood as flexible — from a few lines to several paragraphs — and especially subject to change and updating. This is because, on the one hand, it records copy-specific details such as decorated initials, illustrations and *postille*; and, on the other, in the case of lectures and dialogues, it provides a succinct description of the contents and a list of the main literary and philosophical sources used by the author. In some cases, as for the academic lectures of the *Accademia degli Insensati* and Celio Magno's defence of Petrarch, they are almost mini-essays, thanks to the expertise of the postdoctoral fellows, Comiati and Sacchini, and their own focused studies on these texts.[11] Strongly connected to 'Notes' is the field 'Bibliography', which includes references to the most important catalogues and repertoires that we consulted and used, as well as critical contributions, for instance on the commentator, anonymous commentary, and specific lecture. We hope this will be a useful tool, but once more it will inevitably need to be updated and supplemented as research continues.

Going back to the database as a whole, we have imagined the census both as a flexible tool (freely accessible, searchable in multiple ways) to navigate the wide and diverse territory of Petrarch exegesis, and as a map through which individual fragments (a given academic lecture, say, or a specific paratextual feature) can be connected to the whole picture. There are areas of this territory that are well known or even very well known, while many others are still almost unexplored. Our database now brings them together, recreating the lively polyphony of editors, printers, commentators, academicians, and biographers, and the complex 'stratigraphy' (that is, the layering and interaction) of paratexts. By browsing the entries by decades, by mode of exegesis, and free research, it will be possible to reconstruct connections and 'clusters' of paratextual features that often inevitably exceed the possibilities of individual investigations, and to access possible genealogies of exegesis around specific poems (immediately and conveniently highlighted in the field 'Related to Petrarch's'). Furthermore, the presence of over eighty fully digitized reproductions of printed editions housed at the John Rylands Library in Manchester in the Petrarch Digital Library allows users to make a unique journey through Petrarch exegesis in print, from incunables to Aldine editions to seventeenth-century works — a gallery that adds a visual and material dimension to the experiences of reception and reading embedded in paratexts and annotations.

We hope the database will become a platform and a space around which different research interests and perspectives may interweave and find ways to support each other, and where further projects may be developed — ideally including a corpus along the lines of the Dartmouth Dante Project and for which there is nothing remotely comparable at the moment. Of course, some projects, such as that on the tradition of *disperse*, led by Roberto Leporatti and a research team at the University of Geneva, have already connected with the AHRC project during its period of funding.[12] And, since its conclusion, PERI's data has been imported into the major digital platform *Archivi del Rinascimento*.[13]

More broadly, a number of research areas could hopefully benefit from our project and be developed in further research. Thus, one might envisage how the database could be used as the starting point for more intensive research on the critical lexicon deployed by exegetes in interpreting Petrarch's poetry, examining their citational, authorizing and interpretative strategies and its rich vocabulary. One might also analyse intensively the use, position and functions of paratextual elements — both the corpus of prints and that of manuscripts offer rich materials here, and we hope that the inclusion of 'tools for the reader' will facilitate further study. In addition, one could pursue additional enquiries that assess how particular paratexts are created and developed both within reprints of an individual commentator and across them. In a similar vein, the database might allow scholars a starting point from which to study the interrelationships we find both among the various commentaries on Petrarch, as well as those between commentaries and academic lectures.

The database will also allow initial insights into contexts in which exegetical production arose and possible connections between sites of production such as courts and academies through shared printers, editors or dedicatees. For such contexts, though, we are very much aware that more focused research needs to be done, as there are still significant lacunae in the data. For example, for academic lectures, the database captures just a small proportion of the *lezioni* that would have been delivered on Petrarch across the wealth of academies. Similarly, we had hoped to find more examples of interpretative work on Petrarch at Italian courts, but it may well be that closer inspection of the contexts and specifics of prints and individual manuscripts will allow further insights to emerge.

Other lines of research that might be undertaken require connecting the materials in PERI with other forms and modes of exegesis for other authors, such as Dante, the classics and Renaissance lyric poetry, with other forms or lines of Petrarch's reception (treatises on love and beauty, treatises of poetics and rhetoric, rewritings, parodies, translations, etc.) and the overall relationship between exegetical material and Petrarchism. Further domains of enquiry concern how the foundational Italian corpus was circulated and transformed both within and across national and linguistic borders, and how Petrarch is himself multiplied and transformed into a wealth of other voices and identities by the agency of commentators, editors, readers, translators, illustrators, and other poets.[14] We also expect other digital projects to benefit from and enhance the PERI database, such as the 'Petrarch online' project led by Marco Petoletti, which aims to publish online versions of lives of Petrarch and other material related to his reception.[15]

Finally, the close attention given to the physical description and material features of the manuscripts and printed books in the PERI database, combined with the ultra-high-resolution digitizations and enhanced descriptions of these in the online Petrarch Digital Library, will permit, perhaps for the first time, the facility to undertake detailed comparative studies of the design of these Petrarch editions and responses. While excellent work has been done on particular printed editions, and elements of their design (see above), this is not something which has been explored systematically to date; but the provision of our collection of fully digitized items will permit further and deeper engagements with the material Petrarch, something which was not previously possible without travelling to see items in individual libraries. A first contribution towards this, concentrating on the incunable Petrarch and re-evaluating the material history of these editions and the bibliographical record, can be found in Guyda Armstrong's article for our special issue of *Italian Studies*.[16]

The Petrarch Digital Library is the other major digital resource produced by the project that was also launched at the Leeds conference. This is an online image repository containing digital facsimiles of some eighty-three print editions and commentaries held at the John Rylands Library, Manchester. Overseen by Dr Guyda Armstrong and Julianne Simpson, this is the first dedicated online digital library of early printed Petrarch editions and commentary material in the world, and provides a fully searchable and free online repository of some 34,500 individual images taken from publications made in the first two centuries of his print reception. The digital library offers a split-screen presentation of the individual book images, which are shown alongside the textual description and supporting information. The image viewer also includes a Mirador viewer, which enables comparison of the Manchester-hosted images with images from other repositories around the world.

By creating an online digital library as part of our core outputs, we have been able to foreground the PERI project's inherent focus on materiality and the very wide range of physical carriers in which Petrarch's works travelled through and beyond Renaissance Italy. The PERI database, with its census of the surviving physical objects, offers the most extensive collection of bibliographical descriptions of the objects, which is complemented by the rich collection of digitized copies of these print objects held in the JRRIL. A representative sample of the vernacular Petrarch print corpus, from the 1470 *editio princeps* through to the 1586 Angelieri edition (one of the last editions to be printed in the sixteenth century), and of its peritextual and epitextual exegetical *fortuna* from the 1473 Portilia edition of extracts from the *Triumphi*, through to the *Lettioni* and *Dialoghi* of the later sixteenth and seventeenth centuries, is thus materialized for scholars, who are able to access the body of the book via the digital space.[17]

For us, the electronic edition — the online photographic representation of the physical object, the collection of images — is as much a historical artefact and research object as the physical historic book-object held in the library, even though the latter tends to be valorized and fetishized far beyond its digital 'surrogate'. Our online edition is as much a designed and collaboratively authored object as the early modern printed book; likewise the Petrarch Digital Library, held within Manchester Digital Collections, is a nexus of social interactions and editorial and bibliographical intentions, just as the older objects can be understood to express the manner and lineages of their making. Not only do we equally valorize the affordances of the 'digital Petrarchs' (if we can term them as such) as much as those of the auratic physical relics, but we also celebrate them as examples of a more de-hierarchized and inclusive research object, co-produced by a multi-agent team of curators, photographers, software developers, cataloguers, system architects and scholars, who stand alongside the original text-producers of each historic book-object.[18] In the metadata which accompanies each photographed image, we have also made sure to point out prior bibliographical work on these editions and copies, and have made a point of explicitly naming the near-invisible bibliographers of Petrarch of the past, such as Mary Fowler, who compiled the magisterial Fiske Library catalogue of the Cornell Petrarch collection, yet who is barely noted by Ernest Hatch Wilkins, anglophone Petrarchism's most prominent twentieth-century scholar, in his own work on the material Petrarch.[19]

As with the PERI database, with the Petrarch Digital Library, we have striven for a degree of completeness while acknowledging the practical impossibility of ever achieving this. It is not even possible, perhaps, to calculate a definitive number for the printed manifestations of the *Trionfi* and *Rerum vulgarium fragmenta*; where does the collection, or selection, end, and its exegesis begin? Even for items which one might imagine as discrete and definable — an incunable edition of the *Canzoniere e Trionfi*, for example — there is considerable variation, which we have tried to enumerate in the individual entries in the PERI database.[20] There is not a library in the world which holds all of the print corpus of Petrarch and his exegesis, and perhaps more pragmatically, no overriding international body which would fund a digitization of the entire corpus, but the extensive collections of the John Rylands Library allow us nonetheless to present one major corpus of the printed Petrarch, that is, the one which has been accumulated at the University of Manchester, and which, while not complete, is still remarkably comprehensive. The story of how one of the world's greatest collections of text-objects, and within it arguably the best collection of Petrarch editions in the world, rivalled only by Cornell's, came to be given to the city of Manchester is well known, but bears repeating here. The benefactor Enriqueta Rylands built this magnificent neo-Gothic library in the heart of Manchester buying up some of the finest aristocratic book collections of her day, specifying that it should be a public library for the people of Manchester, in memory of her husband John.[21] The Library formally became part of the University of Manchester in 1972, and the special collections of the two institutions were merged at that time and are now held all together in the historic library on Deansgate. The Petrarch prints which we have digitized in the Petrarch Digital Library are found in three specific collections, each emblematic of the different ways in which these ancient books have found their way to the University: first, and best known is the Spencer Collection, which Mrs Rylands acquired in 1892 as she began to build her library, plus two smaller collections from the University's holdings, the Bullock and Christie Collections. When Mrs Rylands bought Lord Spencer's library, it was considered to be one of the most important and discriminating private collections in the world, and consisted of some 43,000 books. Most of these books were acquired at the end of the eighteenth century and start of the nineteenth century by the notorious bibliomane the second Lord Spencer, who avidly obtained the finest first editions and most precious examples of early printing. The Spencer collection at the Rylands is dizzying in its scale, range, and completeness. It includes more than 4,000 incunable editions from 500 different printshops, with more than 12,500 copies printed before 1640; it has the most complete run of editions printed by Aldus Manutius in the world, including copies whose provenance can be traced back to the Bembo and Barbarigo families of Venice;[22] a virtually complete collection of Dante editions in print, from the three editions of the *Commedia* printed in 1472 onwards, lacking only three editions, and much more.[23]

The other two collections, bequeathed by the Manchester University professors Walter Llewellyn Bullock and Richard Copley Christie, are less well known, but equally and differently rich. Bullock left some 5,000 books to the library, including works by the *tre corone* and many sixteenth-century Italian authors, such as Dolce, Domenichi, and Gelli, which form a core part of our digital library. Christie was the founder of the very first library at the University, and gave 8,000 books to the University at his death, including copies of virtually all the Greek texts printed in the Quattro- and Cinquecento; a significant collection of Aldines, and a further

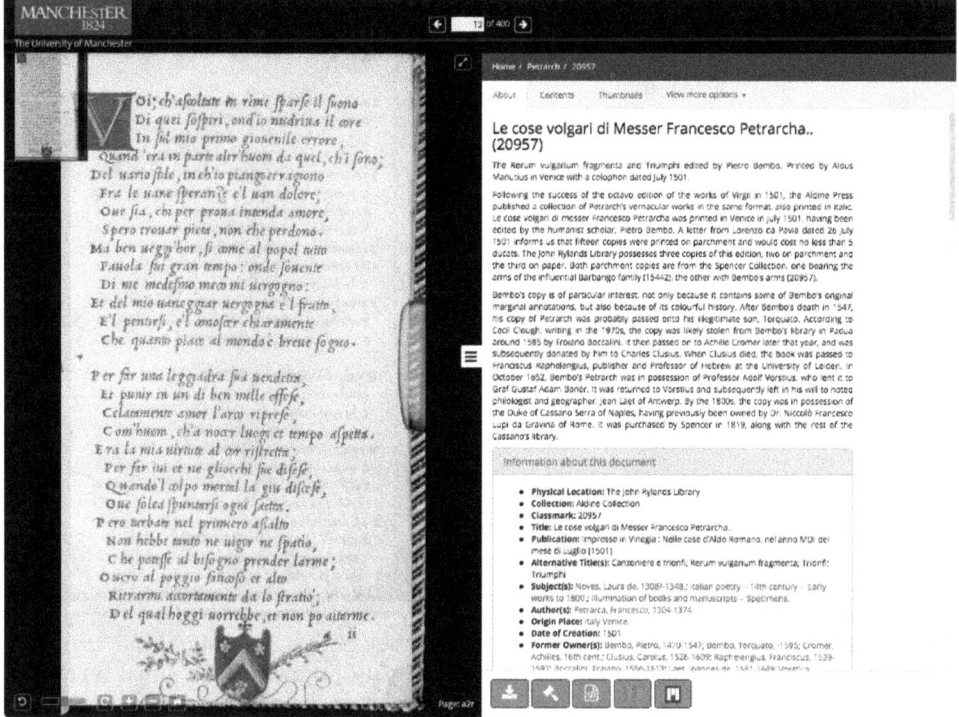

FIG. I.2. The 1501 Aldus Manutius edition of Petrarch's *Rvf* in Manchester Digital Collections (Shelfmark 20957), fol. a2^r, showing the Bembo family crest at the foot of the page. Courtesy of the University of Manchester

number of 'fake' Aldines, printed in Lyon. The books which derive from the Bullock and Christie bequests are in many ways materially different from those in the Spencer collection, since Bullock and Christie were not in the same income bracket, and were also acquiring their books a century or so after the peak of aristocratic bibliomania; that said, their books, while not perhaps so rare or in such fine condition, are arguably even more important from a research perspective, since they preserve many marks of ownership and use, and often their original bindings, many of which were diligently removed according to previous collecting habits.

We aimed to take the most generous and inclusive view of the vernacular print Petrarch possible as we considered the criteria for inclusion in the digital library. While the Rylands collection is remarkably rich in its scale and reach, we were nonetheless working with limited funds and time, so it was not possible to digitize the entire corpus of Petrarch in print as found in the Rylands. On the first pass we therefore excluded all the Latin works, and considered only the vernacular Petrarch and all that pertained to it, namely, editions of the *Rerum vulgarium fragmenta* and *Trionfi*, and related exegetical material. Latin material was however included if it related to the vernacular poetry.[24] Certain items were, of course, extremely well known, such as the *editio princeps* of 1470, the revolutionary Aldine edition

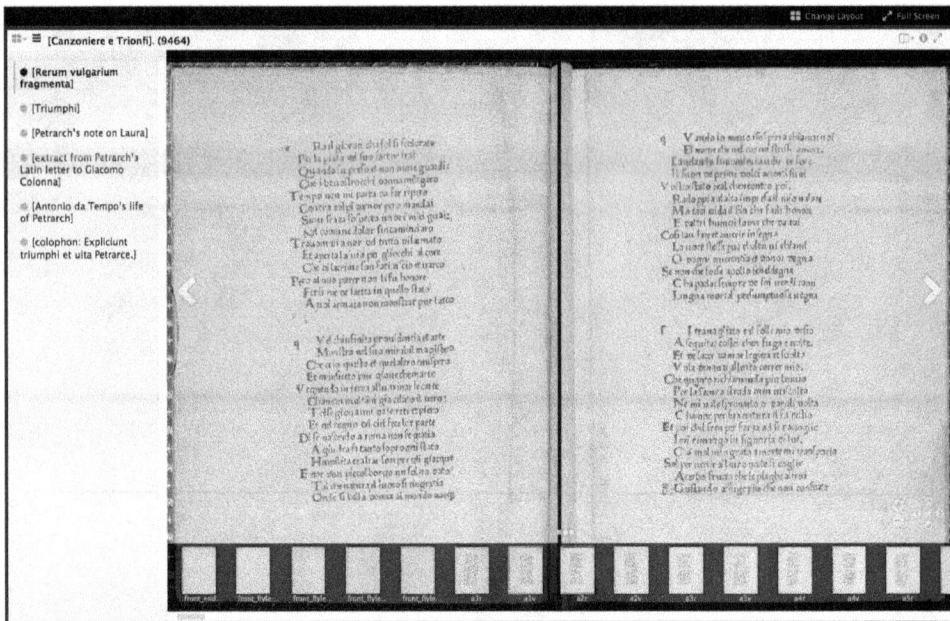

FIG. I.3. Octavo edition of Petrarch's *Rvf* in facing-page book view in the Mirador viewer within Manchester Digital Collections (Shelfmark 9464), showing its unusual typeface. Courtesy of the University of Manchester

of 1501, the 1525 Vellutello edition, and the first edition of Gesualdo of 1533. Digitized images of these well-known monuments are already available from other institutions and digital collections, and so our aim here is to offer images of a specific copy, which can be compared to the others which are already available. Some of the editions held in the Rylands are exceedingly rare,[25] but what is particularly unusual about the collection is to have so many different editions of, for example, Gesualdo and Vellutello, in such high quality, and such a good concentration of academic lectures or *lezioni*. The inclusion of all these works in our Petrarch Digital Library is very valuable as a way to access a huge range of different print responses to Petrarch's vernacular poetry. The extreme rarity of these books, and the difficulty of accessing them to date, has meant that some of the most interesting and unusual early presentations of Petrarch's works are still understudied, and it is our hope that their inclusion in our Digital Library will now allow new lines of scholarship to be pursued, for example on their material design, and their place in the traditional stemmata. It is already clear from our work reviewing every copy in the library that the Petrarch print corpus is very much more varied physically than scholars have previously acknowledged.[26] We have discovered, for example, that there was considerable difference in size even between what might be thought to be fairly standard formats of quarto and folio, showing regional variations in book production. One of our Manchester folios, the 1482 Venice edition, is printed as a particularly long and narrow agenda book, quite unlike any others in the collection.²⁷ Typography, too, can be extremely idiosyncratic, as in the edition of c. 1475, the only incunable octavo printed before the landmark Manutius edition of 1501, with its unconventional gothicized roman type.²⁸

As noted above, the Rylands holds multiple copies of many of the print editions, so in the case of these, we have digitized one copy only. An example of this is the famed 1501 edition printed by Aldus Manutius, of which the Rylands holds three copies, two printed on parchment and one on paper. (We know that only fifteen copies were printed on parchment, so it is remarkable that two of these are now in Manchester.) Both the parchment copies have Venetian family provenances, one for the Bembo family and one for the Barbarigo family. We chose to prioritize the Bembo copy for photography and inclusion in the Petrarch Digital Library, given its historical interest, but full descriptions of the other two copies can be found in the Manchester University Library catalogue record, and this can also be accessed via a link in the metadata for this digital edition in MDC.²⁹

Each collection in MDC has its own landing page, which provides general information about the objects held within it and links to them. For the Petrarch Digital Library (Fig. I.4), the books are ordered chronologically, beginning with the 1470 *princeps*, and proceeding in date order. The short title and shelfmark are given for each book, along with the first lines of the metadata, and users can access the digitized editions by clicking on the thumbnail image of the cover, or the 'more...' link. In addition to this manual browse, all the books are fully discoverable by the general search box at the top of the screen. Although the landing page does not yet offer a text list of editions, the vertical and chronological ordering of the objects still means that the user can follow for the first time the trajectory of the different ways in which the poems were presented to different audiences over a period of about 150 years.

Once the reader has selected the book to view, the main display of the image viewer shows a split screen, with a zoomable high-resolution image of the digitized object on the verso side, and a metadata description on the recto (see Fig. I.2). Three different types of digital object come together in this view — the images, the metadata, and the manifests — and each has their own expert team and workstreams. The images were first photographed by the JRRIL's specialist Imaging Team, using state-of-the-art equipment and processes.³⁰ All the images have been made according to the specifications of the International Image Interoperability Framework (IIIF), an open standard which allows (as the name suggests) interoperability with other systems. As is usual for all heritage photography at the University, archival-quality TIFF images have been made of every page, stored centrally in the University's filestore. For speed of delivery, the image viewer then uses slightly lower-resolution image files, which are served to users via the Digital Collections software platform. Additional advanced imaging techniques such as multispectral imaging have also been used on some objects from the collection, for example to detect erased manuscript inscriptions. We should note that, while in the database entries only the areas of Petrarchan interest have been described (e.g. in longer manuscript and print collections and miscellanies), for the

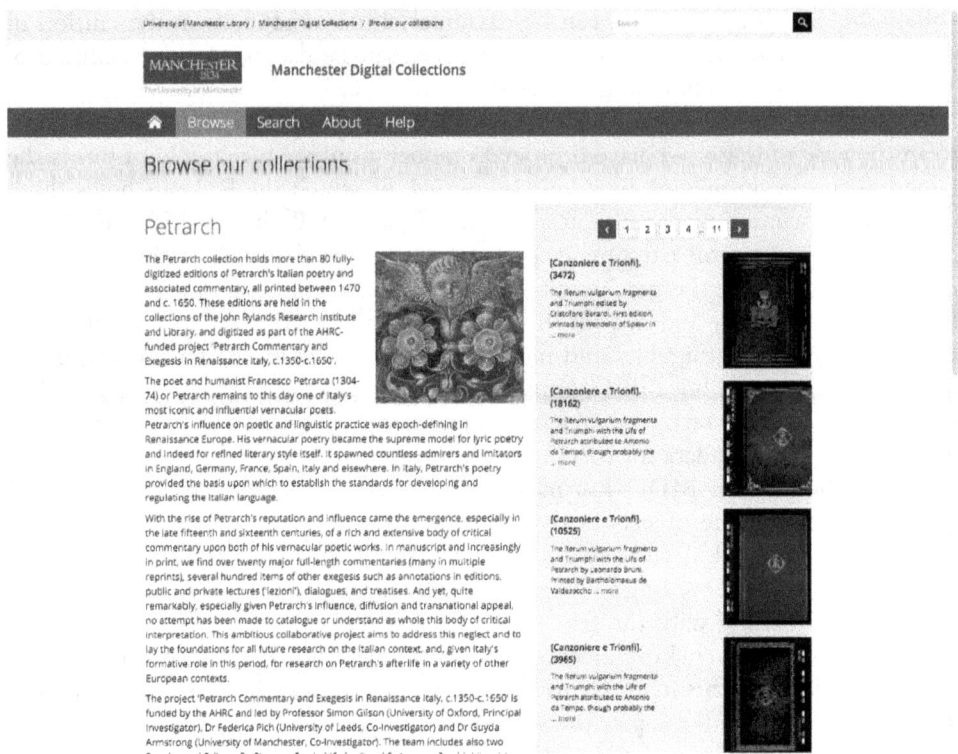

FIG. I.4. Landing page of the Petrarch Digital Library, with collection summary at left, and the individual editions ordered vertically at right

digital library, the entire object has been photographed to locate the Petrarchan text in its carrier as a whole. This enriches the contextualization of each specific example of Petrarch commentary, and also enhances the JRRIL's online collection with its policy of full digitizations of historic objects.

The second element of the public-facing interface of the viewer is the metadata, that is, the text description of the object. As part of the project, wholly new descriptions of each book-object were made, using the PERI database description as a starting point. These descriptions were checked against each volume by Julianne Simpson of the JRRIL, then 'translated' into various different metadata formats for the different library systems: TEI-XML for the digital collections image viewer, and MARC21 for the University's library catalogue records.[31] Markup encodes information about a text (and its physical carrier), and so can be used to describe its structure, appearance, and content. By choosing to use TEI-XML as the markup system for the image viewer's metadata, we have the flexibility to describe all features of the objects held within MDC in this long-established and widely used encoding language, and to display many different kinds of digital text on the right-hand side, including written text, images, audio and video files, and even 3D renderings of the object. In addition to the physical description, the metadata record for each volume includes a lengthy bibliography field, with direct links to the entry for each edition in the PERI database, the University of Manchester's library catalogue, and the Incunable Short-title Catalogue (ISTC), plus references to the other major bibliographical works which describe this item. The Manchester catalogue records are also ingested into national and international union catalogues such as Jisc Library Hub Discover (for the UK and Ireland) and the OCLC Worldcat, ensuring maximum discoverability for researchers worldwide.

The final element which joins the images and metadata together is the 'manifest', a linking file which provides the information that populates the facsimile element in the TEI metadata file, by embedding the link within a 'locus tag'. In layperson's terms, this is what allows the user to navigate quickly through the images using the page references in the text on the right-hand side, by providing links to particular pages. It is this feature which makes MDC such a powerful and useful scholarly resource, since it allows our scholarly objects to be framed and contextualized by further information, something which is simply not possible for other image viewers, which are focused on delivering the images alone. In this way, we are able to publish our research findings about these Petrarch books right beside a high-quality digital reproduction of the object, and even link these findings directly to a particular page of the book, for example, thereby facilitating the encounter between the primary research, the research object, and the reader-researcher. The IIIF manifest also serves to allow our Manchester digital objects to interact with other digitized editions beyond the immediate institution: we provide an in-built Mirador viewer as part of MDC (see Fig. I.3), and the manifests themselves can be downloaded and imported into any other IIIF-compliant viewer.

All the images and metadata used in the MDC image viewer are made freely available for download, under a Creative Commons Attribution-Non Commercial License (CC BY-NC 4.0), and users can access these at any time via the buttons at the bottom right of the image viewer interface, along with the IIIF manifest. Users can also use these to directly request reproduction rights from the Library, and open the Manchester digital objects in the built-in Mirador viewer. One unavoidable shortcoming of the digital viewer (and digitizations more generally), in comparison to the physical reading experience, however, is the problem of differentiating between the size of the individual books; the viewer automatically sizes itself to the screen, so it is harder to get an intuitive sense of the material dimensions of each book. Measurements are provided in the metadata for each edition, but for a material comparison, the researcher still needs to do some work.

The speed and ease of use of the Petrarch Digital Library will transform access to these precious but understudied books held in the John Rylands Library. It is our hope as well that it will transform researchers' conceptualizations of the book-object itself, and its text-producers. In addition to the individuals who made these physical books many centuries ago, we can now add the contributions of the very many information experts who have built their digital representations: the curators, photographers, software developers, researchers, cataloguers, and metadata specialists who have come together to make these digitized versions and their digital library. We are delighted that the library has already become a point of reference for the discipline, and is already being integrated with other research projects such as Roberto Leporatti's *Rime Disperse del Petrarca: L'altra faccia del Canzoniere*, where it supplies the digitizations of record for the printed editions which contain these poems.[32]

Materiality, Paratexts, and Interpretative Strategies

The ten essays brought together in this volume were all delivered as papers by scholars from Italy, Germany, France and the United Kingdom at the project's final conference, held at the University of Leeds on 12–13 December 2019. The conference built on an earlier project workshop held in Venice in September 2018. That workshop had been organized in relation to the main categories — commentaries, academic lectures, and tools for the reader — utilized to map the rich and diverse array of exegetical materials in the PERI database.[33] The aim of the Leeds conference was to interrogate still further the genres, critical lexicon, material forms, and cultural significance of exegesis on Petrarch's vernacular poetry in both fifteenth- and sixteenth-century Italy. The conference also aimed to create space for further study of aspects of the exegetical tradition that were either not foregrounded in the project or lay outside its Italian scope. Thus, papers were invited and delivered that dealt with aspects of the visual reception of Petrarch, as well as ones that considered how Italian exegesis was developed and utilized in sixteenth-century France and England. Though acutely aware that coverage could not in any sense be comprehensive,[34] the conference also aimed to explore how both commentaries and academic lectures interpreted Petrarch, to examine some of the material forms they assumed in both manuscript and print, the role of paratexts, and the richness and range of critical vocabulary and exegetical strategies deployed.

This volume is organized into three main parts. Part I is concerned with the textual tradition of some major commentaries, the re-use of the most important one of all — Vellutello's *Esposizione* — by its later printers and readers, and the role of paratextual material in Petrarch editions. The essays by Bernhard Huss and Nicole Volta explore respectively two major but relatively neglected commentaries. Huss's essay examines the first published commentary on Petrarch's *Triumphi*, known as the 'Portilia Commentary'. The essay contributes to our understanding of the entire manuscript tradition of the work as well as its first print edition in 1473 by Andrea Portilia in Parma. Huss shows how the commentary largely focuses on interpreting the literal meaning of Petrarch's text, and, in marked contrast to later interpretations, makes no real ethical or moral observations regarding the *Trionfi*'s narrative. Similarly, the Portilia commentary — as Huss explains — gives little space to the figure of 'Petrarch' and does not practise an exemplary-biographical interpretation of the text, as was later common, on the basis of Petrarch's autobiographical self-stylization. Instead, the commentary focuses on the topics 'Amor', 'Gloria' and 'Virtus', which are identified in the deeds and attitudes of a wide variety of figures as transmitted by the previous tradition. The essay shows in particular that the peculiar order of the individual capitoli of the *Trionfi* as presented by the Portilia corpus is in line with this specific interpretation.

In Chapter 2, Sabrina Stroppa focuses on Alessandro Vellutello's celebrated 1525 print commentary, the single most important and influential exegetical intervention in Italy in the sixteenth century. Vellutello's commentary, with its polemical reordering of the *Rerum vulgarium fragmenta* in line with a richly imagined biography and personal history of Petrarch, was to dominate in various forms the market for printed commentaries and to be a compulsory point of reference for later readers, interpreters and poets, both within and without the Italian peninsula, as the essays by Jean Balsamo and Will Rossiter help to show. Stroppa's own essay deals with the reprinting and reception of Vellutello in Italy, its changing paratexts in later re-editions and the wealth of annotations left by readers on printed copies. Her contribution offers one of the first detailed examinations of the evolution and development of Vellutello's paratextual packaging and of the commentary itself. It also constitutes an important initial survey of several copies that provide evidence through underlinings, marginalia and annotations of how contemporary readers responded to the commentary.

In Chapter 3, Nicole Volta provides a detailed assessment of the commentary by Silvano da Venafro in the broader context of Petrarch exegesis developed in Naples in the circle of Antonio Minturno in the first three decades of the sixteenth century. Silvano's only edition, that of 1533, is one of the least studied Petrarch commentaries and has often been overshadowed by another Neapolitan commentary, that of Giovanni Andrea Gesualdo, first published in Venice in the same year but seeing at least six reprints. The chapter examines afresh da Venafro's commentary, providing new information on exegesis in this period in Naples and considering in particular the paratextual elements, and the editorial and cultural contexts in which the commentary was produced. For example, Volta shows how Venafro's commentary, like Gesualdo's, was part of a particular collective exegetical endeavour in Naples, and how it reveals fascinating traces of his connections with figures such as Vittoria Colonna and Agostino Nifo.

The following chapter, by Brian Richardson, concludes Part I with a study not of a commentary itself but instead of the tools for the reader provided in paratextual form by one of Venice's most enterprising polygraphs, Girolamo Ruscelli. In 1554 Ruscelli produced and printed two editions of Petrarch's vernacular verse, which provided forms of exegesis that somewhat differed in approach from those found in previous editions. The chapter shows how Ruscelli concentrated on helping readers to understand and pronounce Petrarch's verse, while also helping would-be poets to imitate him. The contribution studies both editions of 1554, and highlights the more innovative qualities of the later October one, assessing its reuse of a rhyming dictionary (borrowed from previous editions), and the adjustments to spelling in order to indicate sense and pronunciation. Richardson also studies the glossary created by Ruscelli in the second edition and draws attention to the editor's own marked interest in representing the sounds of Petrarch's verse in ways that reveal Ruscelli's concern with oral performance.

Part II contains essays on both commentaries and academic lectures and explores several specific figures and their exegetical strategies. As well as giving a focused assessment of one academic reader, this part also provides two essays that attempt to work across a broader spectrum of Petrarchan exegesis, interrogating it for its interpretation of specific passages or concerns. The first chapter in this part, by Giacomo Comiati, explores the multiple and diverse readings that almost thirty exegetes (c. 1450–1650) gave of the moment of the 'innamoramento' ('falling in love') of Petrarch for his beloved Laura (*Rvf* 2 and 3). The material is rich in complexity, multilayered meanings and some apparent contradictions, and the chapter studies the ways in which early modern exegetes approached these two poems, illustrating interpretative trends and methodologies. The chapter also offers an overview of early modern literary, rhetorical, textual and philosophical debates through its focus on a delimited yet fundamental section of Petrarch's *Canzoniere*. The following chapter, by Johannes Bartuschat, returns us to the analysis of a specific figure, the Florentine academician Giambattista Gelli, who gave a series of lectures on Petrarch in the early 1540s before the Florentine Academy. Bartuschat explores in particular Gelli's lectures on two Petrarchan sonnets (*Rvf* 77 and 78) that deal with Simone Martini's portrait of Laura. The essay considers Gelli's interventions in relation to the contemporary debates on the visual arts with particular attention to Gelli's own collection of *Venti vite* of Florentine artists, in which the arts are celebrated as a central element of Florence's cultural predominance. It is argued that Gelli stakes his distance from contemporary exaltations of Michelangelo in his lecture on *Rvf* 78. The discussion is situated against a context of rivalries between art and literature in which Gelli develops a philosophical vision of the figurative arts and attempts to show the superiority of poetry.

The final essay in this section, by Lorenzo Sacchini, then analyses at scale the very widespread but largely uncharted phenomenon of Petrarch readings undertaken in academies. The chapter follows two main lines of enquiry: first, it argues that both the academies and the lectures on Petrarch produced in them were governed by the principle of the Horatian *utile dulci*; second, it illustrates the value or the various facets of this 'usefulness' that academy members could gain from expositions on Petrarch's poems. A particular focus is given to the aspects of Petrarch's poetry that were emphasized in providing audiences with established models of life conduct.

In Part III, the volume turns outside textual exegesis proper to consider the interactions found between visual illustration and exegetical materials and to explore how the Italian tradition of exegesis on Petrarch influences other European contexts, especially France and England. Alessandro Vellutello's 1525 print commentary and its reprints remain a key link with Part I, since two essays address prominently the reception of his commentary outside Italy. Jean Balsamo focuses upon *Laure d'Avignon* (1548) by Vasquin Philieul. This work is the first French translation of one part of Petrarch's *Canzoniere*. Based on Vellutello's edition, it is accompanied by an original commentary made up of 145 brief prose summaries or *argomenti*. The summaries deal with specific passages and the overall interpretation of each poem, with attention to the biographical nature of its love story and the poetical and rhetorical elements in its literary construction. The chapter studies these dimensions, how the commentary presents moralizing readings and how such an approach fits within a long-standing French tradition of moral commentary that is adapted to a new readership by Philieul. The following chapter, by William Rossiter, examines Sir Thomas Wyatt's use of Vellutello's commentary. In particular it explores the ways of reading already encoded within Vellutello's exposition, and Wyatt's responses to them, and how Wyatt followed the threads between Vellutello's commentaries on individual poems as a means of mapping Petrarch's sequence. The chapter identifies how Vellutello's radical reordering of the sequence that Petrarch left in MS Vat. Lat. 3195 is reflected in Wyatt's autograph (BL MS Egerton 2711), and seeks to reassess the prevailing critical understanding of how Wyatt read Petrarch, relative to his use of Vellutello in relation to questions of imitation and sound. It also argues for the need to locate Wyatt's imitations of Petrarch away from his translations, and that Wyatt's imitations are far less obtrusive than his translations, in accordance with the principles of *imitatio* laid out by Petrarch himself.

The final essay, by Andrea Torre, brings us to a new topic, that of visual exegesis. His chapter deals with the illustration in manuscripts and early print copies of Petrarch and its close and complementary relationship to text and exegesis. It pays attention to some key elements in the structure of these books: portraits of Petrarch as poet in the act of writing, and attempts to highlight visually intertextual references that are implicit in the text. Torre concentrates upon the illustrations by Antonio Grifo to a copy of the 1470 print by Vindelino da Spira and a copy of an Aldine edition (1514) at Chatsworth House Library, whose coloured marginal drawings are based on a collaboration between the literary scholar Aurelio Morani and the painter Cola dell'Amatrice.

Our hope, then, is that both PERI and the digital library will allow exploration at greater scale of the material collated and the multiple modes of exegesis developed within it, interrogating further its genres (and the generic complexity contained within many exegetical works), material forms, paratexts, contents, and critical languages, as well as its rhetorical, religious, ideological and philosophical concerns. These materials provide, we believe, a rich terrain upon which to investigate what exegesis is and means, how exegetical work contributes to canonicity at both national and transnational levels, and how authoriality is multiplied and transformed into a wealth of other voices and identities by the agency of commentators, editors, readers, translators and other poets. The essays indicate some major lines of approach that might be developed further in the study of Petrarch commentaries, academic lessons, and other modes of exegesis. We hope, in short, that the volume as a whole and the materials provided by PERI and the digital library will help to support future study of Petrarch exegesis, its styles, contents, themes and contexts, its materiality and the effects and implications of multiple later material forms on reading and interpretation. We also hope that the essays will help to illustrate the complex interactions between visual, editorial, and exegetical in print and manuscript, and the circulation and transformation of Italian Petrarch exegetical work both in and across other national and linguistic borders.

Notes to the Introduction

1. Among some of the seminal works on Petrarchism, see Dàmaso Alonso, *La poesia del Petrarca e il Petrarchismo* (Florence: Olschki, 1959); Luigi Baldacci, *Il petrarchismo italiano nel Cinquecento* (Padua: Liviana, 1974); *Il Petrarchismo. Un modello di poesia per l'Europa*, ed. by Loredana Chines, Floriana Calitti and Roberto Gigliucci, 2 vols (Rome: Bulzoni, 2006); William J. Kennedy, *The Site of Petrarchism: Early Modern National Sentiment in Italy, France, and England* (Baltimore: Johns Hopkins University Press, 2003); *Interdisciplinarità del petrarchismo. Prospettive di ricerca fra Italia e Germania*, ed. by Maiko Favaro and Bernhard Huss (Florence: Olschki, 2020); Amedeo Quondam, *Petrarchismo mediato. Per una critica della forma 'antologia'* (Rome: Bulzoni, 1974); idem, 'Sul Petrarchismo. Dieci anni dopo', in *Petrarca, l'Italia, l'Europa. Sulla varia fortuna di Petrarca: Atti del Convegno di studi (Bari, 20–22 maggio 2015)*, ed. by Elisa Tinelli, foreword by Davide Canfora (Bari: Edizioni di Pagina), pp. 243–58. An account in English is Stefano Jossa, 'Bembo and the Italian Petrarchism', in *The Cambridge Companion to Petrarch*, ed. by Albert Russell Ascoli and Unn Falkeid (Cambridge: Cambridge University Press, 2015), pp. 199–210. The phenomenon has also been studied in France and England; in addition to the relevant works above, see also Heather Dubrow, *Echoes of Desire: English Petrarchism and its Counterdiscourses* (Ithaca and London: Cornell University Press, 1995); Stephen Minta, *Petrarch and Petrarchism: The English and French Traditions* (Manchester: Manchester University Press, 1980). See also *Les poètes français de la Renaissance et Pétrarque*, ed. by Jean Balsamo (Geneva: Droz, 2004).
2. On the plurality of Petrarchism, in addition to the previous note, see Roberto Gigliucci, 'Appunti sul petrarchismo plurale', *Italianistica*, 34.2 (2005), 71–75, and now the introduction to Maiko Favaro, *Ambiguità del petrarchismo. Un percorso fra trattati d'amore, lettere e templi di rime* (Milan: FrancoAngeli, 2021) with the bibliography provided there especially p. 12, n. 2. In addition to the previous note, on print editions, see at least Nadia Salamone Cannata, *Il canzoniere a stampa (1470–1530). Tradizione e fortuna di un genere fra storia del libro e letteratura*, 2nd edn (Rome: Bagatto Libri, 2000); *Nel libro di Laura. Petrarcas Liebesgedichte in der Renaissance*, ed. by Luigi Collarile and Daniele Maira (Basel: Schwabe, 2004); Brian Richardson, *Print Culture in Renaissance Italy: The Editor and the Vernacular Text, 1470–1600* (Cambridge: Cambridge University Press, 1994). On paratexts, see at least Michele Carlo Marino, 'Il paratesto nelle edizioni rinascimentali italiane del *Canzoniere* e dei *Trionfi*', in *Dante, Petrarca, Boccaccio e il paratesto. Le edizioni rinascimentali delle 'tre corone'*, ed. by Marco Santoro, Michele Carlo Marino and Marco Pacioni (Rome: Edizioni dell'Ateneo, 2006), pp. 51–76. On portraits, see at least Joseph B. Trapp, 'The Iconography of Petrarch in the Age of Humanism', *Quaderni petrarcheschi*, 9–10 (1992–93), 11–73; idem, 'Petrarch's Laura: The Portraiture of an Imaginary Beloved', *Journal of the Warburg and Courtauld Institutes*, 64 (2001), 55–192; Édouard Pommier, 'Le portrait de Laure', *Studi Petrarcheschi*, 17 (2004), 133–60. For illustrative modes of exegesis, see e.g. Lucia Battaglia Ricci, 'Illustrare un canzoniere: appunti', *Cuadernos de Filología Italiana*, 12 (2005), 41–54; Andrea Torre, *Vedere versi. Un manoscritto di emblemi petrarcheschi (Baltimore, Walters Art Gallery, Ms. W476)* (Naples: La Stanza delle Scritture, 2012); idem, 'Emblematic Reading Through Visual Commentary in an Early Sixteenth-Century Copy of Petrarch', *Emblematica*, 21 (2014), 207–29; Giulia Zava, 'L'iconografia petrarchesca, uno sguardo nella diversificazione', *Letteratura e arte*, 15 (2017): 9–32; eadem, 'Dilettante nell'illustrazione, Maestro nell'esegesi. Il disegno interpretativo nelle immagini del Petrarca Queriniano', *Quaderni Veneti*, 4.2 (2015), 201–39. Andrea Torre's chapter in this volume makes a further contribution to this field.
3. The project (AH/N006070/1) ran from January 2017 to December 2019 and brought together a team of researchers at the Universities of Warwick (and then Oxford), Leeds and Manchester. The research team included: Guyda Armstrong (University of Manchester), Giacomo Comiati (University of Oxford), Simon Gilson (University of Oxford), Federica Pich (University of Leeds), Lorenzo Sacchini (University of Leeds), and Julianne Simpson (John Rylands Research Institute and Library, University of Manchester). Digital Humanities support was provided by Steve Ranford at Warwick University, the IT Team in the Faculty of Medieval and Modern Languages at Oxford, and Research IT and the University Library's Digital Library Development team at the University of Manchester.

4. For these authoritative works, see Carlo Dionisotti, 'Fortuna del Petrarca nel Quattrocento', *Italia Medioevale e Umanistica*, 17 (1974), 61–113; Gino Belloni, *Laura tra Petrarca e Bembo. Studi sul commento umanistico-rinascimentale al 'Canzoniere'* (Padua: Antenore, 1992); William J. Kennedy, *Authorizing Petrarch* (Ithaca, NY: Cornell University Press, 1994). See most recently the collection of essays in *Interpreting and Judging Petrarch's Canzoniere in Early Modern Italy (16th–18th Centuries)*, ed. by Maiko Favaro (Oxford: Legenda, 2021). For other important critical overviews of commentaries, see Luca Marcozzi, 'Commenti del Quattrocento' and 'Commenti del Cinquecento' in *Petrarca platonico. Studi sull'immaginario filosofico del Canzoniere* (Rome: Aracne, 2011), pp. 173–98, 199–236. See also the monographic section of the issue *Annali della Scuola Normale Superiore di Pisa. Classe di Lettere e Filosofia*, s. 5, 11.2 (2019) (*Forme e funzioni dell'esegesi nel Rinascimento*, ed. by Andrea Torre), in particular the essays by Giancarlo Alfano, Federica Pich, Gerhard Regn, Andrea Torre, Franco Tomasi and Fabrizio Bondi.

5. There is a growing bibliography on specific annotated editions or single commentators; see at least the bibliography created as part of the PERI project (https://petrarch.mml.ox.ac.uk/bibliography). One should signal recent interest in Filelfo, Ilicino, Gesualdo, Vellutello, and Castelvetro in particular. A recent important series, directed by Gino Belloni, Giuseppe Frasso, Manlio Pastore Stocchi and Francesco Piovan, has begun to publish facsimiles of the main commentaries with substantive new introductions; see to date *Commento a 'Rerum vulgarium fragmenta' 1–136. Edizione anastatica dell'incunabolo Bologna, Annibale Malpigli, 1476*, with introduction and indexes by Michele Rossi (Treviso: Antilia, 2018); Alessandro Vellutello, *Commento a Le volgari opere del Petrarcha (Venezia, G.A. da Sabbio, 1525). Edizione anastatica dell'esemplare della Biblioteca Reale di Torino (P.M. 1286)*, with introduction and indexes by Sabrina Stroppa (Vicenza: Antilia, 2021). For readers of Petrarch at academies, a fundamental reference point is *Lezioni sul Petrarca. Die 'Rerum vulgarium fragmenta' in Akademievorträgen des 16. Jahrhunderts*, ed. by Bernhard Huss, Florian Neumann and Gerhard Regn (Münster: LIT Verlag, 2004). Other key studies include Franco Tomasi, 'Le letture di poesia e il Petrarchismo nell'Accademia degli Infiammati', in *Il Petrarchismo*, ed. by Chines, Calitti and Gigliucci, I, 229–50. See also the chapters on academic lectures in Franco Tomasi, *Studi sulla lirica rinascimentale (1540–1570)* (Padua: Antenore, 2012). Particular attention has been focused on the lectures by Benedetto Varchi and Giovan Battista Gelli: see Simon Gilson, 'Appunti e considerazioni sulle lezioni petrarchesche e dantesche di Benedetto Varchi tenute presso l'Accademia degli Infiammati e l'Accademia Fiorentina', *Schriften des Italienzentrums der Freien Universität Berlin*, 2 (2019), 6–15; Maria Teresa Girardi, 'La lezione su *Verdi panni, sanguigni, oscuri o persi* (*RVF* XXIX) di Benedetto Varchi Accademico Infiammato', *Aevum*, 79.3 (2005), 677–718; Bernhard Huss, 'La lezione di Benedetto Varchi sul *Triumphus Cupidinis* e la raffigurazione rinascimentale di Amor', *Petrarchesca*, 7 (2019), 67–91. See also Franco Tomasi, 'Marco Mantova Benavides commentatore di Petrarca', *Filologia e critica*, 40.2–3 (2015), 279–99.

6. See respectively http://petrarch.uoregon.edu/ and http://www.humnet.unipi.it/.

7. More detailed notes on using the database and its functionalities, as well as on the main criteria adopted for inclusion of items in the census, can be found at https://petrarch.mml.ox.ac.uk. For an earlier discussion, see Guyda Armstrong and Federica Pich, '*Petrarch Commentary and Exegesis in Renaissance Italy*. Presentazione del progetto AHRC', in *Le rime disperse di Petrarca. Problemi di definizione del corpus, edizione e commento*, ed. by Roberto Leporatti and Tommaso Salvatore (Rome: Carocci, 2020), pp. 117–33.

8. See in particular (also with earlier bibliography) the volume edited by Leporatti and Salvatore, *Le rime disperse di Petrarca*, especially Tommaso Salvatore, 'Le rime disperse nella tradizione manoscritta dei *Rvf*', pp. 83–116 and Laura Paolino, 'La ricezione delle disperse nella tradizione esegetica: alcuni esempi dai commenti e dalle edizioni annotate di Cinque e Settecento', pp. 299–314.

9. See Florian Mehltretter, *Kanonisierung und Medialität: Petrarcas Rime in der Frühzeit des Buchdrucks (1470–1687)* (Münster : LIT, 2009), pp. 197–200.

10. For some background, see Karlheinz Stierle, 'Les lieux du commentaire', in *Les commentaires et la naissance de la critique littéraire. France/Italie (XIVe–XVIe siècles). Actes du Colloque international sur le Commentaire. Paris, mai 1988*, ed. by Gisèle Mathieu-Castellani and Michel Plaisance (Paris: Aux Amateurs de Livres, 1990), pp. 19–29.

11. Lorenzo Sacchini, 'Sul commento inedito a Petrarca di Gregorio Anastagi (1536/1539–1601)', *Aevum*, 93.3 (2019), 693–722; idem, 'Reading Petrarch: Gregorio Anastagi's (1536–1601) Manuscript Writings on Petrarch's "Canzoniere"', in *Interpreting and Judging Petrarch's Canzoniere*, in *Early Modern Italy*, ed. by Maiko Favaro (Oxford: Legenda, 2021); Giacomo Comiati, 'Judging Petrarch in the Venetian Accademia della Fama: Celio Magno and his *Prefazione sopra il Petrarca* (c. 1558)', in *Judging Petrarch's 'Canzoniere'*, in press.
12. See https://www.unige.ch/petrarca/it/presentazione/descrizione/
13. See https://www.archivirinascimento.it/, coordinated by Simone Albonico, Paolo Procaccioli, Emilio Russo and Franco Tomasi.
14. Particularly notable here are the essays by Rhiannon Daniels and Guyda Armstrong in the special edition of *Italian Studies* based on the project workshop in Venice; the essays examine Renaissance Petrarch prints in terms of both collaborative authorship and how communities of practice, premodern and modern, have interacted with them; see respectively 'Printing Petrarch in the Mid Cinquecento: Giolito, Vellutello, and Collaborative Authorship', *Italian Studies*, 75.1 (2020), 20–40; 'Re-materialising the Incunable Petrarch: Ernst Hatch Wilkins and the Politics of Bibliographical Description', *Italian Studies*, 75.1 (2020), 55–70.
15. For details see https://www.dilass.unich.it/node/9475.
16. Armstrong, 'Re-materialising the Incunable Petrarch'.
17. Gérard Genette distinguishes between the paratexts found within the book-object (the peritext) and those outside it, produced by third parties (epitexts): Genette, *Paratexts: Thresholds of Interpretations*, trans. by Jane E. Lewin (Cambridge: Cambridge University Press, 1997). The 1470 edition ([Venice]: [Vindelinus de Spira], [1470]) can be accessed here: <https://www.digitalcollections.manchester.ac.uk/view/PR-INCU-03472/1>; the 1586 edition (Venice: Angelieri, 1586) here: <https://www.digitalcollections.manchester.ac.uk/view/PR-BULL-01558/3>; the Portilia edition ([Parma]: [Andreas Portilia], [6 Mar. 1473]) here: <https://www.digitalcollections.manchester.ac.uk/view/PR-INCU-18977/1>; the *Lettioni dell'estatico insensato, Recitate da lui publicamente in diuersi tempi nell'Academia de gli Insensati di Perugia* (Perugia: Pietroiacomo Petrucci, 1588) here: <https://www.digitalcollections.manchester.ac.uk/view/PR-BULL-01274/13>; *Li due Petrarchisti dialoghi di Nicolò Franco, & di Ercole Giovannini* (Venice: Barezzo Barezzi, [1623]), shelfmark Bullock Collection 862, here: <https://www.digitalcollections.manchester.ac.uk/view/PR-BULL-00862/1>.
18. Armstrong, 'Re-materialising', pp. 15–16.
19. Ibid., pp. 5–6.
20. In her article, 'Re-materialising', Armstrong identifies five different types of edition for the incunable editions alone (p. 7).
21. On the library, and Mrs Rylands's considered Italophilia, see Stephen J. Milner, 'Manufacturing the Renaissance: Modern Merchant Princes and the Origins of the Manchester Dante Society', in *Culture in Manchester: Institutions and Urban Change since 1850*, ed. by Janet Wolff with Mike Savage (Manchester: Manchester University Press, 2013), pp. 61–94.
22. The Bembo edition (John Rylands Library, Aldine Collection 20957) is available in the Petrarch Digital Library: <https://www.digitalcollections.manchester.ac.uk/view/PR-ALDI-20957/1>.
23. A small Dante collection of six items has also been digitized for Manchester Digital Collections: <https://www.digitalcollections.manchester.ac.uk/collections/dante/1>.
24. See for example the *Annotationi brevissime* (Padua: Lorenzo Pasquale,[1566]), by Marco Mantova Benavides: https://www.digitalcollections.manchester.ac.uk/view/PR-BULL-01217/16].
25. The Rylands holds the only copy in the UK for several very rare prints: the 1471 Rome edition (of 5 surviving worldwide); the 1473 Parma edition (8 surviving); the [c. 1475] Printer of Jacobus de Forlivio edition (5 surviving), the 1477 Naples edition (4 surviving).
26. On the new findings regarding the physical incunable corpus, see Armstrong, 'Re-materialising', pp. 65–66.
27. Venice, Filippo di Pietro, 14 Aug. 1482: <https://www.digitalcollections.manchester.ac.uk/view/PR-INCU-18313/1>.
28. [Northern Italy?]: [Printer of Jacobus de Forlivio, 'Expositio'], [c. 1475] <https://www.digitalcollections.manchester.ac.uk/view/PR-INCU-09464/1>. The Mirador view of this edition is shown in Figure 1.3.

29. The library record is here: <https://www.librarysearch.manchester.ac.uk/permalink/44MAN_INST/bofker/alma9913043984401631>.
30. The images were prepared using Phase One medium format digital cameras and Capture One pro software. For more details on processes, see: https://www.library.manchester.ac.uk/using-the-library/staff/imaging-services/ [accessed 18 November 2021].
31. For more on the Text Encoding Initiative Consortium, see its website at: https://tei-c.org [accessed 18 November 2021].
32. The RdP website can be found at: < http://rdp.ovi.cnr.it/main>, while the print witnesses are available at < http://rdp.ovi.cnr.it/stampe > [accessed 18 November 2021].
33. The workshop led to a special issue of *Italian Studies*, 75 (2020), 4–70. The paper delivered by Bernhard Huss was later published in *Petrarchesca* (see this Introduction, n. 5).
34. We are particularly conscious of the significance and influence (including in France and Spain) of Bernardo Ilicino's commentary; see Domenick D. Carnicelli, 'Bernardo Ilicino and the Renaissance commentaries on Petrarch's *Trionfi*', *Romance Philology*, 23 (1969), 57–64; Leonardo Francalanci, *La traducció catalana del Comentari de B. Ilicino als Triumphi de Petrarca. Estudi i Edició crítica*, unpublished PhD dissertation, Universitat de Girona, 2013; Valerie Merry, 'Una nota sulla fortuna del commento di Bernardo Ilicino ai *Trionfi* petrarcheschi', *Giornale storico della letteratura italiana*, 163 (1986), 235–46; Roxana Recio, *Los Trionfi de Petrarca comentados en catalán* (Chapel Hill: University of North Carolina, 2009); Leonardo Francalanci, 'I "*Trionfi* con il commento di Bernardo Ilicino" o il "*Commento* di Bernardo Ilicino ai *Trionfi*"? Alcune riflessioni metodologiche dalla periferia del canone petrarchesco', *Petrarchesca*, 3 (2015), 75–87.

CHAPTER 1

I *Trionfi* nell'esegesi del Commento Portilia

Bernhard Huss

Il primo commento a stampa dedicato a un'opera volgare di Petrarca[1] è un prodotto anonimo. Questo commento, un'esegesi relativamente ampia dei *Trionfi*,[2] è stato spesso soprannominato Commento Portilia dal nome del tipografo Andrea Portilia, che ne curò la stampa a Parma con la data del 6 marzo 1473.[3] Il testo è più ricco e più antico di quanto suggerisca l'incunabolo: il commento ha una tradizione manoscritta abbastanza ampia, che pare risalga addirittura al circolo di accoliti del tardo Petrarca. Lo stesso testo del commento relativo ai versi 58–60 del secondo TM sembrerebbe trovare il proprio fondamento nelle parole di un discepolo del Petrarca, il Maestro Giovanni da Ravenna.[4]

Il commento ha una tradizione manoscritta bipartita, solo in parte legata al testo tramandato dal commento a stampa: mentre un gruppo di manoscritti trasmette la versione integrale del commento ai *Trionfi*, un'altra parte della tradizione riporta una versione parziale del commento che si ferma nel mezzo del TF (1a.60). Anche se la stampa Portilia è un testimone della versione abbreviata, per ragioni pratiche useremo in questa sede la denominazione di Commento Portilia per indicare l'intero corpus esegetico che fa capo alla stampa. L'edizione critica allestita da Sandra Rizzardi sulla scia degli studi di Concetta Bianca e soprattutto di Josef Allenspach corregge lo stemma dei noti codici del commento grazie alla collazione completa dei manoscritti Firenze, Biblioteca Laurenziana, MS Laurentianus Ashburnham 1158 (Ash), Milano, Biblioteca Trivulziana, MS Trivulziano 1016 (T), Paris, Bibliothèque Nationale, MS Ital. 553 (P), che tramandano il testo per intero, e aggiunge l'importante testimone Ash. La studiosa classifica come contaminati altri tre codici che tramandano il testo completo e collaziona altri dieci manoscritti che riportano solo la versione parziale.

Il testo offerto dall'edizione si basa su Ash con varianti tratte da T e P (per il testo parziale sono state consultate la stampa del 1473 e il manoscritto Pavese Aldini 473 [Pavia, Biblioteca Universitaria]). L'ampio apparato critico dell'edizione dà solo un'idea parziale della ricchezza di varianti della tradizione del commento, i cui testimoni non di rado differiscono per interi paragrafi. Basti pensare che nel corpus testuale ci sono spesso differenze significative persino tra il testo dei *Trionfi* citato dal commento e il testo dei *Trionfi* analizzato all'interno del commento. La situazione testuale è, come vedremo, alquanto complicata.

Il Commento Portilia è quindi un'opera a più livelli. La sua complessità è acuita non solo dal ricco numero di varianti della tradizione, ma anche dalla natura polifonica del testo. Le voci che compaiono nel commento, non sempre chiaramente distinguibili nelle singole sezioni, sono almeno tre: quella del cosiddetto 'glosatore', quella dell''expositore' e, nella stampa rinascimentale, la voce del curatore del testo. Se si guarda all'intera tradizione testuale dell'esegesi, l'insieme delle voci riconoscibili aumenta da tre a cinque, sebbene queste assumano diverso spessore nella macrostruttura del commento.

La presenza di un altro esegeta di formazione umanistica in un corpus testuale precedente complica ulteriormente la questione dello stato di revisioni e modifiche subite dal testo poi curato per la stampa da Andrea Portilia. Il commentatore, che per Rizzardi e Allenspach si occupa del testo dei *Trionfi* fino alla sequenza di *TF* 1a e *TC* 2,[5] non sembra mostrare la stessa coerenza nella parte finale del testo, come testimonia l'ultimo terzo del commento tramandato dal corpus. L'attribuzione, nel colophon del testo a stampa, di una delle parti del commento a Filelfo[6] è spesso, ma non sempre, apertamente messa in dubbio.[7] Se l'attribuzione del testo rimane incerta, più sicura è la presenza di un committente, come prova la piccola nota nel commento a *TF* 1a.28–30: 'De' quali magnanimi suoi facti breve diremo, constretto dalla voluntà di colui che questa opera mi fa componere, che in ogni parte vole se dica corto.'[8]

Il presente contributo non vuole condurre un'indagine stratigrafica sul testo, ma si prefigge di indagare come la macrostruttura e alcune sequenze fondamentali dell'opera trionfale siano state interpretate dal commento in questione.

Nella stampa Portilia il commento al primo *TC* è preceduto da due esposizioni che riassumono a mo' di prologo il significato complessivo dell'opera. Le due esegesi, l'una alternativa all'altra, sono state tramandate diversamente dalla tradizione del commento.[9] La prima esegesi (Portilia 1473: c. 1^{r-v}) viene tramandata dalla maggior parte dei testimoni (ma non da T); la seconda esegesi si trova nella stampa Portilia come opzione alternativa. Secondo la prima interpretazione, la sequenza dei *Trionfi* non rappresenta altro che le varie forme di felicità terrena raggiungibili dall'uomo (la stessa sequenza è interpretata da Rizzardi in senso platonizzante come una gerarchia crescente di *felicitates* che dovrebbero quindi formare un itinerario dello spirito: *itinerarium mentis in Deum*):[10]

> Incomincia il libro chiamato Trionfo [Triomphi ed. Portilia] d'Amore facto et composto dallo excellente [excellentissimo ed. Portilia] et sommo poeta Misere Francesco Petrarca da Fiorenze per amore di sua inamorata Madonna Laura, lo quale è distincto in capitoli 13 [xii ed. Portilia], che in sentenzia [i quali in summa ed. Portilia] fanno menzione et contengono cinque trionfi, ne quali [ne lo qual processo tutti ed. Portilia] gli nobili et antichi uomini, maschi et femine [cossi homini come donne ed. Portilia], hanno trionfato ponendo loro felicità in alcuno di quelli, ciascuno sottomettendosi al giogo de amore et transformandosi in quella cosa che più amò mentre visse. Primo trionfo, overo felicità, fu in avere possessione, overo contentamento, in amore di sua donna inamorata. Secondo trionfo è possedere alto stato di scientia [de scientia o de virtute ed. Portilia]. Terzo è aver dominio di forteza [forteza overo francheza ed. Portilia] in propria persona. Quarto è nelle gran ricchezze e pompe mondane, overo nelle

gran signorie. Quinto et ultimo è nella virtù [ne le grande virtute ed. Portilia]. Conclude dunche l'autore nel fine di questa opera lo sexto futuro trionfo, che fia al dì dello universale iudicio nella resurrectione et coniunctione dell'anime con gli corpi loro insieme glorificati.[11]

L'assegnazione ad ogni trionfo (da *TC* a *TE*) di un preciso segmento testuale, così come è qui postulata dal commento, non è sempre chiara;[12] senz'altro più semplice è riconoscere il tema trattato in ogni trionfo: se nel *TC* si tratta dell'amore felicemente corrisposto verso la donna amata, nel trionfo che subito segue si descrive lo stato di felicità derivante dal possesso di un 'alto stato de scientia (o de virtute)'. Le successive processioni trionfali stanno invece a rappresentare la felicità raggiunta per mezzo di beni e qualità terrene che precedono l'esperienza della virtù ed infine, dopo l'acquisto di tale virtù, si raggiunge l'ultima parte dell'opera ('lo sexto futuro trionfo'), il *TE*, in cui viene messo in scena il giudizio universale. A colpire è l'incerta relazione che intercorre fra ciascuno dei singoli temi e la segmentazione dei trionfi presentata dalle edizioni odierne (questo, come l'incoerente suddivisione numerica delle singole sezioni dell'opera all'inizio dell'esposizione, ha a che fare principalmente con la disposizione dei capitoli trionfali nel testo del commento; per questo v. sotto). Stupisce che nel prologo del commento Amore sia presentato come tema dell'intera opera e non solo come soggetto del corrispondente *TC*. Altrettanto sorprendente è il fatto che qui non si parli della biografia del Poeta come modello esemplare di redenzione spirituale, diversamente da quanto accadrà invece in molte interpretazioni successive dei *Trionfi*, a partire dal commento di Bernardo Ilicino del 1475.[13] Il prologo enfatizza piuttosto la validità universale del discorso sul desiderio amoroso (di uomini e donne) che appartiene alla più antica tradizione letteraria.

La seconda delle due esposizioni riassuntive (c. 1^v–2^v), offerta solo dalla stampa Portilia, è stata definita 'moderna' dalla critica,[14] apparentemente perché si avvicina al significato letterale dei *Trionfi*:

> Con pace sia di esso glosatore come che di esso expositore: e luno e laltro non bene dividendo: o distinguendo: overo apropriando li dicti sei triomphi: per che lo Primo triompho fu de lamore: e che simile passione naturale ha predominata: e signoregiata quasi sopra tutti li homini: e done: li quali perfino a lo presente tempo furono mai e sono: salvo che in la sua madona Laura: ne la quale lo dicto amore. overo passione nulla possanza mai pote havere: ne triomphare di lei. Lo secondo triompho si e: o fu quello che e la virtute: demonstrando che essa virtu e de piu efficacia: e valore: e a cui in se lha habituata con piacere: e dilecto: volendo usarla e meterla in acto: pote vincere e triomphare di questo amor cupido: e tale passione naturale sotomettere ala sua virtute: como che fu de. d Laura: la quale con la sua pudicicia: & honestate vinse cupido dio damore e triompho di lui. Lo terzo triompho sie quello de la morte: la quale pare non proprie parlando: ma improprie per modo accidentale: e intermediante e interrumpente pare triomphare di essa virtute: in questa forma: che dopo che lhomo e morto pare manchare da lo officio virtuoso: che piu non po usare la sua virtute: e ponerla in acto come che facea quando che era in questa vita mortale una insema acompagnata col corpo: el quale era lo suo opposito e cagione di essa virtute: vincendo essa virtute le passione sue & maxime quella de cupido amore. Lo quarto triompho sie ben che essa morte per corso naturale

> para interrompere: o amovere quella virtute: o quel acto virtuoso: el quale usava lhomo essendo in questa presente vita: nientedimeno la fama: la quale rimane dopo la morte de lhomo: essa virtute non e morta: ne cossi presto se puo cancellare del mondo: e mancho ne laltro. Et impero la fama de la virtu de lhomo: o del acto suo virtuoso triompha di essa morte: lassando: e rimanendo la bona fama. Lo quinto triompho sie del tempo el quale triompha de la fama come pienamente se dimostra: che poscia che uno homo dignissimo sia stato famoso per spacio de uno grandissimo tempo: e la sua fama sia durata: e mille: e duomille anni: al ultimo pur tal fama poi dal tempo e posta in oblivione e cancellata: cossi lo tempo par triomphare de li grandi nomi: e de la gran fama. Lo Sexto: & ultimo triompho sie esso omnipotente: & eterno idio: il qual e sopra ogni cossa: pero che in esso non e: ne cape alchun tempo: ne in lui ha possanza alchuna: anci el tempo e sottoposto a esso glorioso idio: e a petitione sua e questo: e ogni altra cossa creata: el qual idio triomphando sopra ogni cossa: & maxime sopra del tempo venira ne la fine del mondo a iudicare li vivi: e li morti: cioe esso iesu christo figliolo de dio patre: del qual suo iudicio in lo sexto triompho se fara mentione.

In questa prospettiva il *TC* mette in scena la forza d'Amore come 'passione naturale' che agisce su 'quasi […] tutti li homini: e don<n>e', il *TP* il controllo 'di questo amor cupido: e tale passione naturale' e la sua sottomissione alla virtù e in particolare alla 'pudicicia: & honestate' di Laura, mentre il *TM* rappresenta l'impossibilità di esercitare l'"officio virtuoso" attraverso la caduta del corpo separato dall'anima; il *TF* mostra come la 'fama de la virtu de lhomo' sopravviva dopo la morte fisica e il *TT* come l'ineluttabile avanzare del tempo comporti l'estinguersi della fama; infine con il *TE* si assiste al sopravvento dell'"omnipotente: & eterno idio". In effetti, secondo la percezione odierna, questa interpretazione dell'opera può sembrare più vicina al testo di quella tramandata dai testimoni della vulgata del commento. La ripartizione del testo sembra più chiara e appare dunque anche più logica poiché segue la struttura familiare dei *Trionfi* secondo i ben noti titoli dei capitoli (da *TC* a *TE*). Sia questa interpretazione, sia la prima che compare nella stampa non interpretano l'opera come un percorso di espiazione spirituale compiuto dalla figura dell'io protagonista (che ha il volto di Francesco Petrarca), una lettura che come si diceva sarà invece alquanto diffusa nei commenti rinascimentali. La seconda esposizione deve essere tenuta ben presente per comprendere le considerazioni che seguono. Per un'analisi della macrostruttura dei *Trionfi*, così come viene presentata dal nostro commento, la prima interpretazione della vulgata manoscritta assume particolare importanza, se non altro perché il commento completo è tramandato solo nella vulgata.

Nella vulgata i *Trionfi* sembrano quindi essere presentati nel loro complesso come un'opera all'insegna del tema amoroso: nel commento ci si riferisce al poema in terzine come al 'Trionfo d'Amore' e i personaggi delle processioni sono presentati come mossi da passioni o da aspirazioni terrene — l'unica figura che fa eccezione, libera dal giogo di questo desiderio, è il personaggio di Laura.[15] Nell'esegesi offerta dal commento il tema dell'amore, così come gli altri temi dell'opera, è affrontato con una certa disinvoltura. Il commento rimane ancorato al significato letterale del testo e tratta la rappresentazione petrarchesca di motivi, fenomeni e situazioni amorose senza alcuna riserva morale: per esempio, la storia d'amore segreta di Marte e Venere, sorpresi da Vulcano nel letto di quest'ultima, è raccontata nel dettaglio nel commento a *TC* 1.145–53, che si conclude con questa osservazione, non del tutto innocua, sulla bellezza della dea: 'Et dice Ovidio che, gli dei vedendo le bellezze di Venere, ciascuno di loro desiderava d'essere Marte.'[16] Nei passi che chiosano il *TC* 3, ma anche il *TC* 4 o sequenze come quella della battaglia di Laura contro Amore nel *TP*,[17] il commento non si allontana dal significato della lettera del testo e si guarda bene dal sollevare ulteriori questioni di carattere morale o filosofico. Sono molto rari i luoghi in cui l'esegesi mette in luce significati secondari dell'opera, si veda ad esempio il commento a *TC* 1.57, 'ma squarciati ne porto il petto e' panni', dove si dice: 'Per lo pecto s'intende gli modi et gli acti segreti et privati nello amore. Per gli panni s'intende ogni acto exteriore et manifesto. Quasi voglia dire che nel secreto et nel palese fu forte inamorato.'[18] Anche qui però non si fa altro che acuire il senso figurato proprio del testo delle terzine dei *Trionfi* (tecnicamente, un *sensus litteralis figuratus*), senza per questo inoltrarsi in una lettura profondamente allegorizzante dell'opera. Una chiara eccezione viene fatta, ancora una volta, per il personaggio di Laura, le cui parole rivolte a Petrarca personaggio in *TM* (2.13 e sg.: 'Riconosci colei che 'n prima torse | i passi tuoi dal publico viaggio?'), sono così glossate nel Commento Portilia: 'In questa parte l'autore in persona di madonna Laura per allegorico senso vole intendere della scientia poetica, della quale s'inamorò e fu laureato *e.q.s.*'[19] La lettura allegorica del passo occupa ben tre pagine dell'incunabolo e costituisce un unicum in tutto l'agglomerato esegetico.

Di solito l'interpretazione letterale del testo va di pari passo con un'estesa spiegazione delle componenti erudite delle terzine petrarchesche: personaggi, situazioni, fatti della tradizione sono commentati con dovizia di particolari. Tra gli autori di riferimento del commento troviamo: Ovidio, Valerio Massimo, Cicerone, Livio, Sallustio e Seneca, i due Plinii, Terenzio, Persio, Orazio, Giovenale, Svetonio, Plutarco, Giustino, Macrobio e Lucano.[20] In questo modo il commento fornisce un modello importante per la decodifica delle numerose e laconiche evocazioni di ascendenza classica di cui il testo dei *Trionfi* è intriso e pone le basi per la successiva tradizione di commenti rinascimentali sul poema, che si è ampiamente confrontata con la dimensione erudita dell'opera.[21]

Per quanto riguarda la linea esegetica del commento e quindi la direzione interpretativa che il testo critico mostra quando si misura con il testo poetico, è interessante osservare come il prologo della vulgata ponga particolare attenzione sull'amore come tema del *TC*, ma anche, come si diceva, dei *Trionfi* nel loro insieme e che da questa particolare prospettiva la figura diegetica di Petrarca, che avrebbe potuto rappresentare il 'caso amoroso per eccellenza', sia praticamente ignorata (contrariamente a quanto accade nella tradizione successiva del commento). Questo sembra avere qualcosa a che fare con l'ordinamento sequenziale dei singoli capitoli. La sequenza comprende tutte le parti dei *Trionfi* che erano note prima del 1950[22] e si presenta come segue nel più importante dei testimoni manoscritti (Ash):[23] *TC* 1,[24] *TC* 3,[25] *TC* 4,[26] *TP*,[27] *TM* 1,[28] *TM* 2,[29] *TF* 1a,[30] *TC* 2,[31] *TF* 1,[32] *TF* 2,[33] *TM* 1a,[34] *TF* 3,[35] *TT*,[36] *TE*.[37]

Nel prologo tramandato dalla vulgata la serie è suddivisa in tredici capitoli, mentre la stampa Portilia ne cita solo dodici.[38] Per arrivare a tredici, due capitoli vanno riassunti in uno, come fanno T e altri manoscritti con i trionfi *TM* 1a e *TM* 1 (e come il commento Portilia sembra fare con i trionfi *TM* 2 e *TF* 1a). Se questa operazione viene ripetuta si raggiunge un numero di dodici capitoli anziché tredici.[39] Se si legge la sequenza presente in Ash insieme alle informazioni ricavabili dagli incipit e dagli explicit dei capitoli, emerge un quadro che si discosta significativamente dalla nostra idea convenzionale della struttura dell'opera: la fase introduttiva, quella di Amore e delle sue vittime, è completata dalla narrazione dei trionfi della Pudicizia e della Morte. Il tema della morte che occupa il *TM* è strettamente collegato nella sua seconda parte con il tema della fama; infatti dal *TM* 2 si ha una sequenza continua fino al *TF* 1a, per poi tornare al tema dell'amore con il *TC* 2. Dopo il *TF* 1a, il *TC* 2 viene considerato come parte del gruppo trionfale della fama:[40] ecco perché nella sequenza i seguenti capitoli *TF* 1, *TF* 2, *TM* 1a e il *TF* 3 sono considerati 'tertium' fino al 'sestum capitulum de Fama'. Chiudono la serie il *TT* e il *TE* che, se comparati ai precedenti trionfi, vengono commentati abbastanza sinteticamente.

La macrostruttura così concepita crea un'ampia unità costituita dai capitoli della fama ed emargina allo stesso tempo quei capitoli che nella successiva tradizione esegetica assumeranno un ruolo centrale nella definizione della tematica della conversione religiosa e dell'ascesa spirituale del poeta (*TP*, *TT*, *TE*). Il tema della gloria terrena acquista un ruolo preponderante sia rispetto al *TC* 2, assorbito come parte integrante del discorso della fama tra *TF* 1a e *TF* 1, sia rispetto al *TM* 1a, accorpato nel complesso dei capitoli del suddetto discorso, e al *TM* 2, legato al *TF* 1a. Il tema della fama finisce per dominare le parti più ampie dell'intero censimento dei capitoli trionfali. Questa suggestione trova una solida conferma nel passaggio dal *TM* 2 al *TF* 1a, quando si esplicita che 'Amor' è un fenomeno che non definisce affatto l'amore (quello carnale, peccaminoso) in senso stretto, ma indica in sostanza ogni aspirazione e ambizione dell'uomo, persino in ambito militare e dunque in 'facti de l'arme' (più tardi indicati con il termine di 'milicia').[41] L'amore non riguarda solo uomini e avvenimenti che trovano il proprio motore nel campo degli affetti e del desiderio sensuale, ma ha a che fare anche con imprese belliche e azioni eroiche (che in quest'ottica possono essere considerate prove di virtù).[42] Pertanto il tema amoroso, che porrà enormi difficoltà moral-filosofiche e teologiche per i commentatori successivi, apre qui un ampio discorso sulle azioni terrene degli uomini. Queste ultime non sono viste dalla prospettiva dell'oltremondano e del divino e per questo non appaiono discutibili, bensì persino prove di virtù. La virtù qui acquista un più ampio valore e non si riduce all'abbandono del desiderio, cioè alla castità o all'allontanamento dalle passioni e da tutto ciò che viene avvertito come troppo mondano; infatti una grande parte dei *Trionfi* tratta l'amore in termini di ambizioni degli uomini e conseguenze delle azioni umane. Quando il concetto di amore diventa così ampio è più semplice comprendere perché all'inizio del commento l'opera sia presentata complessivamente come un testo sull'amore.

Al centro del poema in terzine si può dunque individuare una macro-sequenza di testo che è consacrata 'all'amore e alla gloria' (in terra).[43] Di conseguenza il prologo della vulgata (che mal si concilia con la nostra attuale concezione della sequenza dei *Trionfi*), una volta nominato il tema dell'amore sensuale nel 'primo Trionfo', delinea per 'il secondo, il terzo e quarto Trionfo' i temi di: 'scientia', 'forteza', 'riccheze', 'pompe mondane', 'gran signorie'.

Le aspirazioni mondane (come già ci lascia intendere il prologo del commento) non sono sempre connotate come negative: persino 'il possesso della donna amata' non si presenta come problema morale ed anzi viene definito attraverso i termini di 'felicità' e 'contentamento'. Nel commento al TC (diversamente da quanto farà ad esempio Ilicino solo poco più tardi) si riconosce che Petrarca nel presentare la casistica amorosa non propone un chiaro disegno moralizzatore, ma piuttosto una sfilata di diversi tipi di amore con fini differenti. Infatti nel commento ai versi 28–30 del primo TC leggiamo:

> In questa parte l'autore descrive la varietà dello amore, dicendo che intorno al carro trionfale erano uomini et donne con diversi sembianti, secondo che aveano nel mondo dallo amore recevuto diverso et vario fine, chi in uno modo et chi in uno altro.[44]

Non stupisce quindi che una variante tramandata dalla tradizione del commento (T, P) nel TC 1.36 su Amore: 'Del re dolce (invece di: 'sempre' oppure 'non mai') di lagrime digiuno', sia commentata così:

> Ora l'autore tracta una delle conditioni et proprietà di Cupido, la quale non è già mai di piangere o di lagrimare, ma sempre essere allegro. Et questa è la verità, che in sé et di sua essentia lo Idio d'amore sempre vive iocondo. Ma quelli che a lui sonno soggetti rende et fa essere quando allegri et quando tristi con abondantia di lagrime, secondo che pare et piace ad esso.[45]

In una prospettiva interpretativa decisamente fedele al senso letterale dell'opera,[46] il commento mette in luce l'ambivalenza del tema dell'amore, che così non assume sin dall'inizio un ruolo negativo come contraltare della castità.[47] Solo più avanti ci troviamo di fronte ad alcuni tentativi piuttosto contenuti e isolati di interpretazione religiosa del poema;[48] si tratta in particolare del commento a TC 1.76–78: 'Questi è colui che 'l mondo chiama Amore, | amaro, come vedi, e vedrai meglio | quando fia tuo com'è nostro signore.' Qui l'esegesi tenta di dissociare l'interpretazione cristiana del mondo (mondo ovvero cielo) e dell'amore ('Et e questo senso che 'l mondo, cioè il cielo, chiama amore, cioè Idio, il quale e sommo et perfecto, et dal quale generalemente procede ogni altro amore, che muove il cielo e l'altre stelle, cioè Idio') da quella secolare (mondo ovvero 'questo presente ove noi semo [...] che è pieno d'ogne sorde et bructura').[49] L'amore divino subisce una fitta ripartizione in diverse forme d'espressione ('dilectione, pietate, caritate, benivolentia, umanitate, affectione'), mentre l'amore terreno finisce per essere definito come 'furore, terrore focoso et ardente merore'[50] che scade in 'pravo desiderio sfrenata voglia et scelerata concupiscentia'.[51] E proprio di questo tipo di amore, di questa sfrenata passione si tratta nel passo commentato. Qui il testo opera una differenziazione platonica (che non si estende in maniera capillare a tutto il testo commentato) dei diversi tipi di amore, che vengono distinti gerarchicamente.

Petrarca, che compare nel testo dei *Trionfi* in qualità di amante-vittima, è appena toccato dalla condanna morale, come si evince dal commento a *TC* 3.91–108, dove il testo si limita a porre in contrasto la 'grandissima puritate' di Laura con l'"invidia', la 'gelosia' e l'"ardore' dell'amante.[52] Il problema della colpa derivante dal peccato della lussuria, che genera non poche difficoltà nell'esegesi successiva, è posto qui in secondo piano.[53] Tanto più se anche la 'gelosia' non si rivela un sentimento in tutto e per tutto negativo: persino Laura è talvolta 'zelosa cioè alquanto sdegnosa' rispetto all'amante.[54]

In armonia con questo processo di relativizzazione delle problematiche morali e filosofiche della tematica amorosa, nel commento si mette in luce come il dialogo onirico di Petrarca-amante con Laura defunta del secondo *TM* non sia altro che un modo per giustificare la relazione amorosa del poeta:[55] Laura rassicura l'amante rivelandogli che il suo amore è corrisposto ('certificandolo di suo amore'),[56] al fine di risparmiargli lo scherno e la colpa per aver cantato di una relazione amorosa unilaterale, infelice e sbilanciata[57] (si veda il commento a *TM* 2.73–78). Questa ritrattazione non costituisce un problema sul piano morale, poiché Laura sembra essere stata mossa sempre da un unico proposito: la rispettabile, seppur mai realizzata, unione matrimoniale fra i due ('In tutte le cose era in concordia madonna Laura con lui, salvo nel palesare suo amore ad tutto 'l mondo, maximamente che con lui s'aria voluta congiongnere con matrimoniale copula, che è licita et onesta', commento a *TM* 2.136–38).[58] Secondo il commentatore proprio il nome di Petrarca e quindi la sua reputazione, consacrata dall'incoronazione poetica del 1341, doveva aver alimentato le mire matrimoniali di Laura.[59]

L'amore non è dunque sempre inteso come amore sensuale, polo opposto della Castità, come lo si legge nel *TP*, che vede protagonista una Laura vittoriosa. Con lo statuto dell'amore cambia anche il ruolo diegetico di Petrarca. La figura testuale del poeta, prima vittima di Amore nel *TC*, poi protagonista di un cammino di conversione religiosa e di ascensione spirituale, perde inevitabilmente gran parte del suo rilievo: nel Commento Portilia la dimensione dell'iter spirituale del poeta assume un ruolo marginale, proprio perché l'amore diventa cifra di tutte le azioni dei personaggi famosi di ogni epoca e quindi l'interpretazione del poema non può dipendere dai soli avvenimenti della 'vita esemplare' di Petrarca. Accogliendo il concetto di amore professato già dalle prime righe del prologo, il commento mina l'esemplarità della biografia di 'Petrarca' che riesce a sfuggire faticosamente ai lacci di Amore grazie all'aiuto di Laura e alla consapevolezza della transitorietà della vita mondana (*TT*), che gli si manifesta con lo spettacolo dell'eternità nel *TE*.

Queste considerazioni non perdono il proprio peso anche se in un luogo dell'esegesi in esame è rintracciabile un tentativo metodico di svalutare la sfera del terreno, del caduco, del mondano a favore di quella oltremondana. La ragione è offerta dalle parole che Laura, dopo la morte, rivolge al personaggio del poeta ancora in vita: '"Viva son io, e tu se' morto anchora", | diss'ella, "e sarai sempre, in fin che giunga | per levarti di terra l'ultima ora"' (*TM* 2.22–24). Queste affermazioni sono spiegate con un rimando esplicito al commento al *Somnium Scipionis* (qui capitoli 1.10 e 1.11) di Macrobio in cui si dichiara che la vera vita è quella nell'aldilà, poiché solo dopo la morte l'anima può liberarsi dal fardello del corpo e da tutte le orribili conseguenze dell'esistenza corporea.⁶⁰ Tuttavia questa introduzione del sostrato platonico, seppur dettagliata (costituisce la più lunga digressione filosofica del commento), serve a spiegare l'affermazione di Laura piuttosto che a dare un giudizio complessivo sulla vita del Petrarca sulla terra. Il commento, facendo riferimento alle parole attribuite a Scipione da Seneca,⁶¹ afferma che la vita di Petrarca, data la sua condotta, non può che essere un'esistenza all'insegna della gloria e della virtù:

> Ma colui pare al decto Salustio che viva et usi l'anima, lo quale è intento ad alcuno servicio di nobile et preclaro facto et cerchi et richiedi fama della bona arte; et questo ebbe l'autore: che fu famoso et virtuoso et di preclara fama.⁶²

Così si spiegano, dunque, le lodi spese dal commento per il lavoro intellettuale del poeta e per la sua scrittura. Là dove la figura di Laura assume le fattezze della 'scientia poetica'⁶³ il commento indugia sulle difficoltà del comporre in versi: per riuscire nell'ardua impresa non basta solo che il poeta vi si dedichi con tutte le sue forze, ma è anche necessario che si allontani dalle distrazioni e dagli avvenimenti mondani che lo circondano.⁶⁴ L'analisi dell'opera poetica di Petrarca in qualità di autore è oggetto di una dettagliata analisi in *TM* 2.55–60:

> O misero colui che' giorni conta,
> e pargli l'un mille anni! Indarno vive,
> ché seco in terra mai non si raffronta.
> E' cerca il mare, e tutte le sue rive,
> e sempre un stil, ovunqu' e' fusse, tenne;
> sol di lei pensa, o di lei parla o scrive.

Qui, una dichiarazione solitamente attribuita ad una compagna di Laura (cfr. le spiegazioni di Ariani e Pacca *ad locum*) nel commento è posta sulle labbra della donna. Questo passaggio è interpretato come una critica alla mancanza della 'cura sui' di Petrarca, quella di cui il poeta si era macchiato proprio per dedicarsi alla scrittura. Il commento sembra accogliere questa critica alle imprese poetiche precedenti del poeta in modo più sommesso di quanto lo stesso testo dei *Trionfi* suggerisca. Quasi a smorzare i toni del testo originale, il commento aggiunge che il poeta, lodato per aver padroneggiato l'arte del comporre, con una condotta adeguata e una maggiore attenzione ai propri interessi intellettuali, avrebbe potuto ottenere eccellenti risultati anche nelle altre discipline e branche del sapere.

E in effetti poco dopo si includono anche le altre opere di Petrarca (*Africa*, *Egloghe*, 'mirabile *Epistole* et versi')⁶⁵ in un giudizio positivo, sebbene ne sia criticata una certa monotematicità. Dopo l'incontro in sogno con Laura, che — come dovrebbe dimostrare la testimonianza di Petrarca al suo allievo Giovanni (si veda l'inizio di questo contributo) — doveva essere un sogno veritiero, Petrarca cambia la sua vita, abbandonando la poesia per dedicarsi alla filosofia e alla teologia: 'Da poi del quale lui mutò vita, traendosi dalla moltitudine et vivendo solitario, et mutò lo stile, che lasciò la poesia, dandosi in tutto ad studiare filosofia naturale et la sacra teologia, tanto che in ciascuna si potea doctorare.'⁶⁶ Bastano tre righe e pochi sparuti riferimenti al ri-orientamento del poeta per mitigare le critiche alla precedente opera poetica di Petrarca che, seppur non irrilevanti, sono visibilmente attenuate.

Una paragonabile opera di ridimensionamento riguarda le audaci imprese che Petrarca si era concesso nella sua rappresentazione dell'aldilà. I soggetti della sua opera, in particolare i personaggi 'famosi' (come Scipione Africano) che popolano i *Trionfi*, non solo sopravvivono al vaglio critico dell'ortodossia cristiana (e di tante posizioni agostiniane, spesso presenti nelle opere di Petrarca), ma riescono a vincere la devastante furia del tempo (*TT*)[67] e a conquistare la vita eterna (*TE*) che solo Dio può donare. Inoltre, invece di chiudersi con uno spettacolo sacro o un'epifania divina (come nell'ultimo canto della *Commedia* di Dante), i *Trionfi* terminano con l'apparizione di una bellissima e radiosa Laura risorta.[68] Il commento tende a temperare i luoghi del poema in cui la tensione teologica si fa palpabile e dove maggiore è il rischio di suscitare il sospetto di eresia. Per questo tutto quello che accade nell'aldilà viene posto sotto il segno della sentenza divina emessa dal Giudizio Universale. Lì dove il testo dei *Trionfi* appare volutamente evanescente (*TE* 100–20), dove la narrazione si compone di formule impersonali e passive e dove quindi il tema del Giudizio è presentato con ritegno e cautela, il commento sottolinea ripetutamente 'la presentia dello Altissimo'.[69] Secondo il nostro commentatore, già il presupposto della presenza dell'Altissimo garantisce un certo grado di correttezza teologica alla rappresentazione dell'aldilà offerta nel testo, anche se Dio non compare nel poema petrarchesco come soggetto degli eventi ultraterreni. E i pochi eletti che sono stati immortalati dalla poesia di Petrarca,[70] coloro che risplendono nell'aldilà per la loro opera terrena e per la gloria guadagnata in terra, sono trasformati dal commento nel loro opposto: gli eletti depongono la fama terrena insieme a tutti i prodotti delle loro azioni mondane, lasciano ogni ricordo della terra e barattano il lustro guadagnato in vita per la vera 'gloria', quella di poter stare con Dio.[71] Così si lascia da parte il ruolo potenzialmente eretico dell'autore Petrarca come donatore di una vita eterna. Anche Laura, elevata dal testo petrarchesco quasi ad uno stato divino, perde nell'esegesi il suo posto d'eccezione e viene presto accompagnata da altre figure che si uniscono a lei come pari nell'aldilà,[72] in modo da poter essere giudicata come tutte le altre anime agli occhi di Dio durante il Giudizio Universale.[73] Di conseguenza, anche il valore della scena finale dell'opera viene ridimensionato e il caso di Laura viene annoverato insieme ad altri casi comparabili, con un veloce quanto moderato riferimento alla *visio beatifica* petrarchesca: 'quanto sarà più felice chi la vederà in cielo, avendo l'anima col corpo glorificato in vera beatitudine, che non solamente fa de belli bellissimi, ma etiamdio gli bruti faria avanzare di bellezza tutte le bellezze mondane'.[74] Così il singolare statuto assunto da Laura in *TE* viene eliminato e con questo sparisce anche l'inaudita condizione di immortalità che i *Trionfi* attribuiscono all'autore, alla sua produzione e dunque anche a sé stessi.[75]

Lo smussamento ideologico dei due capitoli finali operato nel Commento Portilia, se serve a temperare le problematiche morali e teologico-religiose legate agli aspetti più complessi del poema petrarchesco, finisce anche per mutare il ruolo che lo stesso autore si era attribuito con l'opera. La *figura auctoris* è spogliata della sua eccezionalità; le sue azioni e le sue capacità non sono più esemplari. Il rilievo dell'io diegetico nel poema è ridimensionato, l'ambivalenza morale di cui si fa portatore in qualità di amante e vittima di amore è mitigata, se non annullata del tutto. Nel Commento Portilia non c'è posto per un'interpretazione in chiave biografica del poema trionfale; la vita di Petrarca non può essere letta come percorso esemplare di ascesa spirituale dall'amore sensuale fino a Dio. Non stupisce che la stilizzazione autobiografica della figura di Petrarca nel poema resti inascoltata e senza alcuna eco nel testo esegetico (contrariamente a quanto accadrà nella tradizione successiva dei commenti ai *Trionfi*). Anche gli strumenti allegorici, che potevano caricare il testo di significati secondi e donargli una valenza metafisica e teologica, sono usati a malapena. In compenso c'è un forte interesse per il senso letterale del testo, che va di pari passo con una grande attenzione per il sostrato erudito e per i numerosi rimandi ad eventi e personaggi storici e mitici. Proprio questa parte del commento offre ai commentatori successivi una base per la decifrazione dei richiami eruditi del poema in terzine. Dal punto di vista quantitativo e macrostrutturale, una buona parte del fervore interpretativo del commento si concentra sull'interpretazione dei capitoli che hanno a che fare con la gloria terrena che, come abbiamo visto, non riguarda solo i capitoli che fanno propriamente parte del Trionfo della Fama (*TF*). Il fenomeno amoroso (*TC*), la cui definizione viene estesa a tutte le aspirazioni terrene degli uomini, è trattato in un'ottica secolare e in questo modo legato a doppio filo con la tematica della gloria terrena. Il Commento Portilia offre una prospettiva laica su un testo che nei secoli successivi avrebbe provocato sotto vari punti di vista reinterpretazioni, riletture e revisioni di stampo prettamente religioso.

Traduzione italiana di Siria De Francesco

Notes to Chapter 1

1. Sulla cronologia e sulla discussione dei primi commenti a stampa delle opere di Petrarca negli anni Settanta del Quattrocento, cfr. Sandra Rizzardi, 'Il commento "Portilia" ai "Trionfi" del Petrarca e la sua tradizione manoscritta', in *Da Dante a Montale. Studi di filologia e critica letteraria in onore di Emilio Pasquini*, a cura di Gian Mario Anselmi (Bologna: Gedit, 2005), pp. 235–52 (p. 235). Sui commenti del Quattrocento e del primo Cinquecento, cfr. Carlo Dionisotti, 'Fortuna del Petrarca nel Quattrocento', *Italia Medioevale e Umanistica*, 17 (1974), 61–113; Gian Carlo Alessio, 'The "lectura" of the "Triumphi" in the Fifteenth Century', in *Petrarch's 'Triumphs': Allegory and Spectacle*, a cura di Konrad Eisenbichler e Amilcare A. Iannucci (Toronto: Dovehouse, 1990), pp. 269–90; Gino Belloni, 'Commenti petrarcheschi', in *Dizionario critico della letteratura italiana*, II, a cura di Vittore Branca (Torino: UTET, 1986), pp. 22–39; Francesco Tateo, 'Sulla ricezione umanistica dei "Trionfi"', in *I 'Triumphi' di Francesco Petrarca. Atti del Convegno di Gargnano del Garda (1–3 ottobre 1998)* a cura di Claudia Berra (Bologna: Cisalpino, 1999), pp. 375–401; e sul più ampio contesto della ricezione del Petrarca, cfr. Paola Vecchi Galli, 'Petrarca fra Tre e Quattrocento' e 'Petrarca nel Cinquecento', in *Storia della letteratura italiana*, a cura di Enrico Malato, XI: *La critica letteraria dal Due al Novecento*, coord. da Paolo Orvieto (Roma: Salerno, 2003), pp. 161–88, 325–51.

2. Da qui in poi citeremo secondo le sigle *TC* (*Triumphus Cupidinis*), *TP* (*Triumphus Pudicitie*), *TM* (*Triumphus Mortis*), *TF* (*Triumphus Fame*), *TT* (*Triumphus Temporis*), *TE* (*Triumphus Eternitatis*), ciascuno con l'indicazione del capitolo, se applicabile, e del numero di versi. Si citano l'edizione di Ariani (Francesco Petrarca, *Triumphi*, a cura di Marco Ariani, Milano: Mursia, 1988) corredata da un ricco commento, con particolare attenzione ai rimandi intertestuali, e l'edizione di Pacca e Paolino (Francesco Petrarca, *'Trionfi', Rime estravaganti, Codice degli abbozzi*, a cura di Vinicio Pacca e Laura Paolino, 2 ed., Milano: Mondadori, 2000). Si cita il testo del Commento Portilia

dall'edizione di Sandra Rizzardi, *Il commento 'Portilia' ai 'Trionfi' di F. Petrarca (edizione critica)*, a cura di Sandra Rizzardi, tesi di dottorato (Venezia: Università Ca' Foscari, 2004).

3. Si tratta della sesta stampa di un testo mai pubblicata a Parma; cfr. Roberto Lasagni, 'Da Portilia agli Ugoleto (1471–1528)', in *L'arte tipografica in Parma*, 4 voll. (Parma: Silva, 2013), I, 241, 267. Sull'attività di Andrea Portilia come tipografo a Parma e in particolare come editore del commento ai *Trionfi* cfr. ibid., pp. 255–84. L'assegnazione del commento a 'Franciscus Philelphus (o Jacobus Poggius)' (p. 267) è controversa.
4. *Il commento 'Portilia'*, p. 71: 'Et per più dichiaratione di questo, udii da uno discipulo dell'autore, chiamato Maestro Giovanni da Ravenna, che gli disse l'autore questo predetto sogno essere stato vero.' Sull'argomento, cfr. Josef Allenspach, 'Commento ai "Trionfi" di anonimo quattrocentesco. Un primo elenco di codici', *Studi Petrarcheschi*, 3 (1986), 271–78 (pp. 272 sg. e in part 272: 'Potrebbe trattarsi di Giovanni Conversini o di Giovanni Malpaghini. Quest'ultimo fu familiare del Petrarca e del suo amanuense, mentre Giovanni Conversini fu sì ammiratore e intimo del Petrarca, ma non abitò mai nella sua casa' [citazione di Sabbadini]).
5. V. sotto per quanto riguarda la sequenza dei singoli capitoli nel corpus Portilia; si ricordi che il *TF* 1a e il *TC* 2 si susseguono immediatamente.
6. Su Filelfo come commentatore di Petrarca, cfr. in dettaglio Michele Rossi, 'Introduzione', in *Francesco Filelfo. Commento a 'Rerum vulgarium fragmenta' 1–136*, edizione anastatica dell'incunabolo Bologna, Annibale Malpigli, 1476, a cura di Michele Rossi (Treviso: Antilia, 2018), pp. 3–81.
7. Cfr. Rizzardi, *Il commento 'Portilia'*, nell'introduzione soprattutto le pp. xvii-xxv e sulla questione della paternità le pp. xxviii-xxx. Sull'orientamento esegetico e sulla polifonia del commento, cfr. Nino Quarta, 'I commentatori quattrocenteschi del Petrarca', *Atti della Reale Accademia di Archeologia, Lettere e Belle Arti di Napoli*, 23 (1905), 269–324 (pp. 276 sg.); Josef Allenspach, 'Commento ai "Trionfi"', pp. 271–75; Concetta Bianca, 'Filelfo, Petrarca et alii: ipotesi per un commento ai "Trionfi"', *Quaderni Petrarcheschi*, 7 (1990), 217–29; Josef Allenspach, 'Ancora sul commento ai "Trionfi" di anonimo quattrocentesco', *Studi Petrarcheschi*, 10 (1993), 281–94 (p. 294); Rizzardi, 'Il commento "Portilia"', pp. 235 sg. I contributi di Allenspach, Bianca e Rizzardi discutono in dettaglio la genesi del testo e la tradizione del commento.
8. *Il commento 'Portilia'*, p. 99.
9. Si veda nel dettaglio l'edizione critica Rizzardi, *Il commento 'Portilia'*, pp. xxi–xxv e il successivo Rizzardi, 'Il commento 'Portilia'', pp. 237–40.
10. Rizzardi, 'Il commento 'Portilia'', pp. 238 sg.; il nostro studio vuole smentire questa impressione.
11. *Il commento 'Portilia'*, p. 1.
12. Il tentativo di attribuzione di Rizzardi non mi convince del tutto, cfr. 'Il commento 'Portilia'', p. 239. Su questa problematica si veda quanto segue.
13. Cfr. Bernhard Huss, 'Triumphi ambigui. Problemi ermeneutici nel commento ai "Trionfi" di Bernardo Ilicino', in *Francesco Petrarca e la sua ricezione europea. Atti del convegno, Freie Universität Berlin, 9–10 novembre 2017*, a cura di Giovanni Cascio e Bernhard Huss (Messina: Centro Internazionale di Studi Umanistici, 2020), pp. 173–207.
14. Rizzardi, *Il commento 'Portilia'*, p. 238: 'Questa interpretazione, moderna e quasi ovvia per noi'.
15. Ibid., p. 1.
16. Ibid., p. 19.
17. Ibid., pp. 21 sg.; 35 sg.; 44 sg.
18. Ibid., p. 7.
19. Ibid., p. 62.
20. Ibid., p. xxx.
21. Questo vale sin dal commento a stampa di Ilicino del 1475; sulla questione cfr. in dettaglio Huss, 'Triumphi ambigui'.
22. Nel 1950, com'è noto, Roberto Weiss ha pubblicato con il testo di *TF* 2a una seconda versione delle terzine del *TF* 3; infatti fino ad allora se ne conoscevano solo i primi nove versi; cfr. Roberto Weiss, *Un inedito petrarchesco. La redazione sconosciuta di un capitolo del 'Trionfo della Fama'* (Roma: Edizioni di Storia e Letteratura, 1950).
23. Il seguente ordine corrisponde, nella numerazione usata dall'edizione curata da Appel (Francesco

Petrarca, *Die 'Triumphe' Francesco Petrarcas*, a cura di Carl Appel (Halle: Niemeyer, 1901), p. 96), alla sequenza: 1, 2, 3, 5, 6, 7, 8, 4, 9, 10, 5a, 11, 12, 13. Se confrontata con il panorama generale dei diversi ordinamenti dei *Trionfi* fornito da Appel (pp. 106–08), questa serie sembra eccezionale. Sulla disposizione dei singoli capitoli nella tradizione quattrocentesca, cfr. Gemma Guerrini Ferri, 'Per uno studio sulla diffusione manoscritta dei "Trionfi" di Petrarca nella Roma del XV secolo', *Rassegna della Letteratura Italiana*, 86 (1982), 85–97 (pp. 92 sg.); Gemma Guerrini Ferri, 'Il sistema di comunicazione di un "corpus" di manoscritti quattrocenteschi: i "Trionfi" del Petrarca', *Scrittura e Civiltà*, 10 (1986), 121–97 (pp. 175–77); eadem, '"I tempi e' luoghi e l'opere leggiadre". La tradizione manoscritta della prevulgata e la fortuna dei "Trionfi" nel Quattrocento', in *I luoghi dello scrivere da Francesco Petrarca agli albori dell'età moderna. Atti del Convegno Internazionale, Arezzo, 8–11 ottobre 2003*, a cura di Caterina Tristano, Marta Calleri e Leonardo Magionami (Spoleto: CISAM, 2006), pp. 163–219 (pp. 175 sg., 208–19).

24. Mentre in Ash il *TC* 1 inizia con le seguenti parole 'Incomincia il primo capitolo del Trionfo d'Amore', in P e T dopo il prologo leggiamo 'Amor vincit mundum.' La stampa Portilia non fornisce alcuna intestazione separata per il *TC* 1 dopo i prologhi.
25. Il *TC* 3 è collegato dai manoscritti al *TC* 1 senza alcun titolo (Portilia: 'SECVNDVM CAPITVLUM AMORIS', c. 27^v).
26. Il *TC* 4 reca nei manoscritti la seguente intestazione: 'Incomincia lo terzo capitolo d'Amore' (Portilia: 'Tercium Amoris Capitulum', c. 42^r).
27. In una parte della tradizione manoscritta il *TP* reca il titolo: 'Incipit Triumphus Pudicitiae', in T: 'Pudicitia vincit Amorem' (Portilia: 'Triumphus Pudiciciae', c. 46^v). Qui l'explicit corrispondente: 'Explicit Triumphus Pudicitia [sic]' (54).
28. In Ash il *TM* 1 è introdotto con 'Incipit Triumphus Mortis' (explicit: 'Explicit primum capitulum Mortis'); il *TM* 1a segue più avanti nella serie (si veda sopra). D'altra parte alcuni testimoni (qui l'edizione Rizzardi è poco chiara), tra cui T, hanno il *TM* 1a in questo punto e aggiungono direttamente *TM* 1 (cfr. Rizzardi, *Il commento 'Portilia'*, p. 55, n. 233: 'in sostanza, concepiscono il testo poetico di Tr. Mortis Ia e Tr. Mortis I come un tutt'uno, ma commentano solo il Tr. Mortis I'). Dopo il *TP*, la stampa Portilia aggiunge prima un piccolo commento al *TM* 1a sotto il titolo di 'Secundum Capitulum Pudiciciae' (c. 58^v) e poi fa seguire il *TM* 1 dal verso 19 con il titolo: 'Triumphus Mortis' (cc. 58^v–59^r).
29. Nella tradizione manoscritta il *TM* 2 presenta questo incipit: 'Incomincia lo secondo capitolo del Trionfo della Morte' (Portilia: 'Mortis capitulum secundum', c. 61^v), con il seguente explicit: 'Explicit Triumphus Mortis'.
30. Secondo i dati riportati dall'edizione Rizzardi il *TF* 1a non è introdotto da alcun titolo (mentre l'explicit recita: 'Explicit Triumphi Fame capitulum primum'). Dopo l'explicit: 'cossi finisse questo Capitulo' (*TM* 2) la stampa Portilia annuncia l'inizio del *TF* 1a solo con un'iniziale ornamentale.
31. Prima del testo del *TC* 2 viene posizionato *TM* 1a.1f. sotto il titolo: 'Capitulum hoc continetur sub Triumpho Mortis' (seguono due carte e mezzo completamente bianche: Rizzardi, *Il commento 'Portilia'*, p. 140). Quindi segue il *TC* 2 con il titolo: 'Sequens capitulus continetur sub triumpho mortis' (Ash) oppure 'Capitulus Amoris simplicis' (T, P). Mentre l'explicit recita: 'Explicit capitulum quod continetur sub titulo Amoris'.
32. Il *TF* 1 è introdotto nei codici da: 'Incipit secundum capitulum quod continetur sub Triumpho Famae' e concluso con: 'Explicit tertium capitulum de Fama'.
33. Il *TF* 2 è preceduto da: 'Incipit quartum de eodem' e presenta il seguente explicit: 'Explicit quartum capitulum de Fama'.
34. In T il *TM* 1a precede il *TM* 1 (si veda sopra), mentre negli altri manoscritti in questo luogo troviamo il *TM* 1a introdotto da: 'Incipit quintum', con questo explicit 'Explicit quintum capitulum de fama'.
35. Il *TF* 3 è introdotto nei manoscritti da: 'Incipit sextum et ultimum' e termina con: 'Explicit sextum et ultimum capitulum de Fama', in T e P prima dell'explicit troviamo: 'et qui finisce de lo parlare e compie la sentenza de quisto XI capitolo'.
36. Nei manoscritti il *TT* si apre con: 'Incipit Triumphus Temporis' e ha come explicit: 'Explicit Triumphus Temporis'.

37. La maggior parte dei manoscritti introduce *TE* con: 'Incipit Triumphus Eternitatis', T invece presenta la forma: 'Trinitas vincit omnia'. Explicit: 'Finis'.
38. I curatori della stampa Portilia dovevano dunque sapere che le dimensioni dell'intero commento sarebbero andate oltre il *TF* 1a e che davano alle stampe solo una parte del commento.
39. Visto che la stampa Portilia si interrompe con il *TF* 1a, non è possibile determinare a cosa precisamente si riferisca l'affermazione: 'distincto in capituli xii' (c. 1^r).
40. Gli amanti del *TC* 2 (Massinissa e Sofonisba; Seleuco, Stratonice e Antioco) sono allo stesso tempo vittime del sentimento amoroso e casi esemplari per la gloria terrena: 'dui grandi et singulari inamoramenti, gli quali per non recordarli aveva preterito, o vero lasciati nel primo capitolo, ove se ne ricorda. Ma studiosamente lì non fe' mentione per qui specialemente et prolissamente di loro narrare, extimando di loro farne uno capitolo tutto pieno' (in Rizzardi, *Il commento 'Portilia'*, p. 140).
41. Il commento ai versi *TF* 1a.1–6 recita così: 'il dicto Cupido vince et soprasta a tutte cose, ponendo ne primi dui capituli come esso Cupido vinse et sogiogoe molti uomini e donne, tanto in amore illicito et inonesto quando nel licito et onesto; in questo capitolo, tornando all'ordine conducente, è sua intentione mostrare come esso Cupido fu victorioso di molti omini excellenti e donne, ch'ebbero voluntate et apetito seguire, overo exercitare nei facti de l'arme. Ove è da notare che tutto quello che s'adopera per virtù d'ingegno o per misterio corporale, tutto viene et procede da nostro desiderio, voluntà et appetito, lo quale, per commune et usitato vocabolo, amore è chiamato, lo quale come sopra è dicto, tutte cose al suo dominio soctopone.' (In Rizzardi, *Il commento 'Portilia'*, p. 85.) Una strategia simile per ampliare il ventaglio di significati connessi al concetto di Amore sarà sperimentata poco più tardi da Bernardo Ilicino in alcuni luoghi particolarmente problematici del suo commento, cfr. Huss, 'Triumphi ambigui'.
42. Cfr., tra gli passi del commento, per es. Rizzardi, *Il commento 'Portilia'*, p. 90 (a *TF* 1a.19–21 'io vidi, molta nobil gente inseme | sotto le 'nsegne d'una gran reina, | che ciascun l'ama, riverisce e teme', dove a trionfare non è la Fama, ma 'la militia'), p. 121 (a *TF* 1a.106–08, sui 'bellicosi et experti et gran maestri della milicia' e i 'Romani como quilli che non ebbono pari tanto in virtù quanto in l'arte della milicia': qui l'arte della guerra e la virtù sembrano legate a doppio filo), p. 126 (sintesi di virtù e fama, cfr. in part.: 'la gloria, la quale non è altro che la vera et preclara fama di virtuosi facti ad alcuna excellente persona, sia nata et pregressa di quale si voglia progenie et paese'), p. 175 (casi in cui gli uomini sono condotti alla gloria terrena proprio dall'amore sensuale).
43. I critici che si misureranno con il corpus testuale del Commento Portilia, sinora ampiamente trascurato, dovranno fare i conti con questa insolita suddivisione e conseguente lettura del poema e chiedersi se un'esegesi di questo tipo, diremmo secolare, mondana o comunque non religiosa, concentrata sulla correlazione fra Amore, gloria e virtù (parole chiave: 'facti de l'arme', 'milicia', 'pompe mondane', 'gran signorie', 'uomini de donne' ecc.) possa essere indizio della genesi del commento in un contesto cortese (sicuramente valorizza un complesso ideologico che lo stesso Petrarca aveva problematizzato nel *Secretum meum* con 'Agostino'). La vicinanza di questa concezione dei *Trionfi* all'*Amorosa visione* di Boccaccio, strettamente correlata al poema in termini di genetica testuale, merita sicuramente ulteriore attenzione e un'analisi più approfondita; sulla questione cfr. Bernhard Huss, 'Il genere visione in Petrarca ("Trionfi") e in Boccaccio ("Amorosa visione")', in *Dante e la dimensione visionaria tra medioevo e prima età moderna*, a cura di Bernhard Huss e Mirko Tavoni (Ravenna: Longo, 2019), pp. 141–60 (in part. pp. 145 sg., n. 24). Vorrei qui ringraziare Roberto Leporatti e Johannes Bartuschat per le interessanti osservazioni avanzate nell'ambito della discussione su questo contributo.
44. Rizzardi, *Il commento 'Portilia'*, p. 5.
45. Ibid.
46. Cfr. per es. Rizzardi, *Il commento 'Portilia'*, pp. 5 sg.
47. Da questo punto di vista il *TP* è più interessante se letto come vittoria personale di Laura invece che come espressione e messa in versi di un problema morale scaturito dall'amore.
48. Cfr. per es. il commento a *TC* 1.40–42: 'In questa parte lo nostro poeta segue il modo de valenti et antichi uomini et la sententia dello apostolo Paulo, ove in una delle sue pistole dice che noi mortali per noi medesimi non siamo sofficienti da noi, ma la nostra sofficientia viene da Dio [2 Cor. 3.4 sg.]' (in Rizzardi, *Il commento 'Portilia'*, p. 6).

49. Rizzardi, *Il commento 'Portilia'*, p. 8 (per entrambe le citazioni).
50. Ibid.
51. Ibid., p. 9.
52. Ibid., p. 32.
53. Se l'amore sensuale non è più così pericoloso, quando il dio viene sconfitto dalla casta Laura in *TP* la compassione di 'Petrarca' può acquistare i tratti di un sentimento cristiano (si veda il commento a *TP* 16–18).
54. Rizzardi, *Il commento 'Portilia'*, p. 79 e si veda il commento a *TM* 2.136–38.
55. Cfr. in dettaglio Bernhard Huss, 'Kohärenz und Inkohärenz in Petrarcas lyrischer Liebesgeschichte ("Rerum vulgarium fragmenta" und "Trionfi")', in *Lyrische Kohärenz im Mittelalter. Spielräume-Kriterien-Modellbildung*, a cura di Susanne Köbele et al. (Heidelberg: Winter, 2019), pp. 213–62 (pp. 255–62).
56. Rizzardi, *Il commento 'Portilia'*, p. 74.
57. Ibid., pp. 73 sg.
58. Si confronti ibid., p. 74 con pp. 79 sg. La citazione viene tratta dalla p. 79.
59. Questa è l'interpretazione alquanto ingegnosa di *TM* 2.130–32 (in Rizzardi, *Il commento 'Portilia'*, p. 78): in questa luce il 'bel nome' al verso 130 non rappresenta la fama raggiunta da Laura grazie ai *Fragmenta* di Petrarca (cfr. ancora Huss, 'Kohärenz und Inkohärenz in Petrarcas lyrischer Liebesgeschichte'), il 'bel nome' è dello stesso Petrarca, prova della sua maestria poetica e motivo del desiderio di matrimonio della donna.
60. Rizzardi, *Il commento 'Portilia'*, pp. 63–66.
61. Seneca, *Ad Lucilium* 6.60.3 sg. 'non fames nobis ventris nostri magno constat sed ambitio. Hos itaque, ut ait Sallustius, 'ventri oboedientes' animalium loco numeremus, non hominum, quosdam vero ne animalium quidem, sed mortuorum. Vivit is qui multis usui est, vivit is qui se utitur; qui vero latitant et torpent sic in domo sunt quomodo in conditivo. Horum licet in limine ipso nomen marmori inscribas: mortem suam antecesserunt.' (Non è la fame del nostro ventre che ci costa cara, ma l'ambizione. Contiamo dunque coloro che, come dice Sallustio, 'obbediscono al ventre', tra gli animali, non tra gli uomini, e alcuni nemmeno tra gli animali, ma tra i morti. Vive chi è utile a molti, vive chi si comporta bene con se stesso; ma coloro che si tengono nascosti e restano nel riposo indolente sono nella loro casa come in una tomba. I loro nomi possono essere iscritti nel marmo immediatamente sulla soglia: hanno anticipato la loro morte. Trad. ital. di B.H.)
62. Rizzardi, *Il commento 'Portilia'*, p. 64.
63. Ibid., pp. 62 sg.
64. Si veda il commento a *TM* 2.10–15: 'La quale [sc. scientia poetica] non è publica et usitata come sonno l'altre scientie, però che è molto difficile et laboriosa, che contiene in sé et ricerca molte altre scientie, et però vole et ritrae lo uomo tucto ad sé, levandolo da ogni altro studio et exercitio, overo officio publico commune et usitato. Ché, per la gran difficultate et fatica che è necessaria et al suo studio bisogno, pochi sono stati et ancora sonno che abbino potuto venire alla perfectione di lei. Et questo è quello che dice [sc. Laura ovvero la scientia poetica] all'autore, che torse, idest che rimosse, gli passi suoi, cioè furono gli proponimenti et gli pensieri, dal pubblico viaggio, cioè da lo usato et commune andare, perché questa scientia non è usata, commune come l'altre scientie, che non sonno tanto difficile et laboriose quanto essa; et ad sé lo trasse et redusse, facendolo suo privato et domestico amatore' (in Rizzardi, *Il commento 'Portilia'*, pp. 62 sg.).
65. Rizzardi, *Il commento 'Portilia'*, p. 71.
66. Ibid. Il commento potrebbe aver fatto da modello all'esegesi di Giovan Andrea Gesualdo. L'umanista e commentatore di Traetto costruisce un iter di formazione dell'autore Petrarca che culmina nel periodo della maturità con i testi filosofico-morali, passando per la fase delle opere poetiche latine e che relega gli scritti in volgare sull'amore laurano alla fase giovanile della formazione del poeta.
67. *TT* 88–93: 'vidi una gente andarsen queta queta, | senza temer di Tempo o di sua rabbia, | ché gli avea in guardia istorico o poeta. | Di lor par che piú d'altri invidia s'abbia, | ché per se stessi son levati a volo, | uscendo for de la comune gabbia'. Cfr. Bernhard Huss, 'Francesco sucht die verlorene Zeit: Vergangenheit, Gleichzeitigkeit und Ewigkeit in Petrarcas "Trionfi"', in *Gleichzeitigkeit. Narrative Synchronisierungsmodelle in der Literatur des Mittelalters und der Frühen*

Neuzeit, a cura di Susanne Köbele e Coralie Rippl (Würzburg: Königshausen & Neumann, 2015), pp. 121–54 (pp. 134 sg.); idem, 'Diskurs und Substanz in Petrarcas "Trionfi"', in *Schriftsinn und Epochalität. Zur historischen Prägnanz allegorischer und symbolischer Sinnstiftung*, a cura di Bernhard Huss e David Nelting (Heidelberg: Winter, 2017), pp. 187–226 (p. 225).

68. *TE* 91–96, 121–45; cfr. Huss, 'Francesco sucht die verlorene Zeit', pp. 135–37; idem, 'Diskurs und Substanz in Petrarcas "Trionfi"', pp. 195 sg., 225 sg.
69. Rizzardi, *Il commento 'Portilia'*, pp. 212–14 (citazione a p. 213).
70. Con riferimento al brano appena citato, cfr.: *TT* 88–93, *TE* 127–32: 'e quei che fama meritaron chiara, | che 'l Tempo spense, e i be' visi leggiadri, | che 'mpallidir fe' 'l Tempo e Morte amara, | l'oblivion, gli aspetti oscuri et adri, | piú che mai bei tornando, lascieranno | a morte impetuosa, a' giorni ladri'.
71. Cfr. commento a *TE* 130–35: 'Ripiglia il poeta il dire di sopra, che la memoria et fama degli uomini sopra dicti si farà oblivione molto obscura più allora che mai, tornati al vero essere, cioè eterno et immortale, perché la morte corporale consumerà la fama del corpo con l'impeto consueto. [...] Qui dice il poeta che gli corpi agionti all'anime nel dì della resurrectione, ritornati nell'età fiorita et verde, cioè nella età di Christo, cioè 33 anni, aranno fama perpetua et eterna, come fragile et caduca l'ebbero nel mondo. Anco la loro belleza fia senza adornamento mondano *e.q.s.*' (in Rizzardi, *Il commento 'Portilia'*, p. 215). Anche il brano citato di *TT* 88–93 (in cui i pochi eletti, i 'prescelti', appaiono per la prima volta come eternati dal poeta o dallo storico) è interpretato in maniera completamente diversa dal commento: 'Il poeta vide andare una gente molto queta, cioè senza fama, perché era già sturbata dalla memoria degli omini per la grande antichitate o perché gli loro famosi gesti non furono dissegnati per scriptura. Per la quale cagione costoro non aveano paura della rabbia del tempo, considerando che già la memoria loro era tolta di pezzo. Questi tali uomini gli aveva in guardia lo stoico poeta [var. lect. per 'istorico o poeta' in *TT* 90], cioè Virgilio [NB: 'lo stoico poeta' a differenza della variante 'istorico o poeta' *non* si riferirebbe dunque al Petrarca], il quale nel sexto libro dello Eneida di loro fa mentione in quel circulo, ove logoe quelli che per loro negligentia non lasciarono fama nel mondo et, se pure la lasciarono, fu molto breve, et però di loro non si fa memoria fra moderni. O potemo dire di questi, che per antichità non sono fra noi per fama [...] O potemo dire questi furono gli servi di Dio, gli quali non curarono di buona fama mondana' (in Rizzardi, *Il commento 'Portilia'*, p. 201). I personaggi della sequenza sono distinti in: personaggi senza fama, uomini la cui gloria ebbe breve durata, personaggi che furono dimenticati per ragioni temporali e infine coloro che non si preoccuparono di guadagnarsi la gloria terrena per motivi religiosi.
72. Cfr. commento a *TE* 100–02: 'Qui dice il poeta che questo sarà quando la sua madonna Laura arà più fide compagne, cioè sono le anime beate più fedeli che gli corpi umani nell'alto segreto, cioè dinanzi alla Providenza divina, nascosa agli uomini mondani, alla quale opera si farà propinqua' (in Rizzardi, *Il commento 'Portilia'*, p. 213).
73. Cfr. commento a *TE* 103–05: 'Qui dice il poeta come la sua madonna Laura si farà vicina alla giustitia di Dio, ove si farà ragione delle operationi buone et rie, le quali allora fiano palese dinanzi al sommo giudice Dio et nel conspecto di tutta l'umana generatione, et non si potrà nascondere cosa nulla, buona o ria' (in Rizzardi, *Il commento 'Portilia'*, p. 213).
74. Rizzardi, *Il commento 'Portilia'*, p. 216. Cfr. Maria Cecilia Bertolani, *Il corpo glorioso. Studi sui 'Trionfi' del Petrarca* (Roma: Carocci, 2001); si veda anche Huss, 'Francesco sucht die verlorene Zeit', pp. 140–42.
75. Su alcune strategie comparabili di relativizzazione e ridimensionamento della portata del testo dei *Trionfi* nel commento di Bernardo Ilicino, cfr. Huss, 'Triumphi ambigui'.

CHAPTER 2

Come veniva letto il Vellutello nel Cinquecento. Fortuna e fruizione dei commenti al Petrarca volgare

Sabrina Stroppa

Il commento Vellutello e le sue edizioni

Tra tutti i commenti al Petrarca volgare composti e pubblicati in quella straordinaria stagione che va dagli anni Venti ai Cinquanta del Cinquecento, quello di Alessandro Vellutello conosce una diffusione senza confronti. 'Un largo pubblico ed una concorrenza invecchiata rispetto ai nuovi interessi', scriveva Gino Belloni, '*gli* prospettano una sicura fortuna editoriale',[1] tanto da risultare difficile contarne le riprese, tra riedizioni, ristampe e rinfrescature. A determinarne il profondo e duraturo impatto sono due aspetti paradossali, ovvero l'"eresia" della sua proposta di ordinamento, e l'altrettanto ampia fortuna del suo concorrente più agguerrito, il Filelfo-Ilicino, che con le sue numerose ristampe, a partire dal 1475, si spinge fino al 1522 a coprire la richiesta di commenti alle opere volgari di Petrarca (in ultimo con il titolo complessivo di *Petrarca con doi commenti*).[2] Se da una parte si può dire che tra la fine del Quattro e l'inizio del Cinquecento, come è stato osservato, 'chi leggeva i *Triumphi* del Petrarca quasi certamente lo faceva attraverso il commento iliciniano, e [...] non soltanto in ambito italiano',[3] e dall'altra che la sperimentazione sempre più larga della poesia petrarchista richiedeva la messa a punto di strategie di lettura aggiornate, risulta verosimile che proprio la diffusione esclusiva di un unico commento ne determini a lungo andare la percezione di uno strumento invecchiato, che occorre sostituire. Il Filelfo-Ilicino crea insomma una fame di commenti che a un certo punto non riesce più a saziare.

Il paragone, poi, con l'impostazione e la realizzazione quattrocentesca dell'opera rende più evidente la differenza con le novità proposte dal Vellutello, che allestisce un prodotto librario graficamente aggiornato, dotato di numerosi e utili documenti introduttivi — compresa la celeberrima cartina dei luoghi valchiusani — e con un testo organizzato secondo quella spregiudicata tripartizione che lo faceva senza dubbio spiccare tra le edizioni petrarchesche, soprattutto dopo le due aldine: *in primis* quella del 1501, con la lettera di Aldo ai lettori, che giustamente Belloni addita come 'il vero precedente del Vellutello'[4] (perché commentare Petrarca, a quell'altezza, vuol ancora dire farsene editore). La fortuna di un'opera che mette in primo piano l'impianto narrativo del Canzoniere, e che in nome del connubio inscindibile tra poesia e verità biografica è disposta a ragionare in termini codicologici per spiegare quel 'disordine' del macrotesto che tutti i lettori di Petrarca riconoscevano, sfidando anche l'autorevolezza della trascrizione bembiana dal (preteso, secondo Vellutello) autografo di Petrarca,[5] offre indizi non trascurabili su come nel primo Rinascimento si leggessero i libri di rime.

Alessandro Vellutello, di cui non conosciamo bene i termini della formazione umanistica, ma che pure ha alle spalle la scuola filologica lucchese[6] — la stessa da cui emergerà di lì a poco anche Bernardino Daniello — sottopone a verifica sperimentale i dati biografici desumibili dai *Rerum vulgarium fragmenta*, sia recandosi sui luoghi che costituiscono lo sfondo potremmo dire geo-storico della sezione più lirica del libro (quella che lui chiama l'"opera'),[7] sia sottoponendo a serrata critica le *pièces de résistance* del culto petrarchesco sviluppatosi soprattutto a Milano negli ultimi decenni del Quattrocento. Come, dunque, contesta l'assunzione del testo dei *fragmenta* dall''originale del poeta', a motivo del disordine evidente della storia lì raccontata (frutto, per lui, di uno scompaginamento delle carte autografe: 'noi tegniamo per cosa certa, che dal poeta non ne sia stato lassato originale ordinato, ma su diversi separati fogli, e che poi l'ordine che parve di darli a colui che fu il primo a raccoglierla e metterla insieme, tutti gli altri abbiano seguitato'), così rifiuta di accondiscendere alla leggenda laurana radicata in Avignone (che, pure, gli avevano raccontato in loco), andando a cercare il borghetto d'origine della donna e la sua vera casata, e contestando l'autenticità della nota obituaria, per via di quella narrazione dell'incontro con Laura 'in ecclesia Sancte Clare' che non coincideva con la narrazione lirica.[8]

Il Vellutello si impone sul mercato con la forza delle sue numerosissime riedizioni e ristampe, tutte procurate, è bene ricordarlo, dalle stamperie veneziane, che si impongono come depositarie quasi uniche dei commenti a Petrarca per tutto il XVI secolo. La geografia policentrica del petrarchismo italiano subisce una *reductio ad unum* per quanto concerne la provenienza a stampa dei commenti. Come ora il prezioso database del *PERI* consente agevolmente di controllare, le eccezioni sono pochissime, se si guarda ai commenti completi — non alle *Lezioni* o ai discorsi d'Accademia — e si riducono a quello di Silvano da Venafro pubblicato a Napoli nel 1533, e a quello del Castelvetro a Basilea nel 1582. Se per gli incunaboli si riscontra una presenza di Milano e Bologna sul mercato dei commenti, nel Cinquecento la città lagunare la fa da padrona assoluta.

La storia delle ristampe si può seguire anche in base ai privilegi di stampa concessi dal Senato di Venezia al Vellutello: il primo, di dieci anni, gli viene concesso l'8 agosto 1525, a ridosso dell'uscita della prima edizione, e a quanto pare il lucchese ne fa libero uso, procurando un paio di edizioni riviste; il secondo, di cinque anni, il 29 settembre 1535 (a cui fa seguito quello del 1537 direttamente al primo editore, il Nicolini da Sabbio, probabilmente per via di contrasti sui diritti).[9] Scaduti i termini di questi privilegi, tra gli stampatori veneziani nasce una competizione accanita per ripubblicare il commento, con continui e accattivanti aggiornamenti del paratesto.[10]

Se si guarda solo agli editori, il prospetto complessivo può essere così riassunto. Giovann'Antonio Nicolini da Sabbio, che aveva pubblicato la *princeps* nell'agosto del 1525, ripropone il testo nel gennaio 1541; Bernardino Vitali stampa una seconda edizione, con correzioni e integrazioni d'autore, nel febbraio del 1528 e poi nel novembre del 1532;[11] Bernardino Stagnino, che tra il 1513 e il 1522 aveva stampato più volte il doppio Filelfo-Ilicino, nel 1531 fa uscire un'edizione con ordinamento Vellutello, ma senza il commento, che tuttavia il lucchese annovera tra le riprese della sua edizione;[12] l'ultima edizione con integrazioni probabilmente autoriali è la Bartolomeo Zanetti del 1538. Dopo la scadenza del privilegio con estensione quinquennale, ristampano il commento, intervenendo piuttosto liberamente sui paratesti con vari tipi di aggiornamenti, gli editori Comin da Trino (1541 e 1547), Gabriel Giolito de Ferrari (1544, 1545, 1547, 1550, 1552, 1558, 1560, 1569), Giovanni della Speranza (1550), Domenico Giglio (1552), Giovanni Griffio (1554), Vincenzo Valgrisi (1560), Nicolò Bevilacqua (1563, 1568), Giovanni Antonio Bertano (1568, 1573, 1584). Alcuni di questi stampatori non si limitano a proporre l'opera del lucchese, perché evidentemente il mercato è diventato assai ampio: nel 1541 — *annus mirabilis* dei commenti veneziani — il Nicolini da Sabbio pubblica la sua seconda edizione del Vellutello, ma anche la prima del commento di Bernardino Daniello, e la seconda di quello del Gesualdo (che aveva già edito nel 1533); nel 1568 Nicolò Bevilacqua propone il suo secondo Vellutello, ma anche un *Petrarca con dichiarationi non più stampate* di Luca Antonio Ridolfi.

Il prospetto delle edizioni cinquecentesche dei commenti completi, nell'intervallo che corre tra la riproposizione dei *due commenti* da parte di Bartolomeo Zanni nel 1500 (ancora un incunabolo) e gli anni Cinquanta (pre-Castelvetro), può essere così riassunto:

anno	luogo	stampatore	autore del commento	titolo	posizione delle due opere
1503	Venezia	Albertino da Lissona	Filelfo-Squarciafico + Ilicino	Petrarca con doi commenti	Rvf + T
1507	Milano	Io. Scinzenzeler	Filelfo-Squarciafico + Ilicino	Petrarca con doi commenti	Rvf + T
1508	Venezia	Bartolomeo Zani	Ilicino + Filelfo-Squarciafico	Opere [...] con li comenti	T + Rvf
1508	Venezia	Gregorio de Gregorii	Filelfo-Squarciafico + Ilicino	Petrarca con doi commenti	Rvf + T
1512	Milano	Giov. Giac. da Legnano per Io. Scinzenzeler	Ilicino + Filelfo-Squarciafico	Opere... con li comenti	T + Rvf
1513	Venezia	Bernardino Stagnino	Filelfo-Squarciafico + Ilicino	Li sonetti canzone e triumphi [...] con li soi commenti	Rvf + T
1515	Venezia	Agostino Zani	Ilicino + Filelfo-Squarciafico	Opere [...] con li comenti	T + Rvf
1519	Venezia	Gregorio de Gregorii Bernardino Stagnino	Filelfo-Squarciafico + Ilicino	Li sonetti canzone e triumphi [...] con li soi commenti	Rvf + T

1522	Venezia	Bernardino Stagnino	Filelfo-Squarciafico + Ilicino	Petrarca con doi commenti	Rvf + T
1525	Venezia	G. A. da Sabbio	Vellutello	Le volgari opere	Rvf + T
1528	Venezia	Bernardino Vitali	Vellutello	Il Petrarcha (ed rivista e integrata)	Rvf + T
1531	Venezia	Bernardino Stagnino	(testo Vellutello)	Il Petrarcha	Rvf + T
1532	Venezia	Bindoni e Pasini	Fausto da Longiano	Il Petrarcha	Rvf + T
1532	Venezia	Bernardino Vitali	Vellutello	Il Petrarcha	Rvf + T
1533	Napoli	Mattia Cancer	Silvano da Venafro	Il Petrarcha	Rvf + T
1533	Venezia	G.A. da Sabbio	Gesualdo	Il Petrarcha	Rvf + T
1538	Venezia	Bartolomeo Zanetti	Vellutello	Il Petrarcha	Rvf + T
1541	Venezia	G. A. da Sabbio	Vellutello	Il Petrarca	Rvf + T
1541	Venezia	Comin da Trino	Vellutello	Il Petrarcha	Rvf + T
1541	Venezia	G. A. da Sabbio	Daniello	Sonetti, canzoni, et Triomphi	Rvf + T
1541	Venezia	G. A. da Sabbio	Gesualdo	Il Petrarcha	Rvf + T
1544	Venezia	Giolito de Ferrari	Vellutello	Il Petrarcha	Rvf + T
1545	Venezia	Giolito de Ferrari	Vellutello	Il Petrarcha	Rvf + T
1547	Venezia	Giolito de Ferrari	Vellutello	Il Petrarcha	Rvf + T
1547	Venezia	Comin da Trino	Vellutello	Il Petrarcha	Rvf + T
1548	Parigi	Gazeau	trad. V. Philieul, ordinam. Vellutello	Laure d'Avignon	
1549	Venezia	Nicolini da Sabbio	Daniello	Sonetti canzoni e Triomphi	
1550	Venezia	Giolito de Ferrari	Vellutello	Il Petrarcha	Rvf + T
1550	Venezia	Al Segno della Speranza	Vellutello	Il Petrarcha	Rvf + T
1550	Venezia	Gherardo - Comin da Trino	Francesco Alunno	Petrarca	Rvf + T
1550	Lione	Rovillio	Brucioli (e Vita di Petrarca del Vellutello)	Il Petrarca	Rvf + T
1551	Lione	Rovillio	"	Il Petrarca	Rvf + T
1552	Venezia	Giolito de Ferrari	Vellutello	Il Petrarcha	Rvf + T
1552	Venezia	Domenico Giglio	Vellutello	Il Petrarcha	Rvf + T
1553	Venezia	Giolito de Ferrari	Vellutello	Il Petrarcha	Rvf + T
1553	Venezia	Domenico Giglio	Gesualdo	Il Petrarcha	Rvf + T
1554	Venezia	Giovanni Griffio	Vellutello	Il Petrarcha	Rvf + T
1555	Avignone	Barth. Bonhomme	trad. V. Philieul, ordinam. Vellutello	Toutes les euvres vulgaires	

etc.

La successione delle edizioni del commento Vellutello non è completa — negli anni Cinquanta si infittisce oltremodo — ma il prospetto è utile a trarre alcune conclusioni abbastanza evidenti. Se all'inizio del secolo le stampe tendono a perpetuare la successione *Trionfi-Rerum vulgarium fragmenta*, tipica degli incunaboli, con gli anni Venti l'ordinamento delle due opere volgari si stabilizza e viene canonizzato; se fino al 1525 l'intitolazione complessiva delle opere volgari di Petrarca oscilla, si stabilizza poi nell'eloquente *Il Petrarca*, a cui pochi si sottraggono; al cospetto delle riedizioni del Vellutello, la sopravvivenza degli altri commenti si fa sporadica. Queste opere vanno naturalmente ad affiancarsi alle molte edizioni del Petrarca non commentato, ma la frequenza delle ristampe, e la natura delle postille in molti degli esemplari sopravvissuti, come si vedrà, attestano che in molti casi il commento veniva acquistato per leggere il testo.

Dal prospetto delle edizioni emerge per altro un'idea solo parziale della diffusione, ma soprattutto della fruizione dei commenti. La mera successione delle date di stampa offre dati in merito all'appetibilità di un determinato prodotto librario sul mercato, ma va incrociata con le risultanze sull'effettiva lettura dei libri, dunque sulla loro fruizione pratica, che non è sempre legata all'*hic et nunc* dell'acquisto, anzi può avvenire a sensibile distanza di tempo, per via della trasmissione dei libri o della loro conservazione nelle biblioteche di famiglia, dove fungono da base per lo studio di Petrarca.

Esemplare, a questo proposito, è la fitta postillatura, di mano settecentesca, di un esemplare del Vellutello nell'edizione Giolito de' Ferrari 1550, che assomma parafrasi di termini e sintagmi, in interlinea, a discussioni di luoghi del commento sui margini:[13] anche a distanza di quasi due secoli, il Vellutello rimane uno strumento di lavoro agibile. Molto significativa, perché del tutto esplicita, è poi l'annotazione leggibile in un esemplare dell'Ilicino-Filelfo/Squarciafico del 1500 (edizione veneziana di Bartolomeo Zanni) della British Library, che mostra come un possessore di fine Cinquecento potesse apprezzare proprio quei caratteri, come la prolissità del commento dell'Ilicino ai *Trionfi*, che avevano determinato il tramonto della fortunata opera all'inizio degli anni Venti, quando era stata sostituita da commenti più agili, e più aderenti al testo poetico.[14] Annotando di aver trovato 'tutti disquinternati et mezzi rotti' i *Trionfi* e un Canzoniere appartenente alla medesima emissione — due opere vendute separatamente — l'anonimo postillatore scrive infatti:

> li ho fatti legare in doi libri a parte, poi che sono cose vecchie stampate sino nel 1500 et hora siamo nel 1589 et horamai questi comenti sono più copiosi et distinguono meglio delli moderni et non sono da gettar via.[15]

L'Ilicino, dunque, può risultare concorrenziale rispetto a un commento 'moderno', anche a distanza di decenni dalla sua ultima ristampa, se a consultarlo è un lettore interessato proprio a quella enciclopedia storica nella quale, di fatto, il senese aveva trasformato la sua lettura.

Un'ultima considerazione si impone, circa la fortuna editoriale del Vellutello. Le risultanze di un'analisi comparativa delle prime tre edizioni e dell'evoluzione del paratesto mostrano come oggi non si possa più parlare sbrigativamente del 'commento Vellutello', giacché si tratta a tutti gli effetti, almeno fino al 1538, di un testo in movimento per volontà autoriale, e successivamente per volontà editoriale. Ho esposto più volte alcuni dati relativi al riempimento dei commenti tra la prima e la seconda edizione, che fa coincidere le due volontà: si può infatti ragionevolmente ipotizzare una richiesta editoriale eseguita dall'autore; in alcuni casi si rilevano correzioni da parte di Vellutello, che evidentemente continua a studiare e a ripensare il suo commento.[16] L'uscita, poi, del commento del Gesualdo nel 1533 dovette rappresentare una ulteriore occasione di ripensamento, come mostra la sequenza qui sotto trascritta, relativa al commento alle prime terzine del primo *Trionfo d'Amore* (secondo la vulgata antica):

Nicolini da Sabbio 1525	Bernardino Vitali 1528	Bartolomeo Zanetti 1538
Adunque il Poeta dice, che in tal tempo e a tal ora, AMORE, cioè gli amorosi affanni, gli sdegni, il pianto, la stagione della primavera, nella quale più dolcemente si suol dormire,	Adunque il Poeta dice, che 'n tal tempo e a tal ora, AMORE, cioè gli amorosi affanni, gli sdegni, il pianto, E LA STAGIONE, cioè e l'ora del posare, onde ancor in quella canz. *Ne la stagion che'l ciel rapido inchina	ver occidente* e cet.,	Adunque il Poeta dice, che 'n tal tempo e a tal ora, AMORE, cioè gli amorosi affanni, gli sdegni, il pianto, E LA STAGIONE, cioè e l'ora del posare, onde ancor in quella canz. *Ne la stagion che'l ciel rapido inchina	ver occidente* e cet., O veramente intende de la stagione de la primavera, ne la qual più dolcemente che di tutte l'altre, e specialmente a l'aurora, si suol dormire,
lo avevano ricondotto al chiuso luogo del suo albergo, ove il cor lasso solea dormendo ogni fascio de' suoi angosciosi pensieri riporre,	l'aveano ricondotto al chiuso luogo del suo albergo, ove 'l cor lasso solea dormendo ogni fascio de' suoi angosciosi pensieri riporre,	l'aveano ricondotto al chiuso luogo del suo albergo, ove 'l cor lasso solea dormendo ogni fascio de' suoi angosciosi pensieri riporre. Altri intendono per lo chiuso loco di Valchiusa, ch'a noi per più rispetti non piace.
Quando già fioco e stanco di piangere, vinto dal sonno vide FRA L'HERBE, cioè fra le vane e caduche speranze, UNA GRAN LUCE,	Quando già fioco e stanco di pigere [*sic*], vinto dal sonno vide FRA L'HERBE, cioè fra le vane e caduche speranze, UNA GRAN LUCE, e dentro da quella [...]	Quando già fioco e stanco di piengere [*sic*], vinto dal sonno vide FRA L'HERBE, fra le vane e caduche speranze, UNA GRAN LUCE, e dentro da quella [...]

Tra la prima e la seconda edizione il lucchese torna a riflettere sull'identificazione esatta di un termine vaghissimo come *stagione* (*Triumphus Cupidinis* 1.7–8: 'Amor, gli sdegni, e 'l pianto, e la stagione | ricondotto m'aveano al chiuso loco'), che prima intende nel senso proprio, poi come momento della giornata — sulla base di uno dei possibili ma molto esposti *loci paralleli*, ovvero l'incipit della canzone 50 —; infine decide di riunire e assommare i due possibili referenti, dando ragione di certa indecidibile polivalenza lessicale petrarchesca. Ciò che più mi interessa qui rilevare è che nella terza edizione Vellutello non può evitare di confrontarsi con il commento del Gesualdo, che interpretava il moto iniziale del primo Trionfo come frequentazione malinconica dei luoghi usati ('sì come quando ella era viva, così, poi che morì, egli soleva andare a starsi nell'amata solitudine della Sorga, come abbiamo veduto nelle cose da lui scritte in vita e in morte di lei'), e dunque per quel verso aveva annotato: 'CHIUSO LUOCO, Valchiusa intendendo, al cui nome par che alluda'. Ma questo *senhal*, oggi comunemente accettato nei commenti, 'a noi per più rispetti non piace', annota piuttosto seccamente il Nostro.

Insomma: se l'abbondanza di esemplari di questa o quella edizione del commento Vellutello, *in primis* delle numerose giolitine, può indurre il critico moderno a servirsene in modo indifferente, bisogna tuttavia sapere che esse, in realtà, pari non sono.

La lettura del Vellutello: testo e commento

In un caso di tanto eclatante fortuna editoriale, è utile cercare di comprendere le ragioni della diffusione di un'opera che proponendo un 'ordine mutato' del Canzoniere contraddiceva una vulgata autorevole come quella aldina e bembiana, contrapponendovisi apertamente. Oltre ad altre possibili fonti, come gli epistolari, i singoli esemplari a stampa si rivelano portatori non solo di vicende di possessi e trasmissioni, ma anche di pratiche di lettura e fruizione condivise, che appartengono alla storia stessa del libro:[17] 'tra storia dell'esemplare e storia della ricezione', come recitava il titolo di un saggio di Edoardo Barbieri.[18]

È indubbio che lo studio di questo tipo di documenti, ovvero non di postillati 'illustri', opere appartenenti alle biblioteche personali di letterati, ma di possessori anonimi o quasi, potrebbe costituire un tassello del quadro composto del petrarchismo. Il censimento dei postillati del commento Vellutello è tuttavia disperante quanto a esecuzione, per via del larghissimo numero di esemplari conservati nelle biblioteche italiane (solo per l'edizione Giolito 1547 Edit16 segnala trentaquattro copie, ovviamente sparse per tutto il territorio nazionale, più due all'estero),[19] e per l'assenza di informazioni preliminari circa l'esistenza di annotazioni, che gli Opac locali segnalano solo sporadicamente. Molte informazioni si possono ricavare dal meritorio censimento degli incunaboli e delle cinquecentine postillate del Petrarca volgare avviato negli anni Ottanta, che tuttavia, pur utilissimo quanto a dati generali desumibili, riguarda solo otto biblioteche.[20]

Al censimento si deve poi sommare lo studio e l'eventuale trascrizione delle postille per avere la speranza di dedurne dati ampi, sfruttabili a fini statistici, sulle modalità di lettura del commento. Il lavoro in questo caso si fa improbo, data la dispersione degli esemplari per le mille piccole e bellissime biblioteche italiane, e lo scarsissimo numero di copie digitalizzate. Le osservazioni qui proposte si basano dunque su un numero molto ridotto di esemplari,[21] i cui segni di lettura tuttavia consentono di trarre qualche conclusione provvisoria. Da una parte, infatti, attestano la tendenza diffusa a una lettura 'antologica, sintagmatica ed orizzontale' del testo petrarchesco[22] — soprattutto il Canzoniere, ma accade anche per i *Trionfi*[23] — di cui vengono appuntate soprattutto le sentenze esemplari o morali (*in primis* quelle sulla passione amorosa o sulla morte); e se è accertabile che la poesia cinquecentesca non sembra aver 'colto, e fatto propria, la sentenziosità del modello', che passa da altre vie, come l'emblematica,[24] è anche vero che la pratica della lettura dei *Rerum vulgarium fragmenta* mostra chiaramente la predilezione per questo tipo di fruizione. Dall'altra, ci consentono di provare a comprendere a quali parti del commento i lettori fossero più sensibili: si tratta, forse prevedibilmente, del suo contenuto informativo o erudito, recepito però con sensibile spirito critico.

A. *Le volgari opere del Petrarcha con la espositione di Alessandro Vellutello da Lucca,* **Venezia, Giovanni Antonio e fratelli da Sabbio, 1525**

Della *princeps* del commento Vellutello riporto i dati relativi a tre esemplari. Il primo è quello di Roma, Biblioteca Angelica (Z.XXII.23), che riporta annotazioni solo nella parte del Canzoniere[25] (un altro esemplare della Angelica, con segnatura RR.6.66, conserva la sola parte dei *Trionfi* — che in questa edizione inizia su fascicolo nuovo, *a*, dopo la conclusione del duerno *Cc* su carta bianca — e reca sporadiche sottolineature di versi sentenziosi).[26] Le annotazioni non sono frequenti, e possono essere rubricate come: evidenziazione laterale di interi sonetti, con linee verticali o graffe (*Rvf* 102 *Cesare, poi che*; *Rvf* 298 *Quand'io mi volgo indietro*); evidenziazione di parti di sonetto con graffe o manicule — a volte sommate — che sottolineano o additano sentenze d'ordine generale (*Rvf* 86.10–11: '[i]l tempo | non è chi 'ndietro volga, o chi l'affreni'; *Rvf* 207.12–13: '[avess'io] preso lo stil, ch'or prender mi bisogna; | ché 'n giovenil fallir è men vergogna'; *Rvf* 319.5–6: 'Misero mondo, instabile e protervo, | del tutto è cieco chi 'n te ripon sua spene'; *Rvf* 326.7–8: 'ma la fama e 'l valor che mai non more, | non è in tua forza'; *Rvf* 331.64: 'e chi ben pò morir, non cerchi indugio'), o descrizioni di fisiologia e psicologia amorosa (*Rvf* 47.1–4 'Io sentia dentr'al cor già venir meno | gli spirti che da voi ricevon vita', etc.), o luoghi retoricamente esposti ed esemplari (la triplice anafora 'veramente' con cui si chiude *Rvf* 294). In due casi il postillatore evidenzia una sentenza petrarchesca e la ricopia a mano sul margine, come uncino memoriale (*Rvf* 140.14: 'ché bel fin fa chi ben amando more', ma anche il meno banale *Rvf* 156.13: 'che non se vedea in ramo mover foglia').[27]

In un caso, tuttavia — e qui veniamo alla lettura non tanto del testo petrarchesco, ma del commento — la sentenza è del Petrarca latino, ed è contenuta nella parte esegetica (*Fam.* I 6, 2: 'Amante non amato nil reor esse miserius', alla fine del commento a *Rvf* 65); altri punti del commento recano graffe a margine, come a c. 181^v (la favola di Fetonte interpretata come terrore di Petrarca circa ciò che 'interverrebbe a lui, quando in questa temeraria e vana speranza di dever ascendere a gli alti gradi della dignità ecclesiastica perseverasse, ove dimostra averne in tutto rimosso l'animo') e a c. 187^v (fine del commento a *Rvf* 98). In un altro caso, il postillatore non solo ricopia, ma anche completa una sentenza recata dal Vellutello, che a proposito di *Rvf* 183.13–14 ('un amoroso stato | in cor di donna picciol tempo dura') scriveva 'uno stato amoroso in cor di donna dura picciol tempo, onde Vir[gilio] "varium et mutabile semper foemina", e Sene[ca] provando non essere in loro stabilità né mezzo, "Aut amat foemina aut odit"'). Qui non solo i versi petrarcheschi sono evidenziati da una graffa a destra e da una manicula a sinistra, ma vengono sottolineati i due rinvii latini recati dall'espositore, e trascritta sul margine destro la versione completa della sentenza pseudosenecana, *femina aut amat*

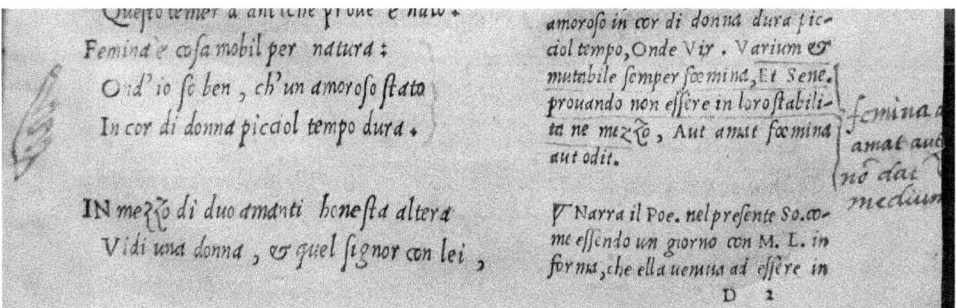

Fig. 2.1. 1525 Giovanni Antonio and brothers da Sabbio edition of Alessandro Vellutello's Petrarch commentary, *Le volgari opere del Petrarcha con la espositione di Alessandro Vellutello da Lucca* (Venice: Giovanni Antonio e fratelli da Sabbio, 1525). Annotations on fol. 26ʳ in the copy held at the Biblioteca Angelica, Rome, shelfmark Z.XXII.23 . Courtesy of the Italian Ministry of Culture.

aut [odit] non datur medium (c. 26ʳ, tagliata da una rifilatura).

Il secondo esemplare della *princeps* — Roma, Biblioteca Casanatense (CC G.V.66), di cui esiste una versione digitalizzata —[28] reca tracce di letture stratificate (due o forse tre mani).[29] Le fitte postille e i segni di lettura sono distribuiti su entrambe le opere (*Rvf* e *Trionfi*), ma in larga maggioranza sono relativi al testo petrarchesco: sottolineature e annotazioni marginali di singoli termini (*cria, desviando, impiastro, ramingo*, etc.) o di sintagmi, ritrascritti in forma standard ('Poi venia quel, ch'il livido maligno | tumor' > *livido tumor*; 'a bada tenne' > *tenne a bada*) o con grafia ammodernata ('notturno et piano' > *notturno e piano*); brevi riscritture parafrastiche.

Tra le varie postille rilevo quella a c. 9ʳ, relativa a *Rvf* 11.4 'ch'ogni altra voglia dentr'al cor mi sgombra': *forse va scritto d'entro*. La grafia *dentr'al cor* è bembiana (ricorre in entrambe le aldine, 1501 e 1514), e praticamente solo con il Carducci-Ferrari verrà sostituita da *d'entro*. Altre brevi annotazioni linguistiche o semantiche sono quelle a *TC* 1.38 ('havea cangiato vista' > 'vista' per *aspetto*), *TM* 1.68 ('et che tu passi' > 'passi' cioè *mori*) e 82 ('U son hor le ricchezze?' > 'u' ch'è *dove*), *TM* 2.7 ('Quando donna sembiante a la stagione' > 'sembiante' *adiettivo*), *TF* 2.163 ('Magnanimo, gentil, costante, e largo' > 'largo', *liberale*). Sporadicamente compaiono note esegetiche (ad es. *TF* 3.15: 'Primo pittor de le memorie antiche' > 'pittor' *chiama Homero*, e 37: 'Qui vid'io nostra gente haver per duce' > 'qui' *nel 3° luogo*) e stilistiche, come quella a *TC* 1.106–08 ('L'altro è colui che pianse sotto Antandro | [...] e 'l suo amor tolse | a que' che 'l suo figliuol tolse ad Evandro' > *Descrittione sopra descrittione*); in *TC* 3.56–60 viene sottolineata e annotata sul margine la serie rimica *teschio : meschio : veschio*.

Molte postille riguardano la lingua e la grafia petrarchesca e la grafia. Si veda ad esempio quella apposta in corrispondenza di *TC* 4.130, in una pagina dove la prima mano ha sottolineato il ritornare (non solo in rima) delle forme *negotio* e *servitio*, annotando a margine i corrispondenti *negozio* e *servizio*, e la seconda, in corrispondenza del petrarchesco 'equinotio', annota *equinotio per un t, per forza di rime*, forse per sottolineare che, in ragione appunto della serie rimica con *otio* e *negotio*, Petrarca non aveva scritto *equinoctio*, come sarebbe stato più consono alla forma latina *aequinoctium*.[30]

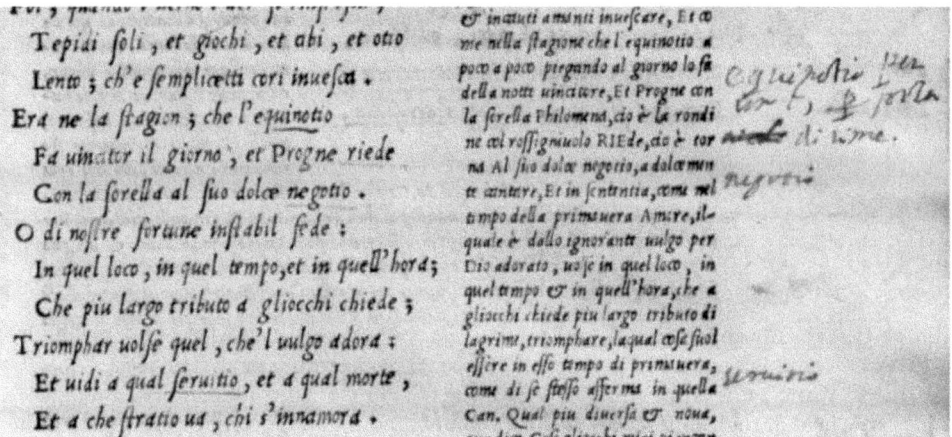

Fig. 2.2. 1525 Giovanni Antonio and brothers da Sabbio edition of Alessandro Vellutello's Petrarch commentary, *Le volgari opere del Petrarcha con la espositione di Alessandro Vellutello da Lucca* (Venice: Giovanni Antonio e fratelli da Sabbio, 1525). Annotations to *TC* 4.130 in the copy held at the Biblioteca Casanatense, Rome, CC G.V.66

Solo raramente si possono ravvisare punti di dialogo con il commento Vellutello. In corrispondenza di *TF* 2.17–18 ('Aiace, Diomede, e Ulisse | che desiò del mondo veder troppo'), dove il lucchese spiega che 'Aiace, Diomede, Ulisse furon Greci, e ciascuno nella guerra di Troia, secondo Homero, conseguì fama immortale. Ma Ulisse desiò veder troppo del mondo, perché in tal peregrinatione ultimamente, secondo che alcuni vogliono, perì', lo stesso postillatore scrive: *qui non segue l'opinion d'Homero, ma di Dante*. I riferimenti a Dante tornano spesso sotto la sua penna, a integrazione del commento del Vellutello: ad es. a lato di 'Ond'io meravigliando dissi, hor come | conosci me ...?' (*TC* 1.43–44) sottolinea l'avverbio, e annota: *Dante: meravigliando diventaro smorte* [*Purg.* II 69]. L'osservazione non è delle più banali, se si pensa che il rinvio dantesco non compare in nessuno dei commenti antichi, ma è compreso nei commenti più recenti (Ariani, Pacca), sulla base del doppio rinvio a Moschetti, che osserva come l'avverbio sia espresso 'in forma neutra per *meravigliandomi*', e a Zingarelli, che aggiunge il rimando al verso dantesco.

Le sue annotazioni linguistiche sono spesso ampie, come quella fatta a proposito di Amore come 're non mai di lagrime digiuno' (*TC* 1.36, letto però come 'sempre di lagrime digiuno' nelle edizioni cinquecentesche), a margine del quale un segno di richiamo rimanda alla lunga postilla vergata nel margine inferiore: 'parlando il Petr[arca] altrove d'Amore dice che si pasce di lagrime e lui 'l sa [*Rvf* 93.14]; come si è dunque sempre digiuno? forse perché chi è digiuno è affamato. qui pone digiuno p[er] affamato. potendo, se si parla propriamente, stare insieme l'esser pasciuto et affamato, ma non l'esser pasciuto e digiuno' (Fig. 2.3).

Altre postille riguardano temi filosofici o teologici del testo petrarchesco, come quella apposta nel margine inferiore del sonetto 352 *Spirto felice*, e purtroppo in parte illeggibile per via della rifilatura delle carte. Il postillatore evidenzia alcuni termini fondamentali dei vv. 8–11, ancorando poi assai correttamente l'apostrofe allo 'spirto', al quale si imputa di aver 'lasciato in terra' 'quella, c'hor m'è più che

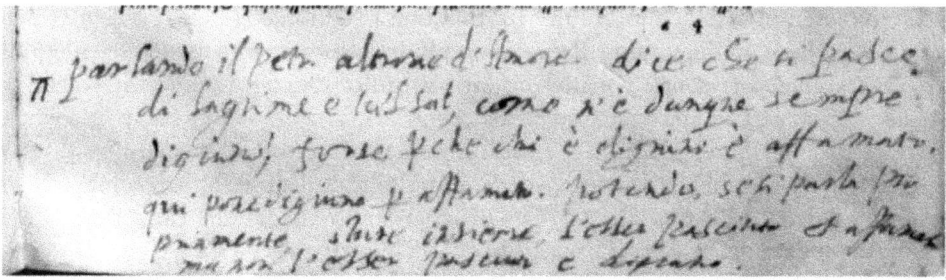

Fig. 2.3. 1525 Giovanni Antonio and brothers da Sabbio edition of Alessandro Vellutello's Petrarch commentary, *Le volgari opere del Petrarcha con la espositione di Alessandro Vellutello da Lucca* (Venice: Giovanni Antonio e fratelli da Sabbio, 1525). Annotations to *TC* 1.36 in the copy held at the Biblioteca Casanatense, Rome, CC G.V.66. Courtesy of the Casantense Library, Rome, MiC.

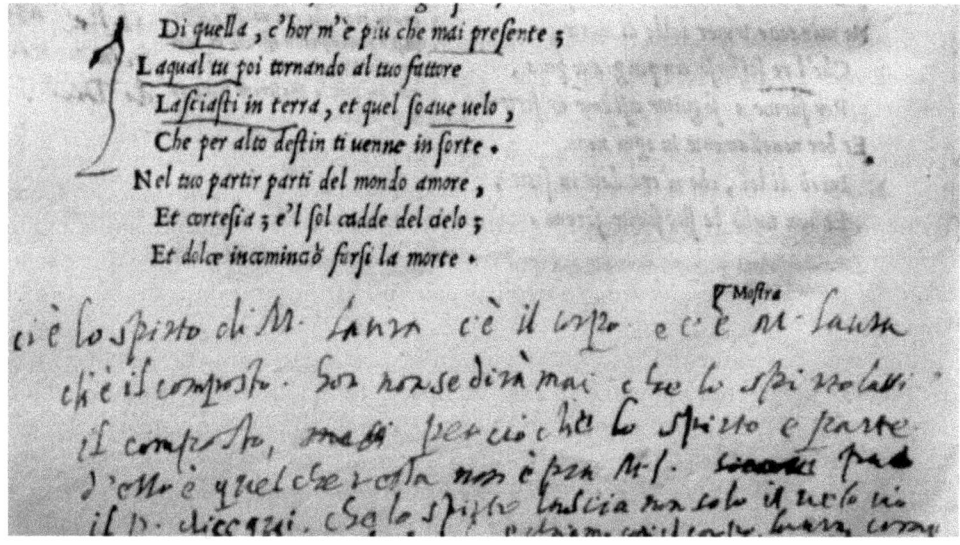

Fig. 2.4. 1525 Giovanni Antonio and brothers da Sabbio edition of Alessandro Vellutello's Petrarch commentary, *Le volgari opere del Petrarcha con la espositione di Alessandro Vellutello da Lucca* (Venice: Giovanni Antonio e fratelli da Sabbio, 1525). Annotations to *Rvf* 352 in the copy held at the Biblioteca Casanatense, Rome, CC G.V.66. Courtesy of the Casantense Library, Rome, MiC.

mai presente', a quella dualità scissa e pur inscindibile di spirito e corpo che anima tutte le rime in morte: 'ci è lo spirto di M. Laura — c'è il corpo e c'è M. Laura ch'è il composto. hor non se dirà mai che lo spirto lassi il composto, per ciò che lo spirto è parte d'esso, e quel che resta non è più M. L[aura]. p[erciò] il P. dice qui che lo spirto lascia non solo il velo ma [...]').

Il commento del Vellutello non dava appigli, stringato com'era nella redazione della *princeps*:

> Parla il Po[eta] nel presente So[netto] allo spirito di M. L[aura] dimostrandoli i dolci effetti che operava in lei mentre che unito fu col suo bel corpo. E come nel partir che fece da quello, il mondo fu d'ogni suo ornamento e luce privato, e la morte, come sazia d'ogni sua asprezza e crudeltà, s'incominciò ad indolcire.[31]

Il terzo esemplare è quello di Firenze, Biblioteca Nazionale (Nenc.F.1.4.13), tutto fittamente e notevolmente postillato, per lo più in latino, da una mano che allega al testo petrarchesco riscontri plurimi di fonti: Virgilio, Orazio, Ovidio, ma anche la *Tebaide* di Stazio, i Vangeli, Dante (ad es. *Inf.* XVII, 119–20, citato come 'né pentir et voler insieme puossi, per la contradition che nol consente', a margine di *Rvf* 23.130–31 'che non ben si ripente | de l'un mal chi de l'altro s'apparecchia'). Non mancano i rinvii intertestuali, non banali: guardando ancora alla canzone 23, 'nel triumpho della morte Le dolci paci ne' begli occhi scritte' (*TM* 2.83) viene annotato a margine del v. 133 'degnò mirarmi'; ma soprattutto *TC* 3.161–62 'Et so in qual guisa | l'amante nel amato si transforma' accanto al v. 38 ('E i duo mi trasformaro in quel, ch'i' sono'): riscontro assente in Vellutello e Daniello (e poi in Castelvetro), e presente nel solo Gesualdo, che vi innesta una lunga spiegazione attribuita al Minturno, 'coll'autorità de' philosophi'.

B. *Il Petrarcha con l'espositione d'Alessandro Vellutello di novo ristampato con le figure a i Triomphi, e con più cose utili in varii luoghi aggiunte,* **Venezia, Gabriel Giolito de' Ferrari, 1544 e ss.**

Recano annotazioni di tipo molto diverso due esemplari, conservati presso la Biblioteca Alessandrina di Roma, delle varie riproposizioni giolitine del commento Vellutello, che si distinguono per il rinnovo del paratesto (lettera di Lodovico Domenichi ai lettori, Sonetto sopra le sacre ceneri di Petrarca e Laura — inc. *Laura, ch'un Sol fu tra le Donne in terra*) e degli ornamenti (antiporta, inquadramento dei *Trionfi*).

Il primo è l'edizione del 1552 (Rari 376), in 8° (150 x 220 mm) con bella legatura di pregio in pelle scura inquadrata e fregiata in oro, recante a lettere capitali il nome del possessore (Rutilius Arberinus), che torna nella nota di possesso vergata sul retro del Registro (c. 216ʳ), attestante che il libro è stato comprato per 'scudi dos' il 10 gennaio 1552 da Rutilio Alberini.[32] Le note sparse nel libro mostrano una lettura del Canzoniere compiuta da un dilettante colto, che lascia varie crocette, a mo' di apprezzamento, accanto a diversi testi (secondo l'ordine vellutelliano: *Rvf* 35, 22, 30, 176, 129, 109, 111, 183, 116, 95, 96, 71, 72, 73, 75, 141, 125, etc.), fino a *Rvf* 79, ovvero a c. 61ʳ: poi le crocette scompaiono. Si tratta dunque verosimilmente di una lettura compiuta di seguito, seguendo la narrazione del Canzoniere proposta dal Vellutello, che tuttavia a un certo punto il lettore interrompe, forse preso da altre incombenze.

Il secondo esemplare è quello del 1547 (O.N.102), privo di note di possesso, anche se alcune caratteristiche degli interventi (cancellazione a penna dei sonetti antiavignonesi fino all'abrasione della carta, insistenza sulle sentenze intorno al tema del ben morire)[33] potrebbero ricondurre a un erudito ecclesiastico. Interessante, stante la tendenza editoriale a presentare il Canzoniere privo di numerazione, tranne sporadiche eccezioni — è il tentativo di numerazione apposto, nel margine sinistro, ai primi dodici *fragmenta*, e poi abbandonato.

I segni di lettura di questa copia rimandano a una fruizione attiva del commento. Le sottolineature della parte esegetica si aggiungono alla già citata evidenziazione dei passaggi sentenziosi del testo poetico, che viene compiuta per mezzo di tratti verticali, graffe e *manicule* stilizzate. Sono tracce concentrate soprattutto sulla prima parte ('Però lasso conviensi, | che l'extremo del riso assaglia il pianto'; 'che gran temenza gran desir affrena'; 'che bel fin fa, chi ben' amando more'; 'Amor che solo i cor leggiadri invesca'; 'altri cangia il pelo | anzi che 'l vezzo'; 'che d'altrui ben, quasi suo mal si dole'; 'Ma talhor humiltà spegne disdegno; | talhor l'enfiamma'; 'mal fa, chi tanta fé sì tosto oblia'; 'che ben mor chi morendo esce di doglia'), ma ricorrono anche nella seconda ('quante speranze se ne porta 'l vento'; 'che tal morì già triste e sconsolato, | cui poco inanzi era 'l morir beato'; 'Di bon seme mal frutto | mieto: e tal merito à chi 'ngrato serve'), sebbene poi a un certo punto i segni si arrestino, e non si trovi più nulla fino alla fine della sezione (da c. 129^{v} a 136^{r}): probabile ulteriore testimonianza di una lettura compiuta di seguito, e a un certo punto interrotta.

Sottolineature e uncini memoriali tornano a solcare i testi della Terza parte, ma si fanno più frequenti in corrispondenza dei *Trionfi*, rispetto ai quali risulta evidente che il commento diventa l'oggetto primo della lettura, con il suo portato di informazioni storiche ed erudite, o relative alla biografia dell'autore. Le parti del commento che corrispondono alle sezioni più dense di personaggi, come il terzo Trionfo d'Amore o il Trionfo della Fama, sono percorse dall'annotazione marginale dei nomi citati: il postillatore colloca così un uncino memoriale in corrispondenza delle (pur brevi) note esegetiche del Vellutello, a dimostrazione del fatto che l'enciclopedia storica continua a essere una delle funzioni preminenti del commento ai *Trionfi*. A c. 162^{v} (*TC* 1.7–12) appone un segno marginale a una sentenza nel testo petrarchesco ('E dentro assai dolor con breve gioco'), nella consueta prospettiva di memorabilità, ma nel commento, che riproduce l'assetto della terza edizione,[34] sottolinea alcuni punti interpretativi utili a chiarire il testo stesso: 'O veramente intende de la stagione de la primavera', e 'FRA L'HERBE, fra le vane e caduche speranze'. Nel commento alla rappresentazione di Amore come 'garzon crudo' (v. 23) traccia poi una linea marginale accanto alla lunga citazione vellutelliana da Properzio. Nella pagina successiva (c. 163^{r}) sottolinea, e ripete sul margine sotto forma di schema, la tripartizione vellutelliana dell''infinita turba' di uomini che si fa vincere dalla passione ('continenti, incontinenti e intemperati'), sottolineando poi la spiegazione dell''occisi' del v. 29 ('perché l'anima allora si dice esser morta, che nel vizioso abito è sommersa e conculcata').

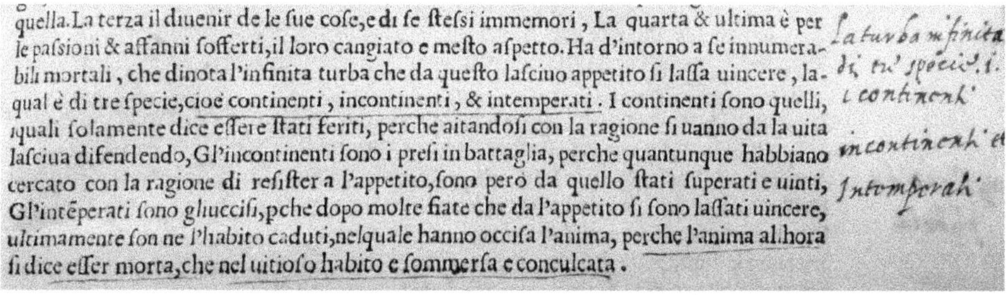
quella. La terza il diuenir de le sue cose, e di se stessi immemori, La quarta & ultima è per le passioni & affanni sofferti, il loro cangiato e mesto aspetto. Ha d'intorno a se innumerabili mortali, che dinota l'infinita turba che da questo lasciuo appetito si lassa uincere, laqual è di tre specie, cioè continenti, incontinenti, & intemperati. I continenti sono quelli, iquali solamente dice essere stati feriti, perche aitandosi con la ragione si uanno da la uita lasciua difendendo, Gl'incontinenti sono i presi in battaglia, perche quantunque habbiano cercato con la ragione di resister a l'appetito, sono però da quello stati superati e uinti, Gl'intēperati sono gli uccisi, pche dopo molte fiate che da l'appetito si sono lassati uincere, ultimamente son ne l'habito caduti, nelquale hanno occisa l'anima, perche l'anima alhora si dice esser morta, che nel uitioso habito è sommersa e conculcata.

FIG. 2.5. 1525 Giovanni Antonio and brothers da Sabbio edition of Alessandro Vellutello's Petrarch commentary, *Il Petrarcha con l'espositione d'Alessandro Vellutello di novo ristampato con le figure a i Triomphi, e con più cose utili in varii luoghi aggiunte* (Venice, Gabriel Giolito de' Ferrari, 1544). Annotations to fol. 163^{r} in the copy held at the Biblioteca Alessandrina di Rome, O.N. 102. Courtesy of the Italian Ministry of Culture.

Sottolinea quindi l'avvio delle considerazioni di Vellutello sull'introduzione della terza persona narrativa ('E in questo serva lo stile di molti altri Poeti, i quali quando vogliono narrar alcuna istoria, o favola, introducono una terza persona, da la quale fingono che sieno lor dette, come in molti luoghi veggiamo che fa Virg[ilio] e Dante'), annotando poi *m. Cino da Pistoia* accanto al nome di Cino, nel quale Vellutello, a partire dalla seconda edizione, identifica la misteriosa 'guida' dei *Trionfi*.[35]

Per concludere. L'enorme diffusione del commento Vellutello, e la frequenza con cui gli esemplari postillati recano tracce di lettura sul testo, mostra come l'opera circolasse anche e forse soprattutto come testo petrarchesco, impattando notevolmente sulla percezione comune del tasso di narratività del Canzoniere. Dalle sottolineature di parti del commento si inferisce certo un suo uso come strumento per la lettura e lo studio del testo, ma anche uno spirito per così dire agonistico da parte dei suoi lettori, che certo ne desumono schemi e interpretazioni, ma si lanciano anche nel reperimento di fonti aggiuntive e di *loci paralleli* discendenti dalla loro frequentazione con l'opera volgare di Petrarca. Il commento Vellutello entra a buon diritto, dunque, nella storia della lettura di Petrarca: anche quando rappresenta semplicemente il *medium* per tale lettura, che può rivelarsi avvertita e dotata di strumenti aggiornati, come si constata dalle postille depositate sui margini della stampa Venezia, Nicolò Bevilacqua, 1563 (Biblioteca Apostolica Vaticana, Capp.IV.229), il cui possessore invoca passi precisi della *Ragione* di Castelvetro (1559) contro l'*Apologia* di Annibal Caro: episodio forse non trascurabile della celebre contesa, se quel testo viene minutamente usato per discutere l'interpretazione retorica di certi usi poetici petrarcheschi. Una rassegna ampia dei postillati dei commenti petrarcheschi del Cinquecento darebbe senza dubbio uno spaccato di storia della cultura, che aiuterebbe a meglio penetrare il modo in cui Petrarca veniva effettivamente letto e fruito nel secolo.

Notes to Chapter 2

1. Gino Belloni, *Laura tra Petrarca e Bembo. Studi sul commento umanistico-rinascimentale al 'Canzoniere'* (Padova: Antenore, 1992), p. 58.
2. Delle edizioni del commento di Ilicino mi occupo in un'altra sede, cfr. Sabrina Stroppa, 'Relazioni editoriali. L'impatto del commento Ilicino sull'esegesi petrarchesca del primo Cinquecento', in *L'esegesi petrarchesca e la formazione di comunità culturali. Freie Universität Berlin, 18-19 Feb. 2021*, ed. by Bernhard Huss and Sabrina Stroppa (Berlin: Schriften des Italienzentrum, 2022), pp. 49-63.
3. Leonardo Francalanci, 'La traduzione catalana del commento di Bernardo Ilicino ai *Triumphi* di Petrarca: alcune novità a proposito del modello italiano', *Quaderns d'Italià*, 13 (2008), 113–26 (p. 115); la stessa frase ricorre in Leonardo Francalanci, 'Il commento di Bernardo Ilicino ai *Triumphi* del Petrarca e la sua dimensione europea: il caso catalano', in *La Catalogna in Europa, l'Europa in Catalogna. Transiti, passaggi, traduzioni*, edizione in rete a cura di Costanzo Di Girolamo, Paolo di Luca e Oriana Scarpati, 2009 < http://www.filmod.unina.it/aisc/attive/Francalanci.pdf > (consultato 14 giugno 2022).
4. Belloni, p. 65.
5. La questione è stata esposta nel capitolo dedicato a Vellutello in Belloni sopr. alle pp. 65–68; cfr. ora anche Sabrina Stroppa, 'Introduzione' a Alessandro Vellutello, *Commento a Le volgari opere del Petrarcha (Venezia, G.A. da Sabbio, 1525). Edizione anastatica dell'esemplare della Biblioteca Reale di*

Torino (P.M. 1286) con introduzione e indici (Treviso: Antilia, 2021), pp. 7–82 (sopr. alle pp. 14–23: *Il macrotesto*), e eadem, 'Oltre la questione dell'"ordine mutato". Sul commento di Alessandro Vellutello al Petrarca volgare', *Atti e memorie dell'Accademia galileiana di scienze lettere ed arti in Padova*, 131 (2018–19) (Lectura Petrarce), 375–99.

6. Cfr. Donato Pirovano, 'Introduzione' a Alessandro Vellutello, *La 'Comedia' di Dante Aligieri con la nova espositione*, a cura di Donato Pirovano, 3 voll. (Roma: Salerno Editrice, 2006), I, 9–68 (pp. 21–22). Sulla base di una disputa che aveva opposto, nel 1465, Buonaccorso Massari, allievo di Giovanni Pietro da Lucca, e il fiorentino Lorenzo Guidetti, seguace della scuola di Cristoforo Landino (ricostruita in Roberto Cardini, *La critica del Landino* [Firenze: Sansoni, 1973]), ipotizza che 'il metodo della filologia scientifica che evidentemente la scuola lucchese fece suo per diversi anni, [...] abbia condizionato anche la formazione di Alessandro', che tra l'altro nel commento alla *Commedia* elegge il Landino a suo obiettivo polemico primario.
7. Sul concetto di 'opera', che assomma la prima (escluso il primo sonetto) e la seconda delle tre parti in cui Vellutello ripartisce il Canzoniere, rimando ancora a Stroppa, 'Introduzione' a Vellutello, *Commento*, pp. 23 e ss.
8. Per tutto questo rimando a Stroppa, 'Introduzione' a Vellutello, *Commento*; cfr. anche Belloni, passim.
9. Cfr. Stroppa, 'Introduzione' a Vellutello, *Commento*, pp. 8–10.
10. Per questo aspetto si veda anche Marco Santoro, Michele Carlo Marino, Marco Pacioni, *Dante, Petrarca, Boccaccio e il paratesto. Le edizioni rinascimentali delle 'tre corone'*, a cura di Marco Santoro (Roma: Edizioni dell'Ateneo, 2006).
11. Delle edizioni Nicolini da Sabbio 1541 e Vitali 1532 furono tirati anche esemplari in carta azzurra (risp. Firenze, Biblioteca Nazionale, Palat. E.6.6.36, e Roma, Biblioteca Angelica, RR.3.81).
12. Nella lettera dedicatoria della terza edizione (Bernardino Vidali 1532), indirizzata a Giacomo Doria in sostituzione di quella al lucchese Martino Bernardini che introduceva la prima, Vellutello dice che 'Già per due volte, oltre a la prima, [...] essa esposizione è stata impressa': sebbene parli dell'esposizione, allo stato attuale delle nostre conoscenze la cosa si può spiegare solo ammettendo che stia includendo l'edizione Bernardino Stagnino 1531, che accoglie la sua tripartizione del testo e la *Vita e costumi del poeta*, ma non il commento.
13. È l'esemplare con collocazione BNFP MS. Rés. p. Yd. 113, consultabile su Gallica (ma con digitalizzazione a bassa risoluzione, in alcuni punti difficilmente leggibile); cfr. Marisa Gazzotti, 'Per un censimento di incunaboli e cinquecentine postillate dei *Rerum vulgarium fragmenta* e dei *Triumphi*, VII. Paris: Bibliothèque Nationale', *Aevum*, 64 (1990), 285–306 (p. 298, n. 2). Altre attestazioni di possessori o postillatori settecenteschi di commenti Vellutello ai nn. 18, 20, 21.
14. Sicura guida nell'interpretazione di questo fatto è un'osservazione che Giovanni Andrea Gesualdo attribuisce a Susanna Gonzaga († 1556), Contessa di Collesano e moglie di Pietro Cardona, alla quale dedica il commento ai *Trionfi* avendone ricevuto l'esortazione a condurre il lavoro: 'E benché io dicessi parermi che a' Triomphi non bisogni interpretatione altra da quella che se ne legge, sua S[ignoria] mi dimostrò, che per aver inteso i primi loro espositori a dimostrare abondevolmente e con piena carta i loro studi del savere, e i nuovi alla brevità più che alla esposizione, potevasi tra costoro tenere una via mezza, per la quale essi venissero ad esser meglio esposti [...]' dove i primi espositori coincidono con l'Ilicino, i nuovi con il Vellutello. Cito da *Il Petrarcha colla spositione di Misser Giovanni Andrea Gesualdo* (Venezia: Giovanni Antonio Nicolini da Sabbio, 1541) [1a ed. 1533], *Di Giovanni Andrea Gesualdo da Traetto nella spositione de' Triomphi del Petrarcha Proemio*, s.n.p. Sulla dedicataria dei *Trionfi*, cfr. Lina Scalisi, 'La Sicilia del Rinascimento: Susanna Gonzaga, contessa di Collesano', in *La nobleza y los reinos. Anatomía del poder en la Monarquía de España (siglos XVI–XVII)*, a cura di Adolfo Carrasco Martínez (Madrid: Iberoamericana, 2017), pp. 151–73; eadem, 'Identità e nobiltà in Sicilia. Tra pratiche e rappresentazioni', in *Con l'Europa accanto. Per un nuovo capitolo della storia dell'identità culturale italiana*, a cura di Manuela D'Amore e Pina Travagliante (Milano: Franco Angeli, 2017), 1.3 'Susanna Gonzaga', pp. 15–18.
15. Annotazione trascritta da Giuseppe Frasso, 'Per un censimento di incunaboli e cinquecentine postillate dei *Rerum vulgarium fragmenta* e dei *Triumphi*, I. London: British Library', *Aevum*, 56.2 (1982), 253–62 (p. 259, n. 7).

16. Rimando per questo a Stroppa, 'Oltre la questione dell'"ordine mutato"', sopr. p. 381 e ss. (§ 2. *Paratesti e rifacimenti. Vellutello dalla prima alla seconda edizione*), e 'Introduzione' a Vellutello, *Commento*.
17. Come già scriveva anni fa Giuseppe Frasso, 'sui margini ampi degli incunaboli, in particolare se portatori di nudi testi non accompagnati da commento, negli interfogli o in fascicoli appositamente aggiunti alla fine di edizioni cinquecentine, [...] si vennero distribuendo lemmi e costrutti derivati dal testo, condensando note e commenti organici, stendendo minute collazioni con testimoni manoscritti andati anche perduti', in Frasso, 'Per un censimento', p. 255.
18. Edoardo Barbieri, 'I libri postillati. Tra storia dell'esemplare e storia della ricezione', in *Le opere dei filosofi e degli scienziati. Filosofia e scienza tra testo, libro e biblioteche*, a cura di Franco A. Meschini, con la collab. di Francesca Puccini (Firenze: Olschki, 2012), pp. 1–27.
19. Ma quella della British Library che compare nell'elenco, l'unica digitalizzata, corrisponde al *Petrarca corretto da Lodovico Dolce, e alla sua integrità ridotto*, pubblicato dal Giolito nello stesso 1547. L'Opac SBN, per la stessa edizione, registra una trentina di esemplari.
20. Cfr. Frasso, 'Per un censimento', seguito da: Maria Cristina Fabbi, 'Per un censimento ..., II, Parma: Biblioteca Palatina', *Aevum*, 57 (1983), 288–97; Marisa Gazzotti, 'Per un censimento ..., III, Milano: Biblioteca Ambrosiana', *Aevum*, 58 (1984), 301–16; Maria Grazia Bianchi, 'Per un censimento ..., IV, Milano: Biblioteca Trivulziana', *Aevum*, 58 (1984), 317–30; Marisa Gazzotti, 'Per un censimento ..., V, Milano: Biblioteca Nazionale Braidense', *Aevum*, 59 (1985), 361–70; Maria Cristina Fabbi, 'Per un censimento ..., VI, Città del Vaticano: Biblioteca Apostolica Vaticana', *Aevum*, 63 (1989), 336–60; Marisa Gazzotti, 'Per un censimento ..., VII, Paris: Bibliothèque Nationale', *Aevum*, 64 (1990), 285–306; Cristina Dondi, 'Per un censimento..., VIII, Oxford: Bodleian Library', *Aevum*, 74, 3 (2000), 675–707. Sull'inquadramento del progetto in un orizzonte di ricerca più ampio cfr. Edoardo Barbieri, 'Il contributo del CRELEB e della Regione Lombardia alla catalogazione in MEI. Descrizione, risultati, problemi aperti', in *Printing R-Evolution and Society 1450–1500. Fifty Years that Changed Europe*, a cura di Cristina Dondi (Venezia: Edizioni Ca' Foscari, 2020), pp. 413–20 (pp. 415 e ss.).
21. Tutte le mie consultazioni sono avvenute nel 2020, in mesi di chiusura parziale delle biblioteche per pandemia da coronavirus e di limitazione agli spostamenti, per cui devo ringraziare tutti i responsabili dei fondi antichi per avermi agevolato la consultazione intensiva dei documenti.
22. Elena Strada, '"Suggelli ingegnosi". Per un avvio d'indagine sullo "stile sentenzioso" del Petrarca', *Lectura Petrarce*, 23 (2003), 371–401 (p. 372), con attribuzione di questo tipo di lettura a pratiche databili alla fine del Quattrocento, sulla base di una serie di raccolte antologiche manoscritte.
23. È il caso singolare della copia dell'edizione Venezia, Al segno della Speranza, 1550, conservata a Milano, Braidense, segn. XX.0223 (cfr. Gazzotti, 'Per un censimento [...], V', pp. 368–69, n. 5, che segnala tuttavia soltanto le due note di possesso), in cui i leggeri segni a penna dimostrano un interesse specifico per i *Trionfi*, e più precisamente per il contenuto sentenzioso e morale di quelli che vanno dal *TM* in poi, mentre in tutte e tre le parti del Canzoniere l'unico segno a penna è rappresentato dalle biffature oblique dei sonetti antiavignonesi (*Fiamma dal ciel* e *Fontana di dolore*, c. 215^r), e il tentativo leggermente più serio non tanto di cancellare, quanto di segnalare l'illiceità di *L'avara Babilonia* (c. 222^{r-v}), forse in coerenza con l'ascrizione del volume a una biblioteca gesuita.
24. Strada, '"Suggelli ingegnosi"', p. 387.
25. L'esemplare è completo, come attesta la nota inventariale datata 3–8–67 sul primo interno della legatura, mentre un'altra nota, nel verso dell'ultima carta, attesta che 'manca A1' ma non è vero (la carta è segnata come A).
26. Ad es., sulla stessa carta, *TC* 2.111 ('ragion contra forza non ha loco') e 124–25 ('tacendo, amando, quasi a morte corse; | e l'amar forza, e 'l tacer fu vertute').
27. Trascritto, tra l'altro, 'come se vedea', anche se il testo vellutelliano reca 'si vedea'.
28. https://books.google.it/books?id=zhaZYu8lkocC&printsec=frontcover&hl=it&source=gbs_ge_summary_r&cad=0#v=onepage&q&f=false
29. Frasso, 'Per un censimento', p. 256 nota 12, ne parlava a proposito della postilla a *Rvf* 46: 'A conferma di quanto ebbe a dire C. Dionisotti, *Ancora sul Fortunio*, cit., p. 249 ("Dalle postille,

che si addensavano sui margini dei mss. o delle stampe di Dante, del Petrarca e del Boccaccio, nasceva la grammatica nuova") informo che uno dei forse tre postillatori cinquecenteschi dell'edizione del Petrarca [NB. in realtà *Volgari opere*], Venezia, G.A. e fratelli da Sabbio, 1525, conservato a Roma, Biblioteca Casanatense, G.V.66 in CC., annota, per esempio, a *RVF* 46.13 'D'abisso, meglio che se dicesse dell'abisso, come di paradiso, d'inferno. Nè qui si verifica la regola del Bembo [*Prose...* cit., pp. 198–205], essendo l'articolo a la parola acque e non ad abisso. Si verifica di sopra ove disse *le Chiome dell'oro* [*RVF* 69.4] o 'l mortaio della pietra che disse il Boccaccio [*Decameron*, VIII. 2, 40 e anche in *Prose...*, cit., p. 203]'.

30. Devo l'interpretazione della postilla a Francesco Piovan, che ringrazio.
31. La versione ampliata della seconda edizione (Bernardino Vitali 1528) tenderà a un'interpretazione astratta, mentale, della dualità ('Intendi de l'imagine, o veramente de la memoria di lei, che ne gli uomini era rimasa, onde dice esserli allora più presente che mai'), che il nostro postillatore intende invece come composto di anima e corpo.
32. Gentiluomo, è attestato come Conservatore di Roma nel 1555: cfr. *Almanacco romano pel 1858, ossia Raccolta dei primari dignitari e funzionari della città di Roma*, a. IV (Roma: Tip. Siniberghi, s.d.), p. 58. Data l'estrema tempestività dell'acquisto, la data potrebbe anche essere espressa *more fiorentino*, quindi da interpretare come 1553.
33. Potrebbe trattarsi tuttavia anche di un mero dato statistico, giacché il motivo del 'bel morir', secondo le analisi di Elena Strada, 'figura tra i più congeniali al Petrarca sentenzioso' ('"Suggelli ingegnosi"', p. 385, con rinvio a Cicerone, *Pro Quinctio* XV. 49 'mors honesta saepe vitam quoque turpem exornat').
34. Cfr. supra la tabella relativa (p. 46) alle correzioni e ampliamenti del commento a questi versi.
35. Correggendo l'identificazione della *princeps*, nella quale aveva proposto il nome di Guittone: cfr. Stroppa, 'Oltre la questione dell'"ordine mutato"', pp. 389–90.

CHAPTER 3

Il commento a Petrarca di Silvano da Venafro (1533)

Nicole Volta

Il *Petrarca col commento di M. Sylvano da Venaphro* viene pubblicato a Napoli per i tipi di Mattia Cancer nel marzo del 1533.[1] Il commento a Canzoniere e *Trionfi*, allestito da Giovanni Bellino (in arte Silvano),[2] matura in seno alla più ampia opera d'esegesi petrarchesca condotta a Napoli nei primi decenni del secolo, nei circuiti non ufficiali dell'accademia o 'scuola' ammaestrata da Antonio Minturno.[3] Proprio il Minturno, però, non vede di buon occhio che i ragionamenti collettivi intorno al Canzoniere vengano consegnati alla stampa da qualcuno che non sia il discepolo, nonché cugino, Andrea Gesualdo, che pubblicherà il suo commento pochi mesi dopo il *Petrarca* del Venafro, perdendo così un primato orgogliosamente dichiarato da Minturno.[4] In alcune sue lettere egli rivendica diffusamente la 'fatica' del Gesualdo e muove una tagliente e probabilmente immeritata accusa di plagio a Venafro ('par c'abbia tolto l'uno e l'altro di quelli duo spositori: [...] il Silvano, penso, mentre vanno in man di molti per Napoli quelli scritti che sopra il Petrarca si scrissero, quando la nostra Accademia fioriva in quella Città', Minturno, *Lettere* VIII, 10, c. 161ʳ):[5] immeritata non perché Venafro componga il suo commento senza porgere orecchio a ciò che si dice sul Petrarca a Napoli, ma perché l'impresa sembra essere piuttosto il risultato di un momento di esegesi collettiva, a cui prendono parte entrambi i commentatori. E dunque le affermazioni di Minturno vanno inserite nel contesto di un'opera promozionale che accresce la fortuna di Gesualdo, ma certamente non favorisce la diffusione del commento del venafrano, di cui conosciamo una sola edizione.[6]

Se la *querelle* ha innegabilmente pesato sulla ricezione dell'opera, la sua sfortuna editoriale non deve tuttavia precludere una ricognizione che possa aggiungere tasselli importanti al capitolo dell'esegesi petrarchesca di medio Cinquecento. Guardando a ciò che è sopravvissuto, si conservano oggi quindici esemplari della stampa, alcuni dei quali recanti postille e note di possesso.[7] Mi sembra significativo segnalare che sul testimone custodito presso la Biblioteca Nazionale di Roma è stata apposta una nota di possesso da Iacopo o Giacomo Castelvetro, nipote del più noto Ludovico compilatore del commento a Petrarca (uscito postumo nel 1582).[8] Non soltanto Iacopo fu un attento bibliofilo e promotore di numerose iniziative editoriali oltralpe, ma in gioventù frequentò assiduamente lo zio, che andava allestendo il proprio commento al Canzoniere intorno al 1545. La circolazione del commento di Venafro entro simili reti culturali indica dunque una fruizione da parte di un pubblico attento all'esegesi petrarchesca.

Ma al di là del suo successo, sicuramente modesto, il commento di Venafro è un prodotto editoriale che nasce e viene pubblicato in uno specifico orizzonte geografico, e anzi si tratta dell'unico commento stampato a Napoli nel corso del Cinquecento.[9] Proprio questa sua peculiarità lo rende meritorio di un inquadramento complessivo, che parta dall'apparato paratestuale che correda la stampa.

Un commento napoletano

Il paratesto della stampa è di certo più agile rispetto agli apparati delle vicine edizioni di Alessandro Vellutello (1525, e poi 1532), di Fausto da Longiano (1532) e di Gesualdo, ma non per questo privo di interesse, a partire dal titolo.[10] Quel *Petrarca col commento di M. Sylvano da Venaphro* non sfugge al gusto editoriale dei primi anni Trenta, alimentato dalle edizioni cinquecentesche del fortunato commento di Filelfo e di Girolamo Squarciafico (*Petrarcha con doi commenti*)[11] e poi incrementato dal successo dell'Aldina del 1514.[12] Il frontespizio venafrano prosegue poi con l'indicazione dei 'quattrocento luohi dichiarati diversamente da gli altri spositori, nel libro col vero segno notati': si tratta di un'affermazione di novità, segnalata lungo il commento dall'apposizione di *cruces*, assai indicativa di un formulario tipografico che guarda a prospettive di mercato.

Alcuni elementi del paratesto riconducono poi al contesto napoletano in cui è nato il commento. In primo luogo, l'epistola dedicatoria a Filippo di Lannoy, principe di Sulmona e conte di Venafro a partire dal 1530, circoscrive un orizzonte locale e prossimo alla città natale del commentatore. La lettera *A i lettori* delimita invece due bersagli polemici 'sovraregionali' da cui Venafro prende le distanze per rivendicare la propria voce: da un lato, con sottile ironia 'antibembista', si dichiara incapace di seguire le indicazioni linguistiche delle *Prose della volgar lingua*;[13] dall'altro contesta la più clamorosa pubblicazione di quegli anni in ambito esegetico e petrarchesco, il commento di Vellutello a Canzoniere e *Trionfi* (1525).[14] Tra la lettera a Lannoy e quella ai lettori si trova poi un doppio privilegio (c. ii^v), che riporta indirettamente alle accuse pretestuose di Minturno, senza scioglierle, e al contempo aggiunge altri dettagli sull'origine napoletana del lavoro. Il primo privilegio è emesso da Clemente VII in forma di breve papale, con data 27 ottobre 1526: l'altezza cronologica, di ben sette anni antecedente la stampa, ben si accorda con un'altra dichiarazione di Venafro contenuta nella lettera dedicatoria, per cui 'son molti anni che questa mia fatica da me e da molti si desiderava che si pubblicasse, sendoci già stata l'ultima mano imposta' (c. ii^r); ma l'indicazione non è in verità dirimente rispetto al primato di Venafro su Gesualdo, dal momento che anche il 'parto d'elephante' dell'altro napoletano aveva avuto lunga e complessa gestazione.[15] Il breve papale, sebbene così prematuro, va ritenuto fededegno, dal momento che mostra tutti gli elementi canonici:[16] l'intestazione con il nome del pontefice, la benedizione e il saluto iniziale, la minaccia di scomunica per chiunque fosse venuto meno all'impegno di non stampare il commento, l'indicazione della durata del privilegio (dieci anni), e la data specifica dell'emissione. Al breve segue poi un privilegio regio napoletano, molto più succinto e meno circostanziato, in cui manca anche la data specifica di emissione (a meno che non si consideri come valida ancora quella del 1526).[17]

Oltre al paratesto, alcuni *loci* interni al commento contribuiscono a radicarne l'allestimento in seno a uno specifico *milieu* intellettuale, di cui Minturno e Gesualdo dovevano far parte. Già lo stesso Minturno, ancora in un passo delle sue *Lettere*, scriveva all'amico Giovanni Guidiccioni di ragionamenti sul Petrarca condotti a Napoli tra 'gentilissimi spiriti' (*Lettere* II.1, Messina, 10 maggio 1529):

> Onde venni in Napoli, ove facendo pruova de le mie lunghe fatiche, e trovandovi non pochi studiosi de la nuova lingua, la quale per tutta Italia celebrata è venuta di giorno in giorno sì avanzando de gli ornamenti e de la dottrina che nulla o poco omai le bisogna alla somma de l'eloquentia. *Cominciai a ragionare con loro delle cose del Petrarca: e non so come, piacendo quei ragionamenti che tra gentilissimi spiriti ragunati quasi in academia se ne faceano, fu alcuno di sì presta mano che in gran parte gli notò con la penna.* (c. 16^v, corsivi miei)[18]

Nel commento Venafro menziona alcune figure importanti che animavano i circuiti culturali partenopei tra gli anni Venti e Trenta. Per esempio, il nome di Vittoria Colonna compare nel ruolo a lei non consono di esegeta di Petrarca: una tessera che ancora manca nella complessa e stratificata ricostruzione biografica e letteraria avviata dagli studi più recenti.[19] La familiarità e la consuetudine della poetessa con il testo del Canzoniere, se sono senz'altro già testimoniate dalle numerose memorie petrarchesche delle sue rime, trovano esplicita conferma nella composizione di centoni, uno solo dei quali confluito poi nelle liriche giunte fino a noi.[20]

Per sciogliere un oscuro passaggio della canzone petrarchesca 73 (*Poi che per mio destino*), Venafro si avvale delle considerazioni della Colonna al verso 68 ('simile a quel ch'è nel ciel eterna'). La poetessa, infatti, dà una nuova interpretazione del passo, non sciogliendo la *scriptio continua* del 'che' in 'ch'è' come vuole il testo esemplato sul Vat. lat. 3195 da Bembo nelle Aldine. Questa nuova lettura fa sì che il verbo della relativa diventi necessariamente 'eterna' (da *eternare*). La riflessione, di natura squisitamente ecdotica, viene accolta dal commentatore, che corregge così il testo proposto nella sua edizione, e annota:

> Credevamo noi che fusse quanto a dir simile a quella che è eterna nel Cielo, *quando la Marchesa mia Signora* disse: 'Ben che in effetto sia quasi quel che voi dite, non di meno non notate la vera intenzione e maravigliosa del Petrarca che in sì poche parole fa dimostrazione di quel ch'è cagion della Eternità in cielo e della poca nostra duratione in terra, dicendo che, così come nelle cose di basso mondane elementate la contrarietate è causa della corrutione loro e di farle durar poco, così in cielo nella divinità la pace, qual esso intende per la concordantia, è quella che fa ed è cagione di l'eternità, cioè infinita duratione'. Et in verità il Poeta questo intese. (c. LXX^v)

Importanti amicizie napoletane emergono poi in un'altra pagina venafrana, dove il commentatore allude a un dialogo con Agostino Nifo, avvenuto durante una battuta di caccia con il principe di Salerno (Ferrante Sanseverino), in cui il filosofo peripatetico faceva riferimento a presunti autografi petrarcheschi da lui visti in una non ben identificata occasione (commento a *Rvf* 54):

> Io n'ho testimonio di M. Augustino Nipho di Sessa, qual in l'età nostra è stimato Principe di Philosophi et in verità non è chi neghi che fra tutti noi non si debba onorar come primo et capo della setta Peripatetica. Da lui intesi, sendomo in un bellissimo luoco di caccia col Principe di Salerno, ch'egli avea veduto et letto la presente Canzonetta scritta di man del P(oeta) et vi era scritto di sopra ancor di sua mano: A Madonna Camilla Cane di Verona, et per paura lasciò di seguir l'impresa. (c. LV^{rv})

Il passo propone un'inedita identificazione della destinataria di *Rvf* 54 e suscita la nostra attenzione non soltanto perché suggerisce la presenza di una presunta postilla autografa che rivelerebbe la reale destinataria della lirica — una certa Camilla Cane di Verona[21] — ma per l'implicita ammissione d'interesse verso aspetti di carattere antiquario: il culto per Petrarca a quell'altezza cronologica sembra passare anche attraverso la collezione di supposti autografi e di manoscritti antichi, ritenuti più fededegni delle stampe.[22]

Le pagine di Venafro consentono insomma di tracciare alcune reti amicali e culturali attive all'inizio degli anni Trenta, già al vaglio della critica, ma che necessitano di ulteriori conferme documentarie.[23] Viceversa, tali presenze silenziose del libro permettono di ricavare informazioni circa la cultura di Venafro, forse non così provinciale come lascia intendere l'autodenuncia d'infrazione al codice linguistico bembiano contenuta nella lettera di dedica. I dati desumibili dal paratesto non bastano ad affrancare il nostro da quel ruolo un po' subalterno suggerito dalle lettere di Minturno; ma ci soccorre in questo senso l'apparato di commento ai testi, ricco di fonti letterarie e corredato da intuizioni non rubricabili a un mero epigonismo, forse anche raccolte in seguito alle conversazioni napoletane a cui prendeva parte. Ma prima di venire al commento, è bene riflettere sul testo del Canzoniere e dei *Trionfi* proposto da Venafro.

Il testo

Se Venafro si dimostra consapevole sulla lingua da lui adottata nel commento, non è da meno per quanto riguarda le scelte strettamente testuali: a differenza di Gesualdo non ne dà conto per esteso con un paratesto dedicato (*L'ordine e la divisione de l'opra*, c. 2^v), ma precisa che l'ordinamento dei testi del Canzoniere trasmesso dalla maggior parte delle stampe risponde a una specifica volontà d'autore. In calce al primo sonetto, infatti, Venafro scrive che 'L'ordine di Son(etti) et Canz(oni) non abbiam voluto mutare, certi che di tal modo riduttì in libro li mandò al Sig(nor) Pandolpho Malatesta, che per una sua epistola li fur domandati' (c. V^v), facendo riferimento alla nota lettera di accompagnamento a un esemplare delle rime inviato da Petrarca al signore di Rimini (*Seniles* XIII.11). La fortuna moderna dell'epistola è legata alle ricognizioni di Arnaldo Foresti e poi di Ernest Wilkins intorno alle 'forme' del Canzoniere: gli studiosi hanno dapprima ipotizzato e quindi riconosciuto una specifica redazione intermedia nella raccolta approntata per Malatesta e menzionata nella missiva.[24] Si tratta di una seriazione testuale che, con qualche lieve oscillazione, godette poi di ampia circolazione manoscritta nel Quattrocento: pur non raggiungendo ancora i 366 componimenti, era prossima a quella del ms. Vat. lat. 3195 e seguiva grossomodo l'ordine 1, 3, 2, 4–79, 81–82, 80, 83–120, 122, *Donna mi vene*, 123–242, 121, 243, 264–336, 339–41, 344, 342, 362–63, 365, 364, 337–38, 366 (sebbene vi siano non poche oscillazioni interne anche a questo stadio).[25] A ben guardare, però, la sequenza posta a testo da Venafro non corrisponde a quella che modernamente identifichiamo con la forma Malatesta, anche perché egli propone tutti i 366 testi della redazione finale, con la seguente seriazione: 1, 3, 2, 4–231, 233, 232, 234–336, 350, 355, 337–49, 356–65, 351–52, 354, 353, 348–49, 366.

L'ordinamento è vicino a quello delle Aldine del 1501 e del 1514, ma anche a molte stampe quattrocentesche del Canzoniere, in particolare alle edizioni del *Petrarca con doi commenti*, soprattutto per quanto concerne la disposizione dei *Fragmenta* finali (ma non solo, come si vedrà): la successione degli ultimi trentuno componimenti rispetta infatti l'ordine di giacitura del ms. Vat. Lat. 3195.[26] Andrà subito aggiunto che i testi commentati da Venafro sono in verità 368, perché viene riproposto in due posizioni diverse il dittico di sonetti 348–49: una prima volta nella sua posizione 'naturale', in linea con l'ordine vulgato dalle Aldine (di seguito a *Rvf* 347, *Donna che lieta col Principio nostro*), e una seconda volta in chiusura del *liber*, appena prima della Canzone alla Vergine, luogo generalmente deputato ad accogliere il noto sonetto *Vago augelletto* (*Rvf* 353), qui anteposto al dittico.[27] Che si tratti di un errore sembra suggerito dal fatto che in entrambe le posizioni i sonetti sono numerati come *Sonetto CCCV* e *Sonetto CCCVI*, sebbene nella seconda, a rigor di logica, dovrebbero corrispondere ai numeri CCCXIX e CCCXX;[28] d'altra parte, però, lo sdoppiamento non è rubricabile a una mera svista tipografica, dal momento che non soltanto la pagina è stata evidentemente ricomposta (e lo provano per altro alcune varianti testuali dei sonetti), ma gli stessi commenti divergono nel loro contenuto. Nel primo caso il sonetto 348 è accompagnato da un'unica glossa che esplicita il senso dell'emistichio 'i suoi alati corrieri' (v. 10: '*I suoi alati corrieri*, cio è gli angeli et gli altri ordini di celesti spirti', c. CCVIII'), mentre nel secondo è presente un'annotazione che chiarisce parte del v. 6, 'da più bei piedi snelli' ('*Da più bei piedi snelli* schietti senza menna [sic!] et disposti'): si tratta di forme di commento glossatorie, di cui sono presenti molti casi soprattutto nella seconda parte del Canzoniere, a sottolineare forse una progressiva perdita d'entusiasmo nell'impresa esegetica, o la necessità di concludere più agilmente il lavoro.

Il caso del sonetto 349 è invece più complesso: il commento, decisamente più lungo rispetto a quello del sonetto precedente, viene riproposto quasi nella stessa forma, con alcune sparute aggiunte nel corpo del testo e l'annessione di una nuova conclusione riepilogativa dell'esperienza letteraria petrarchesca ('nel legere de tutte sue opere tanto volgari quanto latine non si può in esso conoscer se non virtù maravigliosa', c. CCXVII'). Venafro non era dunque incorso nell'ingenuità di commentare *ex novo* due sonetti già esposti. Sembra piuttosto aver messo mano a entrambi i commenti in un secondo tempo, riscrivendo totalmente la glossa del primo e dando maggiore compiutezza al secondo: difficile spiegare perché abbia deciso di espungere la glossa agli 'alati corrieri' (*Rvf* 348), che a noi appare come passaggio *difficilior* rispetto al sintagma 'piedi snelli' che ha deciso poi di esplicitare;

più comprensibili risultano invece le giunte all'altro commento, la maggior parte delle quali forse accessorie, tranne la conclusione, che sembra predisporre a una ricapitolazione in chiusura di opera. Dati alla mano, la riproposizione dei commenti a conclusione del *liber* può essere letta come un'iniziativa dello stampatore, in risposta a una probabile sollecitazione di Venafro o all'aggiunta di alcune correzioni *in extremis* sul manoscritto approntato per la tipografia.

Tale svista apre tuttavia ad alcune interessanti considerazioni. Per comprendere la portata dell'errore (che forse errore non è del tutto), è infatti necessario fare un passo indietro e tornare alle stampe quattrocentesche del Canzoniere. Nel 1484 esce a Venezia, per le cure di Pietro Cremonese, la *princeps* del commento di Francesco Filelfo integrato dalle note di Girolamo Squarciafico: i *Fragmenta* accompagnati a stampa, pressoché per la prima volta, da un commento integrale.[29] Tuttavia, l'edizione contiene una menda, perché è priva proprio del dittico *Rvf* 348–49. L'errore passa inosservato fino al 1488, quando il novarese Bernardino Rizo, nel riproporre l'edizione congiunta del commento di Filelfo e Squarciafico, reinserisce i due sonetti:[30] non nella loro posizione originale, bensì prima della Canzone alla Vergine, dove rimangono per ben diciotto edizioni successive, fino all'ultima pubblicazione del commento congiunto del 1522. Per trentacinque anni dunque il Canzoniere viene letto così, anche dopo l'uscita dell'Aldina del 1501.

Alla luce di questa occorrenza, non sembra più un caso che Venafro riproponga il dittico prima della Canzone alla Vergine: evidentemente sentiva il peso di questa specifica tradizione testuale, che ricordiamo essere l'unica legata a una pratica di commento (prima dell'impresa di Vellutello, che Venafro ritiene imperfetta), e che doveva apparire ai suoi occhi come dotata di naturale prestigio. Senz'altro la riproposizione del dittico è il frutto di un errore: tuttavia, i due luoghi in cui esso viene stampato non sono casuali, ma rispondono alle due tradizioni a stampa più radicate agli inizi del Cinquecento. Forse Venafro era rimasto indeciso fino all'ultimo sulla posizione definitiva del dittico, incorrendo poi nell'errore tipografico. Ma a riprova dell'autorevolezza del *Petrarca con doi commenti*, si può aggiungere il dato oggettivo che tutte le edizioni in questione propongono anche l'inversione di *Rvf* 2 e 3, che Venafro accoglie nella sua seriazione (ma essa non figura già più nelle Aldine). Sebbene oggi tale inversione sia avvertita come uno dei principali indicatori della forma Malatesta, storicamente è in realtà molto diffusa, e presente in ordinamenti più vicini a quello trasmesso dal manoscritto idiografo.

L'unica alterazione dell'ordine 'canonico' (o meglio, dell'ordine del *Petrarca con doi commenti*, che Venafro sembra accogliere) è quella relativa ai sonetti 233 e 232. Essa andrà rubricata come sua invenzione, perché viene spiegata in loco dallo stesso commentatore, che restaura — a suo dire — una più corretta sequenza testuale: 'Per li sonetti di sopra, esserno ambo d'un suggietto, ne piacque questo, ch'era in mezo de l'uno et dell'altro, ordinarlo dopo, qual è moralissimo et fatto per correction degli troppo iracundi' (c. SS2^r). Si tratta di un riordinamento isolato, lontano dalle iniziative ben più cospicue sul testo petrarchesco avanzate da Vellutello, nel pieno rispetto di una volontà d'autore di cui la *Sen.* XIII. 1 sarebbe testimone ('certi che di tal modo ridutti in libro li mandò' scrive Venafro alle soglie della sua impresa).

L'epistola che modernamente è chiamata ad attestare una redazione intermedia del Canzoniere viene qui sfruttata per dichiarare l'esistenza di un *liber* d'autore. Per lo stesso motivo la lettera viene citata anche da Gesualdo: dopo aver riportato il volgarizzamento dei paragrafi centrali della missiva (9–19), a dimostrazione dell'esistenza di una volontà d'autore che invece Vellutello aveva revocato in dubbio, Gesualdo aggiunge in conclusione un altro elemento probatorio, di natura più strettamente filologica; data la consonanza della tradizione delle rime, a stampa e manoscritta, è improbabile pensare che a monte non vi fosse la mano dell'autore, che aveva confezionato una raccolta poi resa pubblica:

> Il che apertamente dimostra che, se giusta cagione di cangiarvi ordine haver pensassi, credendo non esserne del Poeta istesso rimaso originale ordinato, ma un altro haver l'opra da diversi e disgiunti fogli da lui lasciati raccolta in un volume con quello ordine che vi si vede, falsa oppenione me ne 'ngannerebbe. Anzi senza haverlo in lui stesso letto o senza che egli il dicesse, creder mi si farebbe ch'egli in forma di libbro lasciato l'havesse, non essendosene trovato volume ancora, che 'l medesimo ordine non havesse. (cc. *Ordine et la divisione dell'opera* 2^v–3^r)

Il caso della lettera a Malatesta ci ricorda che esiste una lettura storica dei documenti oggi in nostro possesso: lo studio dei commentatori, che si fanno 'editori',[31] serve dunque a ripensare categorie storico-letterarie e a comprendere la postura collettiva di un'epoca nei confronti di un testo.

Passando ai *Trionfi* contenuti nella seconda parte del volume, anche l'ordinamento testuale dei capitoli mostra alcune criticità, giacché Venafro non si allinea alla seriazione proposta dalle Aldine e accettata (questa volta) da Vellutello.[32] Con qualche sorpresa, si scopre poi che sceglie una seriazione diversa rispetto alla più forte tradizione a stampa quattrocentesca, quella rappresentata dal testo accompagnato dal commento di Bernardo Ilicino, che pur condivide con Venafro la sequenza del *Trionfo della fama*:[33] se dunque per i *Fragmenta* Venafro sembra risentire dell'autorità delle edizioni accompagnate da commento, non così accade per i *Trionfi*. Ma si veda come Venafro ordina i capitoli dei *Trionfi*:

> *Triompho d'amore*
> I Nel tempo che rinova i miei sospiri
> II. Era sì pieno il cor di maraviglie
> III. Stanco già di mirar, non satio ancora
> IV. Poscia che mia fortuna in forza altrui
>
> *Triompho della castità*
> Quando ad un giogo et in un tempo quivi
>
> *Triompho della morte*
> I. Quanti già ne l'età matura et acra
> II. Questa leggiadra et gloriosa donna
> III. La notte che seguì l'horribil caso
>
> *Triompho della fama*
> I. Nel cor pien d'amarissima dolcezza

II. Da poi che morte triomphò nel volto
III. Pien d'infinita et nobil maraviglia
IIII. Io non sapea di tal vista levarme

Triompho del tempo
De l'aureo albergo con l'aurora innanzi

Triompho della divinità
Da poi che sotto 'l ciel cosa non vidi

Nessuna stampa precedente propone tale ordinamento, che di contro si rintraccia nella tradizione manoscritta, dove è accolto da un manipolo significativo di codici, almeno tredici, stante il censimento parziale condotto da Gemma Guerrini su duecentouno manoscritti quattrocenteschi dei *Trionfi*.[34] Il rapporto tra i codici con questa seriazione e il totale (poco più del 5% circa) induce a credere che tale ordine potesse leggersi senza eccessiva difficoltà anche a Napoli su questi o altri manoscritti.

Di certo, le scelte testuali di Venafro non sono mai semplicemente in linea con la vulgata trasmessa dalle Aldine, accolta invece da Gesualdo: egli si muove verso soluzioni meno consuete, forse dettate anche da ragioni di disponibilità di alcuni codici o stampe. Poiché non si esprime in merito all'edizione dei testi (se non nello scorciato accenno contenuto nel commento di *Rvf* I, già discusso), non si può escludere che le sue preferenze fossero dettate dall'opportunità più che da un vero lavoro di scavo sul testo. Nel caso dei *Trionfi*, a muoverlo sembra esserci la volontà di restituire al lettore la totalità dei capitoli disponibili, giacché non rinuncia a inserire alcuni abbozzi che nelle Aldine non erano presenti. Ad esempio, in apertura del *Triumphus Famae* Venafro pone *Nel cor pien d'amarissima dolcezza*, senza corredarlo di commento, ma appuntando il seguente avvertimento: 'Havemo scritto il presente capitolo posto nel primo loco del Triompho de fama per esserno certi esser del poeta et nel medesmo loco lassato da lui, ma perché delli medesimi famosi parla nel capitolo secondo; in quello havemo cercato di sporlo' (c. CCLXVIIIv).

Il volgarizzamento della *Posteritati* e i *loci paralleli*

L'operazione esegetica di Venafro condivide con i commentatori coevi — ma anche con i vicini commenti quattrocenteschi — una certa tensione al biografismo, distinguendosi altresì per alcuni caratteri peculiari: tra questi si può annoverare un interessante uso di *loci paralleli* interni al complesso delle opere petrarchesche. Ma prima di passare ad analizzare questo aspetto, sarà bene concentrarsi sul primo, perché anche in questo caso Venafro compie scelte singolari.

Le radici dell'interesse biografico nei riguardi di Petrarca si rintracciano già nelle prime prove di commento al Canzoniere;[35] e addirittura possono farsi risalire alla grande operazione di promozione e di allestimento di una biografia ideale promossa da Petrarca stesso: come ha ben rilevato Luca Marcozzi, 'In una parola, le leggende fumose sulle quali Petrarca ha creato la sua autobiografia ideale sono transitate direttamente nell'intelligenza delle sue opere, e lì sono rimaste.'[36] Non andrà allora dimenticato che Venafro sceglie di tradurre la *Posteritati* e di porla in esordio del libro come medaglione biografico, sotto l'indicazione paratestuale *Vita, et costumi del poeta* (cc. I^v–III^v), a seguito della dedicatoria a Filippo di Lannoy (c. ii^{rv}), della lettera *A i lettori* (c. I^r) e prima della *Vita di M. Laura* (c. IIII^{rv}). Si tratta del primo volgarizzamento dell'epistola a noi pervenuto, una vera rarità editoriale se si considera che l'unica altra traduzione in volgare della *Posteritati* ascrivibile al sedicesimo secolo ha avuto una circolazione solamente manoscritta (e in ogni caso posteriore al commento di Venafro).[37]

Converrà allora spendere qualche parola sul volgarizzamento venafrano, esemplato con una buona dose di certezza sul testo della *Posteritati* trasmesso da una delle tre stampe confezionate a cavallo tra Quattro e Cinquecento, tra Basilea, dove escono gli *opera omnia* nel 1496, e Venezia.[38] La traduzione, infatti, consente di circoscrivere, con una buona dose di certezza, la provenienza del testo sulla base di alcuni indizi interni, relativi soprattutto alle quattro varianti cosiddette 'attive': snodi testuali significativi in cui la variante d'autore, non posta a testo, dà luogo ad alcune lezioni divergenti.[39] Al ramo *a* della tradizione, a cui si annoverano sette manoscritti e le tre stampe citate,[40] si riconducono i testi che al par. 12 (secondo l'ed. Refe) propongono solamente *vilitatem*, omettendo la variante d'autore *feditatem*. Riprendendo il volgarizzamento venafrano, *ad locum* si leggerà proprio la traduzione di *vilitatem* senza traccia dell'altra variante: 'Posso almen questo sicuramente dire, che quantunque a quello dalla età et dalla complessione sia stato istigato: quella *viltà* dal mondo tanto desiderata ho sempre con l'animo abhominata' (c. Aii^r, corsivo mio). La traduzione di Venafro si allinea poi al ramo *a* in un altro luogo sensibile, il par. 20, che nei principali testimoni si trova dislocato in diverse posizioni e viene talvolta integrato con alcuni passaggi provenienti dal *Sermo* di Pier Paolo Vergerio.[41] Nel volgarizzamento di Venafro, il passo ('Ma questa è la pena degli attempati, che sono costretti spesso a pianger la morte delli più cari', c. Aii^r) segue il par. 17, e non il 19 come avviene nell'edizione moderna: posizione condivisa anche dalle stampe. Si aggiunga a margine che nessuno dei sette manoscritti del ramo *a* sembra essere stato confezionato a Napoli o esservi transitato; di più, alcuni di questi risultano posteriori al commento di Venafro. Insomma, è ammissibile che Venafro disponesse di una delle edizioni a stampa: ed è probabile che si tratti proprio degli *opera omnia* del 1496 dal momento che, come si vedrà, anche il testo del *Secretum* in suo possesso potrebbe risalire alla versione trasmessa da quell'incunabolo (mentre di certo non risale al testo delle stampe veneziane).

Il volgarizzamento della *Posteritati* è sufficientemente fedele al testo latino, ma procedendo nella lettura si noterà che Venafro opera progressivamente dei tagli, inizialmente coincidenti con la fine dei paragrafi dell'edizione moderna (in cui si concentrano informazioni di natura accessoria o considerazioni di carattere più generale sulla moralità e sui costumi); poi estesi a interi paragrafi, come nel caso eclatante dei parr. 56–57, espunti nonostante il loro importante valore documentario: qui infatti si ripercorrono alcune tappe significative della biografia petrarchesca, a partire dall'amicizia parmense con i Correggio fino al soggiorno di Selvapiana, dove il poeta rimette mano all'*Africa*. Sembra insomma che Venafro abbracci una progressiva tendenza alla sinteticità e alla riduzione dell'autobiografia a mera fonte documentaria. Per altro, all'interruzione del dettato petrarchesco Venafro si sente in dovere di porre mano, dando ulteriori notizie biografiche e passando repentinamente alla terza persona: 'Poi giattura sì grande un'altra volta nella dolcezza del *mio* bel fonte di Sorga et dell'amenità della *mia* valle *men tornai*. In questa città *il P. intese* la scura novella della sua tanto amata et cara Laura. *Fu il suo ritorno* in Val Chiusa negli xxxxviiii' (c. III", corsivi miei). La giunta, forse poco discorsiva ma molto puntuale nella rendicontazione di luoghi e dati, si rifà corrivamente alla cronologia trasmessa dai *Fragmenta*, citando il sonetto d'anniversario 364 (*Tennemi Amor anni ventuno ardendo*) per la delimitazione del sentimento amoroso, e riportando poi altre notizie sul sepolcro petrarchesco.

Venafro attribuisce all'epistola uno specifico credito documentario, diversamente da quanto fanno i commentatori coevi, che si sentono in dovere di arricchire il quadro biografico con un maggior numero di notizie: concordemente Vellutello, Fausto da Longiano e Gesualdo muovono a una ricostruzione ben più attiva della vita del Petrarca, attingendo ad opere storiche di un certo prestigio ('non quello che dir se n'ode ne le vane scritture senza nome, ma l'historie di qualche riputatione e degne di fede', così Gesualdo a c. A1^r, ma similmente anche Vellutello). I commentatori compiono dunque scelte diverse: Venafro opta per un'autobiografia, demandando al poeta stesso l'atto di raccontarsi; Vellutello e Gesualdo compiono invece ricerche di documenti. Seppur nella diffrazione della scelta, i commentatori si allineano alla necessità ormai invalsa di premettere la vita del poeta al Canzoniere. Gesualdo, in particolare, si mostra scrupolosamente attento al paratesto dei commenti petrarcheschi: in apertura della sua *Vita del Petrarcha* scrive appunto che

> Antico e laudato costume è degli spositori, prima che vengano alla spositione, alcune cose considerare: tra le quali è il titolo de l'opra, la vita de lo scrittore, il quale espongono, la 'ntentione,[42] l'ordine et il numero de libbri, la qualità del verso, l'utilitate. (c. A1^r)

L'affermazione rileva la volontà di Gesualdo di aderire a una consuetudine che è ormai norma, ma prova oltretutto l'esplicita consapevolezza degli esegeti attorno a un'idea di 'libro di commento', che muove da materiali esterni all''opera' in senso stretto e si compone di letture che alternano la voce autobiografica di Petrarca alla cronaca storica.

L'apparato paratestuale di Venafro è poi composto in seno al grande interesse per il problema della storicità di Laura.[43] Ritornando a una questione accennata prima, quella dei *loci paralleli*, nella *Vita di M. Laura* preposta al commento Venafro cita un passo dell'ecloga *Laurea Occidens* per indicare il luogo natale di Laura ('Est mihi post animi mulier clarissima tergum et virtute suis et sanguine nata vetusto', c. IIII^r); e più in generale *Buccolicum carmen*, *De remediis* e *Secretum* come serbatoi di informazioni biografiche laurane:

> Di M. Laura desiderarei satisfare più che di nessun'altra cosa: maxime per piacere alle donne, che havrebbon caro di intendere anchor più di quel che ne scrisse il P(etrarca): ma mi doglio per l'amor loro del mio non potere, che per molto ch'io habbia cercato et letto, non ho trovato altro che quel che legge nelle sue rime, con poche altre cose ne 'l suo Secreto et Pastorali. (c. IIII^r)

Grande è il disappunto di Venafro per non aver saputo adempiere al progetto di ricostruzione biografica in un momento storico di grande sensibilità all'argomento: non a caso proprio nel 1533, anno d'uscita del commento, il re francese Francesco I, immerso nel clima dell'italianismo 'regale', orchestrava la scoperta della presunta tomba laurana, che avrebbe portato a un rinnovato culto per Petrarca anche in terra francese.[44] La notizia dovette diffondersi solo dopo la pubblicazione del commento, perché Venafro riporta che di Laura s'ignora 'il patre', 'la matre', 'la patria' e soprattutto il 'sepolcro'; e l'impossibilità di procedere oltre nella ricognizione biografica viene sancita dalle scrupolose indagini di don Ferrante Sanseverino, principe di Salerno, citato come una vera e propria *auctoritas* per la questione della nobiltà di Laura: 'che essendo stato curioso di questo, me dice senza dubbio ch'ella fu nobile, et ch'egli n'è stato informato talmente che non bisogna di dubbitarci' (c. IIII^r).[45]

Il *Secretum* e i *loci paralleli*

La menzione di altre opere di Petrarca è certamente radicata nella tradizione dei commenti quattro-cinquecenteschi al Canzoniere. Sebbene richiami una varietà maggiore di opere petrarchesche rispetto ai suoi principali antecedenti,[46] Venafro non sembra discostarsi molto dalla pratica comune, sia nel numero di citazioni che nelle modalità d'impiego: fa eccezione il solo rinvio frequente al *Secretum*, poco citato dagli altri commentatori (due volte da Filelfo, mai da Vellutello e da Gesualdo), su cui sarà opportuno riflettere.

Per intanto, bisognerà dire che i riferimenti ad altri testi petrarcheschi non svolgono un'unica funzione nei commenti. Nell'esposizione di Venafro raramente vengono addotti come forma di 'autocommento' per esplicitare il senso — più o meno oscuro — di passi del Canzoniere, sebbene sia questa la novità più saliente, e forse più moderna, del suo lavoro (e questo vale soprattutto per il caso del *Secretum*); più spesso, i *loci* menzionati servono a documentare l'enciclopedia dell'autore, attestando l'erudizione petrarchesca, o a circostanziare l'occasione dei componimenti, come nel caso delle *Familiares*, richiamate come forma di documentazione storica al Canzoniere: nella maggioranza dei casi, dunque, i richiami alle opere petrarchesche valgono ad accrescere i dati biografici in possesso del commentatore.

Venafro rinvia al *Secretum* in sette commenti (rispettivamente *Rvf* 1, 2, 15, 22, 69, 119, e 222). L'opera latina si presta a fornire informazioni storico-biografiche e dettagli relativi all'interiorità di Francesco; ciononostante, la sua presenza nei commenti al Canzoniere risulta a dir poco risicata: difficile darsi una spiegazione univoca, in un tempo in cui il reperimento del dialogo non costituiva più un problema; probabilmente, come ha dimostrato Romana Brovia in uno studio sulla tradizione manoscritta del *Secretum*, afferendo l'opera a un genere più congeniale agli umanisti, essa era percepita come estranea rispetto alle coordinate di contenuto (e lingua) messe in campo nel Canzoniere.[47] Venafro non manca di citare il *Secretum* per il suo valore documentario almeno in un caso: nel commento a *Rvf* 22-canzone 1,[48] in risposta ai commentatori che insinuano che Petrarca sapesse il greco, Venafro allega il passo di *Secretum* II. 98–100 in cui Petrarca afferma il contrario:

> *Aug.*: Hec ex Platonis verbis tibi familiariter nota sunt quibus avidissime nuper per incubuisse diceris. *Franciscus*: Icubueam fateor alacri spe. Magnoque desiderio, sed peregrine lingue novitas et festinata preceptoris absentia preciderunt propositum meum. Ceterum ista, quam memoras disciplina et scripturis tuis et ex aliorum. Platonicorum relatione mihi notissima est. (c. XVIII^{r-v})[49]

Nei casi rimanenti la citazione del *Secretum* da parte di Venafro assolve invece a una forma di autocommento al testo primario: riprendendo una moderna teorizzazione del commento ai testi letterari offerta da Cesare Segre, si può dire anche per Venafro che 'essi [i luoghi paralleli] si chiariscono l'un l'altro, togliendo i dubbi residui'.[50]

In tal senso risulta di qualche interesse il rinvio al *Secretum* in esordio di Canzoniere, a *Rvf* 1-Sonetto I, dove Venafro riporta un passo di *Secr.*, III. 182 per illustrare la prima terzina ('Pudeat senem amatorem esse tam diu vulgi fabulam'):[51] solo Santagata tra i commentatori moderni allega il passo riferendolo ai vv. 9–10, 'al popol tutto | favola fui gran tempo', calco volgare del motivo della *fabula vulgi* variamente diffuso nella tradizione classica, scritturale e medievale.[52] Ma le implicazioni tra i due *loci*, già 'particolarmente vicini', secondo la chiosa di Santagata, sono più profonde e vanno oltre il semplice accostamento del motivo classico, sostanziandosi a partire dal valore e dal significato della 'vergogna' in relazione allo stato di vecchiaia, inteso come il momento più elevato della conoscenza e del dominio di sé, disatteso dall'io sia nel Canzoniere che nel *Secretum*.[53]

Venafro allega *loci paralleli* del *Secretum* in modo originale, più in linea con i commenti moderni che con gli esegeti a lui coevi. Con puntualità cita, per la chiusa di *Rvf* 2-Sonetto III ('overo al poggio faticoso e alto | ritrarmi accortamente da lo strazio', vv. 12–13), il noto passo di *Secr.* II. 106 sull'*arx rationis* ('Quotiens aliquod fortune vulnus infligitur, persisto interritus, se mox illa vulnus ingeminat, titubare parumper incipio, quod si duobus tertium, quartum ve successerit pede sensum relato, in Arcem rationis evado', c. VII^v);[54] in relazione al 'privilegio degli amanti' di *Rvf* 15-Sonetto XIII riporta invece le parole di Agostino di *Secr.*, III. 166: 'Ibis.n. spei plenus desiderio revertendi, omnes animi laqueos tecum trahens et quod est amantium infame privilegium: Illam absentem absens audies et videbis.'[55] Sono allegazioni oggi comunemente riconosciute, ma che all'altezza cronologica in cui scrive Venafro vanno a costituire una modalità inedita di lettura del testo petrarchesco, connessa a una percezione di complesso di opere in dialogo. Limitandomi al confronto col solo Gesualdo, la cui esperienza è contigua a Venafro, egli riconduce il motivo della 'favola' di *Rvf* 1 a un'ascendenza latina, allegando casi di Orazio, Properzio e 'd'altri poeti latini' (c. I^v), ma non fa cenno al *Secretum*; negli altri due sonetti citati si muove invece in direzione di un'esegesi filosofica o aneddotica, volta all'ammaestramento del lettore: per radicare concettualmente il 'privilegio degli amanti' di *Rvf* 15 si rifà alla dottrina platonica ('Et in altre maniere anchora sono gli amanti da tutti gli altri diversi: che *come ne 'nsegnano i Platonici* hanno più del divino che del mortale, come coloro che dal divino furore sospinti dovente a rimembrare la celeste beltà si destano, onde paiono a coloro che li guardano matti e fuori di mente', c. XVI^v); quanto al 'poggio faticoso e alto', egli cita un aneddoto del sofista Prodico di Ceo: 'faticoso e alto perché la via de la ragione e de la virtute è aspra, et il luogho ove ella alberga è alto e faticoso, sì *come ne 'nsegna Prodico. Et honesto poeta dice c*'Helicona monte consecrato alle muse ha la salita aspra et il sentiero erto e faticoso' (c. III^v, corsivi miei).

Interessante risulterà ancora il riferimento al *Secretum* contenuto nel commento venafrano a *Rvf* 222-Sonetto CLXXXVII, un componimento che si presta a dimostrare che Laura fosse sposata ('Chi harebbe tenuto [*sic*] di gelosia et prohibito M. L(aura) di non uscire in compagnia de l'altre ch'erano sue amiche, se 'l marito non?', c. CLIX^r). È in questo contesto che Venafro inserisce la *pointe* polemica verso i sostenitori del nubilato di Laura (Gesualdo in primis), per concludere poi con una puntualizzazione di natura strettamente filologica a *Secr.*, III. 138: 'Né a comprobar questo fa mistiere di v'indure il detto del Poe(ta) nel suo Secreto, per che senza dubbio dice *Crebris perturbationibus* et non *partubus*' (ivi). La questione era stata più diffusamente affrontata nella *Vita di M. Laura*, dove Venafro esplicitava l'obiettivo polemico: 'Et se 'l detto da M. Fausto indutto del P. fusse vero non ci sarebbe che dire; ma mi perdone insieme col suo fratello: *Corpus illud egregium morbis ac crebris perturbationibus exaustum* et non *partubus* dice' (c. IIII^v).[56] La variante proposta da Venafro è sostenuta anche nel commento di Gesualdo: nell'epistola prefatoria di Giovanbattista Bacchini ad Antonio Minturno, posta in apertura del libro dopo la pagina dei privilegi (ben quattro, variamente datati attorno agli inizi degli anni Trenta), il Bacchini rivendica il primato — cronologico, ma soprattutto qualitativo — del lavoro di Gesualdo su quello di Fausto da Longiano (1532), di cui vengono elencati i molteplici errori.[57] Tra questi segnala la 'strania oppenione' (aii^r) per cui Laura avesse non solo un marito, ma anche dei figli, sostenuta proprio grazie alla corruzione del passo del *Secretum*:

> Et in confermare questa sua fantasia guasta l'antico e verso testo latino del Poe(ta) che nel terzo colloquio de' Conflictu secreto curarum suarum, nel quale egli abondevolmente ragiona del suo amore, la ove dice *Corpus illud egregium variis morbis et crebris perturbationibus exhastuum* in vece di *perturbationibus* legge *paturbus*. [...] Conciosia cosa che 'l cangiare i testi gran tempo riputati veri et incorrotti scema assai de la fede e de l'authoritate a colui che 'l fa. (c. aii^v)

Il passo del *Secretum* viene citato da Fausto da Longiano dapprima a *Rvf* 190-Sonetto 158 (c. 72^r), e poi soprattutto nel commento a *Rvf* 222-Sonetto 187 (proprio *ad locum* Venafro avrebbe riaperto il contenzioso). Fausto spiega qui di aver consultato diverse edizioni del *Secretum*, alcune delle quali effettivamente trasmettevano la variante *perturbationibus*; ma di aver infine optato per *partubus*, contenuta in altri 'ch'io ho visto in stampa et in penna', per ragioni di evidenza stilistica ('la forma del parlar sarebbe inetta' dice a proposito di *perturbationibus*, c. 83^r).[58] La lezione *partubus*, additata come scorretta da Bacchini e Venafro, ma eletta a testo nell'edizione moderna,[59] è in effetti maggioritaria negli incunaboli e nelle prime cinquecentine del *Secretum*:[60] si trova in tutte le stampe ad eccezione degli *opera omnia* di Basilea del 1496,[61] che accoglie invece *perturbationibus* (e lo faranno poi solo i primi volgarizzamenti del *Secretum*, stampati a Siena e Venezia rispettivamente nel 1517 e nel 1520).⁶² Se già la traduzione della *Posteritati* sembrava suggerire la disponibilità, per Venafro, di una copia dell'edizione del 1496, la difesa della lezione minoritaria del *Secretum*, presente a stampa solo in quell'edizione, contribuisce ad accrescere la solidità dell'ipotesi.

Nella pur limitata circolazione del suo commento, l'esposizione di Venafro non si presenta dunque come materiale inerte agli occhi del critico moderno, che può leggervi la manifestazione complessa di un insieme di pratiche ermeneutiche attorno all'opera di Petrarca. Le molteplici possibilità di studio del commento aprono, come si è visto, a questioni testuali ed editoriali legate al *Canzoniere*, e non solo: l'esempio del *Secretum* ci soccorre per comprendere la complessità del panorama petrarchista mediocinquecentesco, difficilmente riassumibile in categorie storico-letterarie (che pur esistono), ma sensibile allo scarto, al dettaglio filologico, al grande e profuso dialogo intellettuale attorno al testo petrarchesco.

Notes to Chapter 3

Desidero ringraziare Agnese Galeffi per avermi gentilmente concesso in lettura la sua tesi di laurea, a cui questo contributo deve molto.

1. *Il Petrarca col commento di M. Sylvano da Venaphro, dove son da quattrocento luoghi dichiarati diversamente da gli altri spositori, nel libro col vero segno notati* (Napoli: Antonio de Jovino e Mattia Cancer, 1533). Fatta eccezione per la ricostruzione documentaria della polemica scatenata a Napoli da Antonio Minturno all'indomani della pubblicazione del commento di Venafro, contenuta in Gino Belloni, *Laura tra Petrarca e Bembo. Studi sul commento umanistico-rinascimentale al Canzoniere* (Padova: Antenore, 1992), pp. 189–224 (cap. *G. Andrea Gesualdo e la scuola di Napoli*), il commento di Venafro non è stato oggetto di studi critici moderni. Segnalo tuttavia due tesi di laurea custodite presso la Biblioteca comunale di Venafro: Agnese Galeffi, *Silvano da Venafro commentatore di Petrarca* (Roma: Università di Roma La Sapienza, a.a. 1996–97), e Samantha Bazzan, *Petrarca Napoletano. Il commento di Silvano da Venafro* (Milano: Università del Sacro Cuore, a.a. 2013–14).
2. L'acquisizione agli studi del vero nome del commentatore è recentissima: Samantha Bazzan, 'Per l'identità di Silvano da Venafro', *Studi petrarcheschi*, 31 (2018), 167–81.
3. Su Antonio Minturno rimando alla scheda contenuta in Giulio Ferroni, Amedeo Quondam, *La locuzione artificiosa: teoria ed esperienza della lirica a Napoli nell'età del manierismo* (Roma: Bulzoni, 1973), pp. 303–22. Nonostante il ruolo attivo di promozione culturale svolto a Napoli, la figura di Minturno è rimasta a lungo ignorata dalla critica; ci soccorrono ora la monografia di Gennaro Tellini, *L'officio del poeta. Saggi su Antonio Minturno* (Roma: Ali Ribelli, 2020), nonché la voce idem, 'Sebastiani Minturno, Antonio', in *Dizionario Biografico degli Italiani*, XCI (Roma: Istituto dell'Enciclopedia Italiana, 2018), pp. 704–07.
4. *Il Petrarcha colla spositione di misser Giovanni Andrea Gesualdo* (Venezia: Giovanni Antonio Nicolini da Sabbio e fratelli, 1533). Oltre al già citato studio di Belloni, si attende ora la stampa anastatica della *princeps* promossa dall'Ente Nazionale per gli Studi di Francesco Petrarca per la casa editrice Antilia.
5. *Lettere di meser Antonio Minturno* (Venezia: Girolamo Scoto, 1549). La lettera è indirizzata alla Marchesa de la Padula (Maria di Cardona, cfr. nota 6). Gennaro Tallini sta curando un'edizione critica dell'epistolario.
6. Da uno spoglio delle *Lettere* di Minturno risultano diverse missive utili a ricostruire la vicenda dei commenti a Petrarca nati a Napoli: cito almeno le missive indirizzate a Gesualdo, rispettivamente *Lettere* IV. 19, 20 (l'unica con data, 23 gennaio 1533), 21; VI. 38, in cui Minturno fornisce all'allievo anche specifiche indicazioni sulla natura del lavoro esegetico; ricordo poi altre epistole in cui si parla del commento di Gesualdo, sempre in termini elogiativi: *Lettere* I.

4; II. 20; IV. 9; la già citata VIII. 10 e 17. Una dei destinatari più ricorrenti di questo gruppo di lettere è la Marchesa de la Padula, Maria di Cardona, a cui per altro è indirizzata l'epistola dedicatoria del commento di Gesualdo.

7. È sopravvissuta una quindicesima copia non censita da *Edit16* (che ne elenca quattordici), custodita presso la Biblioteca Trivulziana di Milano (Rari Triv. H 1346). Ne dà notizia Giancarlo Petrella, 'Un commento "nato nelle selve". Il Petrarca col commento di Silvano da Venafro, Napoli 1533', in *Il Fondo Petrarchesco della Biblioteca Trivulziana. Manoscritti ed edizioni a stampa (sec. XIV–XX)*, a cura di Giancarlo Petrella (Milano: Vita e Pensiero, 2006), pp. 117–20.

8. Cf. Valerio Marchetti, Giorgio Patrizi, 'Castelvetro, Ludovico', in *Dizionario Biografico degli Italiani*, XXII (Roma: Istituto dell'Enciclopedia italiana, 1979), pp. 8–21; Luigi Firpo, 'Castelvetro, Giacomo', in *Dizionario Biografico degli Italiani*, pp. 1–4.

9. Al contrario, sono centosessantuno le edizioni commentate di Petrarca stampate a Venezia (traggo i dati dal database PERI [*Petrarch Exegesis in Renaissance Italy*]: <https://petrarch.mml.ox.ac.uk/index.php/printed-editions?printer=All&location=Venice&date-min%5Bmin%5D=-19565280000&date-min%5Bmax%5D=-11649744000&date-max%5Bmin%5D=-14815958400&date-max%5Bmax%5D=-10066636800&title=&text_contains=&field_ideal_works_rvf=&mode_of_exegesis=All&academy=All&visual_elements=All>, consultato il 30 giugno 2021).

10. Sarebbe oneroso proporre qui un'analisi di tutti gli elementi paratestuali della stampa: pertanto, mi limiterò a quelli di interesse per la genesi napoletana del commento. Riporto di seguito un prospetto sintetico degli apparati: Epistola dedicatoria a Filippo di Lannoy + due privilegi; *A i lettori* (c. I^r); *Vita, et costumi del poeta* (cc. I^v–III^v); *Vita di M. Laura* (c. IV^{rv}); Tavole — *Sonetti, Canzoni, Mandriali, Triomphi* (cc. CCXXI^r–CCXXIII^r); Introduzione ai *Trionfi* (c. CCVIII^r); *Errata corrige* (c. CCVIII^v); Frontespizio *Trionfi* (c. CCXXIX^r); Indicazione delle *Canzoni di M.F.P. fuori dalle altre canz.* (c. CCC^v); *Colophon* (c. CCCIIII^r). Delle due *Vite* mi occuperò qui a § 3. Si potrà inoltre consultare la più esaustiva scheda del PERI: <https://petrarch.mml.ox.ac.uk/index.php/printed-editions/il-petrarca-col-commento-di-messer-sylvano-da-venaphro-milan-biblioteca> (consultato il 30 giugno 2021).

11. Quattro sono le edizioni così titolate (1503, 1507, 1508, 1522).

12. Un utile prospetto delle pubblicazioni cinquecentesche del Petrarca volgare si trova in Marco Santoro, Michele Carlo Marino, e Marco Pacioni, '*Commedia, Canzoniere/Trionfi, Decameron*: Short-title 1465–1600 delle edizioni italiane', in *Dante, Petrarca, Boccaccio e il paratesto. Le edizioni rinascimentali delle 'tre corone'*, a cura di Marco Santoro (Roma: Edizioni dell'Ateneo, 2006), pp. 99–135, soprattutto pp. 109–27. Dal compendio si nota come il titolo di edizioni petrarchesche si assesti intorno agli anni Trenta attorno alla formula 'Il Petrarca': lo stesso Vellutello, la cui prima edizione era intitolata *Le volgari opere del Petrarcha*, titolò poi la nuova edizione del 1528 *Il Petrarcha*.

13. Cf. Venafro, *Petrarca*, c. I^r: 'Prego solamente il mio Bembo non li dispiaccia di perdonarmi, se non ho osservato tutto quel ch'egli scrive della volgar lingua al suo Medici, ch'io ci ho faticato assai; ma non si può da un nato nelle selve et nutrito senza gran tempo diventar toscano. Né gli orecchi m'han voluto assentire, ch'io dica *chenti, altresì, guari, sappiendo, guatare, conchiudere, testé, pecché, oggimai*, con alcune altre voci che 'l mio odito rifuge. In questo so che si potrà tener ben servito da me che, qualor non mi è uscito di mente, ho detto *agevole, a suo modo*, e non *facile*; *malagevole* e non *difficile*; *lui* et *lei* negli obliqui et *loro*. È ben vero ch'io mi sono alle volte scordato e ho detto *lui* et *lei* nel primo caso col verbo sostantivo: facciami intender che pena ne va, ch'io ci la invïarò fin a Venezia.' (Parla di polemica 'antibembista' Belloni, p. 191).

14. Cf. ancora *Petrarca* c. I^r: 'Et per dire il vero, i' ho gran paura che 'l Vellutello un dì non venga a trovarmi, per carminarmi a guisa di Martinello, perché ho trovato in molti di quei nodi più faticosi del P., quali ha persuaso altrui di aver disciolti, che gli ha radoppiati et inviluppati sì ch'io son stato costretto a dirlo.' L'accenno a Martinello, in realtà Martellino, rimanda chiaramente a *Decameron*, II. 1, come ricorda anche Sabrina Stroppa, 'Oltre la questione dell'"ordine mutato". Sul commento di Alessandro Vellutello al Petrarca volgare', *Atti e memorie dell'Accademia Galileiana di Scienze Lettere ed Arti in Padova*, 141.3 (2018–19), 375–99 (p. 392).

15. Per la definizione di 'parto d'elephante', cfr. Minturno, *Lettere*, I. 4, c. 4^r (a Camillo Scorziati).

Ancora Belloni, p. 195 retrodata l'allestimento del commento di Gesualdo con il supporto di elementi interni. In particolare, nel commento a *Rvf* 137 si ritrova l'indicazione del Sacco di Roma del 1527, a testimonianza che attorno a quella data Gesualdo stava già guadagnando oltre la metà del lavoro.

16. Agli inizi del Cinquecento i privilegi papali non ubbidivano ancora a una prassi codificata come avverrà poi nel corso del secolo; tuttavia, molti venivano già emessi fuori dai confini dello Stato pontificio: Frederick J. Norton, *Italian Printers, 1501–1520: An Annotated List with an Introduction* (London: Bowes and Bowes, 1958), p. xxviii, segnalava privilegi papali in stampe di Savona, Cremona, Milano e Firenze. In Angela Nuovo, e Christian Coppens, *I Giolito e la stampa nell'Italia del XVI secolo* (Genève: Droz, 2005), p. 207, si riporta poi che 'Già negli anni Trenta il privilegio per la stampa di un testo era avvertito, anche a Roma, come "cosa ordinaria che si concede senza dificultà"', citando un'osservazione di Claudio Tolomei a proposito di una richiesta di privilegio per la stampa del volgarizzamento dei *Dialoghi d'amore* di Leone Ebreo. Desidero ringraziare Matteo Fadini per le indicazioni sul privilegio nella forma del breve papale.

17. 'Con gratia et privilegio Regio per diece anni per tutto il Regno di Napoli'. Si tratta senza dubbio di un'indicazione per così dire locale e interna allo stato rispetto al breve papale, che si rivolge invece a tutta la cristianità.

18. Le citazioni da cinquecentine, qui e *infra*, sono trascritte secondo criteri il più possibile conservativi. Ho adottato rari criteri di ammodernamento: distinzione di *u* e *v*, inserimento della punteggiatura, regolarizzazione di maiuscole e minuscole. Si intende che tutti i corsivi introdotti sono miei.

19. Proprio nell'ottica di una ricostruzione del profilo storico-biografico si sono mossi gli studi sulla Colonna degli ultimi anni. Mi limito a citare due volumi collettivi che costituiscono una messa a punto della sua figura in termini storico-letterari, politici e religiosi: *A Companion to Vittoria Colonna*, a cura di Abigail Brundin, Tatiana Crivelli, Maria Serena Sapegno (Leiden: Brill, 2016), e *Al crocevia della storia. Poesia, religione e politica in Vittoria Colonna*, a cura di Maria Serena Sapegno (Roma: Viella, 2016), per i quali valga il rimando a Marianna Liguori, 'A proposito di due recenti contributi su Vittoria Colonna', *Filologia e Critica*, 1 (2018), 124–35. Mi permetto di rinviare anche a Nicole Volta, 'Vittoria Colonna e gli orientamenti della critica. Un bilancio degli ultimi anni (2016–2017)', *Riforma e Movimenti religiosi*, 3 (2018), 251–76.

20. Si tratta del numero A1 15 nell'edizione moderna procurata da Alan Bullock nel 1982. Gli altri centoni sono andati perduti o sono stati distrutti dalla stessa Colonna; ne fornisce una testimonianza indiretta Filonico Alicarnasseo in una biografia colonnese oggi leggibile in *Vita di Vittoria Colonna scritta da Filonico Alicarnasseo*, in Vittoria Colonna, *Carteggio*, raccolto e pubblicato da Ermanno Ferrero e Giuseppe Müller, seconda edizione con supplemento raccolto e annotato da Domenico Tordi (Torino: Loescher, 1892), pp. 487–548.

21. L'informazione è riportata da Marco Santagata in Francesco Petrarca, *Canzoniere*, a cura di Marco Santagata (Milano: Mondadori, 1996), p. 287, a sua volta ripresa da Guido Capovilla, *'Sì vario stile'. Studi sul Canzoniere di Petrarca*, (Modena: Mucchi editore, 1998), pp. 85–86, che riporta il passo integrale.

22. La fascinazione per gli 'antichi testi' è già di Vellutello (si veda *Le volgari opere del Petrarcha con la espositione di Alessandro Vellutello da Lucca* (Venezia: Giovanni Antonio Nicolini e fratelli da Sabbio, 1525), c. 1^{r}).

23. Un ampio lavoro di sistematizzazione e individuazione dei principali attori coinvolti in tali circuiti cittadini è stato condotto da Concetta Ranieri, 'Premesse umanistiche alla religiosità di Vittoria Colonna', *Rivista di Storia e Letteratura Religiosa*, 32 (1996), 531–48; eadem, 'Vittoria Colonna e il cenacolo ischitano', in *La donna nel Rinascimento meridionale. Atti del convegno internazionale: Roma, 11–13 novembre 2009*, a cura di Marco Santoro (Pisa: Serra, 2010), pp. 49–65.

24. Cf. Arnaldo Foresti, 'Per il testo della seconda edizione del "Canzoniere" del Petrarca. Nota terza', *La Bibliofilia*, 33 (1931), 433–58, e Ernest H. Wilkins, *The Making of the 'Canzoniere' and Other Studies* (Roma: Edizioni di Storia e Letteratura, 1951), pp. 176–80. Sono tornati a ragionare sulla forma Malatesta Michele Feo, '"In vetustissimis cedulis". Il testo del postscriptum della senile XIII 11 y e la "forma Malatesta" dei *Rerum vulgarium fragmenta*', *Quaderni petrarcheschi*, 11 (2001), 119–48; Carlo Pulsoni, 'Appunti sul ms. E 63 della Biblioteca Augusta di Perugia',

L'Ellisse, 2 (2007), 29–99; idem, 'Lettori di Petrarca nel Quattrocento', in *Petrarca lettore*, a cura di Luca Marcozzi (Roma: Cesati, 2016), pp. 259–71; Alessandro Pancheri, 'Ramificazioni "malatestiane". 1. Due discendenti del Laurenziano XLI. 17', *Studi di filologia italiana*, 66 (2008), 35–73.

25. Per cui cf. ancora Wilkins, pp. 170–80 soprattutto.
26. Ricordo che la numerazione autografa apposta sul codice a fianco dei componimenti è acquisizione ancora recente, risalendo solo all'edizione ottocentesca *Le rime di Francesco Petrarca restituite nell'ordine e nella lezione del testo originario sugli autografi, col sussidio di altri codici e di stampe e corredate di varianti e note* da G. Mestica (Firenze: Barbèra, 1896).
27. Per le implicazioni del sonetto di chiusura dei *Fragmenta* nella vulgata cinquecentesca rimando al saggio di Sabrina Stroppa, 'Dopo Petrarca: rime di lutto e consolazione nel Cinquecento. Il caso di Luigi Da Porto', in *Forme della consolatoria tra Quattro e Cinquecento. Poesia e prosa del lutto tra corte, accademia e 'sodalitas' amicale*, a cura di Sabrina Stroppa e Nicola Volta (Lucca: Maria Pacini Fazzi, 2019), pp. 143–68.
28. I sonetti vengono segnalati una volta sola nella *Tavola dei sonetti* disposta alle cc. [CCXX-CCXXI]. Aggiungo che Venafro numera separatamente sonetti, canzoni (in cui include anche le sestine), madrigali (comprensivi anche di ballate).
29. *Trionfi (comm: Bernardo Lapini da Siena) e Canzoniere (comm: Franciscus Philelphus and Hieronymus Squarzaficus)*, 2 voll. (Venezia: Pietro Cremonese, 1484). Nella sua puntuale ricostruzione delle edizioni quattrocentesche di *Canzoniere* e *Trionfi*, Wilkins segnala che in questa stampa sono caduti due sonetti, ma per errore afferma che il dittico caduto è *Rvf* 350–51 (Wilkins, p. 389); non riporta peraltro che i testi verranno reinseriti nell'edizione del 1488 (cf. nota successiva). Aggiungo che un commento integrale al *Canzoniere* a opera dello pseudo Antonio da Tempo era già uscito nel 1477, ma l'edizione ebbe scarsissima fortuna e circolazione.
30. *Trionfi (comm: Bernardo Lapini da Siena) e Canzoniere (comm: Franciscus Philelphus and Hieronymus Squarzaficus)*, 2 voll (Venezia: Bernardinus Rizus Novariensis, 1488).
31. Stroppa, 'Oltre la questione dell'"ordine mutato"', pp. 375–81.
32. Restituisco l'ordinamento dell'Aldina del 1501 (fermo restando che è identico a quella del 1514), mantenendo i titoli della stampa: TRIOMPHO D'AMORE: I. *Nel tempo che rinova i miei sospiri*; II. *Stanco già di mirar, non satio anchora*; III. *Era sì pieno il cor di meraviglie*; IV. *Poscia che mia fortuna in forza altrui*. TRIOMPHO DELLA CASTITÀ: *Quando ad un giogo et in un tempo quivi*. TRIOMPHO DELLA MORTE: I. *Questa leggiadra et gloriosa donna*; II. *La notte che seguì l'horribil caso*. TRIOMPHO DELLA FAMA: I. *Da poi che morte triomphò nel volto*; II. *Pien d'infinita et nobil meraviglia*; III. *Io non sapea da tal vista levarme*. TRIOMPHO DEL TEMPO: *De l'aureo albergo con l'aurora innanzi*. TRIOMPHO DELLA DIVINITÀ: *Da poi che sotto 'l ciel cosa non vidi*.
33. Sugli ordinamenti dei *Trionfi* nelle stampe quattrocentesche rimane ancora insuperato il lavoro di Wilkins, pp. 379–406 (in particolare i due capitoli: 'The Quattrocento Editions of the *Canzoniere* and the *Triumphs*' e 'The separate Quattrocento Editions of the *Triumphs*').
34. Si vedano Gemma Guerrini, 'Per uno studio sulla diffusione manoscritta dei "Trionfi" nella Roma del XV secolo', *Rassegna della letteratura italiana*, 1–2 (1982), 85–97, e eadem, 'Per un'ipotesi di petrarchismo popolare: "vulgo errante" e codici dei *Trionfi* in mercantesca', *Accademie e biblioteche d'Italia*, 4 (1986), 12–33.
35. Luca Marcozzi, 'Tra Da Tempo, Filelfo e Barzizza. Biografia sentimentale e allegoria morale nei commenti quattrocenteschi al canzoniere di Petrarca', *Italianistica*, 33.2 (2004), 163–77. Marcozzi cita in particolare il caso dello pseudo Antonio Da Tempo.
36. Marcozzi, 'Tra Da Tempo, Filelfo e Barzizza', p. 177.
37. Il volgarizzamento si deve ad Antonio Lelli, autore di un'imponente *Vita del Petrarca* che esula dai confini della biografia in senso stretto, ponendosi piuttosto come un commento continuo al Canzoniere inframmezzato da ricognizioni storiche. Rimasto a lungo adespoto e trasmesso da diversi codici cinquecenteschi, il lavoro è una testimonianza significativa del culto di Petrarca presso la Curia romana nella prima metà del Cinquecento. L'attribuzione della *Vita del Petrarca* ad Antonio Lelli si deve a Giuseppe Frasso, 'Per l'"ordinatore" del Vaticano Lat. 3213', *Studi petrarcheschi*, 5 (1988), 155–95. Sul Lelli si veda Erasmo Pèrcopo, 'Di Antonio Lelio Romano e di alcune pasquinate contro Leone X', *Giornale Storico della Letteratura Italiana*, 28 (1896), 45–91.

Il volgarizzamento di Venafro è riportato in Angelo Solerti, *Le vite di Dante, del Petrarca e del Boccaccio scritte fino al secolo decimosettimo* (Milano: F. Vallardi, 1904), pp. 383–89; si dà notizia di quello del Lelli a p. 239.

38. Rispettivamente gli *opera omnia* latini di Basilea (1496), e le due stampe veneziane dei *Librorum Francisci Petrarche Impressorum Annotatio* (1501 e 1503), che trasmettono una significativa collezione di opere petrarchesche latine. Come ha dimostrato diffusamente Laura Refe nell'edizione critica della *Posteritati*, le tre stampe sono *descriptae* l'una dell'altra e fanno capo a un raro incunabolo di Lovanio (1485). Per la descrizione delle stampe e i loro rapporti, cf. Laura Refe, *I 'Fragmenta' dell'epistola 'Ad Posteritatem' di Francesco Petrarca* (Messina: Università degli studi di Messina, Centro Internazionale di Studi Umanistici, 2014), pp. xxxix–lxxix.
39. Per la definizione di 'variante attiva', si veda Vincenzo Fera, 'Ecdotica dell'opera incompiuta. Varianti attive e varianti di lavoro nell'*Africa* del Petrarca', *Strumenti critici*, 23 (2010), 211–14; sulle quattro varianti 'attive' della *Posteritati*, cf. ancora Refe, p. cxxxi.
40. Mi rifaccio qui e altrove allo *stemma codicum* approntato dalla Refe per la sua edizione. Il ramo *a* contiene tutte le stampe, essendo queste *descriptae* della *princeps* di Lovanio.
41. Cf. Refe, p. 44.
42. Correggo a testo l'originale 'l'antentione'.
43. Sul punto si veda l'utile saggio di Stroppa, 'Oltre la questione dell'"ordine mutato"', pp. 382 e ss. Per una panoramica del problema, cf. anche Daniele Maira, 'Éclatement biographique à la base du mythe de la Laure de Pétrarque. À propos des biographies d'A. Vellutello, Fausto da Longiano, Silvano da Venafro et G.A. Gesualdo', *'Amor mi manda quel dolce pensero'. Studi e saggi su Francesco Petrarca nel settimo centenario dalla nascita*, n. monogr. di *Cenobio*, n.s. 53 (2004), 342–53.
44. Cf. Franco Tomasi, 'Les poètes italiens à la cour de France', in *Les cours comme lieux de rencontre et d'élaboration des langues vernaculaires à la Renaissance (1480–1620). Höfe als Laboratorien der Volkssprachigkeit zur Zeit der Renaissance (1480–1620)*, coord. éditoriale de Jean Balsamo e Anna K. Bleuler (Ginevra: Droz, 2016), pp. 297–315. Sulle prime traduzioni del Canzoniere in Francia si veda ora il saggio di Stroppa, *Dopo Petrarca*.
45. Accanto a questo primo nodo della biografia laurana, Venafro si profonda poi in spiegazioni riguardo a un secondo aspetto biografico avvertito come necessario: quello della verginità presunta della nobildonna, che gli 'spositori' precedenti tenevano a difendere, ma che risulta agli occhi di Venafro impossibile da sostenere.
46. Stando all'introduzione di Michele Rossi a Francesco Filelfo, *Commento a 'Rerum vulgarium fragmenta' 1–136. Edizione anastatica dell'incunabolo Bologna, Annibale Malpigli, 1476*, con introduzione e indici di Michele Rossi (Padova: Antilia, 208), Filelfo menziona assai parcamente *Bucolicum carmen*, *Africa* e *Secretum* (rispettivamente in 3, 1 e 2 volte), mentre Vellutello cita, per un numero maggiore di occorrenze, *Bucolicum carmen*, *Familiares*, *Sine nomine*, *Trionfi* (soprattutto *Familiares* e *Trionfi*). Dal canto suo, Venafro cita *Familiares*, *Posteritati*, *Sine nomine*, *Bucolicum carmen*, *De otio religioso*, *De vita solitaria*, *De remediis*, *Secretum*, *Trionfi*. Ringrazio Sabrina Stroppa per i dati su Vellutello.
47. Il censimento della tradizione manoscritta del *Secretum* si legge in Romana Brovia, 'Per la fortuna del *Secretum*. I manoscritti', *Petrarchesca*, 7 (2019), 11–46.
48. Riporto con doppia numerazione i componimenti dei *Fragmenta* citati: dapprima quella corrente, poi quella messa a testo da Venafro (con suddivisione per metro in sonetti, canzoni, madrigali: questi ultimi comprendevano anche le ballate).
49. Qui e altrove riporterò a testo il *Secretum* citato da Venafro e in nota il testo corrente dall'edizione di Francesco Petrarca, *Il mio segreto*, a cura di Enrico Fenzi (Milano: Mursia, 1992), pp. 170–71 (corsivi miei per evidenziare le varianti): 'hec ex Platonis *libris* tibi familiariter nota sunt, quibus avidissime nuper incuibisse diceris. F. Incubueram fateor, alacri spe et magno desiderio, sed peregrine lingue novitas et festinata preceptoris absentia preciderunt propositum meum. Ceterum ista *michi*, quam memoras, disciplina et ex scriptis tuis et ex aliorum platonicorum notissima est.' [queste cose ti sono diventate familiari dai libri di Platone, sui quali si dice che tu da qualche tempo ti sia concentrato. F. È vero, mi ci ero applicato con alacre speranza e gran desiderio, ma la novità della lingua straniera e l'anticipata partenza del mio maestro hanno interrotto il mio proposito. Ma mi richiami a teorie che conosco benissimo, sia dai tuoi scritti che da quello che ne dicono altri platonici.]

50. Cesare Segre, 'Per una definizione del commento ai testi', in *Il commento ai testi. Atti del Seminario di Ascona, 2–9 ottobre 1989*, a cura di Ottavio Besomi e Carlo Caruso (Basel-Boston-Berlin: Birkhäuser Verlag, 1992), p. 6.
51. 'Pudeat ergo senem amatorem dici; pudeat esse tam diu vulgi fabula' ('Perciò vergognati d'essere definito un vecchio amoroso; vergognati d'essere da tanto tempo la favola della gente'): Petrarca, *Il mio segreto*, pp. 250–51.
52. I commentatori moderni segnalano per gli antichi Ovidio ed Orazio (*Epod.* 11, 7–10), alcuni passi biblici (*Dt* XXVIII 37; *3 Reg* IX 7; *Tb* III 4) e l'avvio dell'*Elegia* di Arrigo da Settimello (5). Cf. soprattutto la nota di Marco Santagata a Petrarca, *Canzoniere*, p. 11.
53. Tangenzialmente non andrà poi dimenticata la vicinanza cronologica tra la composizione di *Rvf* 1 e l'ampio lavoro di rielaborazione del *Secretum*. Cf. Francisco Rico, '*Rime sparse*, *Rerum vulgarium fragmenta*. Para el titulo y el primer soneto del *Canzoniere*', *Medioevo romanzo*, 3 (1976), 101–38.
54. 'Quotiens unum aliquod fortune vulnus infligitur, persisto interritus [...]. Si mox illa vulnus ingeminet, titubare parumper incipio; quodsi duobus tertium quartum ve successerit [...], sed pede sensim relato in arcem rationis evado' ('Ogni volta che subisco qualche colpo dalla fortuna resisto impavido [...]. Se subito raddoppia il colpo comincio un po' a vacillare, e se ai due se ne aggiunge un terzo o un quarto [...], allora sono costretto a ritirarmi nella rocca della ragione'): Petrarca, *Il mio segreto*, pp. 178–79. Sull'*arx rationis* relativa al passo del Canzoniere si veda da ultimo Carlo Zacchetti, 'L'*arx rationis* nei *Rerum vulgarium fragmenta*', *Petrarchesca*, 6 (2018), 11–34.
55. 'Ibis enim spe plenus et desiderio revertendi, omnes animi laqueos tecum trahens [...] quod est amantum infame privilegium, illam absentem absens audies et videbis' ('Te ne andrai sperando e desiderando intensamente di tornare, trascinandoti dietro tutte le catene del tuo animo [...] e secondo l'odioso privilegio degli amanti, lontano da lei sentirai e vedrai lei che ti è lontana'): Petrarca, *Il mio segreto*, pp. 236–37.
56. Sul punto si veda ancora Maira, 'Éclatement biographique', pp. 348–49, che riporta anche il passo di Fausto da Longiano contenuto in *Il Petrarcha col commento di M. Sebastiano Fausto da Longiano, con rimario et epiteti in ordine d'alphabeto nuovamente stampato* (Venezia: Francesco Bindoni e Maffeo Pasini, 1532), c. 83ʳ.
57. Sul commento si rimanda all'unico studio finora condotto, ancora Gino Belloni, 'Sebastiano e Domenico Tullio Fausto da Longiano', in *Laura tra Petrarca e Bembo*, pp. 120–45. Per Giovanbattista Bacchini, segretario del Duca di Monteleone, le notizie sono assai scarne e si ricavano da Benedetto Croce, 'Scrittori del pieno e del tardo Rinascimento', *La Critica. Rivista di Letteratura, Storia e Filosofia diretta da B. Croce*, 42 (1944), 130–33.
58. La dichiarazione è significativa, perché indica che Fausto da Longiano disponeva non solo di stampe, ma anche di manoscritti, che trasmettevano la lezione *partubus*. Sulla diffusione manoscritta del *Secretum* si veda ancora il recente censimento di Brovia, 'Per la fortuna del *Secretum*'. Cf. anche eadem, 'Per la fortuna manoscritta di Petrarca nei territori della Corona d'Aragona', in *Els manuscrits, el saber i les lletres a la corona d'aragó, 1250–1500*, a cura di Lola Badia, Lluís Cifuentes, Sadurní Martí, e Josep Pujol (Barcelona: Publicacions de l'Abadia de Montserrat, 2016), pp. 196–211.
59. Procurata da Antonietta Bufano nel 1975 sulla scorta dell'edizione Carrara, cf. Enrico Fenzi, *Nota al testo*, in Petrarca, *Il mio segreto*, p. 92.
60. Non sono molte le edizioni a stampa del *Secretum*: se ne contano quattro nel Quattrocento, tutte stampate oltralpe, la più nota delle quali è senz'altro l'edizione di Basilea del 1496, che raccoglieva tutte le opere latine del Petrarca; altre tre agli inizi del Cinquecento, per la precisione nel 1501, due delle quali ripropongono il progetto di Basilea, mentre una contiene solo il *Secretum*: *De secreto curarum conflictu. Dialogi tres. Divus Augustinus et Franciscus Petrarca collocutoresque nuper in lucem venere* (Reggio Emilia: Francisci Mazalis, 1501).
61. *Librorum Francisci Petrarchae Basilae Impressorum annotatio* (Basilae: Johann Amerbach, 1496).
62. Mi riferisco a *El secreto di messer Francesco Petrarca in prosa vulgare* (Siena: Simeone di Niccolò stampatore, 1517); e *Secreto de Francesco Petrarcha in dialogi di latino in vulgar et in lingua toscha tradocto novamente cum exactissima diligentia stampato et corretto* (Venezia: Nicolò Zoppino e Vincenzo compagno, 1520).

CHAPTER 4

Forms and Aims of Exegesis in Girolamo Ruscelli's Editions of Petrarch (1554)

Brian Richardson

As an editor of Petrarch's vernacular verse, Girolamo Ruscelli came on the scene in Venice in the 1550s. He was still relatively young, not far into his thirties, and he faced the challenge of competing in a market already crowded with rival editions aimed at readers with different requirements and different pockets. In the previous decade, the leading Venetian presses had offered texts that were based either on Aldo Manuzio's editions of 1501 and 1514 or on Alessandro Vellutello's reorganized version, first published in 1525, of the Aldine text of 1501, and these were accompanied by a great variety of modes of exegesis. In summary, Gabriele Giolito had printed a series of editions of Vellutello's text and commentary 'con le figure a i Triomphi, et con più cose utili in varii luoghi aggiunte' ('with illustrations to the *Triumphi* and several useful things added in various places') in quarto format in 1544, 1545, 1547, 1550, and 1552; the 1545 edition added a letter to readers from the editor Lodovico Domenichi.[1] Two Petrarchs in octavo format included only succinct annotations on each poem: one edited by Francesco Sansovino ('Aggiuntevi breviss[ime] dichiarationi de' luoghi difficili del Sansovino accomodate allo stile e alla lingua', printed by the heirs of Pietro Ravani, 1546), the other edited by Antonio Brucioli ('con breve dichiaratione, et annotatione di Antonio Brucioli', printed by Antonio Brucioli and brothers, 1548). The commentary of Bernardino Daniello of Lucca had been republished in 1549 in quarto by Pietro and Giovanni Maria de Nicolini da Sabbio at the instance of Giovanni Battista Pederzano. Domenico Giglio was Giolito's main competitor for a few years: he printed or published two editions of Dolce's text without a commentary in twelves (1551 and 1553), an edition with Vellutello's commentary in octavo (1552), and another with the commentary of Giovanni Andrea Gesualdo in quarto (1553).[2] The most active of the editors was Lodovico Dolce. He had prepared for Giolito editions of the *Canzoniere* and *Triumphi* with no more than an index of first lines, in the manner of Aldo Manuzio's editions (1547, 1548, and 1550, in twelves).[3] He then brought out two further portable editions between 1553 and 1554, one in twelves and the other in octavo, with a lengthy appendix containing some 'dottiss[imi] avertimenti' ('most learned observations') by Giulio Camillo, an index of 'concetti' found in Petrarch (*allegrezza, amore, anima,* and so on), a list of comparisons and similes ('Comparationi, e similitudini'), a list of antonyms, such as *breve* and *lungo*, and of metaphors ('Contrari, metafore, overo traslati'), a few examples of how nouns and verbs correspond to one another ('Rendere a una o più voci il suo proprio, o per contrarietà, o altrimenti'), an index of memorable expressions ('Tavola di molte belle et affigurate forme di dire usate dal Petrarca'), an index of nouns with their epithets or adjectives ('Epiteti, altrimente aggiunti'), an index of Petrarch's words with their location in the text and, in some cases, with brief definitions ('Tavola di tutte le voci usate dal Petrarca con la sposition loro').[4] Giolito also brought out the text with Gesualdo's commentary in quarto format in 1553.[5]

Ruscelli joined the fray at first in a rather tangential way. In 1550, the bookseller-publisher Paolo Gherardo had Comin da Trino print in Venice a revised version of Francesco Alunno's *Osservationi sopra il Petrarca*, first printed in 1539, which offered definitions of words and other advice on usage together with Petrarch's texts, and Ruscelli contributed a letter addressed to Giovambattista d'Azzia, marquis of Laterza, in which he said that Alunno had asked Pietro Aretino, Dolce, and himself to 'rivedere queste sue fatiche' ('revise these labours of his'; fol. ★6ᵛ).[6] Whatever his contribution was to this edition, Ruscelli gained crucial new experience in the next couple of years by editing perhaps two volumes of letters for Pietro Aretino, published by Andrea Arrivabene in 1550,[7] certainly Pandolfo Collenuccio's *Compendio dell'historie del Regno di Napoli* (Venice: Giovanni Maria Bonelli, 1552),[8] and, most significantly from our point of view, Boccaccio's *Decameron*, published by Vincenzo Valgrisi in the same year: *Il Decamerone di m. Giovan Boccaccio, nuovamente alla sua intera perfettione, non meno nella scrittura, che nelle parole ridotto, per Girolamo Ruscelli. Con le dichiarationi, annotationi, et avvertimenti del medesimo, sopra tutti i luoghi difficili, regole, modi, et ornamenti della lingua volgare, et con figure nuove et bellissime, che interamente dimostrano i luoghi, ne' quali si riduceano ogni giornata à novellare. Et con un vocabolario generale nel fine del libro.* As this elaborate description emphasized, Ruscelli had given attention to the 'scrittura' of the text (its writing in the sense of written representation) no less than to its words, and the edition's paratext provided information on linguistic usage, new woodcut illustrations, and a concluding glossary. He also included Sansovino's life of Boccaccio. The edition helped to trigger a violent dispute with Dolce, of whom Ruscelli now became an open rival for a while.[9]

This *Decameron* constituted Ruscelli's first major undertaking in what proved to be a lifelong endeavour to promote, explore, and refine the literary vernacular of Italy. In his dedicatory letter, he summarizes the two main reasons for which he held this language in higher esteem than any other, classical or modern:

> le principali cagioni dell'accrescimento d'una lingua, sono l'agevolezza grande nello apprendersi, et la dolcezza nel proferirsi; delle quali due si vede così pienamente ricca la lingua nostra, che da quelle sole potrebbono i suoi avversarii far sicuro giudicio della sua monarchia.
>
> [the main reasons for the expansion of a language are that it is very easy to learn and sweet to pronounce, and our language is so fully endowed in both respects that from them alone its opponents could judge its dominance confidently.][10]

But the language had to be studied and used with care, as Ruscelli sets out to demonstrate in his exegesis. This integrates critical comments on the text and on Boccaccio's use of words with a distinctive emphasis on the link between the representation of the text and its appreciation. Ruscelli aims to help readers to understand the relationship between, on the one hand, 'la scrittura' of this queen of languages, and on the other hand its meaning and its pronunciation. He draws attention in his letter to readers to his use of what he calls '[la] vera ortografia, o ragione di scrivere' ('true orthography or manner of writing'), in which nothing was lacking or superfluous.[11] In fact, he uses the standard alphabet, with some accents and apostrophes, but makes less use of etymological spellings than his contemporaries. He expounds his views on the need to restrict the uses of etymological *h* in his annotation on the word *tema* or theme (*Decameron* VI concl. 4), arguing that the vernacular should not be servile to Latin, let alone to the Greek language to which Latin is itself servile. Ruscelli relies on supplementing his spelling with several pieces of advice on the pronunciation of open and closed *e* and *o*, especially in the case of homographs, as in his distinction between *pero* (VII. 9, 'pear tree') with a closed *e* and *pero* ('I perish') with an open *e*, or between the infinitive *torre* (IV. 3. 33, 'to take') with an open *o* and the noun ('tower') with a closed *o*. He also comments on where to place the stress accent on a few words, as in his note on what was then the paroxytone pronunciation of 'io repúto' (II. 8. 17): 'reputo, disputo, occupo, estimo et altri tali, tutti con la penultima lunga proferisce la nostra favella'.

By 1554, Ruscelli was ready to take sole responsibility for editing Petrarch, and he did so twice in that year. First, around March, he oversaw yet another edition of Vellutello's commentary (his letter to readers is dated on the 8th of the month): *Il Petrarca con l'espositione d'Alessandro Vellutello, di nuovo ristampato con le figure a i Triomphi, et con più cose utili in varii luoghi aggionte*, at the press of Giovanni Griffio, in quarto. This was followed by *Il Petrarca, nuovamente con la perfetta ortografia della lingua volgare, corretto da Girolamo Ruscelli. Con alcune annotationi, et un pieno Vocabolario del medesimo, sopra tutte le voci, che nel libro si contengono, bisognose di dichiaratione, d'avvertimento, et di regola. Et con uno utilissimo rimario di m. Lanfranco Parmegiano, et un raccolto di tutti gli epiteti usati dall'autore*, printed around October (the letter of dedication is dated on the 21st of the month) by Plinio Pietrasanta, in octavo.[12] In the present context, the main questions to be considered are: what were the forms in which Ruscelli provided exegesis in these two editions, and what was distinctive about his aims in doing so, in respect of previous editions?

The Griffio Edition

Ruscelli had collaborated with the prolific printer Giovanni Griffio since early 1552. In the *Decameron* of 1552, whose dedicatory letter is dated 3 April of that year, the concluding *Vocabolario generale* has a separate title page according to which it was printed by Giovanni Griffio 'ad instantia di Vincentio Valgrisio' ('at the instance of Valgrisi'); perhaps this collaboration of printer and publisher lay behind the main text as well. Both Griffio and Valgrisi were of French origin. A note at the end of the *Vocabolario* and before a list of printer's errors, addressed to readers by Griffio, but probably contributed by Ruscelli, suggests that Ruscelli liked to depict himself as a tireless scholar bound to his desk, somewhat aloof from the printing operation: it states that the copy supplied by Ruscelli was so difficult to read that even he could hardly understand it in places, and his house was so distant from the press that he could not always be consulted.[13] In the same period, Ruscelli was involved in Griffio's edition of Cesare de' Cesari's tragedy *Scilla*. The dedicatory letter, dated 15 April 1552, is followed by an exchange of recent letters about the play between Ruscelli and the Sicilian poet Girolamo Ferlito.[14] A few months later, Griffio printed the *Lettura di Girolamo Ruscelli, sopra un sonetto dell'illustriss[imo] signor marchese della Terza alla divina signora marchesa del Vasto*; Ruscelli's dedicatory letter is dated 1 December 1552. In 1554, Griffio printed *Le lagrime di Sebeto per la morte dell'illustrissima sig. donna Maria Colonna, d'Aragona, composte dal s. Gabriel Moles, et nuovamente mandate in luce da Girolamo Ruscelli*; here the letter of dedication dates from 7 January of that year.

Around the same time, Griffio and Ruscelli saw an opportunity to produce an edition of Petrarch that, in respect of text and exegesis, would follow one of the well-established formulas associated with the rival Giolito press, but would have a slight novelty in order to give it a competitive edge. Ruscelli reveals little about his editorial role in his letter to readers.[15] It is taken up mainly by praise of Vellutello and of Griffio and by claims that the text of both the poems and their commentary had needed revision:

> È ben vero che la poca diligenza et il non molto saper d'alcuni havevano di volta in volta corrotto così il Petrarca stesso, come le parole dell'espositore sì fattamente, che in moltissimi luoghi quei che non sono interamente sicuri nelle cose della lingua, ne prendessero errore, et quei che sanno, se ne sdegnassero degnamente.
>
> [It is certainly true that some people's lack of diligence and limited knowledge had over time corrupted both the [text of] Petrarch itself and the words of the commentator, so that in very many places those who are not completely confident in matters of language might fall into error, and those who are knowledgeable might justifiably grow angry.]

In fact, Ruscelli simply took a copy of a Giolito edition, which the printer could follow page by page, and amended its orthography very slightly. His main innovation was to introduce grave accents on the preposition *à* (to help to distinguish it from the verb *ha*), the conjunction *ò* (to distinguish it from the exclamation), and the monosyllables *già* and *ciò* (to indicate stress), along with a small number of other minor adjustments.[16]

The Pietrasanta Edition

While Ruscelli was working on this edition for Griffio, in which he introduced few changes to his source, he must already have had in mind a more ambitious edition of Petrarch's vernacular verse that would include several modes of exegesis. This would complement his *Decameron* of 1552, in whose dedicatory letter he had judged it necessary that Boccaccio and Petrarch 'dovessero da noi haversi primieramente corretti, et pienamente sinceri, et sicuri' ('should be available to us first of all correct and fully authentic and reliable').[17] The new edition would also support his claims to be a scholar with greater linguistic and philological insight than Lodovico Dolce. It was to be printed by Plinio Pietrasanta, and Ruscelli would have complete control over it: at this point Pietrasanta was not an independent printer like Griffio but was operating a press in Ruscelli's house, earning a monthly salary of five ducats paid by Ruscelli and other members of his company of publishers.[18] Ruscelli dedicated the edition to Francesco Melchiori of Oderzo, a young nobleman and occasional poet.[19]

As editor, Ruscelli did not set out to offer readers a radically new text of Petrarch's verse. He explains in an introductory letter 'À i lettori', placed after the letter of dedication, that his ordering of Petrarch's poems is still that of Vellutello, while his text of the poems is that of Aldo. Rather, Ruscelli's approach to his task was to combine exegesis of Petrarch's text with resources that would help aspiring Petrarchists to write their own verse and with some historical information on Petrarch's life. The title page refers to the three paratextual items that he considered most important: in the order in which they appear in the edition, the *Rimario* (a rhyming dictionary), the *Epiteti, overo aggiunti usati dal Petrarca* (that is, a list of nouns and the adjectives associated with them), and the *Vocabolario*. Also included in the volume, but not announced on the title page, are the appendix of poems from Aldo's 1514 edition; Aldo's letter to readers from his 1501 edition; Vellutello's biography of Petrarch; the *Francisci Petrarcae testamentum* (Petrarch's will of 1370), which had been printed without place or printer's name in 1531; Petrarch's note from his copy of Virgil on his first encounter with Laura and her death (beginning 'Laura propriis virtutibus illustris'), which had been included in some earlier editions such as that of Padua, 1472; Vellutello's *Origine di madonna Laura con la descrittione di Valclusa*; and Vellutello's note on the *Divisione de' sonetti et delle canzoni del Petrarca, in tre parti*.

The recipe for this combination of ingredients drew heavily on the models of earlier editions of Petrarch and it used some of their materials. In 1532, the Venetian firm of Francesco Bindoni and Maffeo Pasini had printed a Petrarch with a rhyming dictionary and a list of adjectives: *Il Petrarcha col commento di m. Sebastiano Fausto da Longiano, con rimario et epiteti in ordine d'alphabeto*.[20] As we have seen, Dolce had included in some of his editions for Giolito a list of epithets and a list of terms with a few definitions, and Ruscelli himself had been involved in the edition of 1550 that combined Francesco Alunno's dictionary with the text of Petrarch's poems. Ruscelli's rhyming dictionary of the *Canzoniere* is, he acknowledges, an adaptation of one published on its own in 1531 by the musician Giovanni Maria Lanfranco of Parma.[21] Under each entry for a rhyme ending, Ruscelli gives the whole rhyme word, not just the ending as Lanfranco had done, and he indicates how often this word occurs in rhyme in order to show 'la dignità et bellezza di ciascuna rima in sé stessa' ('the dignity and beauty of each rhyme in its own right', as he explains in a preliminary note to readers).[22] Ruscelli's index of nouns with their adjectives is clearly based on Dolce's; for instance, both list *nave* and *navicella* before *natura*, *note* before *nodo*, and *ombre* before *oggetto*, out of alphabetical order.

While the function of assisting the creation of new verse was fulfilled chiefly by Ruscelli's rhyming dictionary and his list of nouns with their adjectives, his main tool in the exegesis of Petrarch's texts, and the most innovative item in his paratext, was his Petrarchan dictionary, which is much fuller than Dolce's 'Tavola di tutte le voci'. Its title indicates that Ruscelli's intended readership includes beginners: *Vocabolario di tutte le voci usate dal Petrarca, le quali à quei che non sanno lettere Latine, ò Toscane, sono bisognose di dichiaratione, d'avvertimento, ò di Regola*. His introductory note explains that the dictionary is constructed on principles similar to those of the glossary of his *Decameron* of 1552, that it will save readers from having to consult dictionaries in separate volumes that they cannot carry around with them, and that he plans, in due course, to publish a dictionary of approved usage from a range of authors and regions.[23] Ruscelli evidently compiled this resource in haste. Under the entry for *fosco*, he states that henceforth he needs to make briefer entries, reserving fuller explanations for his 'dittionario generale'. Even this reduction of scope was not enough: after the entry for *lì*, a note states that 'Fin qui è fatto pe 'l Ruscelli, et finito per un'altro' ('It is compiled by Ruscelli up to here and finished by someone else').

The entries in the *Vocabolario* that were completed by Ruscelli provide information on Petrarch's usage in a comparative context, bringing together comments on the language of the poems with more general information and advice on a great variety of matters such as proper nouns, etymologies, differences between prose and verse usage, distinctions of meaning between homographs (such as *faccia*, verb and noun), verb forms, and comparisons between Petrarch's language and that of other regions of Italy. Ruscelli was very well placed to make observations of this last kind, as a native of Viterbo who had lived in Rome, Milan, Bologna, and Naples before settling in Venice around 1549. His scope is broader than that of Alunno in the *Osservationi*, which in any case rarely mentions regional usage. For Alunno, *adesso* ('now', *TE* 65) 'è voce lombarda' ('is a word from Lombardy'), whereas Ruscelli insists that 'è voce molto usata nell'universale di tutta la natione Italiana per ogni provincia. [...] Il Toscano puro dice sempre HORA' ('is a word much used everywhere in Italy throughout every province. [...] Pure Tuscan always uses *hora*').[24] *Balcon* (*Rvf* 43.2) is a 'vocabolo Veneziano' ('Venetian word') for Alunno, but Ruscelli considers that *balcone* is used in some parts of Lombardy (that is, northern Italy between the Apennines and the Alps) and Liguria. On *accoppiare* ('to join', *Rvf* 40.4), Ruscelli notes that 'alcune persone della Lombardia hanno per uso della lingua loro materna di dire *accopiare* in vece di *trascrivere*, che è voce brutta, et da fuggirsi; et men trista è quella d'alcuni de' luoghi dell'Umbria et di Roma, che dicono *copiare*' ('some people in Lombardy use *accopiare* in the sense of "to transcribe" in their mother tongue, which is an ugly word, to be avoided; less bad is *copiare*, found in some parts of Umbria and the region of Rome'). An example of Ruscelli's use of his knowledge of southern dialects is his contrast between Petrarch's *adunarsi* ('to join together', *Rvf* 135.88) and *adunarsi* (that is, *addunarsi*, 'to notice'), which he says is used in the Kingdom of Naples by the lower classes and in the countryside, as in 'Ben me ne songo adunato' ('I am well aware of it'). Ruscelli is pointing out such potential sources of confusion, he adds, in order to make people free their ears and memory of them. Similarly, under the headword *andare* ('to go'), he mentions the imperatives *annà qua* or *annà ca* ('go here'), heard in the region of Rome, in order to exemplify how the 'buona lingua' ('good language') has changed in many places through lack of the care shown by Tuscan writers.

Another strikingly original feature of this *Vocabolario* is a series of observations, made here and there, on the sounds of the vernacular and on the correct pronunciation of the written word. Ruscelli's concern with this topic reflects his strong interest in the relative status of writing and of speech.[25] This is an aspect of his work that may seem paradoxical in someone so closely associated with the printing press, but he took a close personal interest in the performance of verse as a social practice. In his treatise on verse composition, he gives detailed accounts of the reading aloud and the improvisation of verse.[26] The entry in the *Vocabolario* for *accorciare* (*Rvf* 230.6) comments on euphony. Ruscelli approves of this term, which he says is preferred in Naples to the *accortare* or *scortare* typical of other regions of Italy, because of what he describes as a diphthong indicated by *i* followed by another vowel:

> *accorciare* è più vaga, et più bella et grata per rispetto del dittongo, conciosia cosa che questa sorte de' dittongi che abbraccia con la *c* con la *g* et con la *p* due vocali, delle quali la prima sia *I* et si comprendano tutte sotto uno accento et sotto un tempo di pronuntia, diano grandissima leggiadria alla nostra lingua, et sia una delle cagioni che la faccia più dolce, più piena et più grata insieme, che la Latina, et che la Greca.
>
> [*accorciare* is fairer and more beautiful and welcome because of the diphthong; diphthongs of this sort that include with *c*, *g*, and *p* two vowels of which the first is *i*, all pronounced together under one stress accent, give the greatest grace to our language and are one of the reasons that makes it at the same time sweeter, richer, and more welcome than Latin and Greek.]

Ruscelli was not alone among his contemporaries in considering that the *i* in such cases indicated a diphthong: Claudio Tolomei, the great Sienese scholar of Tuscan phonology, had written in a work of 1525 that there was a diphthong in *ciance* and in *giace* just as in words such as *biasmo* and *diede*.[27] The two men had known each other for several years. Ruscelli was linked to Tolomei's Accademia della Nuova Poesia in Rome in the late 1530s and Tolomei was a key member of the Accademia dello Sdegno, co-founded in the city by Ruscelli and Tommaso Spica c. 1540.[28] Later in the dictionary, under *leggéro*, Ruscelli insists that those who pronounce or write *leggiero*, *pensiero*, or *sentiero* without the *i* do not know Italian much better than 'quei che parlano per *chilò*, et per *stomeg*' ('those who speak in *chilò* and *stomeg*'); that is, using north-western dialect forms, equivalent to *qui* and *stomaco*.[29] In various entries, he draws attention to distinctions between open and closed *e* and *o*, as he had done in his *Decameron* edition. Under *esca*, for instance, he explains that 'quando significa cibo, si proferisce con la E stretta, come *fresca*. [...] *Esca* poi con la prima larga come *bella*, è dal verbo *uscire*' ('when it means food, it is pronounced with a closed *e*, as in *fresca*. [...] Then *esca* with the first vowel open as in *bella* is from the verb *uscire*'). Under the entries for *cole* and *colto*, he points out the difference between *colto* with a closed *o*, meaning 'cultivated', and with an open *o*, meaning 'plucked'.

Under *adulteri* (*Rvf* 138.12), Ruscelli raises another question concerning the relation of spelling to sound. He enters into a lengthy discussion of the spelling of the plurals of nouns ending in *-io*, which brings him to the plural of nouns such as *vitio*. He comments:

> io di me posso dire che non leggo mai ò sento dir, quei versi del Petrar[ca] 'Catene di diamanti, e di topati', et 'Gli occhi miei stanchi di veder non sati',[30] che io non intoppi con gli occhi et con l'orecchie, et che non faccia il contrario dello autore, cioè che mi satii et mi fastidisca à sentirli.
>
> [for my part, I can say that I never read or hear spoken those lines of Petrarch, 'Chains of diamonds and topazes' and 'My eyes, weary from looking but not sated', without stumbling with my eyes and ears and doing the opposite of the author, that is, being sated and irritated by hearing them.]

Ruscelli takes into account both reading silently and listening. 'Topati' and 'sati' spelled in this way, he notes, seem not to indicate an affricate (as indicated in the modern spellings 'topazi' and 'sazi') but to have the same plosive as *prati*, 'il che però è mancamento delle lettere del nostro Alfabeto' ('which is, however, a shortcoming of the letters of our alphabet'). He goes on to refer to the new letters introduced experimentally into the alphabet by Claudio Tolomei and others.[31] Nevertheless, in his text Ruscelli keeps the spellings 'topati' and 'sati'.

Ruscelli has other comments to make in the *Vocabolario* on the pronunciation of affricates. Under *divorzo*, he points out the difference between the voiced and the voiceless dental affricate indicated respectively by *z* in the rhyme-words 'orzo' and 'divorzo' in *Triumphus Temporis*, 97–99:

> Et in questi versi avvertasi, che la pronuntia di 'orzo' con quella di 'divorzo' non è tutt'una. Perciò che *orzo* si pronuntia con la *z* semplice di forza, ò debole, quasi come se si scrivesse *ordso*, et si proferisse tutto schietto senza far sentir la *d*. Et già da *hordeum* ella è fatta. Ma *divorzo* si pronuntia con la *z* forte, et come doppia, quasi come se si scrivesse *divortso*, venendo da *divortium*. Et ciascuno che sia Italiano sa queste due pronuntie come sieno diverse tra loro.
>
> [And in these lines note that the pronunciation of 'orzo' with that of 'divorzo' is not the same, because *orzo* is pronounced with a *z* that is of single strength, or weak, almost as if one were writing *ordso* and were pronouncing it completely pure without making the *d* heard. Indeed, it is derived from Latin *hordeum*. But *divorzo* is pronounced with a strong *z*, as if double, almost as if one were writing *divortso*, derived from *divortium*. And any Italian knows how these two pronunciations differ from each other.]

Petrarch's rhyme is thus phonetically imperfect, as had already been noted in Tolomei's *Lettere*.[32] Under *dolcior* (*Rvf* 191.13), Ruscelli comments on the pronunciation of *c* before *e* or *i*. Although most printed Petrarchs have *dolzor*, he says, this 'è voce fatta per inganno della pronuntia di tutta la parte di Lombardia, cioè di tutto il paese da qua dalla Marca et della Toscana per venirsene verso Alemagna et Francia' ('is a word derived mistakenly from the pronunciation of the whole of Lombardy, that is, the region on this side of the Marche and Tuscany going towards Germany and France'). While those from Tuscany to Naples say '*dolce, Cesare, Cicerone*', and so on, with the affricate [tʃ], those further north pronounce these words as if written '*dolze, Zesare, Zizerone*', by which he seems to indicate the affricate [ts].

A later pair of entries concerns a question of stress and etymological spellings. Ruscelli points out the correct pronunciation of *hómero* ('shoulder', *Rvf* 198.11): '*Hómero*, et *hómeri*, con la *o* stretta, et con l'accento nella prima sillaba' ('*Hómero* and *hómeri* with a closed *o* and stressed on the first syllable').[33] Ruscelli differentiates this from the proper noun: '*Homéro* poi con l'accento sopra la seconda sillaba, è nome del Principe de' poeti tra' Greci. Et senza *h* consiglierei che si scrivesse l'uno, et l'altro, per le ragioni in tanti luoghi dette, et replicate' ('Then *Homéro*, stressed on the second syllable, is the name of the prince of Greek poets. And I recommend writing both without *h*, for the reasons stated and repeated in so many places'). However, his sensible, indeed prophetic, suggestion about omitting etymological *h* is put into practice only in the case of the proper noun *Omero* (*Rvf* 186.1, 187.9; *TA* IV. 93), where the Griffio edition had *Homero*.

Another exegetical resource used by Ruscelli is constituted by his first letter to readers, which is to be used in conjunction with the orthography of his text of the poems.[34] Although Ruscelli never developed comprehensive spelling reforms like those of Tolomei, Gian Giorgio Trissino, or Pierfrancesco Giambullari, he did use a few conventional orthographic devices to indicate both meaning and pronunciation. He had begun to develop this aspect of his work in his *Decameron* of 1552 and in the Petrarch of Griffio, but he does so more fully in the Petrarch printed by Pietrasanta. The title page gives prominence to the claim that the work has been brought back to perfection 'non meno nella scrittura che nelle parole' ('no less in its writing than in its words'). Most of Ruscelli's first letter to readers is taken up with his justification for improving the spelling of the past. In his opinion, the way of writing of Aldo Manuzio and 'tutti i più antichi' ('all the earlier ones') was 'veramente di molto mala ortografia' ('truly very bad orthography'). Far from wishing to restore Petrarch's spelling out of respect, Ruscelli considers that Trecento spelling was irrational, and the vernacular had not then reached perfection 'ne gli abbigliamenti, ô [*sic*] nell'habito' ('in its clothing or its dress'). It is not just a question of adornment, however. Ruscelli insists that spelling is a guide to pronunciation, a means of recreating a voice from the past and thus of making it endure: 'la scrittura in ciascuna lingua attende da principio à rappresiventar le parole, et supplire ove non può stendersi, ò durar la voce' ('writing in every language attends from the outset to representing words and to compensating where the voice cannot reach or last'). Ruscelli's guiding star is reason, applied in the service of writing and pronunciation: 'In quanto poi all'ortografia habbiamo seguito la ragione in tutto quello ch'ella ne detta di doversi fare per l'intera et ornata scrittura, et per la vera e perfetta pronuntia per quei che sanno, et per quei che non sanno' ('As for orthography, we have followed reason in everything it suggests we should do for complete and graceful writing and for the true and perfect pronunciation of those who are knowledgeable and those who are not'). He rejects etymological spellings of old texts of Petrarch such as *expecto* and *sancto* in favour of *aspetto, santo*, and so on, which represent contemporary pronunciation. He has more to say on this subject in the *Vocabolario*, for instance under the headwords *esperto* and *essaltare*.

In a section at the end of this letter, in which the roman typeface of the first part gives way to a smaller italic, Ruscelli lists other points in greater detail (fols ❦❦5ʳ–❦❦8ʳ). He prefaces his explanations with a statement of his desire to be transparent about where he has or has not innovated as an editor, but he also reveals anxieties that his innovations might not be transferred accurately into print:

> Primieramente adunque, perché così io nel correggere questo essemplare, per darlo poi à gli stampatori, come poi le stampe, molto più atte à commettere errore, potremmo ò lasciar'in dietro molte cose, ò commettervi errori, io sapendo che de' suoi, se pur ve ne saranno, lo stampatore farà la ricognitione, et la correttione in fin' del libro, giudico esser ben fatto, che in quelle cose, che s'hanno da trovar molto spesso per tutta quest'opera, et molto più in quelle, che mutate da me nell'ortografia da' testi communi potrebbono lasciar' dubbio se fosse per error della penna mia, ò del mio cervello, io ponga alcune regole in universale, cioè per ciascuna d'esse, ogni volta, che si truovi per entro il libro. Et che renda ragione ancora in particolare d'alcune voci, ò lasciate contra la ragione per farle più chiare con l'annotationi, et per non essere io solo il giudice, ò mutate per parermi così poter fare senza che persona dotta, et giudiciosa lo possa riconoscere, senon per bene, et ragionevolissimamente fatto.

> [First, then, we could either omit many things or make errors in them, both on my part when I correct this source text before giving it to the printers, and then in the printing process, which is much more likely to create mistakes, even though I know that the printer will check and correct his, if indeed there are any, at the end of the book. I therefore consider it right for me to set out some general rules for those things that recur frequently throughout this work and even more for the spelling changes that I have made in respect of the general run of texts and that might raise doubts about whether they are errors of my pen or my mind; rules, that is, for each of these things whenever they are found in the book. And it is right for me to give as well a detailed explanation of some words that have either been left unchanged against reason, in order to clarify them through the annotations, and so that I am not the only judge, or of others that have been changed because I felt I could do this without anyone of learning and judgement [not] being able to recognize that this was done only well and completely according to reason.]

These comments appear to be the 'annotationi' to which the title page gives prominence, since Ruscelli does not provide notes on individual poems.

Ruscelli's most significant orthoepic comments in this section concern the doubling of some intervocalic consonants when this is not indicated in spelling. He says that he has used the grave accent on the conjunction *nè*, which at that time was articulated 'con la *E* larga' ('with an open *e*'), unlike nowadays:[35]

Et questa per due ragioni. L'una per farla così di significatione, come ella è di suono, diversa da quando è particella riempitiva, ò pronome. L'altra per la ragione della forza, che nel proferirsi ella fa sentire, raddoppiando la consonante della parola seguente:
>   Nè poeta ne colga mai, nè Giove
>   la privilegi.[36]

Ove si sente l'accento delle due *Ne* (prima et ultima) che nella pronuntia fanno raddoppiar la *P* et la *G* delle parole che seguono, pronuntiandosi 'nè poeta', 'nè Giove', come se à punto si scrivesse 'Ne ppoeta', 'ne Ggiove'.

[And this is for two reasons. One is to differentiate the conjunction from the pronoun in meaning as in sound. The other is because of the effect it is heard to have when pronounced, doubling the consonant of the following word:
>   Let no poet ever pluck it, nor Jove
>   grant privilege.

Where one hears the stress of the first and last *ne* which in pronunciation make the *p* and the *g* of the following words double, so that one pronounces 'nè poeta', 'nè Giove' as if one were writing precisely 'ne ppoeta', 'ne Ggiove'.]

Thus, as well as distinguishing *nè* in meaning from the pronoun *ne*, Ruscelli intends the grave accent (which was not used on this word in the Griffio edition) to indicate that the conjunction causes initial doubling in a following consonant. He also distinguishes these two words from a third form by using the apostrophe in the articulated preposition *ne'* in order to indicate the reduction of the falling diphthong *ei*, as he also does with *be'*, *da'*, *de'*, *que'*, and so on.[37] Similarly, Ruscelli will, he continues, distinguish the pronoun *si*, as in 'si allegra' or 'si sospira', from the adverb *sì*, as in 'Sì mi governa il velo' (*Rvf* 11.12):

Et ogni volta, che in tal guisa si metta, la scriveremo con l'accento grave, per differenza di quando è particella servente al verbo assoluto, ò passivo, et impersonale, come è già detto. Et per ragione, che ancor'ella con la forza dell'accento suo fa raddoppiar nella pronuntia la consonante prima della parola che segue, come della *nè*, poco avanti s'è detto.

[And whenever it is used in this way, we shall write it with a grave accent, to differentiate it from when it is a particle serving an absolute or passive and impersonal verb, as already stated. And this is because this [adverb], too, through the force of its stress makes the initial consonant of the following word double in pronunciation, as was said just now about *nè*.]

These comments are remarkable because they seem to be the first references in print to these instances of consonantal doubling. Pietro Bembo in the *Prose della volgar lingua*, first printed in 1525, had mentioned other types of doubling that could be represented in spelling.[38] Claudio Tolomei had analysed the phenomenon for the first time in *Del raddoppiamento da parola a parola*, datable to 1546–47, but this treatise remained in manuscript and does not appear to have been circulated widely.[39]

Among other points of pronunciation and spelling discussed here, Ruscelli explains that he has eliminated etymological *h* when it is not pronounced in words such as *allora*, *ancora*, *tesoro*, *Cristo*, *filosofia* (as opposed to *philosophia*), and so on. He also eliminates initial silent *h* in cases such as *erbe*, *oggi*, *erede*, *istoria*, and *Omero*.

However, he adds, perhaps thinking of cases such as *homero*:

> se pur vi si lascerà in alcune, saranno ò toleranza, come cosa, che non però molto priema; ò più tosto inavvertenza mia in cassarla nell'essemplare, ò de gli stampatori in conoscerla per cassata, et in farla stracuratamente, secondo l'habito, che han fatto fin qui nelle menti loro, di così metterla.

> [if *h* is nevertheless left in some words, it will be either because it can be tolerated as something of no great importance, or rather through the inattention of myself in crossing it out in the source text or of the printers in recognizing that it was crossed out, and in doing it carelessly, through force of the habit of including it as they have done mentally up to now.]

In the text of this edition, in comparison with the earlier one prepared for Griffio, Ruscelli makes changes such as 'alhora' > 'allora' (*Rvf* 13.8), 'Thessaglia' > 'Tessaglia' (*Rvf* 44.1), and 'l'herbe verdi' > 'l'erba verde' (*Rvf* 54.4). However, he retains *h* in the interjection *ahi*, to distinguish it from *a i*, preposition plus definite article. He uses upper-case first letters for *Amore* and *Morte* when they are proper nouns, but lower-case for *amore* and *morte* as common nouns. He devotes well over a page to a justification of the spelling *baciare*, where *ci* seems to represent the affricate [tʃ], in preference to *basciare* or *basare* with a fricative. This last form is, he says, the pronunciation of most of Lombardy and 'tutto quel di Roma et del Regno' ('all the region of Rome and the Kingdom of Naples'). Those who use *basciare*, Ruscelli says, as he once did, do not have 'la vera pronuntia Toscana' ('true Tuscan pronunciation') or they do not pay close attention to this point. Accordingly, forms of *basciare* in the Griffio edition become *baciare* in the Pietrasanta edition (*Rvf* 208.12, 13).[40] Ruscelli also gives an explicit phonetic rationale for a distinction, present in earlier editions, between spellings with intervocalic single *z* and double *zz*, which for him represent respectively the voiced and voiceless affricates [ddz] and [tts]:

> *Mezo* si proferisce con la *z* debole, non doppia, et così dunque con semplice, et non con doppia s'ha da scrivere. Et non è chi non conosca quanto la lingua nostra pronuntii diversamente *mezo*, et *meza*, da *pezzo*, *mezzo*, *pezza*, et l'altre? Habbiamo bene, come s'è da noi detto altrove, la parola *mezzo*, con due *z*, ma allora si pronuntia ancor doppio, et forte come *pezzo*, ma è ancora di significatione diversissima, che vale il medesimo che 'assai fatto', ò (come altramente diciamo) 'molto maturo'; et è voce che si dà solamente à i frutti, fatta per mio credere per alteratione dal Latino *mitia*.

> [*Mezo* ['half'] is pronounced with a weak *z*, not a double one, and therefore must be written with a single, not double, *z*. Who does not know how our language pronounces *mezo* and *meza* differently from *pezzo*, *mezzo*, *pezza*, and the other words? We do indeed, as we have said elsewhere, have the word *mezzo*, with two *z*s, but then it is also pronounced double and strong like *pezzo*, but it is also very different in meaning, the same as 'very ripe indeed' or (as we say alternatively) 'very mature'; and it is a word applied only to fruit, derived in my view from Latin *mitia*.]

As an example of *mezzo* used in a metaphorical sense, Ruscelli cites Ariosto's 'Quel ch'acerbi non fer, maturi e mezzi | fan poi' (*Satire*, v. 61–62). Although he describes the affricate of *pezzo* and so on as 'doppia', he appears to use this adjective to indicate a sound without voicing, rather than a double consonant as opposed to a single one. Ruscelli concludes this section by discussing a proposed emendation to the text, 'chi non schifi' rather than 'chi nol schifi' (*Rvf* 105.41). His reasoning is characteristic of much contemporary philology: the evidence of the tradition, indeed that of 'tutti i testi' ('all texts'), goes against a supposed linguistic 'rule', in this case that a pronoun or article ending in *l* cannot precede *s* and another consonant, and therefore the reading with 'nol' must be a printing error. However, Ruscelli was prudent enough to retain it in both his editions.

Four years later, in 1558, Ruscelli described a programme of publications that was in part retrospective but mainly set out his plans for the future. He mentioned his *Decameron* of 1552 and his *Orlando furioso* of 1556, but he passed over his two Petrarchs of 1554 in silence, as if they were not worth citing. Instead, he looked forward to the appearance of his full commentary on Petrarch:

> Et ora è in punto il Petrarca, con una mia pienissima espositione, et forse d'una tal guisa, che à tutti voi, virtuosissimi Lettori, spero che non solamente parrà et copiosa senza gran fascio, et utilissima, ma ancor nuova, se ben tante espositioni se ne sono vedute fino à quest'hora. Et così verrò, con la gratia di Dio, ad haver fatto quanto forse si poteva d'utile, et di necessario sopra i tre Autori migliori di questa lingua.[41]

> [And now the Petrarch is ready, with a very full commentary of mine, and perhaps of such a kind that I hope that to all of you, most virtuous readers, it will appear not only rich without being bulky, and very useful, but also new, even though we have seen so many commentaries on the text up to now. And thus I shall, with God's grace, have managed to achieve perhaps as much as possible that was useful and necessary concerning the three best authors of this language.]

If this full commentary was ever written, it was not printed. Nor was the Pietrasanta edition ever reprinted, unlike Ruscelli's *Decameron* and his *Furioso*. There are signs, such as Ruscelli's failure to complete the *Vocabolario* and his misgivings about the possibility of uncorrected printing errors, that the edition printed by Pietrasanta was produced in some haste in order to recoup some of the capital investment in the press through the lucrative market for Petrarchan editions. Later in the century, Ruscelli's Petrarchan *Vocabolario* was not well received by Vincenzio Borghini, who wrote critical notes on it.[42]

However, among the many other rival editions that were available in the mid-sixteenth century, Ruscelli's second edition of 1554 made a distinctive contribution to the exegesis of Petrarch's vernacular verse, parallel to his exegesis of the *Decameron* and the *Orlando furioso*, the two other texts that he saw as the leading models of vernacular usage. Although Ruscelli had little concern with shedding new light on Petrarch as a poet and as a person, he used his paratext, with its vocabulary and its aids to composition, and to a lesser extent the orthography of his text, in order to achieve his two principal aims: to help readers to understand the text of Petrarch and its context and to help them to imitate it effectively. These aims served his wider undertaking, 'aiutare à finir di condurre al colmo questa bellissima lingua nostra' ('to help to complete the process of bringing this most beautiful language of ours to its peak'), as he put it in another edition of this year.[43] Ruscelli's exegesis thus looked backwards, to Petrarch as a poet and as a historical figure, but it was also firmly oriented towards action in the future, towards new writing. In his letter of dedication at the start of the Pietrasanta edition, Ruscelli described Petrarch as 'il padre et il lume della lingua nostra, et quello, che di continuo si tenga in mano da tutti quegli che vogliono acquistarsi honore et nome con la bellezza degli scritti loro' ('the father and the guiding light of our language, and the author to be held in the hand of all those who wish to win honour and reputation for themselves with the beauty of their writings').[44] Moreover, while Ruscelli refers here to written verse, his approach to interpretation includes not just the sense of verse but also its vocal realization. His 'perfetta ortografia', as he calls it rather grandly on the title page, backed up by his observations on phonology, is intended to indicate 'la vera e perfetta pronuntia' of Petrarch's poetry, which in turn exemplifies the sweetness of the pronunciation of 'our language' that he mentioned in his edition of the *Decameron*. Ruscelli's orthographic innovations were much more limited and tentative than his claim to perfection might suggest, but they are striking because their interpretative function is dual: as well as facilitating the comprehension of Petrarch's text, they went a little way towards representing its sounds 'where the voice cannot reach or last', as he put it, through the medium of print.

Notes to Chapter 4

1. Giovanni Giolito, Gabriele's father, and Vellutello had published an edition at the Venetian press of Bartolomeo Zanetti in 1538: Salvatore Bongi, *Annali di Gabriel Giolito de' Ferrari da Trino di Monferrato stampatore in Venezia*, 2 vols (Rome: Ministero della Pubblica Istruzione, 1890–95), I, 7–8. Gabriele Giolito's editions of Vellutello's version up to 1552 are described in Bongi, *Annali*, I, 80–81, 89–90, 200–01, 321, 356. On Gabriele Giolito's editions and especially that of 1557, see Neil Harris, 'Poetic Gymnasium and Bibliographical Maze: Publishing Petrarch in Renaissance Venice', in *Specialist Markets in the Early Modern Book World*, ed. by Richard Kirwan and Sophie Mullins (Leiden: Brill, 2015), pp. 145–74.
2. On the competition between Giglio and Gabriele Giolito, see Angela Nuovo and Christian Coppens, *I Giolito e la stampa nell'Italia del XVI secolo* (Geneva: Droz, 2005), pp. 141–43.
3. Bongi, *Annali*, I, 137–38, 212, 278, 339–40.
4. Ibid., I, 407–08, 434–35. On Camillo's 'avertimenti', derived from a planned commentary, see Giulio Camillo, *Chiose al Petrarca*, ed. by Paolo Zaja (Rome and Padua: Antenore, 2009), and Paolo Zaja, 'Nuove schede su Giulio Camillo commentatore del Petrarca', *Giornale storico della letteratura italiana*, 187 (2010), 55–93.
5. Bongi, *Annali*, I, 411–13.
6. *Le osservationi di m. Francesco Alunno da Ferrara sopra il Petrarca. Novamente ristampate, et con diligenza ricorrette, et molto ampliate dall'istesso autore. Con tutte le sue autorità, et dechiarationi delle voci, et de luoghi difficili con le regole et osservationi delle particelle, et delle altre voci a i luoghi loro per ordine di Alphabeto collocate. Insieme col Petrarca nel quale sono segnate le carte per numeri corrispondenti all'opera per più chiarezza, et commodità de gli studiosi*. Ruscelli's letter is in Girolamo Ruscelli, *Lettere*, ed. by Chiara Gizzi and Paolo Procaccioli (Manziana: Vecchiarelli, 2010), pp. 18–21 (quotation from p. 20). On d'Azzia and Ruscelli, see Giorgio Masi, 'Scabrose filature: il *Capitolo del fuso* fra Ruscelli e Doni', in *Girolamo Ruscelli dall'accademia alla corte alla tipografia: atti del convegno internazionale di studi (Viterbo, 6–8 ottobre 2011)*, ed. by Paolo Marini and Paolo Procaccioli, 2 vols (Manziana: Vecchiarelli, 2012), II, 401–53 (pp. 406–07).
7. Pietro Aretino, *Lettere*, ed. by Paolo Procaccioli, 6 vols (Rome: Salerno Editrice, 1997–2002), IV, 423; V, 474.

8. Paolo Trovato, *Con ogni diligenza corretto: la stampa e le revisioni editoriali dei testi letterari italiani (1470–1570)* (Bologna: il Mulino, 1991), pp. 269–72.
9. Trovato, *Con ogni diligenza corretto*, pp. 247–52; Ilaria Andreoli, 'Girolamo Ruscelli nella bottega d'Erasmo', in *Girolamo Ruscelli dall'accademia alla corte alla tipografia*, II, 657–721 (pp. 662–75).
10. Fol. *2ᵛ; Girolamo Ruscelli, *Dediche e avvisi ai lettori*, ed. by Antonella Iacono and Paolo Marini (Manziana: Vecchiarelli, 2011), p. 7.
11. Fol. *6ʳ; Ruscelli, *Dediche e avvisi*, p. 13.
12. Trovato, *Con ogni diligenza corretto*, pp. 278–80.
13. Ibid., p. 39.
14. Ruscelli, *Lettere*, pp. 33–34.
15. Fol. *2ʳ; Ruscelli, *Dediche e avvisi*, p. 52.
16. For example, compared with the Giolito edition of 1552, 'primier assalto' > 'primier'assalto' (*Rvf* 2.9); 'vostr'occhi' > 'vostri occhi' (*Rvf* 3.4); 'Fabbro' > 'Fabro' (*Rvf* 42.4); 'e be gliocchi' > 'è begli occhi' (*Rvf* 43.13).
17. Fol. *5ʳ; Ruscelli, *Dediche e avvisi*, p. 12.
18. Trovato, *Con ogni diligenza corretto*, pp. 252–58; Masi, 'Scabrose filature', pp. 401–02, 421–25.
19. Cesare Scalon, 'Tra Venezia e il Friuli nel Cinquecento: lettere inedite a Francesco Melchiori in un manoscritto udinese (Bartolini 151)', in *Vestigia: studi in onore di Giuseppe Billanovich*, ed. by Rino Avesani and others, 2 vols (Rome: Edizioni di Storia e Letteratura, 1984), II, 623–60 (p. 627).
20. Gino Belloni and Paolo Trovato, 'Sul commento al Petrarca di Sebastiano Fausto e sull'"Introduttione alla lingua volgare" di Domenico Tullio Fausto', *Rivista di letteratura italiana*, 7 (1989), 249–88.
21. *Rimario novo di tutte le concordanze del Petrarcha per Giovan Maria Lanfranco parmesano raccolte di maniera, che quante volte sono nel detto auttore, tante per tavola ordinatissima ritrovar si potranno, cosa a chi compone, et a chi questo eccellentissimo poeta studia, di grandissima utilità, come nella seguente epistola manifestamente ciascun conoscer potrà* (Brescia: Giacomo Filippo Turlino, 1531).
22. Ruscelli, *Dediche e avvisi*, pp. 84–85. Ruscelli went on to compile a *Rimario di tutte le voci della lingua italiana* that was included in his *Del modo di comporre in versi nella lingua italiana* (Venice: Giovanni Battista and Melchior Sessa, 1558) and reprinted up to the nineteenth century. See Amedeo Quondam, 'Il rimario e la raccolta: strumenti e tipologie editoriali del petrarchismo', in *Il naso di Laura: lingua e poesia lirica nella tradizione del classicismo* (Ferrara: Panini, 1991), pp. 123–50 (pp. 123–32), and Paolo Zaja, 'Il "ragionar armonico" e la perfezione della poesia: appunti sul *Rimario* di Girolamo Ruscelli', in *Girolamo Ruscelli dall'accademia alla corte alla tipografia*, II, 635–56 (pp. 645–47 on Ruscelli's adaptation of Lanfranco's *Rimario* in 1554).
23. Fol. a1ʳ⁻ᵛ (the text was erroneously printed also on the preceding leaf); Ruscelli, *Dediche e avvisi*, pp. 85–86.
24. According to Gerhard Rohlfs, *Grammatica storica della lingua italiana e dei suoi dialetti*, trans. by Temistocle Franceschi and Maria Caciagli Fancelli, 3 vols (Turin: Einaudi, 1966–69), III, § 929, *adesso* is now found as far south as Rome, except for Tuscany which has *ora*, but *mò* predominates from Lazio to Calabria.
25. Ruscelli's dedicatory letter of the *Tempio alla divina signora Giovanna d'Aragona* (Venice: Plinio Pietrasanta, 1554) considers 'qual sia più nobile, più importante, più efficace, et più perfetta, la favella in voce, ò la scrittura' ('whether the spoken word or writing is more noble, more important, more effective, and more perfect'): see Ruscelli, *Dediche e avvisi*, pp. 95–113 (p. 95). While it could be argued, he suggests, that 'la scrittura non è però altro, che una ministra, vicaria, et ancor servente della favella' (p. 96) ('writing is, however, nothing but a minister, deputy, and even servant of speech'), writing is a divine gift that has the power to make words endure. On this letter, see Marco Paoli, *La dedica: storia di una strategia editoriale (Italia, secoli XVI–XIX)* (Lucca: Pacini Fazzi, 2009), pp. 143–48. Ruscelli discusses the connection between spelling and pronunciation in his *Commentarii*, printed posthumously in 1581: see, for example, Girolamo Ruscelli, *De' commentarii della lingua italiana*, ed. by Chiara Gizzi, 2 vols (Manziana: Vecchiarelli, 2016), IV. 2, pp. 674–75.
26. Ruscelli, *Del modo di comporre in versi*, chapter 7, 'Delle stanze d'ottava rima', fols 17ᵛ, k1ʳ⁻ᵛ. See Luca Degl'Innocenti, *'Al suon di questa cetra': ricerche sulla poesia orale del Rinascimento* (Florence: Società editrice fiorentina, 2016), pp. 102–14.

27. Claudio Tolomei, *Il Polito*, in *Trattati sull'ortografia del volgare 1524–1526*, ed. by Brian Richardson (Exeter: University of Exeter, 1984), pp. 79–130 (pp. 99–100).
28. Paolo Procaccioli, 'Per Tommaso Spica: testi e note intorno a un accademico "sdegnato" della Roma farnesiana', in *Roma e il papato nel Medioevo: studi in onore di Massimo Miglio*, 2 vols (Rome: Edizioni di Storia e Letteratura, 2012), II: *Primi e tardi umanesimi: uomini, immagini, testi*, ed. by Anna Modigliani, pp. 233–53; idem, 'Accademia come palestra e come tribuna: Girolamo Ruscelli sdegnato, ardente, dubbioso, fratteggiano', in *The Italian Academies 1525–1700: Networks of Culture, Innovation and Dissent*, ed. by Jane E. Everson, Denis V. Reidy, and Lisa Sampson (Oxford: Legenda, 2016), pp. 214–32; idem, 'Ruscelli, Girolamo', in *Dizionario biografico degli Italiani*, 89 (2017), 282–86 (p. 282).
29. On *chilò*, see Rohlfs, *Grammatica storica*, III, §909.
30. *Rvf* 190.10 and 13, quoted from memory and influenced in the first case by *TP* 122.
31. Tolomei's alphabet was used in his *Lettere* printed by Gabriele Giolito in 1547. See Alessandra Cappagli, 'Gli scritti ortofonici di Claudio Tolomei', *Studi di grammatica italiana*, 14 (1990), 341–94; eadem, 'Due ricerche sulla fonetica del Tolomei', *Studi di grammatica italiana*, 15 (1993), 111–55.
32. Trovato, *Con ogni diligenza corretto*, pp. 287–88, notes Ruscelli's debt to Tolomei's *Il Polito*, §§ 190–202 and 232, where the lines from the *Triumphus Temporis* are quoted, and probably to Tolomei's *Lettere* of 1547, fol. FF7ᵛ.
33. The acute accent is included only when the word first occurs in the Pietrasanta edition, in *Rvf* 5.8.
34. Fols 5ʳ–8ʳ; Ruscelli, *Dediche e avvisi*, pp. 74–84. See Mario Pozzi, 'Girolamo Ruscelli e la lingua italiana', *Giornale storico della letteratura italiana*, 190 (2013), 321–80 (pp. 336–39).
35. Piero Fiorelli has shown that sources, from Trissino in the early sixteenth century to Anton Maria Salvini in the early eighteenth, document open *e* in this word. A similar shift from an initially open vowel to a closed vowel in modern pronunciation is found in the cases of the conjunctions *e* and *o*. See Piero Fiorelli, 'Tre casi di chiusura di vocali per proclisia', *Lingua nostra*, 14 (1953), 33–36.
36. *Rvf* 60.12–13; in this note, but not in the main text, an accent is mistakenly introduced in 'nè colga'.
37. In the *Vocabolario*, under the letter *E*, Ruscelli also explains the use of the apostrophe to indicate both aphaeresis and the loss of the second of two vowels, as in 'la madre e 'l figliuolo', 'i padri e' figliuoli', 'e' tenne il camin dritto' (*Rvf* 139.9), 'e 'n picciol tetto' (that is, 'vetro', *Rvf* 127.86).
38. Bembo mentions doubling after prepositions and prefixes (*allui*, *acciò*, *affrettare*, *raccogliere*, and so on) and doubling in enclitic pronouns after oxytone verb forms (*aprilla*, *dipartille*, *fammi*, *favvi*, and so on): Pietro Bembo, *Prose della volgar lingua*, III. 10 and 20, in *Prose e rime*, ed. by Carlo Dionisotti, 2nd edn (Turin: UTET 1966), pp. 200–01, 216–18.
39. Claudio Tolomei, *Del raddoppiamento da parola a parola*, ed. by Barbara Garvin (Exeter: University of Exeter Press, 1992); on the dating, see p. xxiv and Cappagli, 'Gli scritti ortofonici', p. 355. See also Cappagli, 'Due ricerche', pp. 128–53, on Tolomei's understanding of initial doubling.
40. On the history of the replacement of the older fricative pronunciation with an affricate, see Michele Loporcaro, 'Fonologia diacronica e sociolinguistica: gli esiti toscani di -*sj*- e di -*c*$^{e/i}$- e l'origine della pronuncia [ˈbaːtʃo]', *Lingua e stile*, 41 (2006), 61–97.
41. Letter 'À i lettori', in *Del modo di comporre in versi*, fol. a8ᵛ; Ruscelli, *Dediche e avvisi*, p. 202; Ruscelli, *Lettere*, pp. lxxx–lxxxi. Dante is excluded as a linguistic model.
42. Florence, Biblioteca Nazionale Centrale, MS II X 123, fols 34ʳ–78ᵛ.
43. From the dedicatory letter of Agostino Nifo, *I ragionamenti* (Venice: Plinio Pietrasanta, 1554), fol. a2ʳ; Ruscelli, *Dediche e avvisi*, p. 66.
44. Fol. 2ᵛ; Ruscelli, *Dediche e avvisi*, p. 75.

CHAPTER 5

Reading Petrarch's Sonnets of the *Innamoramento* (*Rerum vulgarium fragmenta* 2 and 3) in Early Modern Italy

Giacomo Comiati

This chapter focuses on the wide-ranging array of exegetical materials — all produced in the Italian peninsula — that commented upon and analysed sonnets 2 and 3 of Petrarch's *Canzoniere* in the period from 1450 to early 1600.[1] The exegetical texts devoted to *Rvf* 2 and 3 have been selected for this investigation because they have received far less critical attention than those related to other Petrarchan poems, such as, for instance, the opening sonnet of the *Canzoniere*.[2] This kind of analysis — of a small number of compositions but over an extended timeframe and across multiple forms of exegesis — offers a privileged perspective from which to observe the phenomenon of the early modern Petrarchan exegesis in all its scale and complexity. The intention, then, is to further the understanding of exegesis on Petrarch in a rich gamut of early modern critical observations, reflections, and analyses inspired by two of the most significant poems of Petrarch's book of rhymes. Indeed, sonnets 2 and 3 are the literary site in which the author describes the beginning of his love story involving Laura, and, taken together, they mark the commencement of the sentimental, psychological, and spiritual narratives that will be developed in his whole work.[3] The decision to examine the exegesis devoted to both sonnets, rather than that dealing with just one of them, was taken on the basis that the two poems are linked by strong thematic bounds and because they have been perceived as a single narrative unit by readers and commentators across time.[4]

The corpus of texts for the present analysis is made up of some twenty exegetical works (mainly commentaries and sets of annotations), both in manuscript and in printed form, composed along the whole of the chronological range considered. From the study of this material, it is possible to cast new light on the methodologies employed by Renaissance exegetes and offer some considerations about specific characteristics of the genre of Petrarchan exegesis, while considering the phenomenon as a whole and from a *longue durée* perspective, rather than just as a series of independent works in succession. What is worth noting from the examination of this corpus of texts is a tendency of the exegetes to arrange and frame their critical analysis of the two Petrarchan poems in accordance with a method that could be defined as *per addenda*, that is, an approach based upon accretions. As such, it is possible to observe that, among the thematic and rhetorical aspects related to *Rvf* 2 and 3 on which Renaissance exegesis focused, there are certain specific issues or questions raised by the two sonnets that appear to attract the exegetes' attention predominantly within a specific period of time. Then, once an issue is perceived to have been addressed in a manner considered satisfactory, it is more or less abruptly removed from the remit of the exegetes' remarks and a new issue — either entirely neglected previously, or simply alluded to *en passant* — emerges as central to the following set of investigations. This pattern is, as we will see, not without exceptions. Some exegetes deal with multiple key issues at the same time, and a few of them even address more than one issue in detail. Yet, the overall tendency appears to be the one described.

Three main issues concerning *Rvf* 2 and 3 are addressed *per addenda* by Renaissance exegetes (interestingly these topics remain live issues in modern scholarship on Petrarch). First, the exegetes sought to clarify the exact relationship between the two sonnets both in terms of thematic analogies and correspondences and in terms of precedence (establishing, for instance, which of the two should come first). Second, they tackled potential contradictions that may appear to emerge from a close reading of some of the lines of the two texts (following an approach that aims at either merely elucidating them, or justifying them, or showing that they are not real contradictions at all). And third, they sought to solve another problem of coherence (concerning the date of the beginning of Petrarch's love for Laura) between what the poet declares in these two sonnets, what he further states in other poems of his book of rhymes, and what emerges from a close scrutiny of the calendrical reality.

This chapter, then, aims to show that each of these three issues was at the centre of the attention of early modern exegetes for a more or less precise period of time. The first issue was mainly debated throughout the second half of the fifteenth century and during the first three decades of the *Cinquecento*; the second issue arose during the 1530s, although it was mostly examined in the 1540s and in the 1550s; while the third surfaced at the beginning of the 1550s and was perceived as a key point well into the seventeenth century. The following three sections of this essay will each focus on and investigate the ways through which the Renaissance commentators attended to these three specific exegetical issues.

A Problem of Relationship and Ordering

The first critical issue on which the attention of the early exegetes of *Rvf* 2 and 3 focused has an intertextual nature and deals with the links existing between the two poems. The pair of texts represent a strongly cohesive narrative unit, since in them Petrarch portrays the initial moment of his falling in love with Laura, by describing the original cause and time of his *innamoramento*. In *Rvf* 2, the poet maintains that the love god Cupid, furious with him because of his long resistance to the god's assaults, succeeds in taking revenge on Petrarch and making him fall in love by ambushing him in the place and moment he would least have expected to be assaulted. In *Rvf* 3, the author describes the day when he fell in love — the day of the Passion of Christ. These two texts are not just interconnected by strong thematic links, but their topics also display the first two canonical twinned elements of the rhetorical scheme of the description of *initium narrationis* (the beginning of the narration) of a love story, namely, its origin on the basis of cause (*causa*) and time (*tempus*) of the poet's falling in love (that is, what in rhetoric is known as the *loci a re*).[5] Let us remember that the description of *initium narrationis* continues in an ordered way through the following two sonnets too (*Rvf* 4 and 5), where the author describes the origin of his love by presenting the person who inspired his feeling (the so-called *loci a persona*). Thus, *Rvf* 4 focuses on the place of origin of the poet's beloved (*patria*), whereas *Rvf* 5 focuses on her name (*nomen*). Yet, since these two short series of poems (i.e. *Rvf* 2–3 and *Rvf* 4–5), despite being strictly connected to each other, constitute two separate moments of a twofold rhetorical framework, it is possible to focus on the former in its own right.

Since the appearance of the first forms of exegesis devoted to Petrarch's *Canzoniere*, commentators have identified the thematic continuity that exists between sonnets 2 and 3 as a key characteristic of the two poems. By contrast, they did not agree for some time on the order according to which the pair of texts should be read. In fact, it took decades and a vigorous debate for an agreed ordering to be established. The question of how to order the two sonnets was not an idle one, since it had potentially significant implications in the fields of rhetoric, logics, and literary imitative practice. Opting for the order *Rvf* 2–3 or *Rvf* 3–2 did not merely entail deciding whether to give primacy to causality or temporality while writing poetry, but also which rhetorical and literary source one chooses to follow. After all, different ancient authorities opted for either a causal pre-eminence or a chronological one in their works, and this had implications for which literary model Petrarch seemed to have adopted in his *œuvre* and, consequently, which one should be followed by his imitators. Furthermore, the issue was made much more complex by the fact that a debate about the correct way to order sonnets 2 and 3 was not just limited to explaining a precise choice made by Petrarch, but also demanded the resolution of a conundrum, since both orderings could be validated in different material copies of the *Canzoniere*. Indeed, different ways to order the two poems were preserved in different manuscript versions of Petrarch's work: the so-called Malatesta *Canzoniere* followed the order 3–2, while the Vatican *Canzoniere* — which has been shown to represent the last will of the author — opted for the order 2–3.[6] Throughout the fifteenth century, both formulations found numerous advocates. The world of the printed editions of the *Canzoniere* without commentary seems to have privileged — with a few notable exceptions[7] — the ordering 2–3, as is witnessed, for instance, by the first Roman edition of 1471 by Georgius Lauer, the Padua edition of 1472 by Bartholomaeus de Valdezoccho and Martinus de Septem Arboribus, the Venice edition of 1473 by Gabriele di Pietro, the Sant'Orso edition of 1474 by Leonardus Achates de Basilea, and the Venice edition of 1482 by Filippo di Pietro.

As far as the fifteenth-century commentaries are concerned, a clear (and almost undisputed) preference for the order 3–2 is apparent. Except for rare exceptions (such as the manuscript commentary by Francesco Patrizi, or the printed commentary by pseudo-Antonio da Tempo as it appeared only in its first edition in Venice in 1477), all the other commentators chose to place *Rvf* 3 before *Rvf* 2.[8] The reason behind this choice was often more hinted at than carefully articulated, but the exegetes' reference to the matter *per se* shows an awareness of the ordering problem. Francesco Filelfo, for instance, the author of a commentary to the first 136 poems of Petrarch's *Canzoniere*, written in Milan in the mid-1440s and first published in Bologna in 1475–76, briefly but clearly states at the beginning of his commentary to *Rvf* 3 — which occupies the second position — that: 'quantunque [questo sonetto] da molti ordinato sia nel terzo luogo, ma se con diligentia considerar vogliamo l'amoroso principio, comprenderemo questo prima di tutti dover seguire doppo la prefatione antedetta'[9] ('even though many place [this sonnet] in the third position', if we duly consider it from the point of view of the origin of love, we will understand that it must follow the opening poem that constitutes the preface [to the whole book of rhymes]'). Filelfo bases his ordering choice on rhetorical and logical categories, and argues that internal coherence dictates that a sonnet dealing with the precise moment of the beginning of the poet's love must occupy the first position after the *proemium*. His assessment is reinforced by his remarks concerning *Rvf* 2, which cannot but occupy the third position, since the topic developed in *Rvf* 2 seems to Filelfo to stem from what was dealt with in the previous poem, as he clearly writes: 'questo terzo sonetto si truova da molti scripto nel secondo luogo del presente primo libro [...] ma a me pare secondo l'ordine d'amore stia meglio nel terzo luogo però che è una continuatione alle cose dicte di sopra circa il suo essersi inamorato il venardi sancto'[10] ('this third sonnet is positioned by many in the second place of this first book [...] but I believe that, according to the narrated love story, it is more apt to occupy the third position, since it is a continuation of what was said before about his falling in love on the day of Good Friday').

Filelfo's commentary had an enormous printing success. It was first republished in 1484 with Girolamo Squarciafico's commentary to *Rvf* 136–366 — which completed Filelfo's work — and with Bernardo Ilicino's commentary to Petrarch's *Triumphi*.[11] This multiple-commentary edition was reprinted ten more times during the last fifteen years of the fifteenth century. The circulation of so many *incunabula* editions of Petrarch's book of rhymes, arranged according to the order followed by Filelfo, made many early modern readers familiar with a *Canzoniere* in which sonnet 3 preceded sonnet 2. The success of this multiple-commentary edition also operated as a gravitational pull for the revival of the only other commentary on *Rvf*, which had the privilege to be printed (though only once) during the fifteenth century, that of pseudo-Antonio da Tempo. In 1503, da Tempo's commentary was added to the three-exegete Petrarchan edition.[12] Da Tempo's remarks on each single Petrarchan poem were printed after Filelfo's and Squarciafico's commentary on that text.

Unlike Filelfo, da Tempo did not provide his work with any specific observations about the order to be followed for the two sonnets. And so, despite the fact that da Tempo's 1477 edition followed the order *Rvf* 2–3, it was easy for the editor of the 1503 edition to rearrange da Tempo's commentary to the two poems according to the order followed by Filelfo. Following the order 3–2, the two Petrarchan sonnets with Filelfo's and da Tempo's commentary were printed eight more times between 1507 and 1522.

Another fifteenth-century commentator who favoured the order 3–2 was Francesco Acciapaccia, in his manuscript commentary, produced between the late 1450s and the 1460s, on Petrarch's sonnets, madrigals, and ballads.[13] While commenting upon *Rvf* 2, Acciapaccia states that this poem cannot but come after *Rvf* 3 for reasons of thematic coherence internal to the *Canzoniere*. For the exegete, Petrarch was assaulted twice by Cupid on the day of Christ's Passion. The first assault — when the god of love 'ligao li sensi exteriori del poeta'[14] ('tied the poet's exterior senses') — is described in *Rvf* 3, and hence comes first, whereas the second assault is dealt with in *Rvf* 2, which narrates the poet's defeat. This defeat — maintains the commentator — is made possible because Petrarch was already exhausted from having defended himself from the earlier first attack: 'lo secondo assalto di begli occhi di Laura di che se tracta in questo secondo [i.e. *Rvf* 2 — previously *Rvf* 3 was defined 'primo sonecto' ('first sonnet')] hebe piu potere ché trovao il poeta per volerse difendere torbato dal primo assalto'[15] ('the second assault moved by Laura's eyes, referred to in this sonnet [*Rvf* 2], was more powerful because the poet was less capable of defending himself, being already weary after the first assault'). Accordingly, the description of the first assault — in *Rvf* 3 — must precede that of the final capitulation of the poet to Cupid in *Rvf* 2.

At the beginning of the sixteenth century, the monumental edition of Petrarch's *Le cose volgari*, printed by Aldus Manutius and edited by Pietro Bembo, adopted a position contrary to the order 3–2 by printing *Rvf* 2 in the second position and *Rvf* 3 in the third. The 1501 Manutius edition was not equipped with a commentary, where this choice could have been explicitly justified. Instead, the authority of the editor and the printer lent credence to the ordering 2–3, and this provided another form of recognition to this way of arranging the two sonnets. Manutius's order was immediately followed not just in the pirate Lyon editions of the Aldine Petrarch, but also in new Italian editions of the *Canzoniere* (e.g. the Fano 1503 edition printed by Soncino). However, as we have noted, the numerous reprints of Petrarch's multiple-commentary edition that appeared in the early sixteenth century, culminating in that of 1522,[16] all arranged the second and third sonnets according to the order 3–2. This same order was also followed in the first new commentary to be printed in the century, that by Alessandro Vellutello, which appeared in Venice in 1525.[17] This arrangement of the two sonnets — in opposition to Bembo's choice — is only one of the many alterations to the textual order of Petrarch's work introduced by Vellutello, who aimed at providing an unprecedented interpretation of the *Canzoniere*, rooted in a completely new way to conceive and arrange its poems. The commentator extrapolated Petrarchan compositions that did not deal with love, distinguishing them from the rest of the lyrical collection in a separate section of the edition-commentary. Vellutello also reordered the poems concerned with love into his own, at times arbitrarily sketched, chronological order. A new ordering system based on chronological concerns cannot but give the first position (after the *proemium*) to the one sonnet of the pair that concerns the time of Petrarch's falling in love. Precisely for this reason, and underlining the fact that many writers use the opening of their works to refer to the time at which the narration begins, Vellutello argued that *Rvf* 3 needs to come before *Rvf* 2. He further endorsed his choice, by pointing out that, since Petrarch refers to Laura in *Rvf* 3, this sonnet, in which the co-protagonist and addressee of the *Canzoniere* is disclosed, must precede all the others:

> due ragioni ne moveno a credere che questo debba a tutti gli altri precedere, l'una per esservi descritto il tempo, la qual cosa da molti altri poeti ne principi delle opere è stato usato, et il poeta stesso anchora nel principio di suoi triomphi veggiamo haverlo descritto, l'altra perché in questo l'opera a Madonna Laura per la quale egli la fece s'addrizza.[18]

> [There are two reasons that make us believe that this sonnet must precede all the others, the first one is that it includes the description of the time, which many poets placed at the beginning of their works, as Petrarch did too at the beginning of his *Triumphi*, and the second reason is that this sonnet is addressed to Madonna Laura, for whom the poet wrote his entire work.]

Vellutello's ordering system for the *Canzoniere* as a whole was not followed by any other commentator, but circulated widely because his was the most reprinted commentary of the sixteenth century with some twenty reprints, as Sabrina Stroppa discusses in her chapter. It is worth noting that only one other sixteenth-century exegete accepted the order *Rvf* 3–2 in his commentary — Silvano da Venafro, who was a follower of Vellutello, and whose exegetical work appeared in print in Naples once, in 1533.[19] In his work, da Venafro does not explicitly justify his choice of placing *Rvf* 3 in second position, but simply appears to arrange the sonnet in that order. While da Venafro follows Vellutello's choice in this specific case, he does not venture to embrace the ordering system employed by Vellutello in its entirety.

In the years following the publication of Vellutello's second extended edition of his commentary (1528), two exegetes explicitly opposed his way of ordering *Rvf* 2 and 3, and, aligning themselves with Bembo and Manutius, offered concrete exegetical support to the latter's authoritative choice. The two exegetes were Sebastiano Fausto da Longiano, whose commentary to Petrarch was printed in Venice in 1532, and Giovanni Andrea Gesualdo, whose work appeared in Venice the following year.[20] Fausto maintains that *Rvf* 2 comes first for logical reasons, since Petrarch moves through his sonnets from the category of genus to that of species. Indeed, the poet first describes in *Rvf* 2 Cupid's way of taking revenge on those who opposed him, and then deals with the god's attack specifically against Petrarch himself, by characterizing it in *Rvf* 3 as an ambush happening on a precise day. As Fausto states, 'ogni ragionar che se ne fesse serebbe soperfluo, se se deve ponere nel primo luoco, e chi non sa che gl'huomini di sano giudicio comenciano da gl'universali e discendeno a particolari? Qui comencia in genere, et si trasferisce alle specie'²¹ ('Any debate about whether it [i.e. *Rvf* 2] should be placed in the first position would be vain, since everyone knows that wise and learned authors always begin with general topics and then move to specific ones. Here the poet first deals with the genus, and then deals with the species').

While debating the ordering issue, Gesualdo first offers an extended discussion about the controversy, painted in conciliatory tones, and then sets out his defence of the right to order the two sonnets as 2 and 3 on the basis of philological and literary considerations. He commences by stating that those who placed *Rvf* 3 in the first position had their own reasons, because many ancient poets — as well as Petrarch himself in other works — started by focusing on the chronological origin of the narrated matter. Yet, he continues, since in some ancient manuscripts carrying Petrarch's book of rhymes sonnet 2 occupies the second position, and since Virgil and Homer teach that the account of the original cause of an action must be presented before the description of the moment it took place, *Rvf* 2 must come before *Rvf* 3.

> Non poca lite è tra li studiosi del Petrarca qual debba andare innanzi de duo sonetti [i.e. *Rvf* 2 or *Rvf* 3] perché gli espositori spongono prima *Era il giorno* [*Rvf* 3] né senza cagione, conciosia ché la descrittione del tempo suole esser il principio del narrare non solamente appo gli antichi poeti, ma etiandio appo il Petrarca in più luoghi. Ma ne gli antichissimi testi il primo dopo il proemio si legge *Per far una leggiadra sua vendetta* [*Rvf* 2], né per quel che a noi pare fuor di ragione, perché l'ordine del narrare è che quello prima si dica che prima sia [...]. Ma chi non sa che la cagione è prima del tempo e del luogho: onde Virgilio et Homero cominciarono da la cagione.²²

> [A long debate occurred among Petrarchan scholars in order to establish which among the two sonnets [i.e. *Rvf* 2 and *Rvf* 3] should take the first position, since many commentators first focus on 'Era il giorno' [*Rvf* 3] and not without a reason, if one considers that the description of the time often is placed at the beginning of a work not only by many ancient poets, but also by Petrarch. Yet, in very ancient manuscripts [of the *Canzoniere*], the first sonnet placed after the *proemium* is 'Per far una leggiadra sua vendetta' [*Rvf* 2], and this is not unprecedented at all, since eloquence requires that the first thing to say is what comes first [...]. But who does not know that the causal origin comes before time and place; indeed Virgil and Homer begin their accounts by stating the causal origin.]

After Fausto da Longiano's and Gesualdo's involvement in the debate, the question about the ordering of *Rvf* 2 and 3 must have been perceived as satisfactorily settled. It is remarkable to note that all those who commented upon Petrarch's *Canzoniere* from the late 1530s onwards did not even allude to why sonnet 3 should come after sonnet 2. It seems that, after the publication of Gesualdo's commentary, the Bembo-Manutius order was perceived as the canonical one — even though Vellutello's ordering kept circulating through the many reprints of his commentary until the mid-1580s — and was accepted as needing no further justification.

No matter how they sided in the debate about ordering poems 2 and 3, all the commentators mentioned so far were in agreement in more or less explicitly stressing the thematic continuity between the two sonnets in their remarks. All of them also reminded their readers that in one of the two sonnets Petrarch describes the place where he first fell in love with Laura — that is to say the church of St Clare in Avignon. The only exception here is Vellutello, who declares that Petrarch first saw his beloved on the plains along the Sorgue river, next to Avignon. All the commentators also agreed that, in the other sonnet, the poet recalls the day when his *innamoramento* happened, that is, on Good Friday of the year when the poet was twenty-three years old (1327). The account of this event — with a strong focus on biographism — often occupies a significant part of the comments written by fifteenth-century exegetes. However, during the sixteenth century, the various biographical pieces of information about the setting and time of the poet's falling in love begin to shift position. This biographical information is still perceived as essential to the understanding of the narrative and thematic development of the whole *Canzoniere*, and actually increases in number and detail (mostly following and building upon Vellutello's elaborate accounts). Yet, over time this material gradually moves into independent paratextual sections on the life of the poet, Laura's biography, and Petrarch's love and its origin. In the early 1530s, Fausto da Longiano is one of the last to include a detailed description of both the time and place of Petrarch's falling in love in his comments to poems 2 and 3. By contrast, Gesualdo decides to display the details about Petrarch's *innamoramento* in the short paratexts included at the beginning of his work such as 'La 'ntenzione e l'amor del poeta' ('The aim and love of the poet'), though he also repeats a meaningful subsection of them in the notes to Petrarch's poems. Gesualdo's approach proves to be foundational and is characteristic of a new tendency that will typify the phenomenon of Petrarchan commentary as a whole from the 1540s onwards. A detailed examination of subsequent exegesis shows that, while the details concerning the circumstances and the place of Petrarch's and Laura's first meeting are relegated to the paratextual materials, those regarding the time of the event are mentioned in the remarks to the sonnets in question too. Another contemporary modification that is momentous also occurs in those commentaries written between the 1530s and the early 1540s. Up to this point, Petrarch's reference to Good Friday is generally used in comments on the opening of *Rvf* 3 to reflect upon the narrative plot of the *Canzoniere* and the potential moral considerations that may derive from it. By recalling that Petrarch's *innamoramento* took place on the day of Christ's Passion, the exegetes aim to show that the poet should be excused for having fallen in love, since on the day this happened he was so consumed by his spiritual thoughts that his reason was unprepared to face Cupid's assault. However, in the 1530s and 1540s, as the new paratexts begin to emerge, we also see new exegetical points being made about the date of the *innamoramento*. At times, the Good Friday reference receives a straightforward paraphrase or provides the opportunity for a rhetorical excuse to justify Petrarch's love. However, the reference also becomes, as we will see in the next section, the starting point for a series of more articulated considerations about the internal coherence of the *Canzoniere* and the links that can be traced between the psychological and sentimental dimensions of the poet's love story as they are presented both in the book of rhymes and in what is held to be the factual reality of history.

Combining Contradictions

During the third decade of the sixteenth century, the exegetical attention of Petrarchan commentators begins to focus on and attempt to elucidate a new issue concerning *Rvf* 2 and 3, one which had previously gone unremarked. We witness a progressively closer and more attentive reading of the two sonnets, possibly inspired by a new sensitivity towards the whole *Canzoniere*, which was increasingly regarded as a normative text after the publication of Bembo's *Prose della volgar lingua* in 1525. As a result of such attentive reading, exegetes started to detect a potential contradiction between a passage in *Rvf* 2 and another in the following poem.[23] Indeed, in the fifth line of the second sonnet ('Era la mia virtute al cor ristretta', 'My vital power was concentrated in my heart': *Rvf* 2.5), Petrarch declares that his 'virtù' ('vital power') was building a defence in his heart and eyes to protect him from a potential new assault from Cupid. Yet, in the opening line of the first tercet of sonnet 3, the poet states that, when the love god attacked him, he was found 'del tutto disarmato' ('altogether disarmed', *Rvf* 3.9). On a first reading, the two passages appear to conflict with one another. However, if, as the early modern commentators asserted, the two poems constituted a narrative unit, bound together by strong thematic links, then it was thought that there should be no room for inconsistency between them. As a result, Renaissance exegetes worked hard to show that the contradiction was only apparent. They employed manifold strategies to do so, and nearly all those who commented upon the two sonnets between the 1530s and the early 1550s sought to reconcile the two incongruous lines.[24] The issue of the contradiction remained a concern in the exegetical works produced in the following decades too, and it was explored well into the seventeenth century. However, one has the impression that, after the 1550s, the incongruity was presented more as a trivial characteristic of the *Canzoniere*, one worth being described, rather than as a defect to be justified or resolved.

The first time that the issue was explicitly raised and addressed in a printed text was in 1532. In that year, both the Petrarchan commentary of Fausto da Longiano and that of Giovan Battista Castiglione were published in Venice. Both these works include a discussion of the potential contradiction between sonnets 2 and 3 and share a similar approach in their attempts to clarify it. Yet, in contrast to Fausto's commentary, which analyses every single poem of the *Canzoniere*, Castiglione's deals with a selection. As is evident from the title of Castiglione's work, *I luoghi difficili del Petrarcha* (literally, 'The obscure passages of Petrarch'), he focuses only on specific passages of the poet's texts perceived as still unresolved or worthy of being further clarified.[25] Of the pair of sonnets following the *proemium*, Castiglione exclusively attends to *Rvf* 2 and focuses more than half his remarks on that text precisely on the fact that *Rvf* 2 seems to contradict some of the statements referred to by Petrarch in the following poem. After pointing out this issue, Castiglione hastens to affirm that this contradiction is only illusory, since the poet refers in each of the two sonnets to a different notion of his being armed, in accordance with the Aristotelian distinction between potentiality and actuality. Indeed, when Petrarch says in *Rvf* 2.5 that he was 'armato', Castiglione explains that the poet means that he was armed in potentiality. Conversely, while declaring in *Rvf* 3.9 that Cupid found him altogether disarmed, Petrarch refers to him being such in actuality. As Castiglione writes,

> Questo sonetto [i.e. *Rvf* 2] molti dicono al seguente contrariarse perché in questo narra che la sua vertù ristretta al cuore era per far difesa quando amor l'assaltò, nell'altro dice 'Trovommi amor del tutto disarmato | ed aperta la via per gli occhi al cuore'. Veramente a chi ben non considera hanno in sé difficultà. Uno s'intende in quanto alla potentia, l'altro in quanto all'atto, vuol dir dunque in questo che 'quand'il colpo mortal la giù discese | ove si solea spuntare ogni saetta' la mia vertù ristrett'al core era per far difesa, 'era' s'intende in quanto alla potentia, e de' modo thosco frequente com'io era huomo per difendermi quantunque non mi sia difeso.[26]

> [Many affirm that this sonnet [i.e. *Rvf* 2] contradicts the following one because in the former [the poet] states that his vital power was concentrated in his heart in order to defend him when he was assaulted by the love god, while in the latter he writes that 'Love found me altogether disarmed | and the way open through my eyes to my heart'. Indeed, it seems that they are irreconcilable to those who do not appropriately examine them. [Yet] one refers to the potentiality [of the described action], the other to its actuality. Hence, in this sonnet the poet actually says that, 'when the fatal blow fell where every previous arrow had been blunted', his vital power was concentrated in his heart in order to defend him — and 'was' is used here in terms of its potentiality, in the same way that in the Tuscan vernacular one can say 'I was capable of defending myself', meaning that 'even though I was capable, I did not'.]

The explanation provided by Castiglione finds an echo in Fausto's commentary, which deals with the matter in more detail and provides a wider-ranging set of observations. Indeed, Fausto first — and in a nuanced way — introduces the issue of the potential contradiction through a philological observation on line 5 of the second sonnet. He writes that, in some ancient copies of the *Canzoniere*, the line 'Era la mia virtute al cor ristretta' ('My vital power was concentrated in my heart') is found as 'Non era al cuor la mia vertù ristretta' ('My vital power was not concentrated in my heart'), and he justifies this alternative reading by affirming that:

> alla [...] lettione acquiescono molti huomini degni, e ciò fanno per ischifar la contrarietade 'Trovommi amor del tutto disarmato' [*Rvf* 3.9], ma penso che l'uno e l'altro vi possa capere come dichiararemo nel sonetto che segue.[27]

> [this reading is endorsed by many learned men in order to avoid the contradiction with the line 'Love found me altogether disarmed' [*Rvf* 3.9], yet I [i.e. Fausto] think that the two current lines [of *Rvf* 2 and 3] are not in disagreement, as will be shown in the comment upon the following sonnet.]

The exegete returns to the issue in his remarks on *Rvf* 3.9, where he notes that, even if the two lines have been perceived to be in contradiction by some (unnamed) critics, others — it might be possible that here Fausto refers to Castiglione — explain the absence of incongruity by referring to the Aristotelian distinction between potentiality and actuality. Following his reporting of this interpretation, Fausto then affirms that there is another and better way to prove that the two Petrarchan statements are not in contradiction without resorting to any philosophical differentiation:

> Qui dice disarmato in ogni parte, più dianzi disse haver ristretta al cuore la vertude et è assai forte contrario secondo alcuni. Molti pensano nella risolutione che s'intenda quel verso 'Era la mia virtude al cor ristretta' in quanto alla potenza, et quell'altro 'Trovommi amor del tutto disarmato' in quanto all'atto, a chi si reca bene a considerare le parole, non troveran contrarietade alcuna.[28]

> [Here Petrarch says that he was altogether disarmed, elsewhere he states that his vital power was concentrated in his heart, and some think there is a contradiction between these passages. To solve the issue, many believe that the line 'My vital power was concentrated in my heart' should be read in terms of potentiality, while the other line 'Love found me altogether disarmed' in terms of actuality. Those who carefully consider the lines in this way will not find any contradictions between them.]

As this quotation shows, Fausto maintains that a careful and attentive close reading of Petrarch's texts would be sufficient to make us aware that the two lines actually refer to two different circumstances. According to Fausto, Petrarch stated in the second sonnet that he was protecting himself from falling in love by sheltering his heart with his vital power, whereas, in sonnet 3, the poet alludes to the fact that Cupid conquered him by making inroads in his eyes.[29] This explanation seems to the exegete the most appropriate to solve the potential contradiction.

The authors of the two Petrarchan commentaries printed one year after the publication of Castiglione's and Fausto's commentaries — da Venafro and Gesualdo — take part in the debate and provide their own solutions to the issue. The former follows a twofold tactic to defend Petrarch from the hypothetical accusation of being inconsistent. He first explicitly declares that, even if the contradiction existed, there should be no reason to expect flawless coherence in a poet who is allowed to say different things in different poems of his. Da Venafro states that:

> quando veramente si ripugnassero, non sarebbe da colparne il Petrarca per non esser obligato in diversi poemi dire il medesmo, come in molti del suo libro si legge.[30]

> [If the [two sonnets] were conflicting with each other, we should not blame Petrarch, since he is not obliged to say the same thing in different poems of his, as we witness in many parts of his book of rhymes.]

Da Venafro then states that there is, in fact, no open conflict between the two Petrarchan sonnets because in *Rvf* 2 the poet simply affirms that his vital power was concentrated in his heart to defend him from Cupid's attack, but the author never states that his vital power was ready to defend him — as, indeed, *Rvf* 3 shows us it was not:

> in verità non si ripugnano, ché quantunque dica che la sua virtù s'era ristretta nel core per difendersi, non per questo dimostra che fusse parato a guardarsi, né che si fusse armato, ma che li si era solo ristretta la sua virtù nel core per difendersi ivi, et l'armarsi et pararsi a difensione potea farsi dopo, il che non

dice haver fatto, come ne i versi seguenti si vede.³¹

[[the two poems] are not in open disagreement because, even if [the poet] affirms that his vital power was concentrated in his heart to protect him, one can neither deduce that his vital power was ready to defend him, nor that [the poet] took up his arms, but only that his vital power was concentrated in his heart with the intention of protecting him, yet the act of bearing arms and being ready to shield his heart could have happened later, even if it did not, as one can infer from the lines of the following poem.]

Accordingly, through a cunning act of semantic *escamotage*, one that distinguished between supplying someone with arms and finding that person ready to use them, the exegete explains to his readers that the two sonnets do not have to be seen as being in disagreement. Gesualdo employs a similar approach in his 1533 commentary, which is based on the assumption that the words used in the two Petrarchan lines refer to slightly different (and hence not conflicting) circumstances. For him, when Petrarch states that his vital power was concentrated in his heart, he means that it was there to pray to God to give him the strength to face Cupid's future assaults. Yet, when the love god finally ambushes the poet, the latter is found unprepared to resist, since on the day he was attacked his thoughts were focused on Christ's sufferings:

conciosia ché per la santità del giorno securo non pensando ch'a ferirlo amor venisse, per allhora non se ne guardava, come solea, ma il cuore havendo rivolto a Dio, e con quello tutte le virtuti de l'anima unite insieme, intendea a farsi forte, che se per l'avenire il suo nemico incontro venuto gli fosse defendersene potuto havesse.³²

[considering the sanctity of the day and being sure that Cupid would not have attacked him on that specific day, he showed a customary lack of concern; but his heart and all his virtues and vital powers were committed to God in order to find the strength to be ready to safeguard the poet in case his enemy would assault him in the future.]

One cannot deny that Gesualdo resorts to a subtly stretched *tour-de-phrase* to justify his interpretation, but what is remarkable is that proving that there is no contradiction between the two Petrarchan poems is a key aspect of his exegetical discourse: 'et così non contradirà, si come pare in vista, questo "Era la mia virtute al cuor ristretta | per far ivi e ne gli occhi sue difese" a quello "Trovommi amor del tutto disarmato" e "Tempo non mi parea da far riparo"'³³ ('henceforth, no contradiction exists between the lines "My vital power was concentrated in my heart | to make there and in my eyes his defence" [*Rvf* 2.5–6] and the lines "Love found me altogether disarmed" [*Rvf* 3.9] and "It did not seem to me a time for being on guard" [*Rvf* 3.5]').

In both his 1541 Petrarchan commentary and the revised 1549 edition, Bernardino Daniello deals with the inconsistency as part of his analysis of sonnet 3.³⁴ Interestingly, he does not make any explicit reference to the notion of contradiction, which is taken for granted. Rather, he addresses the expression 'altogether disarmed' of *Rvf* 3.9 and straightforwardly seeks to reconcile its potentially conflicting nature with

Rvf 2.5 by stating that the adjective is not used in a literal sense. What Petrarch wanted to say — according to Daniello — was that he was capable of bearing arms, but was unready to use them when he was ambushed by Cupid:

> Non dice che amore lo ritrovasse disarmato, perch'egli non si conoscesse atto a resistere a colpi suoi, ma perché egli l'assalì alla non pensata, in guisa che non si potè prevaler de la ragione, sì ch'ella tanto gli giovò, quanto s'havuta non l'havesse, che tanto è in effetto l'esser senz'arme, quanto haverle e non poterle al bisogno adoperare.[35]

> [Petrarch writes that he has been found altogether disarmed by Cupid not because he was unable to resist to the god's attack, but because he was suddenly assaulted and thus his vital power, through which the poet often defended himself, had no chance to fight back as if Petrarch had no vital power at all, since having no arms to defend oneself with is comparable to having them and not being able to use them when necessity comes.]

A further approach aimed at reconciling the two clashing lines on the basis of semantical interpretations of one of the expressions in question is present too within the set of annotations which Lucantonio Ridolfi provided to the volume *Il Petrarca con dichiarationi non più stampate*. Ridolfi edited and published this print edition in Lyon in 1558 with the press of Guillaume Rouillé, a French printer who specialized in editions of Italian texts and was a close collaborator of Ridolfi.[36] In his annotations, the exegete explicitly acknowledges the existence of a potentially deceptive paradox between *Rvf* 2 and 3, and provides a personal solution to the conundrum.[37] Along the lines of the semantical-rhetorical solutions offered by da Venafro, Gesualdo, and Daniello, Ridolfi too states that the answer to the apparent contradiction lies in the right linguistic understanding of the expressions used by Petrarch. However, Ridolfi does not seem to be concerned with the correct meaning to attribute to the word 'disarmato' ('disarmed') at *Rvf* 3.9. Rather, he focuses on the verb 'era' in *Rvf* 2.5 ('Era la mia virtute al cor ristretta', 'My vital power was concentrated in my heart'), declaring that the poet uses this verbal form not to refer simply to a past event (i.e. 'era' as 'it was') — as normally the indicative past tenses do — but rather to convey a conjectural sense, which is generally proper to the subjunctive and which can be alluded to by the indicative only in rare cases. In this case, for Ridolfi, the verb 'era' refers to a hypothetical event that Petrarch describes as something which could have taken place but did not (i.e. 'era' as 'it could have been'). He first states that line 9 should be interpreted 'come se egli havesse detto: se la mia virtute fusse stata ristretta al cuore, sì come allhora non fu, ella havrebbe ottimamente potuto fare le sue difese'[38] ('as if he stated: if my vital power was concentrated in my heart, as it rather was not at the time, it would have successfully managed to safeguard me'). Ridolfi further stresses his point by affirming that Petrarch uses 'quel verbo "era" intendendo egli che se la vertù fosse stata ristretta al cuore del poeta era per fare, cioè havrebbe fatto sue difese'[39] ('the verb "was" in the sense that, if his power had been restricted to his heart, it "was" [i.e. it "would have been"] able to defend him'), and also by explicitly remarking that 'tal sentimento pare che scuopra et tolga via le contraditioni, facendo ambedue i sonetti chiari'[40] ('this reading clarifies and dissolves the contradiction, by clearly interpreting the two poems'). Repeatedly underlining the correctness of one's remarks is a common practice among early modern exegetes. What is unexpected in Ridolfi's annotations is instead that, in contrast to the majority of Renaissance exegetes, he instead explicitly notes, in his annotations to *Rvf* 2, that the same reading he offers had been previously maintained by another exegete. This is unusual since more often exegetes refer to those who previously dealt with a passage in order to prove their predecessors wrong. The author alluded to by Ridolfi (the name is not explicitly mentioned) is responsible for a recently published exegetical work written in the form of a dialogue between a Lyonnaise and a Florentine gentleman that clarifies difficult expressions and lines of Petrarch, Dante, and Boccaccio. In his notes, Ridolfi refers to this dialogue and writes that 'in questa guisa [i.e. Ridolfi's way of reading *Rvf* 2.9] è stato dichiarato nuovamente questo passo da colui che ha composto *Il Ragionamento* havuto in Lione dal gentiluomo francese e dal fiorentino sopra la dichiaratione d'alcuni luoghi di Dante, del Petrarca, e del Boccaccio'[41] ('this exact reading of this passage was recently suggested by the author of *Il Ragionamento*, [a dialogue] which took place in Lyon between a French and a Florentine gentleman about the explanation of some passages from [the works] by Dante, Petrarch, and Boccaccio'). The work Ridolfi refers to is the *Ragionamento havuto in Lione da Claudio de Herberé et da Alessandro de gli Uberti*, published by Rouillé in 1557.[42] In this dialogue, at the end of a long excursus on how to use the adverb 'testé' ('just now'), the young protagonist of the work, Claudio de Herberé, asks his more learned interlocutor, the Florentine Alessandro de gli Uberti, to clarify for him whether there were any inconsistencies between *Rvf* 2 and 3. As we might expect, Claudio was informed that there were none, even though some thought that there might have been because they wrongly interpreted Petrarch's use of the verb 'era' in *Rvf* 2.5.[43] Although the name of the author of the *Ragionamento* does not appear on the title page of the volume (as it does not in Ridolfi's 1558 annotations either), the work is nowadays attributed to Ridolfi himself.[44] It is noteworthy to observe that the exegete made use of this expedient in order to provide his interpretation of *Rvf* 2 with a potential further endorsement (and maybe also to raise readers' attention towards the *Ragionamento* — perhaps — for bookselling-related purposes).

In the same years in which Daniello was preparing the revised version of his commentary and Ridolfi was intent on commenting upon Petrarch, another exegete — Lodovico Castelvetro — started to devote his critical attention to the *Canzoniere* and began to draft a significant set of annotations that would later become his major commentary to Petrarch's vernacular *œuvre*. His work — initiated in 1545 and pursued for decades — appeared in print only in 1582, nine years after the author's death.[45] Considering its genesis, however, this commentary should be set into the exegetical context of the mid-sixteenth century. As with those who analysed sonnets 2 and 3 in the same time period, Castelvetro paid attention to the issue of the contradiction that arose from a parallel reading of the two poems. Unlike other commentators, however, he stressed the inconsistency by pointing out that what was presented in this pair of texts occurred in other passages of the *Canzoniere* too. Indeed, Petrarch openly states that he was altogether disarmed when he first fell in love not just in *Rvf* 3.9, but also in *Rvf* 106.4–5 and *Triumphus Amoris* 3.172–74; whereas he declares that he was well armed — as he does in *Rvf* 2.5 — also in *Rvf* 95.5–6, *Rvf* 93.11, and *Rvf* 59.6–8. Castelvetro even finds a passage — drawn from *Rvf* 65 — in which the poet seems to affirm that, on the day of his *innamoramento*, he was not armed as much as was necessary to resist Cupid's assault, but only as much as he thought sufficient. By pointing out this array of examples, Castelvetro certainly does not wish to hide the incongruity between sonnets 2 and 3; rather, he underlines it as a characteristic element of the lyrical system of Petrarch's book of rhymes. At the same time, he provides an explanation of the contradiction by maintaining that, for him, the different ways the poet describes himself (i.e. as being either armed, or altogether disarmed) while referring to his *innamoramento* correspond to specific ends that Petrarch is aiming to reach in different passages. If the poet wishes to praise his beloved Laura for her beauty (the real weapon with which Cupid attacked and conquered Petrarch's heart), he depicts himself as being well armed, since defeating an adversary in full armour (i.e. the poet) is praiseworthy for the opponent (i.e. Laura). By contrast, if Petrarch does not want to focus attention on Laura's beauty as being capable of winning over her lover, he portrays himself as being altogether disarmed on the day he was first assailed by love:

> 'Trovommi amor del tutto disarmato': il che affermò anchora nel sonetto prossimo passato, et in altro luogo [...]. Ma altrove disse direttamente il contrario [...]. Adunque se era armato d'elmo, di scudo [...] non si dee poter negare, che non fosse del tutto armato. Ma alcuna volta dice, che era armato, non quanto poteva, ma quanto credeva che bisognasse a resistere al valore della bellezza di Laura et che si trovò ingannato della sua credenza [...]. Ma è da dire, per reconciliar questi detti contrastanti del Petrarca, che quando egli si compiaceva dell'amore di Laura et voleva commendare la bellezza di lei et lusingarla, non negava dell'essere stato armato, percioché, così facendo, si dimostrava più riguardevole la bellezza sua. Ma quando n'era poco sodisfato, et in questo et nel sonetto prossimo passato, et ne luoghi di sopra adotti [...] diceva d'essere stato del tutto disarmato.[46]

> ['Love found me altogether disarmed': he stated the same in the previous sonnet too and in other poems [...]. Yet, [the poet] also affirmed the opposite [...]. Hence, if he was wearing a helmet and a shield [as he stated in other poems] [...], one cannot deny that he was properly armed. Sometimes he also maintains that he was armed not as much as he could but as much as he thought was sufficient to resist Laura's beauty, yet in the end he discovered he was mistaken [...]. However, in order to reconcile these conflicting Petrarchan statements, one must say that, when he was pleased with his love for Laura and wished to praise and pay homage to her beauty, he did not deny to bear arms and, in so doing, her beauty was proved to be of a higher value. But, when he was not as satisfied [with Laura's beauty], he wrote that he was altogether disarmed, as happens in this sonnet, the previous one, and those passages quoted above.]

In this way, then, Castelvetro does not aim to reconcile the contradictory declarations of the poet. Rather, he exalts their specificity, by pointing out that each has a specific purpose and, therefore, each can be encompassed within a work that

— dealing with the most contradictory of all feelings, that is love — seems to offer contradictory elements a right to exist. Correspondingly, by listing the numerous passages of the *Canzoniere* in which Petrarch appears to contradict himself along the lines of sonnets 2 and 3, Castelvetro highlights the scale of the inconsistency and presents it primarily — as he does in various other parts of his commentary — as a characteristic trait of Petrarch's vernacular work, rather than a flaw that should be emended.

Castelvetro's approach to Petrarchan incongruities was shared — and even advanced further — by the exegetes of the following generations. Indeed, from the 1560s, the contradiction between *Rvf* 2 and 3 was progressively perceived as an integral element of the *Canzoniere* without need for cogent justification. As a result, the contradiction was no longer included among the main elements placed at the centre of commentators' critical attention, even if it was still referred to in their remarks. Evidence of this attitude is offered, for example, by Alessandro Tassoni in his annotations on *Rvf* 2 in his 1609 *Considerazioni sopra le Rime del Petrarca*.[47] While briefly commenting upon line 5 of the sonnet, Tassoni first refers to the explanations about the disagreement between this hendecasyllable and *Rvf* 3.9 offered both by Ridolfi (whose name is sheltered behind the imprecise locution 'alcuni espongono' ['some explain'])[48] and by Castelvetro (who is quoted by name). Tassoni then succinctly notes that 'acute sono veramente l'esposizioni entrambe: ma non finiscono però d'acquetarmi alcuna d'esse, veggend'io che'l poeta non usa di favellare altrove di questa maniera cavillosamente'[49] ('both explanations are sharp, but neither entirely satisfies me, since I cannot but notice that in the other texts of his, the poet does not express himself in a similar intricate way'). It is remarkable that, in his annotations on this issue, Tassoni mentions the contradiction as a mere trait of the analysed sonnet which he does not seem to feel the need to justify. He does report previous tentative explanations of the incongruity, but he appears to list them more for erudition's sake rather than for proper exegetical purposes. As Tassoni's example eloquently shows, the approach followed by Castelvetro was momentous and provided an influential critical paradigm for handling perceived incongruities in Petrarch's work throughout the remainder of the sixteenth century and during the following one.

Before we turn to a new concern within sonnets 2 and 3, first raised in the 1550s, one final macro-level observation can be made regarding the links that exist between the exegetes' awareness of Petrarchan inconsistencies and some other exegetical elements in the commentaries considered in this section. It cannot go unnoticed that those exegetes — Fausto da Longiano, Daniello, Gesualdo, and Castelvetro — in whose commentaries the issue of the incongruity between poems 2 and 3 started to be addressed and was later thoroughly examined are the very ones in whom we witness the rise and extensive use of a new method for reading Petrarch's lines. This is a method based on rhetorical observations and a preoccupation with aligning expressions in Petrarch with other ones from his texts, and, sometimes, with texts of other authors, including Dante.[50] In this light, it is tempting to suggest that the new exegetical approach, which served as a stimulus to the wide-ranging rhetorical readings of Petrarch's poems through their focus on the parallel loci, also made more salient to the commentators the contradictions between the various parts of the *Canzoniere*, and the need to explain them.

Debating a Date

While every detail of Petrarch's *Canzoniere* was thoroughly investigated and placed under the analytical microscope of the exegetes, during the 1550s, a new issue was identified within sonnets 2 and 3 that had previously not been detected. This concern quickly moved to the centre stage of commentators' attention and remained there well into the following century. The issue relates to the date of the poet's *innamoramento*, referred to in *Rvf* 3 — as well as in *Rvf* 62 — as having taken place on Good Friday, the day of Christ's Passion. In sonnet 211, Petrarch states that he fell in love with Laura on 6 April 1327. Accordingly, one cannot but deduce that this day was a Good Friday. The date of 6 April, as is well known, is extremely significant within the *Canzoniere*, since it is also the day when Laura died — in 1348 — as the author affirms in *Rvf* 336. Petrarch himself records and highlights this extraordinary coincidence, both in a passage from *Triumphus Mortis* 1.133–34 and in his note on Laura.[51]

Since the early fifteenth century, Petrarchan exegetes combined the pieces of information scattered throughout sonnets 3, 62, and 211 and inferred that 6 April 1327 must have been a Good Friday. Such an inference is pointed out, for example, in the poet's biography written by pseudo-Antonio da Tempo and in Patrizi's manuscript commentary. It was not even questioned by Vellutello, who pondered over and examined afresh many details of Petrarch's life. On the contrary, as far as the day of the poet's *innamoramento* is concerned, in Vellutello's life of Petrarch, which came before his commentary proper, he states what previous commentators alleged, namely, that Petrarch first saw Laura 'l'anno [...] che fu del Signore MCCCXXVII et della sua età XXIII [...] la mattina del venerdi santo, che secondo lui fu quell'anno a sei di aprile'[52] ('on the year [...] of God 1327, when he was 23 years old [...], the morning of Good Friday, which occurred on 6 April according to him'). Until the 1550s, exegetes unquestioningly accepted this element of Petrarch's biography and even used it as the basis for important considerations in their own works. Indeed, the perfect coincidence between the day of Christ's death, accompanied by the eclipse of the sun recounted in the Gospels, and the day of the epiphanic sunrise of the poet's love for Laura — a coincidence treasured by the author of the *Canzoniere* and turned into a key element of its narrative — did not go unnoticed among the early modern commentators and, in fact, offered them a starting point for some of their analyses.

As we have noted, the fact that Petrarch declares himself to have been ambushed and conquered by Cupid on the day of Christ's Passion in *Rvf* 2–3, while he was consumed by religious thoughts and was least prepared to resist Cupid's attacks, was commonly cited by the exegetes until the first decades of the sixteenth century and even beyond as the main reason to excuse Petrarch for having sinned by falling in love.[53] From the 1520s, though, the extraordinary calendrical coincidence became the cornerstone of a series of deeper reflections about, on the one hand, the implications deriving from Petrarch's love originating on the most desolate day of the Christian calendar, and, on the other, the correspondences that could be traced between elements within single poems and the whole sentimental narrative deployed by Petrarch. Vellutello was the first to note that the expression 'commune dolor' ('universal woe') of *Rvf* 3.7–8 ('onde i miei guai | nel commune dolor s'incominciaro', 'and so my misfortunes began in the midst of the universal woe'), which undoubtedly refers to the 'universal woe' of humankind for Christ's death, might also allude to the 'dolore che gli amanti comunemente in amare sogliono soffrire'[54] ('sorrow that lovers feel, when in love'). The link between the universal suffering for the Crucifixion of the Redeemer and the personal future love pains that the poet would experience after having fallen in love with Laura — a link only glimpsed at in Vellutello's remark — is made explicit by Gesualdo in his comment on *Rvf* 3. Here Gesualdo states that 'i suoi tormenti cominciarono nel commune dolore de Christiani in presagio del miserevolissimo stato, al quale giunger dovea'[55] ('[Petrarch's] sorrows began during the universal woe of Christian humankind as an omen of the pitiable state [the poet] was doomed to reach'). This acute observation was echoed by Castelvetro in his own commentary, when discussing the day of Christ's Passion mentioned in the opening line of sonnet 3 ('l'amore del Petrarca doveva avere mezzo e fine infelice poiché ha avuto principio in giorno tanto doloroso'[56] ['Petrarch's love could not but have had an unhappy evolution and a sad end since it began on such a sorrowful day']). At the end of his remarks about the various atmospheric phenomena that occurred on the day of the Crucifixion, Castelvetro notes that Christ died on 6 April 34 AD. This information appears not to be offered for mere scholarly purposes. In fact, the commentator seems to refer to this detail in order to offer a solution to the new issue concerning the date of Petrarch's *innamoramento*. Indeed, a few years before Castelvetro wrote his remarks on *Rvf* 3, it was discovered that what Petrarch states in his poems (i.e. that he fell in love with Laura on 6 April 1327, in *Rvf* 211, and that the day of his *innamoramento* was the day of Christ' Passion, in *Rvf* 3 and 62) does not correspond entirely to the calendar for that year. The reason for this is that 6 April 1327 was a Monday and not a Friday (i.e. the liturgical day of the Crucifixion within Holy Week). The discovery of this inconsistency must have proved upsetting for Renaissance exegetes and readers who had appreciated the significance and implications of the perfect correspondence between the day of Christ's Passion and that of the beginning of Petrarch's love. Accordingly, exegetes — including Castelvetro — attempted to provide possible solutions. By pointing out that the Crucifixion occurred on 6 April AD 34, Castelvetro implicitly suggests that Petrarch might refer to this historical date, while maintaining that 6 April 1327 was the same day and month as Christ's Passion, even if it was pointed out by Lucantonio Ridolfi — who is quoted by name by Castelvetro in his remarks[57] — that 6 April 1327 was not Good Friday but Monday of the Holy week.

As Castelvetro argues in his commentary, Ridolfi was indeed the first to draw attention to this issue in print. In his biography of the poet, published in the opening pages of his 1558 Petrarchan edition, Ridolfi explicitly states that 6 April 1327 was a Monday, since in 1327 Easter did not occur on 8 April but on the twelfth day of that month, as had been demonstrated by the Florentine Fabrizio Storni, a friend and collaborator of Ridolfi.[58] Ridolfi claims that Storni also sought to explain the chronological inconsistency on the basis of Petrarch's concern to create a perfect linkage between the most significant dates of his sentimental biography (i.e. his *innamoramento* and Laura's death), given that he had said in the *Triumphi* that the two events occurred on the same day. However, Ridolfi only vaguely hints at this solution in his edition, and does not discuss it properly.[59] All the same, this new problem was immediately perceived as an important literary and exegetical conundrum. Not satisfied with merely raising the issue, Ridolfi decided to tackle the question further and provide a more learned solution, perhaps with a mind also to the editorial novelty that this enterprise could have entailed.

The fruits of his labour are found in the 1564 reprint of his 1558 Petrarchan edition — again published in Lyon by Rouillé — and whose title page announced that the volume included a new set of remarks in which 'si dimostra qual fusse il vero giorno et l'hora del suo innamoramento' ('it is demonstrated which was the real day and the real hour of the poet's *innamoramento*').[60] These remarks constituted a short series of letters written by, and addressed to, Ridolfi by several erudite scholars, astronomers, and mathematicians with whom he discussed the dating problem.[61] His decision to include exegesis in epistolary form in his 1564 edition, rather than offering a longer series of comments on sonnet 3, may be due to the fact that the material represents the ideal paratext to show his public what is new in his reprint and to prove to them the point of acquiring his edition. And yet, it cannot be discounted that, through the inclusion of the epistles in his volume, Ridolfi may have wanted to give a fuller impression of the effort he invested in solving the dating problem and to demonstrate the reliability of the analysis carried out, by displaying the names of the learned people who had been involved in finding a solution. The first letter (dated 2 August 1562) is addressed to Ridolfi by his friend Alfonso Cambi Importuni, who had requested an explanation of Ridolfi's account of the dating issue in his 1558 Petrarchan edition. Ridolfi's reply to Cambi Importuni (undated, as is the following epistle by Ridolfi) constitutes the second letter of the series, in which notice is again given of the findings on 6 April 1327 by Fabrizio Storni, that is the views already referred to in Ridolfi's life of Petrarch in the 1558 edition. In the letter, Ridolfi states that Storni's opinion is supported by another scholar, Giovanni Lucido, whom Ridolfi had interrogated on the same matter. According to both Storni and Lucido, Easter 1327 fell on 12 April, hence 6 April was a Monday. In consequence, Ridolfi cautiously conjectures that Petrarch might have defined Monday of the Holy week as the day of Passion in *Rvf* 3, even though he states that he is not convinced by this hypothesis. Cambi Importuni replies on 3 December 1562 — this is the third letter of the series — and offers a new tentative reading of the sonnet. He suggests that, when Petrarch wrote 'giorno' ('day') in *Rvf* 3.1, he might have meant 'week', seeing that in Latin the word for day, 'dies', can sometimes refer to a period of a few days. In his response (the fourth letter), Ridolfi

— unconvinced by his friend's proposal — reports another explanation offered to him, one which argued that *Rvf* 3 might have been composed in 1330, when Easter fell on 8 April (and hence Good Friday was on 6 April). Being unpersuaded by this interpretation, however, Ridolfi says that he sought the opinion of one of the most popular mathematicians and astronomers of his time, Francesco Giuntini, who maintained that there was a perfect celestial correspondence between the day of the Crucifixion and 6 April 1327, and that this is apparent from study of the moon's cycles. Indeed, Giuntini affirms that on 6 April 1327 the March moon was on the fifteenth day of its cycle, exactly as it was on Friday 3 April 33 AD, the day when Christ was supposed to have died, according to Giuntini's calculations. Ridolfi is only partially convinced by the astronomer's proposal, but he refers to it as a very authoritative one, and he offers it to Cambi Importuni (and, implicitly, to the readers of his edition) as the most satisfactory theory formulated so far. Though we should note that, at the end of the letter, Ridolfi writes that 'questa spositione che io hora data vi ho non lo [i.e. il sonetto] salva interamente'[62] ('this explanation that I just exposed to you does not entirely solve the issue'). This epistle by Ridolfi is followed by another by Giuntini (dated 24 May 1564) — the fifth and last of the group — which sets out his findings on the true time of the poet's falling in love. Through other astronomical calculations, he proved that the 'ora prima' ('first hour') to which the poet refers to in *Rvf* 211 as the time of his *innamoramento* is not the first hour after the sunrise, but the first hour after midday. Interestingly, this series of answers to the problem concerning the day (and time) of Petrarch's falling in love are confined to the paratextual material of Ridolfi's 1564 edition. There is no reference to them either in the life of the poet or in the annotations to *Rvf* 3, both of which appear identical in the 1564 reprint and in the first 1558 edition.

Giuntini's approach to solving the date conundrum on the basis of the study of moon cycles — perceived as not entirely satisfactory by Ridolfi himself — was not accepted by Castelvetro either. As already noted, Castelvetro credited Ridolfi as the first to have pointed out that 6 April 1327 was not a Good Friday, but he did not report in his commentary the theory maintained in Ridolfi's edition. Rather, he offered a new solution in his notes on *Rvf* 3, by alluding to the fact that Petrarch may have referred in that sonnet to the tradition which saw 6 April as the historical date on which Christ's death occurred.[63] The solution suggested by Castelvetro is, in turn, questioned by Tassoni in his 1609 *Considerazioni*. After an erudite investigation, Tassoni states that different historical, astrological, and theological authorities set Christ's historical death on different days, but none refers to 6 April. Indeed, historians, as well as Tertullian, Bede, Augustine and Thomas Aquinas, declare that he was crucified on 25 March. Tassoni reports that the astrologists (such as Abulese and Giovanni Lucido) argue that it occurred on 3 April, that Scaliger sets the Crucifixion on 23 April in his *De emendatione temporum*, and that still others situate it on 16, 23, or even 30 March.[64] The solution advanced by Tassoni in the end is that Petrarch wrote that 6 April 1327 'was the day when the sun's rays turned pale with grief for his Maker' (*Rvf* 3.1–2) because, according to the Jewish method of calculating Passover in accordance to the theory of Quartodecimanism, Christ's death occurred on the fourteenth day after the moon of March, and, as any almanac

— writes Tassoni — might have proved to Petrarch, in 1327 this day occurred on 6 April.[65]

Notwithstanding Tassoni's solution, the issue continued to draw the attention of the exegetes. In the mid-seventeenth century, Sforza Pallavicino debated the chronological problems stemming from *Rvf* 3 in two epistles that he addressed to Stefano Pignatelli.[66] The exegete Giacomo Filippo Tomasini, author of a major exegetical work devoted to Petrarch, the *Petrarcha redivivus* (first published in the 1630s and then, its final version, in 1650),[67] discreetly decided neither to side with previously advanced hypotheses nor to provide a new explanation, suggesting that the entire question was not particularly meaningful.[68] At the end of his work, Tomasini included a series of Petrarchan biographies, penned by five different authors — Pier Paolo Vergerio, Sicco Polenton, Giannozzo Manetti, Leonardo Bruni, and Ludovico Beccadelli. Of these biographies the most extended and detailed is that by the sixteenth-century *literatus* Ludovico Beccadelli. Two different versions of this work exist. The first was published by Tomasini, while the second only circulated in manuscript form until the end of the eighteenth century.[69] The revised second version of Beccadelli's work is important because in it Beccadelli offers an extravagant, albeit important, response to the problem of 6 April by recourse to a philological comment. Indeed, Beccadelli states that a variant reading of the opening hendecasyllable of sonnet 3 ('Era il giorno ch'al sol si scoloraro' ['It was the day when the sun's rays turned pale']) was transmitted by a manuscript of the *Canzoniere* as 'Era il giorno vicin ch'al sol mancaro' ('It was almost the day when the sun's rays turned pale'). For Beccadelli, this variant appears as an informed alteration of the initial line of *Rvf* 3 'per accordare veramente l'istoria del tempo in che s'innamorò di madonna Laura'[70] ('in order to resolve the issue about the time when [Petrarch] fell in love with Laura'). This tentative solution to the problem of reconciling the calendrical date of the poet's *innamoramento* with the liturgical one of Christ's Passion offers further evidence of the scale and sophistication of the debate on this issue, as it flourished from the 1550s through to the 1650s.

Conclusions

The material studied in this chapter reveals that early modern exegetes explored in detail the Petrarchan poems of the *innamoramento* and addressed many issues and questions raised by the pair of sonnets. In their works, Renaissance interpreters appreciate the importance and role of *Rvf* 2 and 3 within the multi-layered narrative scheme of the *Canzoniere*, and they take both compositions as the starting point for many thematic, argumentative, and spiritual discussions across Petrarch's lyric *œuvre*. As we have seen, some issues were perceived as key only within a set time period and were then supplanted by other ones. This chapter has illustrated how certain topics were deemed to have been satisfactorily treated or even began to appear outdated. In such instances, the critical issues either were not discussed again or else were addressed by using new hermeneutic categories.

We also have seen how, from 1450 to 1530, exegetes were concerned with clarifying biographical details emerging from the two sonnets and explaining the reason why the poet placed these texts at the beginning of his work. Discussions on the order of the sonnets were also notable. Gesualdo was the last to deal with this matter in his 1533 commentary. Henceforth, all the new analyses of these sonnets do not mention the question of ordering, and we have argued that such lack of concern coincides with the growing authority of Bembo's Aldine edition, especially after the widespread diffusion and acceptance of his linguistic and literary theories in the *Prose*.

In the early 1530s, when the text of the *Canzoniere* started being scrutinized with unprecedented care, we have seen that a new issue — the apparent contradictions between elements of *Rvf* 2 and 3 — drew the attention of commentators. After Sebastiano Fausto da Longiano and Giovan Battista Castiglione had drawn attention to the incongruity between the pair of poems, the matter was then meticulously examined for more than two decades. The approach adopted was to justify and remove the contradiction by demonstrating either that this was only apparent or that Petrarch's words were justified since, when writing his verse, he was not bound by the strict rules of logic and coherence proper to, say, philosophy. As this chapter has documented, the attitude towards the issue gradually changed, and, by the 1550s, the inconsistency between sonnets 2 and 3, along with many others that were found in the *Canzoniere*, started to be perceived more as a characteristic of the work itself rather than as a defect to be amended, solved or overcome. Thus, this topic too occupied an ever-decreasing space after the middle of the century, even if some commentators still dealt with the issue later in the sixteenth century. It is important to note that the timeframe between 1540 and 1560 is one in which exegetes focused most intensively on Petrarchan inconsistencies and the contradictions present in the *Canzoniere*, and this intense interest coincides with a major contemporary literary phenomenon: the sub-genre of the so-called books of doubts, in which a topic was thoroughly discussed by responding to a series of questions.[71] When the subject of these books of doubts was love (and this was not uncommon), it often happened that divergent answers to the same question were all backed by selected quotations taken from Petrarch's works. This confirms how deeply Renaissance authors became aware of the contradictions of the *Canzoniere* and learned to see them as a characteristic of Petrarch's work (and even — as the books of doubts show — to inflect them at times towards their specific ends).

This chapter has also shown that, after having analysed in detail the inconsistencies internal to the poems, in the late 1550s exegetes discovered a new discrepancy in *Rvf* 2, namely, that 6 April 1327 was not a Good Friday. After Ridolfi's 1558 edition, this issue was perceived as a key point of debate, one which drew a range of responses well into the seventeenth century. Approaches to this matter shifted over time in a manner akin to what we have seen for other apparent inconsistencies between *Rvf* 2 and 3. Indeed, it seems that the exegetes' initial attempts to find a conclusive (however convoluted) solution are supplanted by later solutions that appear less concerned with viewing the dating discrepancy as affecting the refined and elaborate architecture Petrarch had fashioned in his work. Throughout our discussion, moreover, we have drawn attention to what we term the *per addenda* approach, showing how exegetes dealt with specific issues in certain periods before moving onto new ones even if they often did so by building upon other earlier questions. Petrarch exegetes and commentators move along this kind of trajectory, both providing a growing series of findings and at the same time exploring and accounting for the complexity that the poems of Petrarch bear.

Notes to Chapter 5

1. On the phenomenon of Petrarch commentary in Renaissance Italy, see, at least, Bernard Weinberg, 'The Spositione of Petrarch in the Early Cinquecento', *Romance Philology*, 13.4 (1960), 374–86; Carlo Dionisotti, 'Fortuna del Petrarca nel '400', *Italia medioevale e umanistica*, 17 (1974), 61–113; Gino Belloni, 'Commenti petrarcheschi', in *Dizionario critico della letteratura italiana*, ed. by Vittore Branca, 4 vols (Turin: UTET, 1986), II, 22–39; *Questo leggiadrissimo poeta. Autoritätskonstitution im rinascimentalen Lyrik-Kommentar*, ed. by Gerhard Regn (Münster: LIT, 2004); Gino Belloni, *Laura tra Petrarca e Bembo: Studi sul commento umanistico-rinascimentale al 'Canzoniere'* (Padua: Antenore, 1992); William Kennedy, *Authorizing Petrarch* (Ithaca and London: Cornell University Press, 1994); Luca Marcozzi, *Petrarca platonico* (Rome: Aracne, 2004), pp. 173–235; Gino Belloni, 'Commenti petrarcheschi dall'Umanesimo al Daniello', in *Petrarca e il suo tempo*, ed. by Gilda Paola Mantovani (Milan: Skira, 2006), pp. 183–204; Simon Gilson and Federica Pich, 'Petrarch Commentary and Exegesis in Renaissance Italy: Introduction', *Italian Studies*, 75.1 (2020), 4–6; and William Kennedy, 'Mirrors of Commentary: Renaissance Exegesis of Petrarch's *Rerum vulgarium fragmenta*', *Italian Studies*, 75.1 (2020), 7–19. See also Giacomo Comiati and Lorenzo Sacchini with Francesco Venturi (overseen by Simon Gilson and Federica Pich), 'Petrarch Exegesis in Renaissance Italy (PERI)' https://petrarch.mml.ox.ac.uk/ [accessed 15 September 2021].
2. On Renaissance exegesis on *Rvf* 1, see, for instance, Laura Paolino, 'Giovanni Talentoni da Fivizzano e l'incipit del *Canzoniere* di Petrarca', *Italian Studies*, 75.1 (2020), 41–54.
3. On the two sonnets see, at least, Francesco Petrarca, *Canzoniere*, ed. by Marco Santagata (Milan: Mondadori, 1996), pp. 13–21; and Francesco Petrarca, *Canzoniere. Rerum vulgarium fragmenta*, ed. by Rosanna Bettarini (Turin: Einaudi, 2005). On *Rvf* 2, see Francisco Rico, 'Prólogos al Canzoniere (*Rerum vulgarium fragmenta*, I–III)', *Annali della Scuola Normale Superiore di Pisa*, 18 (1988), 1071–1104; Giorgio Orelli, *Il suono dei sospiri. Sul Petrarca volgare* (Turin: Einaudi, 1990), pp. 30–35; Natascia Tonelli, 'I sonetti 2 e 3 dei *Rerum vulgarium fragmenta*', *Lectura Petrarce*, 20 (2000), 173–90; Adelia Noferi, *Frammenti per i Fragmenta di Petrarca*, ed. by Luigi Tassoni (Rome: Bulzoni, 2001), pp. 43–64. On *Rvf* 3, see Manlio Pastore Stocchi, 'I sonetti III e LXI', *Lectura Petrarce*, 1 (1981), 3–23; Andreas Kablitz, '"Era il giorno ch'al sol si scoloraro per la pietà del suo factore i rai". Zum Verhältnis von Sinnstruktur und poetischem Verfahren in Petrarcas Canzoniere', *Romanistisches Jahrbuch*, 39 (1988), 45–72; Rico, 'Prólogos'; Tonelli, pp. 173–90; Noferi, pp. 65–82. English translations of Petrarch's *Rvf* are quoted from Petrarch, *Lyric Poems: The Rime sparse and Other Lyrics.*, ed. and trans. by Robert M. Durling (Cambridge and London: Harvard University Press, 1976).
4. See, at least, Petrarca, *Canzoniere*, ed. by Santagata, pp. 13–21; and Tonelli, pp. 173–90.
5. See Petrarca, *Canzoniere*, ed. by Santagata, p. 13.
6. On the different forms of the *Canzoniere*, see, at least, Ernest Wilkins, *The Making of the Canzoniere* (Rome: Edizioni di Storia e Letteratura, 1951); and Marco Santagata, 'Le redazioni', in Petrarca, *Canzoniere*, ed. by Santagata, pp. ccv–ccix.
7. Both the Petrarchan *princeps* (published by Vindelino de Spira in Venice in 1470) and the Milan edition of 1473 by Antonio Zarotto follow the order 3–2.
8. On Patrizi's commentary, see Laura Paolino, 'Per l'edizione del commento di Francesco Patrizi da Siena al Canzoniere di Petrarca', *Nuova rivista di letteratura italiana*, 2.1 (1999), 153–311; Laura Paolino, 'Il fratello di Madonna Laura. Spigolature di biografia petrarchesca dal commento di Francesco Patrizi ai *Rerum vulgarium fragmenta*', *Studi Petrarcheschi*, 13 (2000), 243–306; Marcozzi, *Petrarca platonico*, pp. 137–38; and Luca Marcozzi, 'Tra Da Tempo, Filelfo e Barzizza. Biografia sentimentale e allegoria morale nei commenti quattrocenteschi al Canzoniere di Petrarca',

Italianistica, 33.2 (2004), 163–77. On pseudo-Antonio da Tempo's commentary, see, at least, Dionisotti, pp. 88–89; Marcozzi, *Petrarca platonico*, pp. 111–15 and 175–76; and Marcozzi, 'Tra Da Tempo, Filelfo e Barzizza'.

9. [*Rvf* 1–136 with Filelfo's commentary and *Triumphi* with Ilicino's commentary] (Venice: Leonardus Wild, 1481), fol. A1[but A2]^v. This transcription — as all those included in the essay — follows a diplomatic approach. Only few minor interventions regarding punctuation and accents have been made to make the texts more readable. On Filelfo's commentary, see, at least, Francesco Filelfo, *Commento a Rerum vulgarium fragmenta 1–136*, ed. by Michele Rossi (Treviso: Antilia, 2018); Ezio Raimondi, 'Francesco Filelfo interprete del *Canzoniere*', *Studi petrarcheschi*, 3 (1950), 143–64; Rossella Bessi, 'Sul commento di Francesco Filelfo ai *Rerum Vulgarium Fragmenta*', *Quaderni petrarcheschi*, 4 (1987), 229–70; Rossella Bessi, 'Filelfo commenta Petrarca', *Schifanoia*, 15–16 (1995), 91–98; Marcozzi, 'Tra Da Tempo, Filelfo e Barzizza'; Marcozzi, *Petrarca platonico*, pp. 175–79; and Luca Verrelli, 'Il proemio del Commento di Francesco Filelfo ai *Rerum Vulgarium Fragmenta*; ipotesi preliminari', *Medioevo e Rinascimento*, 28 (2014), 95–125.

10. [*Rvf* 1–136 with Filelfo's commentary and *Triumphi* with Ilicino's commentary], fols A3^r–A3^v.

11. [*Triumphi* with Ilicino's commentary and *Canzoniere* with Filelfo's and Squarciafico's commentaries] (Venice: Pietro Cremonese, 1484).

12. *Petrarcha con doi commenti* (Venice: Albertino da Lissona, 1503).

13. On Acciapaccia, see Bessi, 'Sul commento'; Olga Casale and Laura Facecchia, 'Un (quasi) sconosciuto commento quattrocentesco al Canzoniere di Petrarca', *Filologia e Critica*, 23 (1997), 240–63; Marcozzi, 'Tra Da Tempo, Filelfo e Barzizza', p. 165; and Marcozzi, *Petrarca platonico*, pp 176–77. The manuscript containing Acciapaccia's commentary is Paris, Bibliothèque nationale de France, MS Italien 1025.

14. MS Italien 1025, fol. 4^r.

15. Ibid.

16. *Petrarcha con doi commenti sopra li sonetti et canzone* (Venice: Bernardino Stagnino, 1522).

17. *Le volgari opere del Petrarcha con la espositione di Alessandro Vellutello* (Venice: Giovanni Antonio Nicolini da Sabbio e fratelli, 1525). On Vellutello's commentary, see, at least, Carlo Dionisotti, 'Vellutello, Alessandro', in *Enciclopedia Dantesca*, ed. by Giorgio Petrocchi and others, 6 vols (Rome: Istituto dell'Enciclopedia Italiana, 1970–78), v, 905–06; Belloni, *Laura tra Petrarca e Bembo*, pp. 58–88; Kennedy, *Authorizing Petrarch*, pp. 45–52; Marcozzi, *Petrarca platonico*, pp. 200–09; Simone Albonico, 'Osservazioni sul commento di Vellutello a Petrarca', in *Il poeta e il suo pubblico*, ed. by Massimo Danzi and Roberto Leporatti (Geneva: Droz, 2012), pp. 63–100; Catharina Busjan, *Petrarca-Hermeneutik. Die Kommentare von Alessandro Vellutello und Giovan Andrea Gesualdo im epochalen Kontext* (Berlin and Boston: De Gruyter, 2013), pp. 1–185; and Sabrina Stroppa, 'Oltre la questione dell'"ordine mutato": il commento di Alessandro Vellutello al Petrarca volgare', *Atti e memorie dell'Accademia Galileiana di Scienze, Lettere ed Arti*, 131 (2018–19), 375–99.

18. *Le volgari opere del Petrarcha con la espositione di Alessandro Vellutello*, fol. A2^r.

19. *Il Petrarca col commento di messer Sylvano da Venaphro* (Naples: Mattia Cancer Antonio de Jouino, 1533). On da Venafro's commentary, see Nicole Volta's essay in this volume.

20. The two editions are: *Il Petrarcha col commento di messer Sebastiano Fausto da Longiano* (Venice: Francesco Bindoni and Maffeo Pasini, 1532) and *Il Petrarcha con l'espositione di messer Giovanni Andrea Gesualdo* (Venice: Giovanni Antonio Nicolini da Sabbio e fratelli, 1533). On Fausto da Longiano's commentary, see, at least, Belloni, *Laura tra Petrarca e Bembo*, pp. 120–45; and Marcozzi, *Petrarca platonico*, pp. 209–14. On Gesualdo's commentary, see, at least, Jon A. Quitslund, 'Spenser's *Amoretti* VIII and Platonic Commentaries on Petrarch', *Journal of the Warburg and Courtauld Institutes*, 36 (1973), 256–76; Gino Belloni, *Laura tra Petrarca e Bembo*, pp. 189–225; Kennedy, *Authorizing Petrarch*, pp. 55–62; and Busjan, *Petrarca-Hermeneutik*, pp. 186–382.

21. *Il Petrarcha col commento di messer Sebastiano Fausto da Longiano*, fol. A2^v.

22. *Il Petrarcha con l'espositione di messer Giovanni Andrea Gesualdo*, fol. A2^r.

23. On the interest of Renaissance authors in Petrarchan contradictions, see Maiko Favaro, *Ambiguità del petrarchismo. Un percorso fra trattati d'amore, lettere e templi di rime* (Milan: Franco Angeli, 2021), pp. 31–161.

24. On the strategies the Renaissance exegetes adopted to attempt to solve Petrarchan contradictions, see Favaro, pp. 31–70.
25. *I luoghi difficili del Petrarcha nuovamente dichiarati da messer Giovambatista da Chastiglione* (Venice: Giovanni Antonio Nicolini da Sabbio e fratelli, 1532). On Castiglione's work, see Belloni, *Laura tra Petrarca e Bembo*, pp. 142–44.
26. *I luoghi difficili del Petrarcha*, fols A3^r–A3^v.
27. *Il Petrarcha col commento di messer Sebastiano Fausto da Longiano*, fol. A2^v.
28. Ibid., fols A3^r–A3^v.
29. See ibid., fol. A3^v: 'Le potenze appetitive s'attribuiscono al cuore, et per diverse vie elle ponno destarsi, però ivi era ristretta la vertude per far sì ch'elle stessero ubidientissime alla ragione, una sola via havea lasciata aperta e senz'armi, qual istimava esser forte et in suo potere, et era la più debbole e la più perigliosa parte che fu quella degl'occhi, ma così va chi sopra 'l ver s'estima, che la specie dell'oggetto penetrò dalla vertù visiva degl'occhi al cuore.' ('The appetitive powers pertain to the heart, and they can be awoken by various pathways. Hence, the vital power was concentrated there [sc. in the heart] so that these powers were most obedient to reason. Only one pathway was left open and unarmed, a pathway that he judged to be strong and within his power, yet it proved to be the weakest and most dangerous one. It was the pathway of the eyes. And thus it is with those who judge true objects, since the image of the object penetrated from the visual power of the eyes into the heart.')
30. *Il Petrarca col commento di messer Sylvano da Venaphro*, fol. B3^v.
31. Ibid.
32. *Il Petrarcha con l'espositione di messer Giovanni Andrea Gesualdo*, fol. A2^v.
33. Ibid.
34. The two editions are *Sonetti, canzoni, e triomphi di messer Francesco Petrarcha con la spositione di Bernardino Daniello* (Venice: Giovanni Antonio Nicolini da Sabbio, 1541) and *Sonetti canzoni e triomphi di messer Francesco Petrarca, con la spositione di Bernardino Daniello* (Venice: Giovanni Maria Nicolini da Sabbio, Pietro Nicolini da Sabbio, and Giovanni Battista Pederzano, 1549). On Daniello's commentary, see, at least, Belloni, 'Commenti petrarcheschi'; Belloni, *Laura tra Petrarca e Bembo*, pp. 226–83; Carlo Dionisotti, 'Daniello, Bernardino', in *Enciclopedia Dantesca*, II, 303–04; Kennedy, *Authorizing Petrarch*, pp. 62–67; Ezio Raimondi, 'Bernardino Daniello e le varianti petrarchesche', *Studi Petrarcheschi*, 5 (1952), 95–130; Edoardo Barbieri, 'Nella selva delle varianti d'autore: l'esperienza di Bernardino Daniello', in *Petrarca nel tempo. Tradizione lettori e immagini delle opere. Catalogo della mostra (Arezzo, Sottochiesa di San Francesco, 22 novembre 2003–27 gennaio 2004)*, ed. by Michele Feo (Pontedera: Bandecchi & Vivaldi, 2003), pp. 151–52 (p. 151); idem, 'Bernardino Daniello e le varianti d'autore (Milano, Biblioteca Ambrosiana, S.N.G. VII.58)', in *Francesco Petrarca. Manoscritti e libri a stampa della Biblioteca Ambrosiana*, ed. by Marco Ballarini, Giuseppe Frasso, and Carla Maria Monti (Milan: Scheiwiller, 2004), pp. 126–27; and Marcozzi, *Petrarca platonico*, pp. 217–35.
35. *Sonetti, canzoni, e triomphi [...] con la spositione di Bernardino Daniello* (1541), fol. A2^v and *Sonetti, canzoni, e triomphi [...] con la spositione di Bernardino Daniello* (1549), fol. A3^r.
36. *Il Petrarca con dichiarationi non piu stampate* (Lyon: Guillaume Rouillé, 1558). On Ridolfi, see, at least, Nicola Dusi, 'Lucantonio Ridolfi e Francesco Petrarca: Un esegeta fiorentino a Lione', *Studi Petrarcheschi*, 20 (2007), 125–50; Richard Cooper, 'Le cercle du Lucantonio Ridolfi', in *L'émergence littéraire des femmes à Lyon à la Renaissance, 1520–1560*, ed. by Michèle Clément and Janine Incardona (Saint-Étienne: Université de Saint-Étienne 2008), pp. 29–50; Paolo Procaccioli, 'Le "tre corone" a Lione. Guillaume Rouville e Lucantonio Ridolfi', in *Le Savoir Italien sous les presses Lyonnaises à la Renaissance*, ed. by Silvia d'Amico and Susanna Gambino Longo (Geneva: Droz, 2017), pp. 223–44.
37. It is interesting to note that a few years before the publication of the 1558 volume edited by Ridolfi, Rouillé had printed an edition of the *Canzoniere* and *Triumphi* with a commentary written by Antonio Brucioli (1550). Even though Ridolfi was the dedicatee of this edition and he provided its reprint — published in 1551 again by Rouillé — with a detailed index of Petrarchan rhymes listed in alphabetical order, some significant aspects that would have been placed at the centre of the annotations included in Ridolfi's 1558 volume did not seem to have

attracted Brucioli's attention, despite the two authors being in contact and sharing a strong interest for Petrarch. As far as the analysis of *Rvf* 2 and 3 is concerned, Brucioli does not only seem uninterested in the main issue concerning the date of Petrarch's *innamoramento* in *Rvf* 3 raised by Ridolfi — that will be discussed later in this essay — but he also makes no mention at all of the contradiction between sonnets 2 and 3, which occupied almost the whole entirety of the annotations to *Rvf* 2 in Ridolfi's 1558 volume. On Brucioli's commentary, see, at least, Davide Dalmas, 'Antonio Brucioli editore e commentatore di Petrarca', in *Antonio Brucioli. Humanisme et Évangélisme entre Réforme et Contre-Réforme*, ed. by Élise Boillet (Paris: Champion, 2008), pp. 131–45.

38. *Il Petrarca con dichiarationi non piu stampate*, fol. A6^v.
39. Ibid., fol. A7^r.
40. Ibid., fol. A6^v.
41. Ibid., fol. A6^v.
42. *Ragionamento havuto in Lione da Claudio de Herberé et da Alessandro de gli Uberti* (Lyon: Guillaume Rouillé, 1557).
43. Ibid., fols F3^r–F3^v.
44. See Cooper, pp. 42–43.
45. *Le rime del Petrarca brevemente sposte per Lodovico Castelvetro* (Basel: Pietro de Sedabonis and Pietro Perna, 1582). On Castelvetro's Petrarchan commentary, see, at least, Belloni, *Laura tra Petrarca e Bembo*, pp. 71–77; Maria Grazia Criscione, 'Una redazione ignota del commento di Lodovico Castelvetro ai primi quattro sonetti dei *Rerum Vulgarium Fragmenta*', *Studi Petrarcheschi*, 9 (1992), 137–220; Kennedy, *Authorizing Petrarch*, pp. 3–4, 75–80, and 257–71; Ezio Raimondi, 'Gli scrupoli di un filologo. Ludovico Castelvetro e il Petrarca', in Raimondi, *Rinascimento Inquieto* (Turin: Einaudi, 1994), pp. 57–142; Marcozzi, *Petrarca platonico*, pp. 223–35; Natalino Sapegno, 'Lineamenti di una storia della fortuna e della critica petrarchesca', in *Petrarca. Lezioni e saggi*, ed. by Giulia Radin (Turin: Aragno Editore, 2004), pp. 127–262 (pp. 147–49, 152–55, and 180); Valentina Grohovaz, 'Gli esordi di Lodovico Castelvetro nel commento a Petrarca: la lettera a Giovanni Falloppia (ms. Ambr. D 246 inf)', in *Omaggio a Lodovico Castelvetro (1505–1571). Atti del seminario di Helsinki, 14 ottobre 2005*, ed. by Enrico Garavelli (Helsinki: Publications du Département des Langues Romanes, 2006), pp. 7–25; Alberto Roncaccia, *Il metodo critico di Ludovico Castelvetro* (Rome: Bulzoni, 2006), pp. 195–236; and Roberto Gigliucci, *Lodovico Castelvetro. Filologia e ascesi* (Rome: Bulzoni, 2007).
46. *Le rime del Petrarca brevemente sposte per Lodovico Castelvetro*, fol. C1^v.
47. *Considerazioni sopra le Rime del Petrarca d'Alessandro Tassoni* (Modena: Giulian Cassiani, 1609). On this work, see, at least, Antonio Daniele, '"Una pura disputa di cose poetiche, senza rancore di sorte alcuna". Alessandro Tassoni, Cesare Cremonini e Giuseppe degli Aromatari', in *La memoria innamorata. Indagini e letture petrarchesche* (Rome and Padua: Antenore 2005), pp. 219–47; Andrea Lazzarini, 'Attorno alle *Considerazioni sopra le rime del Petrarca*', in *Alessandro Tassoni. Poeta, erudito, diplomatico nell'Europa dell'età moderna*, ed. by Duccio Tongiorgi and Maria Cristina Cabani (Modena: Panini, 2017), pp. 121–38; Andrea Lazzarini, 'Laura, Francesco e Tassoni. Una critica secentesca agli amori del Petrarca', *Griseldaonline*, 18/2 (2019), 45–62; and Andrea Lazzarini, '*Pazza cosa sarebbe la poesia*'. *Alessandro Tassoni lettore del Trecento fra Barocco ed Età Muratoriana* (Modena: Panini, 2020).
48. See *Considerazioni sopra le Rime del Petrarca d'Alessandro Tassoni*, fol. A4^v: 'alcuni espongono la mia virtute ristretta al core cioè se fosse stata ristretta al cuore, era per fare etc.' ('some expound 'my vital power was concentrated in my heart' with the sense of it being concentrated there to make, etc.'). In this passage, Tassoni employs the exact words used by Ridolfi in his remarks on *Rvf* 2.9 (see *Il Petrarca con dichiarationi non piu stampate*, fol. A7^r: 'se la vertù fosse stata ristretta al cuore del poeta era per fare').
49. *Considerazioni sopra le Rime del Petrarca d'Alessandro Tassoni*, fol. A5^r.
50. As far as referring to Dante in the Petrarchan commentaries on *Rvf* 2 and 3 is concerned, it is possible to note, for example, that Gesualdo, Daniello, and Giulio Camillo (as well as Filelfo) mention Dante while analysing the Petrarchan expression 'poggio faticoso et alto' ('weary high mountain') of *Rvf* 2.12.

51. On the date 6 April 1327 in Petrarch, see, at least, Carlo Calcaterra, *La 'data fatale' nel 'Canzoniere' e nei 'Trionfi'* (Turin: Chiantone, 1926); Bortolo Martinelli, '"Feria sexta aprilis". La data sacra nel *Canzoniere* del Petrarca', *Rivista di storia e letteratura religiosa*, 8 (1972), 449–85 (subsequently published in: *Petrarca e il Ventoso* [Bergamo: Minerva Italica, 1977], pp. 103–48); Pastore Stocchi, pp. 3–23; Marco Santagata, 'Piccola inchiesta cinquecentesca sul 6 aprile di Petrarca', in *Omaggio a Gianfranco Folena*, 2 vols (Padua: Editoriale Programma, 1993), II, 985–99; Tonelli, pp. 173–90; Noferi, pp. 65–82; and Maddalena Signorini, *Sulle tracce di Petrarca. Storia e significato di una prassi scrittoria* (Florence: Olschki, 2019), pp. 61–72.
52. *Le volgari opere del Petrarcha con la espositione di Alessandro Vellutello*, fol. AA8^r.
53. See, for example, Pietro Pagano's commentary on *Rvf* 2 (London, British Library, MS Additional 33470, fols 4^v–6^r).
54. *Le volgari opere del Petrarcha con la espositione di Alessandro Vellutello*, fol. A2^v.
55. *Il Petrarcha con l'espositione di messer Giovanni Andrea Gesualdo*, fol. A3^v.
56. *Le rime del Petrarca brevemente sposte per Lodovico Castelvetro*, fol. C1^v.
57. Ibid., fol. B4^v.
58. See *Il Petrarca con dichiarationi non piu stampate*, fols A4^v–A5^v.
59. See ibid., fol. A5^r.
60. *Il Petrarca con nuove spositioni nelle quali oltre l'altre cose si dimostra qual fusse il giorno et l'hora del suo innamoramento* (Lyon: Guillaume Rouillé, 1564).
61. Ibid., fols ★4^v–a1^v.
62. Ibid., fol. ★★4^r.
63. *Le rime del Petrarca brevemente sposte per Lodovico Castelvetro*, fol. B4^v.
64. *Considerazioni sopra le Rime del Petrarca d'Alessandro Tassoni*, fols 5^v–6^v and 7^v–8^v.
65. *Considerazioni*, fol. 8^v. This remark by Tassoni — as most of his comments on *Rvf* 1–10 — was attacked by Giuseppe degli Aromatari in his *Risposte di Giuseppe degli Aromatari alle Considerazioni di Alessandro Tassoni sopra le Rime del Petrarca* (Padua: Orlando Jadra, 1611). Tassoni argued against the *Risposte* with another work, *Avvertimenti di Crescenzio Pepe da Susa al Sig. Giosefo degli Aromatari* (Modena: Giulian Cassiani, 1611). The controversy continued with Degli Aromatari's reply, *Dialoghi di Falcidio Melampodio in risposta a gli Avvertimenti dati sotto nome di Crescentio Pepe a Gioseffe degli Aromatari* (Venice: Evangelista Deuchino, 1613). Tassoni responded again to the *Dialoghi* with his *La tenda rossa* (Frankfurt [but Modena]: [no printer], 1613), which concluded the polemic. On this controversy, see, at least, Daniele, '"Una pura disputa di cose poetiche"'; and Luca Ferraro, 'La Tenda rossa. Un esperimento di forma ibrida prima della Secchia', in *Alessandro Tassoni. Poeta, erudito, diplomatico*, pp. 139–54.
66. See Sforza Pallavicino, *Lettere inedite* (Rome: Tipografia della Società Editrice Romana, 1848), pp. 80–82. On these letters, see Eraldo Bellini, 'Petrarca e i letterati barberiniani', in *Petrarca in Barocco. Cantieri petrarcheschi*, ed. by Amedeo Quondam (Rome: Bulzoni, 2004), pp. 167–97 (p. 183).
67. *Iacobi Philippi Tomasini Petrarcha redivivus* (Padua: Paolo Frambotto, 1650). The work by Tomasini also appeared in a shorter form in 1635: *Iacobi Philippi Tomasini Petrarcha redivivus* (Padua: Livius Pasquatus and Jacobus Bortolus, 1635). On the differences between the 1635 and the 1650 editions, see Giuseppe Billanovich, 'Nuovi autografi (autentici) e vecchi autografi (falsi) del Petrarca', *Italia medioevale e umanistica*, 22 (1979), 223–38 (p. 231). Material evidence seems to prove that a third edition of Tomasini's work exists: *Iacobi Philippi Tomasini Franciscus Petrarcha redivivs* [sic] (Padua: Varisco de Varisci, 1630). A copy of this volume is housed in Ithaca, NY, Cornell University Library, Petrarch PQ4505.A2 T65.
68. See Martinelli, '"Feria sexta aprilis"', p. 112.
69. Tomasini published the first version of Beccadelli's *Vita del Petrarca* in his *Petrarcha redivivus* (1650), fols O3^r–S1^r. The revised second version of Beccadelli's work was transmitted in Venice, Biblioteca Nazionale Marciana, MS Lat. XIV 79 (=4331). This second version was published by Jacopo Morelli in *Le rime di Francesco Petrarca tratte da' migliori esemplari, con illustrazionii inedite di Ludovico Beccadelli*, 2 vols (Verona: Nella stamperia Giuliari, 1799), I, 4–89. Beccadelli's revised life of Petrarch can now be read in: Ludovico Beccadelli, 'Vita del Petrarca (seconda redazione)', in Giuseppe Frasso, *Studi su i 'Rerum vulgarium fragmenta' e i 'Triumphi'*, I: *Francesco Petrarca e Ludovico Beccadelli* (Padua: Antenore, 1983), pp. 27–86.

70. Beccadelli, *Vita del Petrarca (seconda redazione)*, p. 78.
71. See Favaro, pp. 31–70 and 105–40.

CHAPTER 6

Petrarca, il ritratto e le arti figurative. La lezione di Giambattista Gelli sui sonetti 77 e 78 del *Canzoniere*

Johannes Bartuschat

La lezione di Giambattista Gelli sui sonetti 77 e 78 del *Canzoniere*, dedicati al ritratto di Laura eseguito da Simone Martini, è stata pronunciata nel 1549 davanti all'Accademia Fiorentina e pubblicata lo stesso anno.[1] Si tratta di un testo di grande interesse per la ricezione di Petrarca nell'ambito dell'Accademia Fiorentina, ma anche di un documento singolare in quanto getta luce sui rapporti tra l'esegesi petrarchesca e la riflessione cinquecentesca sulle arti. Come vedremo, la lezione affronta, con un notevole impegno, diversi quesiti relativi alla storia e alla concezione delle arti figurative. Difatti, secondo Gelli, Petrarca nei due sonetti non ha tanto descritto il ritratto di Laura quanto piuttosto esposto la propria concezione dell'arte. Per cogliere le diverse implicazioni di questo approccio bisogna tenere conto delle considerazioni introduttive della lezione, dedicate alle caratteristiche della poesia di Petrarca e alle arti figurative.

L'elogio della poesia di Petrarca si impernia su un paragone tra questi e Dante.[2] Per Gelli è essenziale respingere un'idea che poteva risultare dalla canonica contrapposizione tra i due autori, ossia che Petrarca sia un poeta 'leggiadro' da apprezzare prevalentemente per la sua perfezione formale, mentre a Dante vada riconosciuta una maggiore profondità di pensiero, e riabilitare Petrarca come un 'poeta di dottrina'. Questa posizione, in netto contrasto con il culto bembesco di Petrarca, è alla base della lettura dei due sonetti, che nell'ottica del Gelli possiedono un notevole spessore dottrinale; tale dottrina è però 'nascosta' e deve pertanto essere svelata dall'esegeta.[3] Mentre Dante viene universalmente celebrato come colui che ha fatto rinascere la poesia e che è degno di una gloria pari a quella di Omero e Virgilio (e Gelli cita in merito versi del capitolo *Come per dritta linea l'occhio al Sole* del Saviozzo),[4] il valore di Petrarca non è stato ancora apprezzato. Ne possiamo dedurre che con la sua lezione egli intende contribuire a colmare questa lacuna e che la concezione dell'arte figurativa in Petrarca è da considerarsi un elemento importante nella fondazione della letteratura volgare. Ci dobbiamo allora chiedere perché per Gelli il fatto che Petrarca si sia pronunciato sulle arti figurative rivesta questa importanza.

Nella presentazione della lezione, la storia dell'arte e della poesia sono intrecciate[5] e ruotano entrambe intorno al motivo centrale della rinascita, avvenuta ad opera rispettivamente di Giotto e di Dante. Dobbiamo ricordare che Gelli è autore di una incompiuta raccolta di biografie d'artisti fiorentini: Le *Venti vite d'artisti*,[6] probabilmente posteriore alla lezione petrarchesca, offrono una storia dell'arte incentrata sull'elogio dell'eccellenza fiorentina. Difatti, se le notizie sugli artisti provengono da diverse fonti, l'impostazione generale segue sia il modello del *De origine civitatis Florentiae* di Filippo Villani, il cui patriottismo culturale assume una nuova attualità negli anni in cui Gelli scrive, sia quello, più vicino nel tempo, di Cristoforo Landino, che nella prefazione del suo commento dantesco include i pittori in una galleria di famosi fiorentini. Le *Vite* del Gelli sembrano essere state redatte indipendentemente dalle *Vite* del Vasari; rispetto a queste ultime si notano certe somiglianze ma anche un minore impegno teorico.[7] La celebrazione dell'eccellenza fiorentina va a scapito di una elaborazione concettuale specifica delle arti figurative. Si noti tuttavia anche in questo scritto l'insistenza su una ben precisa prospettiva storica (d'altronde già presente nella letteratura artistica precedente, dai commenti danteschi, fino a Cennino Cennini e a Ghiberti):[8] quella che concepisce l'evoluzione dell'arte come il racconto di una progressiva rinascita. Il protagonista assoluto di questa galleria di grandi artisti è Giotto, colui che è stato capostipite di tale processo di rinnovamento attraverso il suo magistero sugli artisti successivi.

Lo stesso ruolo spetta a Giotto nella sintesi storica della lezione. Dopo aver ricordato le arti figurative antiche,[9] l'autore ripercorre la storia dell'arte moderna come un processo di graduale perfezionamento. È Giotto ad aver riportato l'arte alla sua vera missione, quella dell'imitazione della natura.[10] Il riconoscimento del ruolo storico di Giotto spiega anche l'apprezzamento della pittura nella cultura umanistica, attestato dall'epitaffio del pittore stilato da Poliziano, di cui Gelli cita il primo verso: 'Ille ego sum per quem pictura extincta revixit' ('Sono io quello che fece rivivere la morta pittura').[11] Come in Vasari, Michelangelo è considerato il punto d'arrivo di questo processo di perfezionamento dell'arte poiché egli 'l'ha condotta finalmente a tal termine di perfezione, che pare che sia restato più nulla da desiderare in quella'.[12]

Nella prospettiva storica abbozzata dall'autore sono le arti figurative ad aver preceduto la poesia sulla via del rinnovamento. Questo spiega un'affermazione che risulta fondante per la lettura di Gelli: che che Petrarca, nei sonetti 77 e 78, abbia voluto misurarsi con l'ecfrasi dei canti X e XII del *Purgatorio*,[13] nella quale Dante ha saputo mettersi in relazione con la novità dell'arte di Giotto, e dimostrare di essere all'altezza, per così dire, dell'arte del suo tempo. La centralità delle arti figurative nella Firenze del tempo viene in questo modo retroproiettata sull'epoca dei due poeti; per questa ragione a Gelli doveva sembrare indispensabile che Petrarca avesse espresso una dottrina in campo artistico.

Come abbiamo già visto, secondo Gelli, Petrarca nei due sonetti ha voluto riflettere sull'arte da un punto di vista filosofico; i sonetti non vengono quindi analizzati come testo ecfrastico, ma come testo teorico. Questa impostazione è in parte giustificata dalla lettura gelliana dell'ecfrasi purgatoriale come veicolo della teoria artistica di Dante (e il suo commento mette per l'appunto in rilievo questa dimensione):[14] di conseguenza, nell'intento di emulare il poeta della *Commedia*, Petrarca doveva cimentarsi con gli stessi quesiti. La ragione principale sta però nel fatto che il ritratto di Laura è secondo Gelli di una natura particolare, poiché mira esclusivamente a restituire la dimensione ideale della sua bellezza.

Difatti notiamo subito che la lezione presenta pochi legami con la riflessione coeva sulla ritrattistica che a questa altezza cronologica si elabora in svariati testi, pur senza aver ancora assunto la forma di una vera e propria teoria;[15] questioni centrali di tale dibattito, come la vividezza del ritratto, la somiglianza, e la sua funzione di rendere manifeste le virtù del soggetto, non giocano infatti nessun ruolo. Questo approccio provoca difficoltà concettuali che illustreremo in seguito e che portano d'altronde Gelli a fare pochi riferimenti alla ritrattistica e a parlare il più delle volte più genericamente di 'arte'. Considerare il ritratto come rivelazione di una dimensione 'ideale' e, pertanto, quanto più lontano dal 'visibile', spinge la riflessione dell'autore in direzioni poco esplorate dalla discussione coeva, poiché lo costringe ad interrogarsi sul rapporto tra arte e idea. Nulla nell'introduzione però prepara il terreno in questo senso poiché essa offre, dopo una sintetica panoramica della storia dell'arte, solo qualche considerazione generale, limitandosi ad affermazioni topiche sulla parentela tra poesia e pittura come arti dell'imitazione. Gelli prende in prestito le proprie categorie quasi esclusivamente da Aristotele (*Poetica* e *Retorica*) e non si notano tentativi di dare alle arti figurative uno specifico fondamento teorico attraverso nozioni come il 'disegno'. Per lo Stagirita, l'imitazione è naturale per l'uomo,[16] e Gelli insiste, sempre nel solco di Aristotele, sul diletto che procura la contemplazione delle immagini, aggiungendo però che in realtà il beneficio principale della fruizione delle opere d'arte risiede nell'accesso alla conoscenza. Secondo Gelli il ruolo dell'arte nell'apprendimento si spiega con il fatto che l'esperienza visiva agevola la conoscenza poiché ogni atto conoscitivo parte da una percezione sensoriale.[17] Risulta però importante la specificazione che la conoscenza non viene acquisita direttamente grazie alla contemplazione di un'opera d'arte ma tramite il confronto tra essa e la realtà rappresentata, che essa nasce per così dire dalla percezione di uno scarto.[18]

Come vorremmo dimostrare ora, il concetto del ritratto 'ideale', per la maniera in cui è svolto nell'analisi dei due sonetti, mette in crisi sia l'idea dell'arte come mimesi della natura sia quella della percezione sensoriale come base della fruizione artistica. Secondo Gelli, Petrarca tratta dell'arte in una prospettiva prima platonica (sonetto 77) e poi aristotelica (sonetto 78) ma rinuncia a offrire una sintesi o a esprimere una preferenza per uno dei due punti di vista. I riferimenti filosofici della lezione sono stati oggetto di due eccellenti contributi di Bernhard Huss,[19] ai quali rimandiamo. Va però osservato che Gelli usa sì nelle due parti della lezione concetti e termini attinti dalla filosofia di Platone e di Aristotele, ma che non si può dire che esponga una visione platonica o aristotelica dell'arte in sé. L'autore mobilita piuttosto concetti filosofici generali (per Platone la dottrina delle idee, e per Aristotele il concetto di 'creazione') che servono a circoscrivere quesiti di teoria artistica che costituiscono lo sfondo della sua riflessione, altrimenti non esplicitata per mancanza di strumenti e termini specifici. Per avvicinarci a una ricostruzione di tale sfondo, può risultare utile e stimolante il riferimento a un testo che Gelli forse non conosceva, ma che condensa in modo compiuto le questioni di teoria artistica che egli affronta. Si tratta di un passo del terzo libro dei *Memorabilia* di Senofonte (III. 6. 1–10)[20] in cui Socrate rivolge una serie di domande al pittore Parrasio, che possiamo riassumere così: è vero che l'arte raffigura cose viste, ovvero che riproduce quello che percepiamo coi sensi? Che questo non sia vero, viene illustrato con l'esempio dell'artista che, per dipingere una persona bella, combina tratti di varie persone giudicate tali, riproducendo quindi non le fattezze di una persona vivente, bensì la ricostruzione di un ideale di bellezza. Inoltre, chiede Socrate, se la pittura fosse la riproduzione di cose visibili, com'è possibile spiegare che essa raffigura anche i moti dell'animo, le emozioni, le virtù? Nel colloquio successivo Socrate chiede allo scultore Clitone come sia possibile che le statue sembrino viventi, suggerendo così che una qualità essenziale dell'opera d'arte, la sua vividezza, non possa essere spiegata con l'imitazione. È notevole che quasi tutta l'argomentazione sollevi quesiti che mettono in difficoltà una teoria meramente mimetica dell'arte. Troveremo molti di questi elementi nella lezione di Gelli.

Per il primo sonetto l'interpretazione si struttura intorno alla seguente questione: cosa significa che Simone Martini sia 'stato in cielo' per eseguire il ritratto di Laura? Gelli non tiene conto della possibilità che si tratti di una iperbole, una formula retorica per esprimere la capacità dell'artista di far apparire nelle fattezze di Laura una bellezza 'celeste'. Per lui Simone Martini è stato effettivamente in cielo nel senso che ha trasposto nel suo ritratto una dimensione ideale, che Gelli identifica con le Idee platoniche. Questa è la ragione per cui la lezione comincia con una sintetica esposizione della dottrina platonica delle Idee. Nel panorama del pensiero sull'arte del Cinquecento, la posizione di Gelli, che quindi considera il ritratto di Simone Martini il diretto riflesso di un'Idea in senso platonico, risulta molto originale.

Nelle discussioni coeve è significativamente spesso la bellezza femminile ad essere percepita come una sfida alla raffigurazione artistica perché essa costringe l'artista a superare l'aspetto visibile e a cogliere un ideale che si situa al di sopra delle apparenze. Ricordiamo i dibattiti intorno al famoso aneddoto di Zeusi che a Crotone ritrae Elena, combinando i tratti delle cinque fanciulle più belle della città.[21] L'aneddoto (di cui abbiamo trovato una prima variazione in Senofonte) è particolarmente rilevante per l'estetica perché adombra, attraverso l'evocazione di un processo creativo 'eclettico', il concetto che un artista possa creare qualcosa che non ha corrispondenza nella realtà e che nel farlo sia guidato da un'idea non ricavata dal mondo sensibile. Gelli, però, non sposa questa teoria perché l'essenza di Laura è trascendente e neanche la combinazione dei tratti più eccellenti di bellezze terrene permetterebbe di avvicinarsi alla sua bellezza, che è di un'altra natura. Affermando che Simone Martini ha concepito il ritratto di Laura a partire dall'Idea in senso platonico, Gelli va anche al di là della teoria, di ascendenza tomistico-scolastica, secondo la quale l'artista deve possedere un'idea, ovvero un concetto mentale, prima di poter creare, formulata in modo compiuto da Dante: 'nullo dipintore potrebbe porre alcuna figura, se intenzionalmente non si facesse prima tale, quale la figura essere dee' (*Convivio*, IV. x. 11).

È però lo stesso Gelli a sollevare una difficoltà: Simone Martini non ha potuto raffigurare 'l'idea' di Laura, perché non esistono secondo la dottrina platonica 'le idee' di singole persone.[22] Il pittore ha pertanto visto e tradotto in un artefatto l'idea della natura umana in universale, la quale conviene che sia la più bella figura umana che si possa trovare.[23]

Troviamo una concezione alquanto simile in un famoso brano di Cicerone, discusso d'altronde ampiamente da Panofsky nel suo saggio *Idea*,[24] e che forse — anche se non viene citato — costituisce una fonte di Gelli:

> Atque ego in summo oratore fingendo talem informabo qualis fortasse nemo fuit. Non enim quaero quis fuerit, sed quid sit illud quo nihil esse possit praestantius, quod in perpetuitate dicendi non saepe atque haud scio an nunquam in aliqua autem parte eluceat aliquando, idem apud alios densius, apud alios fortasse rarius. Sed ego sic statuo, nihil esse in ullo genere tam pulchrum, quo non pulchrius id sit unde illud ut ex ore aliquo quasi imago exprimatur. Quod neque oculis neque auribus neque ullo sensu percipi potest, cogitatione tamen et mente complectimur. Itaque et Phidiae simulacris, quibus nihil in illo genere perfectius videmus, et eis picturis quas nominavi cogitare tamen possumus pulchriora. Nec vero ille artifex cum faceret Iovis formam aut Minervae, contemplabatur aliquem e quo similitudinem duceret, sed ipsius in mente insidebat species pulchritudinis eximia quaedam, quam intuens in eaque defixus ad illius similitudinem artem et manum dirigebat. ut igitur in formis et figuris est aliquid perfectum et excellens, cuius ad cogitatam speciem imitando referuntur ea, quae sub oculos ipsa non cadunt, sic perfectae eloquentiae speciem animo videmus, effigiem auribus quaerimus. has rerum formas appellat ἰδέας ille non intellegendi solum sed etiam dicendi gravissimus auctor et magister Plato easque gigni negat et ait semper esse ac ratione et intellegentia contineri; cetera nasci, occidere, fluere, labi nec diutius esse uno et eodem statu. (*Orator* 2–3)

> [Pertanto io, nell'immaginare il tipo del perfetto oratore, lo delineerò tale quale forse nessuno fu. Infatti non mi propongo di sapere chi sia stato, ma in che consista quel pregio di cui nulla può esservi di più stimabile che non davvero spesso, e non so se mai, splenda nel corso di una lunga orazione; tuttavia talvolta brilla qua e là in essa, più frequentemente presso alcuni e presso altri forse più raramente. Ma io pongo questo principio, che nulla in alcun genere vi è di tanto bello di cui non vi sia alcunché di più bello da cui esso derivi come un ritratto da un volto vivo; e ciò che non può essere percepito né con gli occhi né con le orecchie né con alcun senso noi lo abbracciamo soltanto con la forza del pensiero. Ugualmente possiamo immaginare sculture più belle di quelle di Fidia, delle quali non vediamo nulla di più compiuto in quel genere, e così di quelle pitture di cui ho fatto menzione; né invero quell'artefice, mentre plasmava le figure di Giove o di Minerva, aveva innanzi agli occhi uno da cui potesse detrarre la somiglianza, ma nella sua immaginazione era insito un eccelso ideale di bellezza, nella cui estatica contemplazione e alla cui somiglianza rivolgeva la sua mano creatrice. Come dunque nelle opere di scultura e di pittura vi è un tipo di insuperabile perfezione, alla cui vagheggiata bellezza mercé l'imitazione esse sono rapportate, eppure quella non cade sotto

i nostri occhi, così col pensiero scorgiamo l'ideale della perfetta eloquenza e cerchiamo di afferrarne con l'orecchio l'immagine. Questi modelli delle cose il più autorevole e geniale maestro non solo del pensiero ma anche della parola, Platone, denomina idee, e dichiara che esse non nascono ed afferma che esistono sempre e sono contenute nel pensiero e nell'intelletto; tutte le altre cose nascono muoiono scorrono dileguano, né rimangono a lungo in un solo e medesimo stato.][25]

È significativo che Cicerone si riferisca alla creazione figurativa per postulare la necessità di partire dalla sua forma ideale per cogliere l'essenza di qualcosa e non dalle sue concrete realizzazioni. L'artista crea a partire da una 'species pulchritudinis eximia quaedam' ('un eccelso ideale di bellezza'). Notiamo tuttavia una certa ambivalenza: da una parte Cicerone afferma che l'opera d'arte ricava la sua bellezza dal fatto di derivare dall'Idea, dall'altra che una raffigurazione non può mai raggiungere o restituire la bellezza dell'idea.

Troviamo una simile ambivalenza in Gelli, dovuta al fatto che egli intende soprattutto scartare la possibilità che il ritratto pittorico sia il risultato di un processo di idealizzazione nel senso di un abbellimento della realtà o di un suo potenziamento. Simone Martini è stato in cielo perché doveva vedere direttamente l'idea; non poteva nel suo ritratto 'perfezionare' le fattezze di Laura perché il corpo terreno di lei non incarna il suo essere. Gelli scarta anche l'idea che la Laura di Simone Martini sia l'incarnazione suprema della bellezza femminile e che il pittore abbia quindi rappresentato nel suo ritratto simultaneamente la sua bellezza e la bellezza della donna in sé (concetto che troviamo ad esempio nei *Ritratti* del Trissino).

La ragione di questo rifiuto dell'avvenenza di Laura come soggetto del ritratto trova la sua ragione nell'affermazione che il corpo — platonicamente — non è che il carcere dell'anima.[26] Gelli coinvolge un'altra concezione platonica in virtù della quale le apparenze terrene non sono che una debole traccia, un'ombra delle idee. Per le fattezze terrene della donna Gelli usa sorprendentemente lo stesso termine di 'ritratto';[27] egli sottolinea così il fatto che il ritratto pittorico convenzionale non è altro che la riproduzione di una realtà inferiore che è già il riflesso del mondo delle Idee.[28] Gelli si avvicina quindi alla condanna platonica dell'arte come 'mimesi di una mimesi', ma per lui conta soprattutto evidenziare la singolarità di Laura e quindi la radicale differenza tra le sue fattezze terrene e la sua 'vera effigie'.[29] Sorge però la domanda sulle modalità che, secondo Gelli, permettono all'arte, precedentemente definita come imitazione delle realtà visibili, di rivelare l''Idea', e rimane aperta la questione su come Simone Martini abbia potuto trasporre la 'vera effigie' di Laura in un artefatto figurativo. Gelli precisa d'altronde che Simone Martini è stato sì in cielo, ma non ha veramente 'visto' l'idea poiché le esperienze dei sensi riguardano le cose mortali.[30]

A nostro parere è l'interpretazione di Petrarca a prendere il sopravvento sulla riflessione sull'arte e a condurre Gelli in una *impasse* argomentativa in cui l'arte non è più trasposizione di cose viste. Difatti per Gelli l'amore di Petrarca non può concernere Laura nella sua realtà terrena come donna mortale. Come rileva Huss,[31] Gelli rigetta la soluzione 'neo-platonica' secondo la quale nella passione amorosa la contemplazione della bellezza corporea può costituire il primo gradino di una scala che porta verso le Idee. Sembra invece condividere la concezione neo-platonica e ficiniana della bellezza come manifestazione sensibile di una perfezione superiore.[32] Tale concezione non è specificamente estetica poiché non considera il bello artistico e trascende anche il bello della Natura, poiché il godimento della bellezza si dirige non verso la sua manifestazione ma verso le sue cause.

Per Gelli, Simone Martini è superiore agli artisti antichi, come afferma Petrarca, per il fatto di aver cercato la sua ispirazione direttamente nel regno delle Idee; gli artisti antichi invece hanno creato le loro opere a partire dalla loro percezione della realtà mutabile. L'errore degli antichi è di ordine filosofico, ma esso è anche legato alla stessa natura dell'arte figurativa. Scambiare le fattezze di Laura con la sua 'vera effigie' è un pericolo insito nell'arte del ritratto che Petrarca ha saputo evitare. La sua meditazione sul ritratto di Laura si configura come una meditazione su essere e apparenza che ha permesso a Petrarca di comprendere che la bellezza non sta nel visibile. In altre parole: la poesia, dotata di strumenti filosofici, permette all'Io di sottrarsi al fascino dell'immagine.

Questo tema è determinante anche per l'analisi del secondo sonetto. Come per *Rvf* 77, possiamo qui identificare un quesito centrale: cosa significa il fatto che l'immagine sia priva di vita? Ancora una volta, Gelli parte da una lettura sorprendentemente letterale. È del tutto assente dalla sua analisi una concezione psicologica, che consideri come tema centrale il 'desiderio' dell'Io che il ritratto sia dotato di vita. Lettore di Plinio, Gelli non ignorava che in un famoso brano della *Storia naturale* l'enciclopedista latino aveva identificato come origine dell'arte la statua o il ritratto dell'amata che supplisce alla sua assenza e finisce per sostituirsi ad essa.[33] In Gelli, però, non compare l'idea che Petrarca si consoli con la contemplazione del ritratto o che contemplarlo intensifichi il suo desiderio. Il ritratto (dipinto o statua che sia) che sembra vivere, è un *topos* ben consolidato in numerosi componimenti poetici rinascimentali, magistralmente studiati da Federica Pich,[34] che nel solco dei due sonetti del Petrarca sono dedicati all'evocazione del ritratto dell'amata. Questo *topos*, inteso a esaltare la vividezza del ritratto, si unisce frequentemente ad allusioni al mito di Pigmalione e alla sua dimensione erotica. Citiamo qui solo un esempio, un sonetto di Antonio Brocardo (1538):

> O pura neve, o bianco marmo eletto,
> Ove, se ben contemplo intento e fiso,
> Lampeggiar veggo quel celeste riso,
> Colmo tutto di gioia e di diletto;
> Sasso tu non sei già, ché questo è il petto
> E di madonna il leggiadretto viso;
> Quest'è quell'aria pur, che un paradiso
> Chiaro dimostra nel suo bel conspetto.
> Antico Fidia, se dentro a' tuoi marmi
> Festi un bel volto già, chi vide in quello
> Atti, riso, guardar, moto e favella
> Com'io, che 'n questa pietra tutto 'l bello
> Scorgo de la mia donna? E certo parmi
> Ch'ella ragioni meco, ed io con ella.[35]

Gelli esclude invece dalla sua lettura queste tematiche topiche della descrizione lirica del ritratto. Ancora una volta il piano letterario risulta determinante perché il mito di Pigmalione è incompatibile, per la sua dimensione erotica, con la visione gelliana della passione dell'Io lirico dei *Rvf*.[36]

Gelli respinge il *topos* dell'immagine che sembra respirare o vivere anche a causa della sua implicita estetica che potremmo chiamare 'illusionistica', poiché celebra come potere supremo dell'arte quello di creare una parvenza di realtà. La retorica ecfrastica dell'epoca si riferisce spesso, per esaltare un artefatto, ad una possibile confusione tra natura e arte, ovvero ad un'opera d'arte talmente perfetta da superare la natura, dando così l'impressione di essere dotata di vita. Citiamo qui in merito solo due lettere dell'Aretino: nel 1542 questi scrive a Tiziano che il suo ritratto di Clarice Strozzi è una pittura talmente bella che 'merita di essere antiposta a quante pitture mai furono, e a quante mai saranno, tal che la natura è per giurare che tale effigie non è finta, se l'arte vol dire che ella non sia viva'; nel 1531 scrive al Conte Massimiliano Stampa a proposito di un particolare di un altro quadro di Tiziano: 'Del cremisi de la veste, e del cerviero de la fodera, non parlo, perché, al paragone, il vero cremisi, e il vero cerviero, son dipinti, et essi son vivi.'[37]

Cerchiamo di individuare le ragioni che portano Gelli ad opporsi alla visione dell'arte figurativa traghettata da affermazioni di questo tipo. Nella prima strofa del sonetto 78, che viene analizzata dettagliatamente, egli scorge una descrizione del processo della creazione artistica secondo categorie aristoteliche.[38] Petrarca avrebbe voluto dimostrare che la creazione artistica è inferiore a quella della Natura perché non è in grado di generare la vita in quanto, nei termini aristotelici impiegati da Gelli, le forme artificiali non possono conferire 'moti' ai loro 'subietti'.[39] Per cogliere le implicazioni di questa affermazione — che deve quindi ristabilire la distinzione e la gerarchia tra creazione naturale e creazione artistica — risulta cruciale la 'ragione' addotta dal Gelli: la Natura avrebbe posto un limite all'arte perché quest'ultima aveva raggiunto tali livelli di perfezione da poter sfidare, o addirittura superare, la stessa creazione naturale.[40] Se non le difettasse la capacità di conferire il moto e la vita alle sue creazioni, l'arte moderna potrebbe dunque essere considerata uguale o superiore alla Natura.

Gelli incorre in un'evidente contraddizione poiché basa il suo ragionamento sull'ontologia, e quindi sulle leggi immutabili della natura, e poi introduce una spiegazione di tipo storico. Difatti il tema della rivalità tra Arte e Natura è concepito in relazione all'arte contemporanea e soprattutto in relazione ai discorsi che la celebravano. Anche se Gelli condivide l'esaltazione di Michelangelo come sommo artista, prende le distanze dalla celebrazione contemporanea dell'artista 'divino' e dell'idea di un'arte che ricrea il mondo.[41]

Un'affermazione risulta particolarmente interessante in merito alla questione del potere dell'artista: la Natura avrebbe infatti posto questo limite all'arte nello specifico per la creazione di creature ibride, assicurandosi che queste sarebbero rimaste sterili, come nel regno animale accade per il mulo. Questa dichiarazione a prima vista sorprendente allude all'*Ars poetica* di Orazio che nei primissimi versi evoca la creazione di esseri ibridi e definisce questa come privilegio concesso ai pittori. André Chastel ha illustrato l'importanza di questo luogo oraziano per la teoria artistica medievale e rinascimentale.[42] La *quidlibet audendi potestas* riconosciuta dal poeta latino agli artisti figurativi diventa una formula per rivendicare il proprio potere e la propria libertà creativa, poiché essi creano ciò che non esiste in natura. Gelli si oppone a questa concezione e allude anche ad un altro *topos* della letteratura artistica spesso presente in questo contesto. Discorrendo di creazione naturale e creazione artistica, menziona opere d'arte che sembrano naturali, e che rischiano pertanto di creare una possibile confusione tra natura e arte.[43] Si tratta a nostro parere di un'allusione all'idea, già oggetto di un famoso aneddoto in Plinio (*Naturalis historia*, XXXV. 64–66) e ripresa da Boccaccio nella novella VI. 5 del *Decameron*,[44] che la suprema realizzazione delle arti figurative sarebbe la creazione di un'immagine che assomiglia a tal punto all'oggetto rappresentato da essere scambiata con esso. Gelli invece non considera tale confusione un pregio dell'arte ma la vuole escludere dagli obiettivi a cui deve mirare l'arte.

Chiariti questi quesiti generali, Gelli può procedere oltre e dimostrare che, in modo analogo al primo sonetto, la meditazione sul ritratto, quando inteso rettamente, può essere benefica da un punto di vista spirituale. Difatti, secondo Gelli, Petrarca non avrebbe desiderato che il ritratto potesse veramente possedere la vita, ma solo che fosse dotato di due qualità: la voce e l'intelletto. Un altro *excursus* filosofico, assai lungo,[45] dimostra che questi due elementi definiscono l'essere umano nella sua nobiltà, e Petrarca avrebbe pertanto purificato il suo amore dirigendolo verso la parte nobile dell'amata. Gelli capovolge in questo modo quanto suggerisce il sonetto: la contemplazione del ritratto non avrebbe acceso il desiderio in Petrarca, ma l'avrebbe nobilitato dirigendolo verso una dimensione immateriale e spirituale.

Come abbiamo visto, la condanna dell'arte che usurpa i poteri creativi della Natura e pretende di potersi sostituire ad essa prende di mira non tanto l'arte in sé, quanto piuttosto una certa concezione e un modo di fruizione della stessa, entrambi incentrati sull'illusione. Petrarca non ha ceduto alla forza seduttiva dell'immagine dirigendo tra l'altro il suo desiderio verso due qualità non visibili, la voce e l'intelletto. La resistenza al fascino del ritratto può pertanto essere identificata come il tema comune delle due parti della lezione. In ultima istanza Petrarca appare come un autore 'aniconico': la sua passione non è mediata dall'immagine.

Questa lezione di Gelli dedicata alle arti si distingue pertanto paradossalmente per la sua reticenza nei confronti dell'arte e per una certa diffidenza nei confronti del suo 'potere'. Come abbiamo già visto, non si tratta tuttavia di una sorta di ritorno alla condanna platonica dell'arte. La motivazione profonda di Gelli va cercata nella riflessione sulla gerarchia tra le arti. Anche se nell'introduzione aveva parlato di una parentela tra le arti figurative e la letteratura, egli concepisce il loro rapporto come una rivalità. Gelli vuole restituire alla poesia un primato e per questa ragione polemizza contro l'esaltazione, diffusa tra i contemporanei, dell'arte come ricreazione del mondo, che non solo imita o raffigura la natura, ma la supera poiché ne palesa in forme visibili l'essenza e i segreti, le idee. L'impalcatura teorica della lezione deve dimostrare l'infondatezza filosofica di una tale visione.

La rivalità tra poesia e pittura si manifesta con nettezza nel giudizio che Gelli esprime su Simone Martini. Se, come abbiamo visto, egli riconosce la superiorità del pittore rispetto agli antichi per il fatto di aver cercato la sua ispirazione nel mondo delle Idee e non in quello delle apparenze, nega con veemenza una sua superiorità dal punto di vista artistico-figurativo. Mentre Policleto (di cui Gelli ricorda, sulla scia di Plinio [*Naturalis historia*, XXXIV. 54], la vittoria in una gara tra scultori) fu il massimo artista greco, Simone Martini sarebbe un pittore di poco peso e dalla fama scarsa.

> E di maestro Simone da Siena non ci è memoria alcuna, che fussi di tanta fama; e oltre a di questo non si vede ancora molta arte in quelle opere che si trovano ai tempi nostri di suo; ché ne sono alcune in Santo Spirito, e quella facciata del Capitolo di Santa Maria Novella, la quale è di verso la Chiesa, dove è ritratta medesimamente da lui M. Laura, e di più M. Francesco Petrarca.[46]

Questo giudizio negativo stupisce se non fosse altro perché Gelli non poteva ignorare che Simone Martini era stato uno dei pittori più famosi e apprezzati del suo tempo. L'opera del pittore viene però pesantemente svalutata e considerata quasi esclusivamente in relazione al Petrarca. È significativo da questo punto di vista che Gelli dica che Simone Martini ha eseguito un ritratto di Petrarca e uno di Laura nell'affresco del Cappellone degli Spagnoli (oggi attribuito ad Andrea di Bonaiuto). Risulta molto interessante osservare che lo stesso giudizio su Simone Martini si ritrova nelle *Vite* del Vasari:

> Felicissimi si possono dir gli artefici che oltra l'eccellenza dell'arte loro sono il più delle volte accompagnati dalla natura di gentilezza e di bonissimi costumi. Ma più felici ancora si possono chiamare quando, nascendo al tempo di qualche dotto o raro poeta, gli diventano amici, perché oltra il dolce e virtuoso trattenimento della pratica loro, nel fargli un picciol ritratto od altra qualsivoglia cosa dell'arte spesso poi ne ritraggono scritti del loro purgato et eterno inchiostro in lode delle eccellenti pitture loro, le quali divengono eterne dove erano prima mortali. Laonde finché durano gli scritti loro, essi medesimamente in venerazione e in pregio si conservano, perché le pitture, che sono in superficie et in campo di colore, non possono avere quella eternità che dànno i getti di bronzo e le cose di marmo allo scultore: le quali, ancora che tacciano, recano, per la loro eccellenza, e maraviglia e stupore ad ogni persona intelligente in tale arte. Fu adunche quella di Simone grandissima ventura, oltra la sua virtù, vivere al tempo di messer Francesco Petrarca et abbattersi in Avignone alla corte, dove trovò questo amorosissimo poeta desideroso di avere la imagine di madonna Laura ritratta con bella grazia dalle dotte mani di maestro Simone; perché avendola poi come desiderava, ne fece memoria ne' due sonetti, l'uno dei quali comincia: 'Per mirar Policleto a prova fiso | con gli altri che ebber fama di quell'arte', e l'altro: 'Quando giunse a Simon l'alto concetto | ch'a mio nome gli pose in man lo stile'. Et invero questi sonetti hanno dato più fama alla povera vita di maestro Simone che quanti pagamenti gli furono mai fatti per le sue opere e per le sue virtù, perché questi si consumano tosto e quella, mentre gli scritti vivono, vive anch'ella con esso loro. Era maestro Simon Memmi sanese singulare maestro e bonissimo dipintore e molto stimato dai prelati in quel tempo: e questo nacque perché dopo la morte di Giotto

> maestro suo, avendolo seguito a Roma quando dipinse la nave del musaico e l'altre sue cose, Simone, contrafacendo la maniera di Giotto, fece una Vergine Maria nel portico di San Pietro, et un San Pietro e San Paulo, in quel luogo vicino dov'è la pina di bronzo, in un muro fra gli archi del portico da la banda di fuori, e vi ritrasse un sagrestano di San Pietro che accende alcune lampade a dette sue figure. La quale opera fu del continuo tenuta molto bella dai cortigiani e da chi conobbe Simone.[47]

Vasari ha quindi accolto e sviluppato lo spunto del Gelli.[48] Quello che era implicito in Gelli adesso diventa esplicito e costituisce addirittura l'esordio della biografia: il pittore deve la sua fama solo a Petrarca. Prescindiamo in questa sede dalla questione, sebbene molto rilevante, della 'stonatura' provocata da questo brano all'interno di un'opera tutta intesa alla celebrazione delle arti. A differenza di Gelli, Vasari cerca però di giustificare la sua posizione e discute la questione della fama di Simone Martini in una prospettiva storica: riconosce che questi era un pittore famoso ai suoi tempi, ma sostiene che tale fama fosse ingiustificata perché i suoi contemporanei non erano capaci di vedere la realtà di ciò che egli era: un cattivo imitatore di Giotto che contraffà la sua 'maniera'. Vasari aggiunge nella Giuntina pubblicata nel 1568, elementi nella direzione suggeritagli da Gelli: menziona l'elogio del pittore espresso da Petrarca in un brano delle *Familiares*[49] e alla fine della biografia dice che Pandolfo Malatesta aveva mandato Simone Martini presso Petrarca per avere il suo ritratto e che in quell'occasione il pittore avrebbe anche eseguito il ritratto di Laura.

> Come si vede nel nostro libro detto di sopra, non fu Simone molt'eccellente nel disegno, ma ebbe invenzione dalla natura e si dilettò molto di ritrarre di naturale, e in ciò fu in tanto tenuto il miglior maestro de' suoi tempi che 'l signor Pandolfo Malatesti lo mandò insino in Avignone a ritrarre messer Francesco Petrarca, a richiesta del quale fece poi con tanta sua lode il ritratto di Madonna Laura.[50]

Vasari prende spunto dalla *Seniles* I. 6 in cui tuttavia non si dice che il pittore sia Simone Martini.[51] Il rapporto con Petrarca chiude così in modo circolare la *Vita* del pittore, e il ritratto di Laura perde la sua singolarità, in quanto il personaggio da ritrarre era in prima linea il poeta stesso.

Mentre Vasari insiste nel correggere il giudizio su un pittore sopravvalutato, in Gelli è assente una prospettiva storica. A quest'ultimo non interessa mettere in rilievo la superiorità della pittura del suo tempo rispetto a Simone Martini, ma piuttosto affermare la superiorità del poeta sul pittore. Il 'paragone' tra poesia e arti figurative non verte però solo sul loro relativo prestigio e sulla facoltà della poesia di assicurare una fama duratura. A Gelli preme stabilire un 'paragone' tra le potenzialità espressive e cognitive delle due arti, e risolverlo in favore della poesia. In questo senso la sua lezione sembra quasi una risposta ai due stupendi sonetti di Giovanni Della Casa in cui questi era giunto a conclusioni diametralmente opposte, affermando l'inferiorità della propria arte rispetto a quella del pittore.

Rime XXXIII
Ben veggo io, Tiziano, in forme nove
l'idolo mio, che i begli occhi apre e gira
in vostre vive carte, e parla e spira
veracemente e i dolci membri move;
e piacemi che 'l cor doppio ritrove
il suo conforto, ove talor sospira,
e, mentre che l'un volto e l'altro mira,
brama il vero trovar, né sa ben dove.
Ma io come potrò l'interna parte
formar già mai di questa altera imago,
oscuro fabro a sì chiara opra eletto?
Tu, Febo, poi ch'Amor men rende vago,
reggi il mio stil, che tanto alto subietto
fia somma gloria a la tua nobil arte.

XXXIV
Son queste, Amor, le vaghe trecce bionde,
tra fresche rose e puro latte sparte,
ch'i' prender bramo, e far vendetta in parte
de le piaghe ch'i' porto aspre e profonde?
È questo quel bel ciglio in cui s'asconde
chi le mie voglie, com'ei vuol, comparte?
Son questi gli occhi onde 'l tuo stral si parte?
(Né con tal forza uscir potrebbe altronde.)
Deh chi 'l bel volto in breve carta ha chiuso?
(Cui lo mio stil ritrarre indarno prova,
né in ciò me sol, ma l'arte inseme accuso.)
Stiamo a veder la meraviglia nova
che 'n Adria il mar produce, e l'antico uso
di partorir celesti dee rinova.[52]

Lo 'stile' del poeta si sostituisce allo 'stile' di Simone Martini in Petrarca poiché in questo caso è il poeta che (vanamente) emula l'arte del pittore. La poesia non può rivaleggiare con l'arte di Tiziano, che conferisce al ritratto vita e respiro.[53]

Per Gelli solo la poesia può esprimere 'la forma interna'. La pittura invece ha un suo vero significato culturale e intellettuale solo quando è intesa rettamente, cioè interpretata da un poeta. Difatti Gelli non presenta i due sonetti di Petrarca come una gara tra immagine e poesia, come spesso avviene nel genere ecfrastico in cui la parola palesa la sua superiorità grazie alla sua capacità di restituire compiutamente l'opera d'arte e gli effetti che essa produce. Petrarca non viene elogiato per la sua capacità di rendere con parole un'immagine, ma per la sua comprensione intrinseca delle arti. Nei suoi sonetti la poesia non domina l'arte, come nell'ecfrasi, espressivamente, ma concettualmente e discorsivamente. Pur ripetendo nell'introduzione i luoghi comuni sulle somiglianze tra poesia e pittura, Gelli separa, quasi come poi farà Lessing, le arti e difende il privilegio della poesia: non Simone Martini, ma Petrarca ha saputo raffigurare con le parole l'essenza spirituale e celeste di Laura, ovvero l'idea di Laura.[54]

Notes to Chapter 6

1. *Il Gello accademico fiorentino sopra quei due sonetti del Petrarca che lodano il ritratto della sua M. Laura* (Firenze: Torrentino, 1549); vedine la scheda in <https://petrarch.mml.ox.ac.uk/>; il testo viene quindi compreso nel volume *Tutte le lettioni di Giovam Battista Gelli, fatte da lui nella Accademia Fiorentina* (Firenze: Torrentino, 1551) con un'altra edizione nel 1555. Citiamo da *Lezioni petrarchesche di Giovan Battista Gelli*, a cura di Carlo Negroni (Bologna: Romagnoli, 1884, ristampa: Bologna: Commissione per i testi di lingua, 1969), pp. 219–82; una nuova edizione in *Lezioni sul Petrarca. Die Rerum vulgarium fragmenta in Akademievorträgen des 16. Jahrhunderts*, a cura di Bernhard Huss, Florian Neumann, e Gerhard Regn (Münster: LIT, 2004), pp. 95–117.
2. Sui complessi legami tra la lettura di Dante e quella di Petrarca nell'attività critica del Gelli, vedi l'eccellente contributo di Federica Pich, 'Dante and Petrarch in Giovan Battista Gelli's Lectures at the Florentine Academy', in *Remembering the Middle Ages in Early Modern Italy*, a cura di Lorenzo Pericolo, e Jessica N. Richardson (Turnhout: Brepols, 2015), pp. 169–91. Per Gelli interprete di Dante risulta fondamentale Simon Gilson, 'His Greatest Partisan: Giovan Battista Gelli as Public Reader of Dante', in *Reading Dante in Renaissance Italy: Florence, Venice and the 'Divine Poet'* (Cambridge: Cambridge University Press, 2018), pp. 144–72. Tra i contributi meno recenti spiccano Enzo Noé Girardi, 'Dante nell'umanesimo di G. B. Gelli: Le Letture sopra la Commedia', *Aevum*, 27.2 (1953), 132–74, e Giancarlo Mazzacurati, 'G. B. Gelli, un "itinerario della mente" a Dante', *Filologia e letteratura*, 15 (1969), 49–96, poi ristampato in Giancarlo Mazzacurati, *L'albero dell'Eden. Dante tra mito e storia*, a cura di Stefano Jossa (Roma: Salerno Editrice, 2007), pp. 92–133.
3. Gelli, *Lezioni*, p. 238.
4. Ibid., pp. 236–37. Si veda Emilio Pasquini, 'Il capitolo dantesco del Saviozzo', *Studi danteschi*, 38 (1961), 143–55.
5. Ha messo l'accento sull'importanza di questo parallelo tra arti e poesia nel pensiero storico di Gelli François Lecercle, *La chimère de Zeuxis: portrait poétique et portrait peint en France et en Italie à la Renaissance* (Tübingen: Narr, 1987), p. 29.
6. Edizione del testo in Girolamo Mancini, 'Vite d'Artisti di Giovanni Battista Gelli', *Archivio Storico Italiano*, ser. v, vol. 17 (1896), 32–62; vedi Margaret Daly Davis, 'Le prime "Künstlerviten" dell'età moderna: il caso di Giovan Battista Gelli', in *Giorgio Vasari e il cantiere delle* Vite *del 1550*, a cura di Barbara Agosti, Silvia Ginzburg, e Alessandro Nova (Venezia: Marsilio, 2013), pp. 325–40, e in merito alla biografia di Ghiberti, Stefano Ugo Baldassari, 'Lorenzo Ghiberti e Giovan Battista Gelli tra autobiografia e biografia', *Viator*, 43 (2012), 299–313. Si aggiungono i vecchi studi sempre validi di Georg Gronau, 'Zu den Künstlerviten des Giovanni Battista Gelli', *Repertorium für Kunstwissenschaft*, 20 (1897), 23–31; Wolfgang Kallab, *Vasaristudien* (Vienna: K. Grasser & Kie, 1908), pp. 182–93.
7. Su Gelli e Vasari vedi Margaret Daly Davis, 'Giovanni Battista Gelli, Giorgio Vasari', in *Giorgio Vasari: principi, letterati e artisti nelle carte di Giorgio Vasari, Casa Vasari: pittura vasariana dal 1532 al 1554, sottochiesa di S. Francesco: [catalogo delle mostre] Arezzo, 26 settembre–29 novembre 1981*, a cura di Laura Conti, Margaret Daly Davis, e Anna Maria Maetzke (Firenze: Edam, 1981), pp. 189–244.
8. Mi permetto di rinviare a Johannes Bartuschat, 'Die Künstlerviten im zweiten Buch der *Commentarii*: kultureller Kontext und Modelle', in *Ghiberti teorico. Natura, arte e coscienza storica nel Quattrocento*, a cura di Fabian Jonietz, Wolf-Dietrich Löhr, e Alessandro Nova (Milano: Officina Libraria, 2019), pp. 35–42.
9. Con riferimenti puntuali che attestano non solo la lettura di Plinio, ma anche un interesse per gli sviluppi della discussione coeva, quando ad esempio Gelli osserva che per noi l'arte antica è quasi esclusivamente statuaria poiché non sopravvivono testimonianze della pittura antica, salvo le grottesche della *Domus aurea* (in *Lezioni*, pp. 229–30).
10. Ibid., p. 232: 'Giotto [...] faceva dal naturale (come quel che considerava che l'arte non è altro che una imitazion di natura)'.
11. Ibid.
12. Ibid., p. 233.
13. Gelli lo dice ben due volte, ibid., pp. 241 e 244.

14. Ibid., pp. 242–44.
15. Edouard Pommier, *Théories du portrait: de la Renaissance aux Lumières* (Parigi: Gallimard 1998); Luba Freedman, 'The Concept of Portraiture in Art Theory of the Cinquecento', *Zeitschrift für Ästhetik und allgemeine Kunstwissenschaft*, 32 (1987), 63–82.
16. Gelli, *Lezioni*, p. 225.
17. Ibid., p. 228: '[...] avendo tutto quello che appara l'intelletto nostro, origine e principio dai sensi, e procedendo l'imitazione per via di esempli e di cose sensibili, ne segue che ciò che si appara per simil via, lo intelletto lo appara più facilmente che in alcuno altro modo [...].'
18. Ibid., p. 227: 'Onde nel considerare tali imagini e imitazioni ci rallegriamo, non tanto per il diletto che noi ne caviamo, quanto per l'imparare che noi facciamo, in quel mentre che noi le consideriamo, facendo la conclusione di quello che sia ciascheduna di esse cose, e come ella sia bene imitata.'
19. Bernhard Huss, 'Aristotelismus und Petrarkismus in der Accademia Fiorentina des Cinquecento. Das Beispiel von G. B. Gellis Interpretation zu Petrarca', *Canzoniere* No. 78', *Philosophical Readings*, 7.3 (2015), 28–42 [https://philosophicalreadings.files.wordpress.com/2016/02/pr320152.pdf] e idem, 'Dogma und Dichtung. Rekonfigurationen des Ficinianismus in der Florentiner Literaturexegese der Renaissance (Anmerkungen zum "Platonismus" in den Petrarca-Vorlesungen von G. B. Gelli)', in *Marsilio Ficino in Deutschland und Italien. Renaissance-Magie zwischen Wissenschaft und Literatur*, a cura di Jutta Eming e Michael Dallapiazza (Wiesbaden: Harrassowitz, 2017), pp. 199–234. Sulla lezione di Gelli, vedi anche l'introduzione di Catharina Busjan in *Lezioni sul Petrarca. Die Rerum vulgarium fragmenta in Akademievorträgen des 16. Jahrhunderts*, pp. 89–94. Alcune osservazioni nella monografia di Armand L. De Gaetano, *Giambattista Gelli and the Florentine Academy: The Rebellion against Latin* (Firenze: Olschki, 1976), pp. 311–12; in Daniele Ghirlanda, 'Le lezioni di Giovan Battista Gelli all'Accademia Fiorentina (1541–1551)', in *Scrittori in cattedra: La forma della 'lezione' dalle origini al Novecento*, a cura di Floriana Calitti (Roma: Bulzoni, 2002), pp. 63–77, alle pp. 73–74, e in François Quiviger, 'Benedetto Varchi and the Visual Arts', *Journal of the Warburg and Courtauld Institutes*, 50 (1987), 219–24; e idem, 'Arts visuels et exégèse littéraire à Florence de 1540 à 1560', in *Les commentaires et la naissance de la critique littéraire, France/Italie (XIVe–XVIe siècle)*, a cura di Gisèle Mathieu-Castellani e Michel Plaisance (Parigi: Aux Amateurs de Livres, 1990), pp. 165–73.
20. Senofonte, *Tutti gli scritti socratici*, a cura di Livia De Martinis (Milano: Bompiani, 2013), pp. 496–503.
21. Vedi, tra le numerose occorrenze dell'aneddoto, ad esempio Cicerone, *De inventione*, II.1 e Leon Battista Alberti, *De pictura*, III.56; sulla sua importanza per la discussione cinquecentesca sull'arte, ci limitiamo qui ad indicare: Pasquale Sabbatino, *La bellezza di Elena. L'imitazione nella letteratura e nelle arti figurative del Rinascimento* (Firenze: Olschki, 1997).
22. Gelli, *Lezioni*, p. 260.
23. Ibid.
24. Erwin Panofsky, *Idea. Ein Beitrag zur Begriffsgeschichte der älteren Kunsttheorie* (Leipzig-Berlin: Teubner, 1924); (trad. ital.: Firenze: La Nuova Italia, 1952).
25. Cicerone, *L'oratore*, a cura di Giannicola Barone (Milano: Mondadori, 1998), pp. 6–9.
26. Gelli, *Lezioni*, p. 262.
27. Ibid., p. 256.
28. Vedi Pommier, *Théories du portrait*, p. 37.
29. Gelli, *Lezioni*, p. 257.
30. Ibid., pp. 262–63.
31. Huss, 'Dogma und Dichtung'.
32. Werner Beierwaltes, *Marsilio Ficinos Theorie des Schönen im Kontext des Platonismus*, Sitzungsberichte der Heidelberger Akademie der Wissenschaften, Jahrgang 1980, Abhandlung 11 (Heidelberg: Carl Winter, 1980).
33. Plinio, *Naturalis historia*, XXXV. 43: 'Fingere ex argilla similitudines Butades Sicyonius figulus primus invenit Corinthi filiae opera, quae capta amore iuvenis, abeunte illo peregre, umbram ex facie eius ad lucernam in pariete lineis circumscripsit, quibus pater eius inpressa argilla typum fecit et cum ceteris fictilibus induratum igni proposuit [...].' ('Butade Sicionio, vasaio,

per primo trovò l'arte di foggiare ritratti in argilla, e questo a Corinto, per merito della figlia che, presa d'amore per un giovane, dovendo quello andare via, tratteggiò i contorni della sua ombra, proiettata sulla parete dal lume di una lanterna; su queste linee il padre impresse l'argilla riproducendone il volto; fattolo seccare con gli altri oggetti di terracotta, lo mise in forno'. Si cita da Gaio Plinio Secondo, *Storia naturale*, V. *Mineralogia e storia dell'arte (libri 33–37)*, traduzioni e note di Antonio Corso, Rossana Mugellesi e Gianpiero Rosati (Torino: Einaudi, 1988), pp. 472–73.

34. Federica Pich, *I poeti davanti al ritratto. Da Petrarca a Marino* (Lucca: Pacini Fazzi, 2010). Vedi anche l'ottima antologia commentata a cura della stessa e di Lina Bolzoni, *Poesia e ritratto nel Rinascimento* (Roma: Laterza, 2008); Marianne Albrecht-Bott, *Die bildende Kunst in der italienischen Lyrik der Renaissance und des Barock: Studie zur Beschreibung von Portraits und anderen Bildwerken unter besonderer Berücksichtigung von G. B. Marinos Galleria* (Wiesbaden: Franz Steiner, 1976); Chrysa Damianaki Romano, '"Come se fussi viva e pura". Ritrattistica e lirica cortigiana tra Quattro e Cinquecento', *Bibliothèque d'Humanisme et Renaissance*, 60 (1998), 349–94. Mary Rogers, 'Sonnets on Female Portraits from Renaissance North Italy', *Word and Image*, 2 (1986), 291–305.

35. Antonio Brocardo, *Rime*, edizione critica e commento a cura di Antonello Fabio Caterino (Roma: Aracne, 2017), pp. 127–30.

36. Osservazioni importanti su questo aspetto in Huss, 'Aristotelismus und Petrarkismus'.

37. Pietro Aretino, *Lettere*, a cura di Paolo Procaccioli, 6 voll. (Roma: Salerno Editrice, 1997–2002), rispettivamente II, 395, p. 398, e I, 28, p. 82.

38. Gelli, *Lezioni*, pp. 264–73. Un'analisi dell'interpretazione della prima quartina del sonetto 78 in Maria Pia Ellero, 'Aristotele tra Dante e Petrarca: la ricezione della *Poetica* nelle lezioni di Giambattista Gelli all'Accademia Fiorentina', *Bruniana e Campanelliana*, 13 (2007), 463–76, vedi inoltre Huss, 'Aristotelismus und Petrarkismus'.

39. Gelli, *Lezioni*, pp. 271–73.

40. Ibid., p. 274: '[…] l'arte è giunta oggi certamente a termine tale, ch'ella fa bene spesso delle cose che son belle quanto quelle che son fatte dalla natura; talmente che se ella potesse dar poi loro quel moto che si convien loro, come fa la natura, ella non le sarebbe punto inferiore.'

41. Vedi su questo tema: Diletta Gamberini, '"Divine" or Not? Poetic Responses to the Art of Michelangelo', in *Tributes to David Freedberg. Image and Insight*, a cura di Claudia Swan (Turnhout: Brepols, 2019), pp. 431–42; Stephen J. Campbell, '"Fare una Cosa Morta Parer Viva". Michelangelo, Rosso, and the (Un)Divinity of Art', *The Art Bulletin*, 84 (2002), 596–620.

42. André Chastel, 'Le *dictum Horatii quidlibet audendi potestas* et les artistes (XIIIe–XVIe siècles)', *Comptes rendus des séances de l'Académie des Inscriptions et Belles-Lettres*, 121 (1977), 30–45, poi ristampato in André Chastel, *Fables, Formes, Figures*, 2 voll. (Parigi: Flammarion, 1988), I, pp. 363–76.

43. Gelli, *Lezioni*, p. 274: 'ch'ella non le tolse [sc. La Natura all'arte] solamente il poter far questo in quelle cose le quali sono pure e mere artificiali, ma ancora in quelle che se bene sono fatte dell'arte, hanno alquanto del naturale'.

44. Plinio, *Naturalis historia*, XXXV. 36: 'Descendisse hic [Parrhasius] in certamen cum Zeuxide traditur et, cum ille detulisset uvas pictas tanto successu, ut in scaenam aves advolarent, ipse detulisse linteum pictum ita veritate repraesentata, ut Zeuxis alitum iudicio tumens flagitaret tandem remoto linteo ostendi picturam atque intellecto errore concederet palmam ingenuo pudore, quoniam ipse volucres fefellisset, Parrhasius autem se artificem.' ('Si racconta che Parrasio venne a gara con Zeusi; mentre questi presentò dell'uva dipinta così bene che gli uccelli si misero a svolazzare sul quadro, quello espose una tenda dipinta con tanto verismo che Zeusi, pieno di orgoglio per il giudizio degli uccelli, chiese che, tolta la tenda, finalmente fosse mostrato il quadro; dopo essersi accorto dell'errore, gli concesse la vittoria con nobile modestia: se egli aveva ingannato gli uccelli, Parrasio aveva ingannato lui stesso, un pittore'. Si cita da Gaio Plinio Secondo, *Storia naturale*, V. pp. 362–63; Giovanni Boccaccio, *Decameron* VI. 5 §§ 5–6. 'Giotto, ebbe uno ingegno di tanta eccellenzia, che niuna cosa dà la natura, madre di tutte le cose e operatrice col continuo girar de' cieli, che egli con lo stile e con la penna o col pennello non dipignesse sì simile a quella, che non simile, anzi più tosto dessa paresse, in tanto

che molte volte nelle cose da lui fatte si truova che il visivo senso degli uomini vi prese errore, quello credendo esser vero che era dipinto. E per ciò, avendo egli quell'arte ritornata in luce, che molti secoli sotto gli error d'alcuni, che più a dilettar gli occhi degl'ignoranti che a compiacere allo 'ntelletto de' savi dipignendo, era stata sepulta, meritamente una delle luci della fiorentina gloria dir si puote[...].' Si cita da Giovanni Boccaccio, *Decameron*, a cura di Amedeo Quondam, Maurizio Fiorilla, Giancarlo Alfano (Milano: Rizzoli, 2013).

45. Gelli, *Lezioni*, pp. 275–79.
46. Ibid., pp. 255–56.
47. Edizione del 1550; citata da Giorgio Vasari, *Le vite de' più eccellenti pittori, scultori e architettori nelle redazioni del 1550 e 1568*, a cura di Rosanna Bettarini e Paola Barocchi, II (Firenze: Sansoni, 1967), pp. 191–93.
48. Per la *Vita* di Simone Martini del Vasari, l'influsso di Gelli è sottolineato nell'ottimo commento di Giorgio Vasari, *Die Leben der Sieneser Maler*, herausgegeben von Alessandro Nova, bearbeitet von Wolfgang Loseries, neu ins Deutsche übersetzt von Victoria Lorini (Berlino: Wagenbach, 2013).
49. Vasari, *Vite*, p. 192: 'E invero questi sonetti e l'averne fatto menzione in una delle sue lettere famigliari, nel quinto libro che comincia: *Non sum nescius*, hanno dato più fama alla povera vita di maestro Simone che non hanno fatto né faranno mai tutte l'opere sue, perché elleno hanno a venire, quando che sia, meno, dove gli scritti di tant'uomo viveranno eterni secoli'; cfr. Petrarca, *Fam.* V. 17, 5–6: 'De Phidia et Apelle nusquam lectum est fuisse formosos; operum tamen illustrium alterius reliquie stant, alterius ad nos fama pervenit. Itaque, tot interlabentibus seculis, utriusque artificis preclarissimum vivit ingenium, varie licet pro varietate materie; vivacior enim sculptoris quam pictoris est opera; hunc est ut in libris Apellem, Phidiam in marmore videamus. Idem de Parrhasio et Policleto, de Zeuxi et Praxitele censuerim, ceterisque quorum corporee forme nulla mentio est, operum decor eximius et fama percelebris. Atque ut a veteribus ad nova, ab externis ad nostra transgrediar, duos ego novi pictores egregios, nec formosos: Iottum, florentinum civem, cuius inter modernos fama ingens est, et Simonem senensem; novi et sculptores aliquot, sed minoris fame — eo enim in genere impar prorsus est nostra etas.' ('Non si è mai letto che Fidia e Apelle fossero belli; dell'uno rimangono tuttavia le reliquie dei suoi capolavori, dell'altro ci è giunta la fama. E così, a distanza di tanti secoli, rimane vivo l'eccezionale ingegno di questi artisti pur nella diversità che viene dalla diversità stessa della disciplina; più lunga è infatti la vita delle sculture rispetto a quella delle pitture, sì che noi leggiamo il nome d'Apelle sui libri, mentre Fidia lo vediamo nel marmo. Lo stesso dovrà dirsi di Parrasio, Policleto, Zeusi, Prassitele e di tutti coloro di cui non ci restano le vestigia della forma corporea, ma delle cui opere rimangono l'esimia bellezza e la fama celeberrima. Ma per passare ora dagli antichi ai contemporanei e dagli stranieri ai nostri, ti dirò d'aver conosciuto io stesso due pittori di grande talento epperò non belli, il fiorentino Giotto, la cui fama è oggi grandissima, e il senese Simone. Ho anche conosciuto parecchi scultori, ma di fama minore (in questa disciplina la nostra età non regge il confronto con l'antica)'. Si cita da Francesco Petrarca, *Le familiari [libri I–V]*, I, testo critico di Vittorio Rossi e Umberto Bosco, traduzione e cura di Ugo Dotti, collaborazione di Felicita Audisio (Torino: Aragno, 2004), pp. 724–27.
50. Vasari, *Vite*, p. 200.
51. Petrarca, *Sen.* I. 6, 12–14: 'Multos quidem ille vir per annos, antequam me videret, loquaci tantum fama excitus, pictorem non exiguo conductum nec paucorum dierum spatio, misit ad locum qui ea me tempestate incolam habebat, ut is sibi in tabellis exoptatam ignoti hominis faciem reportaret [...]. Denique victor in patriam, confecto bello, multa cum gloria reversurus, quod neque pictor primus votum eius implesset et mutata annis esset effigies mea, alterum adhibuit, unum quidem ex paucissimis nostri evi pictoribus, adhibiturus Zeuxim aut Prothogenem aut Parrhasium aut Apellem si nostro seculo dati essent.' ('Quest'uomo dunque che da molti anni, senza conoscermi, si sentiva acceso per me solo per il clamore della mia fama, inviò dove allora soggiornavo, con grande spesa e da una località notevolmente lontana, un pittore che ritraesse l'amato volto della persona da lui non ancora conosciuta [...]. Quando infine, terminata vittoriosamente la guerra, stava per ritornare in patria carico di gloria, dal momento che quel suo primo pittore non lo aveva pienamente soddisfatto e anche perché, con il trascorrere

degli anni, il mio aspetto aveva subito qualche mutamento, me ne mandò un secondo, uno fra i pochissimi dell'età nostra; e se ai nostri giorni fossero vissuti Zeusi o Protogene o un Parrasio o un Apelle, avrebbe sicuramente dato l'incarico a uno di loro'). Si cita da Francesco Petrarca, *Le senili. Libri I–VI*, 1, testo critico di Elvira Nota, traduzione e cura di Ugo Dotti, collaborazione di Felicita Audisio (Torino: Aragno, 2004), pp. 110–13; cf. Joseph Burney Trapp, 'Petrarch's Laura: The Portraiture of an Imaginary Beloved', *Journal of the Warburg and Courtauld Institutes*, 64 (2001), 55–192 (p. 101); sulla questione del ritratto voluto da Pandolfo Malatesta vedi Alessandro Bevilacqua, 'Simone Martini, Petrarca, i ritratti di Laura e del poeta', *Bollettino del Museo Civico di Padova*, 68 (1979), 107–50.

52. Giovanni Della Casa, *Rime*, a cura di Stefano Carrai, Torino, Einaudi, 2003.
53. Per l'interpretazione dei due sonetti rimandiamo all'eccellente articolo di Federica Pich, ' "Né in ciò me sol, ma l'arte insieme accuso": i sonetti a Tiziano nella tradizione delle rime per ritratto', in *Giovanni Della Casa ecclesiastico e scrittore*, a cura di Stefano Carrai (Roma: Edizioni di storia e letteratura, 2007), pp. 401–44.
54. Ringrazio Sara Ferrilli e Marica Iannuzzi per il loro prezioso aiuto nella stesura di questo saggio. La ricerca è stata effettuata all'interno del progetto di ricerca 'Ekphrasis, l'arte riflessa. Per un'analisi retorica dei testi del Bronzino, dell'Allori, del Bandinelli e di altri maestri fiorentini rinascimentali dedicati ad opere d'arte', finanziato dal Fondo Nazionale Svizzero (progetto: 100012_185426).

CHAPTER 7

Utile dulci in Sixteenth-Century Readings of the *Canzoniere*. Ethical Issues in Academic Lectures on Petrarch

Lorenzo Sacchini

Reading and interpreting Petrarch was an established practice in Early Modern Italian academies. His vernacular poems were often the subject of linguistic, philosophical, spiritual, and moral debate among academy members in the sixteenth and seventeenth centuries. Interesting traces of the academic exegesis of Petrarch survive today in the form of lectures on individual poems from the *Canzoniere* or, less frequently, on a small selection of lines from the *Triumphi*. Apart from some recent studies, this widespread phenomenon of Petrarch readings in Italian academies still needs to be properly addressed. Franco Tomasi's pioneering essay on the period 1530–50 has provided an overview of the first two decades of academic lectures on Petrarch's poems.[1] His contribution has shed light on some hitherto overlooked lectures and linked this practice of academic reading of Petrarch with the more general literary landscape of the first half of the sixteenth century. In addition to Tomasi's overview, some detailed explorations of the output of individual academies have allowed a better understanding of certain specific case studies. All the same, there is still a substantial lack of research on the many facets of this variegated phenomenon, especially regarding the second half of the sixteenth century and the seventeenth century. One basis for future research is the data assembled by the PERI database, and its fully searchable catalogue of commentaries, lectures, annotations, editions of poems, and other sources. This resource illustrates the various forms of exegesis of Petrarch's vernacular works, and its entries provide the most up-to-date and accurate corpus of extant sixteenth- and seventeenth-century academic lectures on Petrarch's poems accompanied by a concise summary of their content.

My investigation of this still partly uncharted territory is divided into two main parts, each addressing a different, though related, issue. My first line of enquiry stems from an observation by Virginia Cox, who has identified a connection between the Horatian theme of *utile dulci* and gallant and courteous interaction, which she regards as a distinctive feature of sixteenth-century Italian academies.[2] This essay will first assess the persistence of the aforementioned Horatian formula in academic lectures on Petrarch and discuss the implications of the emphasis on the twofold experience of learning (between *docere* and *delectare*) and the cultural setting of the academy. The essay also aims to take a first step in the direction suggested by David A. Lines and Peter Mack in their respective essays for the volume *Rethinking Virtue, Reforming Society*. Lines reflects on the treatment of ethical topics in various cultural settings, and encourages scholars to investigate further the output of informal and lesser-known settings, such as academies.[3] In a complementary way, Mack focuses on informal teaching of a wide range of topics related to moral discourse, and concludes by expressing the need to pursue further study of this rather unexplored field of research.[4] Due to the vast size and variety of academic literary production, a thorough analysis of the treatment of ethical topics in the literary output of the academies is beyond the scope of a single essay and indeed one individual. Thus, my analysis has been carefully limited to the treatment of the moral element in a specific piece of writing, such as the academic readings of Petrarch, and to a limited time span, from the 1540s until the end of the sixteenth century. This essay takes as its corpus some forty academic lectures, both in printed and manuscript form, from sixteenth-century Italian academies. Seventeenth-century material has been excluded in part because of the tendency for such academic literary production not to survive and the relative decline in interest expressed by academicians for Petrarch's vernacular poetry during this century.

Sixteenth-Century Academies and Petrarchan Exegesis

In recent times, scholars have generally agreed on the crucial role played by early modern academies in the development and dissemination of knowledge and learning practices during the Renaissance. The academy was conceived by sixteenth-century theorists as a place for its members to enhance their knowledge and competence by discussing literary and philosophical matters. Each academy had an *impresa* or emblem, metaphorically illustrated by a motto: both these elements referred to the common moral programme, often in rather vague terms, that was shared by the members of the academy and that ostensibly oriented their intellectual and literary activity. From the early sixteenth century, these institutions flourished throughout the Italian peninsula and brought together thousands of members outside the established university system. According to the data collected in Michele Maylender's pioneering *Storia delle accademie d'Italia*, this widespread phenomenon consisted of more than 2,000 academies founded in 342 different urban centres.[5] Among these, priority in the establishment of academies goes to the Tuscan city of Siena, and the Accademia degli Intronati (Academy of the Dazed Ones), whose foundation is generally believed to have occurred in 1525.[6]

In addition to the rise of the academies, the sixteenth century represented a new era in the fortunes of Petrarch's vernacular works after the publication of the Aldine edition of *Le cose volgari* in 1501. Petrarch's canonization was then fostered by Pietro Bembo's *Prose della volgar lingua* in 1525, which established the *Canzoniere* as the unrivalled model for poetry, as well as by the exegetical tradition of the sixteenth-century *grandi commenti* or major commentaries inaugurated by Alessandro Vellutello in that same year of 1525.[7] Receptive to mainstream trends in the literary scene, academies too took part in the process by which Petrarch was established as the predominant literary model. In 1540, eminent members of the short-lived Accademia degli Infiammati (Academy of the Enflamed) of Padua started an ambitious process of vernacularization of philosophical works (such as Aristotle's *Ethics* and Euclid's *Elements*) accompanied by readings of Petrarch and of sixteenth-century poets, such as Pietro Bembo, Giovanni Della Casa and Laudomia Forteguerri. Their lectures on Petrarch and on other literary authors lay at the heart of an ambitious cultural programme that attempted to combine an Aristotelian philosophical framework, as understood in the mid-sixteenth-century Paduan environment, with a favourable reception of Bembo's theories and a keen interest in the formal aspects of poetry.[8] The Infiammati provided the conceptual and structural model for the academic lecture on Petrarch's poems, later adopted with some variations by other academies.[9] In Florence, the Accademia Fiorentina (Florentine Academy), founded as Accademia degli Umidi (Academy of the Damp) on 1 November 1540, inherited and developed this tradition of Petrarch readings. Benedetto Varchi, Giovan Battista Gelli, Lelio Bonsi, and numerous other academicians, published lengthy and sophisticated expositions of Petrarch's poems, with a focus on literary, moral and philosophical matters. In the cultural programme set in motion by Cosimo I de' Medici, Duke of Florence, academic lectures on the Florentines Dante and Petrarch 'marked an intention to reclaim the Florentine cultural legacy [...] from northern pretenders'.[10] The promotion of the academy's activity was crucial to the duke's aim of enhancing his political and intellectual prestige across Tuscany.[11]

The Infiammati and the Fiorentini stand out as representing respectively the model and the likely apogee of Petrarchan exegesis in the Italian academies. Alongside these two institutions, numerous other academies embarked on a series of readings of Petrarch's poems. However, due to the innate fragility and restricted circulation of this material, their corpus of lectures surviving nowadays is limited to a few scattered pieces, when it is not entirely lost. The main exception to this general tendency is the Accademia degli Insensati (Academy of the Senseless Ones) of Perugia, founded in 1561, which produced an abundant series of manuscript expositions on Petrarch that are still extant. Their output of lectures is particularly relevant for both its substantial size and its duration over time. Their nineteen unpublished lectures on Petrarch's sonnets date from 1565 to 1594 and are authored — when not anonymous — by little-known academy members, such as Aurelio Ottaviani, Contolo Contoli and Rubino Salvucci.[12] This unpublished material, mainly collated in MS. I 53 of the Biblioteca Attilio Hortis in Trieste and MS. 1717 of the Biblioteca Augusta in Perugia, shows a marked interest in literary and philosophical matters and a particular exegetical approach to Petrarch's poems in the form of a close reading of the selected work.[13] In the corpus of the *Insensati* we must also include a published lecture, 'Della difesa del Petrarca', read in 1582 in front of the academy members by the poet and jurist Filippo Massini.[14] This lecture is conceived as a defence of Petrarch against the objections raised by Lodovico Castelvetro in his print commentary on Aristotle's *Poetics*,[15] and is therefore structured as a series of counter-observations to Castelvetro's objections. A copy of this lecture was explicitly requested by Sienese polemicist and member of the Accademia degli Intronati Bellisario Bulgarini.[16] Massini's lecture aside, the circulation of the lectures of the *Insensati* did not generally extend beyond the area around Perugia and therefore their literary production played a minor role, compared to the output of the Infiammati and the Fiorentini, in the development of the academic reception of Petrarch outside Perugia.

Towards *Utile dulci*: Moral Utility and Learned Entertainment in Academic Exegesis on Petrarch's poems

Academic lectures on Petrarch's poems need to be addressed in the context of the more general exegetical practices of the Renaissance, and these were often very different from modern ones. One of the most significant differences was that early modern commentaries expanded on the original text (often beyond the author's intentions) to include material more or less closely related to it. Among such additions are personal observations, broad interpretations, displays of erudition, historical anecdotes, accounts of theories, digressions, and so forth.[17] The same elements materialized in academic lectures, which were potentially even less constrained to adhere to the original text than commentaries. Indeed, lectures were devoted to analysing just one poem or a few lines from a poem and so they could expand considerably on the original text in order to examine it thoroughly or to allow for the insertion of multiple and varied digressions. Furthermore, lectures delivered in the academies frequently developed a self-referential framework, one that linked them to the cultural setting of the academy in which they were given. In some academic lectures, there are explicit references to the occasion of their delivery, to some eminent members of the academy, to the *impresa* or the shared programme.[18] As a result, academic lectures on Petrarch differ widely from one another. Although they could offer simply a close reading of his poems, limited to explanatory notes, more often they develop linguistic, stylistic, philosophical, spiritual and moral observations inspired by the poem or by the occasion of its delivery in the academy.

This moral perspective was crucial in many lectures and was generally introduced in the opening paragraphs of the exposition. Oftentimes, the author explicitly stressed the benefits that the lecturer and other academy members could gain from reading that particular poem by Petrarch. The benefits provided by the collective reading of the poem were rather vague and mostly arose from comparing one's own life with Petrarch's exemplary one. Ethical teaching derivable from these lectures was then humanistically combined with pleasure in accordance with Horace's formula of *utile dulci*. The aim of providing usefulness and pleasure pervades many academic lectures on Petrarch's poems. Although the reference to Horace's words may appear merely a conventional quotation, it has a very high rate of recurrence in lectures on Petrarch, especially in these exordia.

Within the corpus of lectures considered here, the idea of *utile dulce* is present to different degrees. More conventionally, it appears in the form of a reference to poetry as a combination of usefulness and delight. Lucio Oradini, for instance, in his exposition of the sonnet 'Se mai foco per foco non si spense' (*Rvf* 48), delivered before the Accademia Fiorentina in October 1550, introduces the composition as a philosophical reflection on love, 'donde si possa non men piacevole utilità trarre che utilissimo piacere' ('whence it is possible to draw a no less pleasant utility than a very useful pleasure').[19] From this perspective, the focus is either on the object of investigation, the poem (or poetry in general), which provides at once delight and usefulness, or on the poet, Petrarch, who has imbued the poetical composition with ethical values and embroidered words. The moral development, which the poet gains by means of the subject of the poem and its content, is thus associated with the usefulness and pleasure enjoyed by bystanders in reading it and appreciating its literary form.

Ottaviano Aureli's manuscript lecture on 'I' vo piangendo i miei passati tempi' (*Rvf* 365), delivered in December 1575 at the Accademia degli Insensati, proceeds in a similar vein. At first, Aureli offers a rather conventional exposition of the sonnet. He argues that Petrarch composed it both to show remorse for the time he spent questing after the empty goods of the world and to seek God's salvation. In the development of the lecture, though, Aureli raises the tone of his interpretation, expanding on the spiritual content embraced by the sonnet. By quoting another famous Horatian formula from the *Ars poetica*, Aureli states that Petrarch composed this sonnet in his mature years, not only to delight but also to benefit his readers:

> Il Petrarca nostro, come quello che cercò in ogni sua cosa la perfettione, sapendo molto bene il precetto che diede Oratio a i poeti mentre disse 'Aut prodesse volunt, aut delectare poetae | aut simul et iucunda et idonea dicere vitae', ha voluto in questo suo sonetto non solamente delettare, come ha fatto con la vaghezza e altezza dello stile, con la leggiadria e sonorità delle parole e con l'ornamento delle figure, ma ancora giovare a chi lo legge non pur col soggetto, che è tutto spirituale, ma ancora con le cose istesse, che egli in questa materia dice.[20]

> [Our Petrarch, like the one who sought perfection in everything he created, being fully aware of the precept that Horace gave to the poets when he says 'Aut prodesse volunt, aut delectare poetae | aut simul et iucunda et idonea dicere vitae' ('poets want to be either useful or entertaining, or to say things that are both pleasing and relevant to life at the same time'), wanted in this sonnet not only to delight, as he did with the attractiveness and loftiness of the style, with the grace and sonority of the words and with the ornament of the figures of speech, but also to benefit those who read it not only for the subject matter, which is entirely spiritual, but also for the very things that he says on this matter.]

The Florentine Giovan Battista Gelli, in accordance with Horace's theory, conceived poetry as a mixture of utility and pleasure. He specifically emphasizes the utilitarian value of Petrarch's poetry, especially of those poems not adversely affected by the passion of his juvenile love. In his exposition of 'Io son de l'aspectar ormai sì vinto' (*Rvf* 96), given before the Accademia Fiorentina, Gelli argues that the poems composed by Petrarch at a later stage in his life, or even at a younger age, when he was able to detach himself temporarily from his consuming passion, provide valid moral precepts to their readers. When Petrarch reached a more mature age and knew that his poems regarding his all-consuming love for Laura had been widely circulating in the entire world, he decided to write new poems to make amends for his previous work. These newer compositions are therefore 'pieni di ottimi e salutiferi precetti, pieni di altissimi e profondissimi concetti di filosofia e di utilissimi ammaestramenti, atti a insegnare a gl'huomini felicemente guidare la vita loro' ('full of excellent and salvific precepts, of very high and very profound philosophical concepts and of very useful teachings, aiming to teach humankind how to lead lives happily').[21]

More tellingly, in some academic lectures, it is not only poetry but its academic exposition which is connected with the *utile dulci*. Indeed, the exegete's task is to convey or activate the moral commitment of poetry already present beyond its ornate surface. Thus, both the poem and its exegesis fell within the same theoretical and moral framework. This tight connection between the *utile dulci* and the exposition of the poem in the academy is clearly revealed in a few introductory sentences of Pietro Orsilago's *Settima lettione [...] sopra il sonetto del Petrarca 'Passa la nave mia colma d'oblio'*, delivered before the Accademia Fiorentina and printed in 1549. Orsilago stresses the moral implication of the lecture, which will come about through his role as exegete of Petrarch's poem. As this sonnet, 'Passa la nave mia colma d'oblio' (*Rvf* 189), is an allegorical representation of human existence as a boat struggling through a storm, it hides under its literal meaning a moral and spiritual lesson, which Orsilago wishes to disclose to his fellow members of the Accademia Fiorentina:

> Procurerò di compensare, col breve tempo, le brevissime parole [di Petrarca], e di facilitarle sì ch'ognuno di voi le intenda e ne pigli uno honesto e dilettevole trattenimento, oltra l'utile che certo non sia piccolo, da ché, navicando, imparerete a navicare e a conoscere finalmente qual sia quel vento che ne conduce al porto de l'eterna salute.[22]
>
> [I will try to combine the very brief words [of Petrarch] with the short time available and to present them so that each of you understands them and derives from them an honest and delightful entertainment, in addition to their utility that certainly is not small, since, by sailing, you will learn to navigate and to eventually recognize which is the wind that carries one to the port of eternal salvation.]

In this passage, Orsilago lists, in ascending order of importance and presumably difficulty, the objectives he pursued in his exposition of Petrarch. Such aims are all structured to comply with the audience's expectations. Firstly, he has to disclose the meaning of Petrarch's poem to ensure an adequate understanding of his words on the part of the academicians. Secondly, he intends to provide them with a pleasant entertainment not entirely detached from a moral lesson, as it lies under the label of 'honesto'. This concern with morality is fully realized in the third aim of Orsilago's lecture. Expressly devoted to conveying the *utile* of the sonnet, Orsilago's final point develops in a spiritual direction, still conceived within the metaphorical framework of the sonnet. Orsilago helps to enhance his readers' awareness, so as to allow them to find the port of eternal (moral and spiritual) salvation.

Similarly, Giovan Battista Gelli's lecture on 'O tempo, o ciel volubil, che fuggendo' (*Rvf* 355), delivered before the Accademia Fiorentina, shows that the mediation of the exegete is necessary to disclose and highlight the usefulness of poetry as conceived by the poet himself. In the opening section of his lecture, Gelli paraphrases once again Horace's statement in the *Ars poetica*: 'scrive il lirico Horatio, in quel libro che egli fa de l'arte poetica, [...] che il poeta debbe ne i suoi poemi o dilettare o giovare, o dire insieme cose piacevoli e cose utili a la vita humana' ('the lyric poet Horace writes in his book on the art of poetry [...] that the poet is expected in his poems to either delight or benefit, or to say together things both pleasant and useful for human life').[23] In the passage that follows, he first celebrates those poets who are able both to please the ears of their readers and to provide utility to their souls, and then praises Petrarch in particular, for being at once 'dotto' ('learned') and 'leggiadro' ('graceful'). In presenting Petrarch's sonnet, Gelli is therefore facing a double challenge. On the one hand, his role is to honour the works of Petrarch, and, on the other, to fulfil the main aim of bringing out and communicating the *utile dulci* that lies under the literary surface of poetry. Interestingly, in pursuing this second aim, Gelli will rely on his own experience as a grown man to translate the words of Petrarch into concrete terms:

> Voi vederete chiaramente che sotto la bellezza e leggiadria delle sue parole [...] sono ascosi pretiosissimi e utilissimi frutti di gran dottrina, i quali mi ingegnerò io certamente farvi palesi [...] per render, per quanto io posso, il conveniente e debito merito de l'honorate fatiche sue al famosissimo Petrarca nostro [...] e per usare anchora il propio e il vero ufficio de l'huomo, che è il giovar sempre il più che si può a ciascuno universalmente perché, oltra a gli utili amaestramenti che noi caveremo da le parole del poeta, la esperienza che io ho de le cose del mondo, mediante l'età nella quale io sono, mi dà materia a potervi dimostrar facilissimamente la natura e la poca fermezza di quelle [i.e. delle cose del mondo].[24]

> [You will clearly see that beneath the beauty and grace of his words [...] are hidden precious and very useful fruits of important doctrine, which I will certainly strive to make clear to you [...] to pay, as much as I can, the appropriate and due tribute to the honorable works of our very famous Petrarch [...] and to perform again man's own and true duty, which is always to benefit everyone universally as much as possible so that, in addition to the useful teachings that we will have drawn from the words of the poet, the experience that I have of the things of the world, by means of the age in which I am, gives me material to be able to demonstrate to you very easily the nature [of the things of the world] and their lack of firmness.]

As has been shown, the *utile dulci* was thought to be inextricably linked to the recognized ethical value of poetry and, at the same time, to the exegetical practice of the academy. This kind of overlap between a literary text and its interpretation in the context of sixteenth-century academies has been underlined by Virginia Cox. Basing her observations on exegetical practice in the academy, Cox has argued that the practice of poetry reading was not intended to merely illustrate and clarify the literary text, but almost to rival it: the academic lecture was, itself, a piece of literature. And, as such, it was forced to obey the same principles as other literary texts: first and foremost, that of the *utile dulci*. As a consequence, the academic lecture developed an ambiguous nature, being 'in a shadowy zone between doctrine and entertainment'.[25]

From this perspective, it is unsurprising that, in the social and cultural setting of the academy, what was repeatedly asserted was the pleasant and useful dimension of interpretative practice on a literary text. Undoubtedly, the setting played a very important role in this claim. According to Cox, the form of exegesis on literary works adopted in these institutions, based on this combination of usefulness and pleasantness, successfully matched the distinctive nature of social interaction in the Italian academies. The *utile dulci* was entirely consistent with the ethically charged and yet still elegantly playful dimension of the academic context. The academies gathered together gentlemen and, to some extent, also gentlewomen,[26] to amiably converse and strengthen social bonds by means of a shared cultural knowledge. This cultural heritage manifested itself in the form of a unified knowledge that did not allow any division nor contemplate any branch of specialization. On the contrary, it relied on solid humanistic and classicist foundations that, to a greater or lesser extent, each academician was to master. Building on of a shared cultural heritage, the academy therefore fostered the dimension of delight by providing its members with the possibility of recognizing themselves within this social and cultural system and of taking an active part in it. This act of conversing is articulated in a broader ethical framework because the discussion of literary and philosophical works with an emphasis on their ethical values was aimed primarily at the moral improvement of the academy members. This collective act of learning, which is not detached from an ethical perspective, thus ensured the *utile dulci* dimension of the academy.

Ethics in Early Modern Academies

We now turn to consider the second line of enquiry proposed at the outset, that is, the place of ethics in academic lectures. Here, it seems useful to provide first some general observations on how this distinguished cultural setting could affect their treatment, especially with respect to official institutions, such as universities.[27] Our earlier observation on the central role played by ethical discourse in the academies reveals a first key difference in the comparison with Italian universities. Contrary to the situation in the academies, in these established institutions, moral philosophy struggled for a long time to find its place in the Arts and Medicine curriculum. Furthermore, its teaching was often assigned to senior students or new graduates and salaries were also quite low in accordance with the low regard afforded to this kind of teaching in universities.[28] Yet, in the sixteenth century, there arose a marked increase in interest in ethical discourse, one which had some important consequences for the development of this subject and its role in universities. There was a dramatic increase in the number of centres in which moral philosophy was studied in Italy. This wider diffusion of ethical studies finds a parallel in the growing production of translations, commentaries, and other interpretative tools on Aristotle's *Nicomachean Ethics*, often showing a stronger connection with the university cultural environment.[29] Moreover, the canon of the authorities saw a significant extension, which culminated in an opening up to the non-Aristotelian tradition and to a growing influence of the Platonic system, especially after Ficino's seminal translations and independent work.[30] As for universities, this remarkable rise in the study of *Ethics* resulted, on a practical level, in the establishment of moral philosophy as an ordinary subject in the mid-Cinquecento, and also in a salary increase for the professors assigned to teach it. Nevertheless, the role of moral philosophy in Italian universities never equalled the one it had in academies.

Furthermore, despite similarities in the educational purposes of universities and academies, these institutions differed dramatically in the way of imparting ethical content. The universities concentrated on the study of a few passages of the *Nicomachean Ethics*, usually proposing the study of one book per academic year,[31] whereas academies offered a less systematic form of ethical learning almost exclusively delivered in the vernacular. In academies, it is difficult to recognize a definite programme of studies on ethics, as well as to give a definition of what belongs to a coherent ethical system. Generally, it is safe to assume that academies permitted and endorsed a greater accessibility in the debate of ethical issues compared to universities. This amateur and more open character of the academic debate on ethical subjects is entirely consistent with the nature of these institutions, which welcomed a large number of aspiring, non-professional, men and women of culture, who could not necessarily participate in philosophical debates at the universities and may not have mastered Latin or Greek. It is certainly true that numerous university professors, as David Lines claims, were also members of academies,[32] but it is also true that these learned academicians often addressed a diverse audience that included artists, clerics, jurists, medical doctors, poets, etc., in addition to university professors and philosophers. In the aforementioned Accademia degli Insensati of Perugia, for instance, the membership was composed of a wide variety of professions (represented, in a few cases, by the same member). There were artists (Federico Zuccari), senior church figures (Bonifacio Bevilacqua, Carlo Conti, Silvio Savelli), jurists (Ottaviano Aureli, Contolo Contoli), Latinists (Marco Antonio Bonciari), playwrights (Sforza Oddi), poets (Filippo Alberti, Leandro Bovarini, Cesare Caporali, Filippo Massini), court secretaries (Scipione Tolomei), university professors (Filippo Massini, Sforza Oddi, Giovanni Tinnoli), and so on. As a consequence, the academic conversation developed an overall more inclusive character that tended to bring together a variety of professional groups and backgrounds and to avoid the more technical debates. The recipient of every communicative act in the academy was indeed its whole membership, which operated as a collective subject with one voice,[33] that of the deputy speaker or the author of the lecture.

The Treatment of Ethical Topics in Academic Lectures on Petrarch: Three Approaches

With the exception of lectures devoted exclusively to commenting on the linguistic aspects of Petrarch's poetry, academic lectures on Petrarch generally provided (or at least foreshadowed) an ethical lesson for the members of the academy. As I will argue, the treatment of ethical topics frequently occurs in the form of three main strands that are often present to varying degrees and intensities in most academic lectures on Petrarch. These three approaches are brought together in numerous readings, often complementing one another in the same textual exposition. I briefly introduce them now and analyse them separately in what follows primarily for the purpose of clarity. The first approach implied a literary treatment of this material, which derives from the key role played by Petrarch's poem in paving the way for the interpreter to address ethical questions. This use of Petrarch's works (and of quotations from other literary authors) brought with it a general avoidance of philosophical jargon and a preference for literary sources that are added to philosophical and theological authorities. The second strand develops a more pragmatic outlook. The exposition of Petrarch's poems determines a focus on the character of Petrarch that is variously interpreted, though almost always in a positive light. According to the needs of the exegete, he becomes a man of virtue, a model of repentance, a good Christian, and so on. Whatever the precise model, he sets the standards of ethical excellence against which the members of the academy are measured and to which they should look for inspiration. Lastly, academic lectures on Petrarch's poems intertwined erudition with the treatment of ethical topics. The analysis of Petrarch's poem was able to produce, in the eyes of the exegete, enhanced or new knowledge that could offer, on the one hand, the opportunity to deepen understanding of certain subjects, and, on the other, the insights needed to lead a more ethical and self-aware life.

These three approaches share the choice of Petrarch as a means of moral improvement. The (s)election of Petrarch as the epitome of ethical reference can be easily explained within the framework of sixteenth-century Petrarchism, the broader phenomenon of cultural and linguistic imitation and codification of Petrarch, which academies embraced and fostered in turn. As previously stated, Petrarch represented not only the linguistic and stylistic model to be followed in poetry but also the most influential cultural authority for learned society of the sixteenth century. Reading Petrarch was, in Jossa's words, 'un'esperienza di formazione poetica ed intellettuale' ('an experience of poetic and intellectual formation').[34] Petrarch's works constituted the main literary model, as well as being the foundation for the intellectual training of the aristocratic class of the time. The individual voice of Petrarch became a collective voice, in which readers, interpreters of Petrarch, aspiring writers, and amateurs could recognize themselves and communicate effectively through a shared linguistic and ethical code. The phenomenon of Petrarchism went well beyond poetic imitation and expanded the concept of imitation beyond literature to realize, among other things, an ethical outlook. This more comprehensive form of imitation was materialized through the sharing of certain moral practices, established behavioural habits, and certain values drawn from the model of Petrarch.

In the academic lectures devoted to the exposition of Petrarch's poems, his poetry constituted a friendly and familiar way to introduce key ethical issues, as well as other philosophical topics. His works represented a well-trodden and ornate path that led to the discussion of ethical topics, whose relevance to the Petrarch poem in question was, in some cases, not self-evident. In this way, the academic lecture envisaged the treatment of moral and philosophical topics in a literary perspective that added to a philosophically informed approach. As a result, topics discussed in the lectures were illustrated through a series of authorities, which included Greek, Latin, and vernacular literary authors, along with philosophers and, less often, passages from the Scriptures. Addressing a subject that called for ethical concerns to be developed, such as the definition of freedom, the moral status of nobility, and the legitimacy of romantic love (such as Petrarch's love for Laura), the authors of the academic lectures developed their discussion by combining excerpts from Petrarch's and other literary authors' poems with quotations or references from classical (Aristotle, Plato, Cicero, Seneca), medieval (Averroes, Thomas Aquinas), and Renaissance philosophers (Marsilio Ficino, Alessandro Piccolomini). Usually, the discussion of an ethical subject was based on an Aristotelian definition, which circumscribed the theoretical framework of the exposition. This definition was then expanded through the layering of quotations from other philosophical authorities and literary authors. A privileged role was accorded to Dante, who was frequently invoked at the end of the discussion in order to bring the ethical questions proposed to a close by means of his doctrinal power.

A pertinent and representative example of this approach is provided by Lucio Oradini's 'Lettura sopra il sonetto "Quanta invidia ti porto avara terra"' (*Rvf* 300), given in June 1550 in the Accademia Fiorentina.[35] In the concluding passages of the lecture, the author questions the moral rightfulness of Petrarch's love for Laura ten years after her death. Oradini introduces this ethical question by commenting on the first quatrain of *Rvf* 364 ('Tenemmi Amor anni ventuno ardendo'), where Petrarch declares his thirty-one-year passionate devotion to his beloved that continues beyond her death. The theoretical framework of the question is provided by brief references to Ficino's commentary on Plato's *Symposium* and then to Plato's doctrine regarding different types of love. Within this philosophical perspective, Petrarch could love with an honest and virtuous love, which desires only the beauty of the soul and not the body of the beloved (as lascivious and dishonest love does). Indeed, after the bodily death of the beloved woman, the honest lover is expected to love her even more deeply, so as to avoid reproach, and Oradini quotes the celebrated passage from *Purgatorio* XXX, 127–29 to support this, that is, the passage where Beatrice upbraids Dante for neglecting her when she died. As this example shows, the question raised by Oradini is addressed by providing a philosophical framework complemented by literary quotations that are interwoven with the complexities of philosophical reasoning.

These sequences of literary and philosophical authorities, often accompanied by theological ones, occur in a great number of academic lectures addressing topics belonging to moral, as well as those pertaining to natural philosophy. An interesting though lesser-known case in which a topic related to natural philosophy is explored through a juxtaposition of authorities is provided by Lelio Bonsi's three lectures on *Rvf* 145 ('Ponmi ove 'l sole occide i fiori et l'erba'). These lectures were given before the Accademia Fiorentina on three different occasions in November 1550 and printed ten years later, in 1560. Bonsi described his choice to present this poem in the academy as a favourable opportunity to exercise 'quelle scienze [...] novellamente udite e studiate' ('those [...] recently heard and studied sciences').[36] Bonsi noted that his own *utile* consisted in practising the knowledge of newly acquired astrological concepts that were needed, in his opinion, to expound this Petrarchan sonnet. Bonsi used three academic lectures to give a lengthy astrological digression inspired by the poem. This excursus, which accompanies the reading of *Rvf* 145 in the first lecture, becomes the core interest of the following two lectures, which move gradually away from Petrarch's poem. In his second and third lectures, Bonsi addressed five questions regarding the influence of astrological factors on climate and human settlements. Although these three lectures share some characteristics with the genre of the scientific treatise in terms of length, complexity of the subject under discussion, and intricacy of the reasoning, once more Bonsi tends to rely on literary authorities (such as Dante, Petrarch, Cicero, Tibullus, Virgil) more than on philosophical or religious ones. Bonsi gives a particular prominence to Dante, who is regarded not only as a great poet but also as a great astrologer and philosopher.[37]

The treatment of moral topics in academic lectures could follow the pattern of a tangible example, embodied in Petrarch himself and his biography. Petrarch was generally viewed as an historical figure who had experienced the events related in his poems. His story could help the members of the academy to face similar challenges that they would have encountered in their own lives. In the more sophisticated lectures, the author illustrates a process of identification between Petrarch's fate or thought, as described in the poem, and the fate or thought of the author of the lecture or of another academician. One example, among others, is Orsilago's aforementioned *Settima lettione* on *Rvf* 189, where the author draws a parallel between his condition, that of the academicians, and Petrarch's own precarious state as a sailor facing a stormy sea. Orsilago pictures himself as a tenacious helmsman, who once more boards a ship in spite of horrible sea-monsters and tremendous storms that infest the oceans. Tellingly, his determination is encouraged by the presence of other crew members, that is, other members of the academy, who join and back him in this new adventure on the uncharted sea. This perilous journey has a manifest moral intent because 'non si puote arrivare a qual si voglia glorioso porto senza simili incontri' ('one cannot reach any glorious port without such encounters').[38] In Orsilago's interpretation, Petrarch's journey, as shown in his own poetry, leads to a personal development because it displays an imitable path from vanity to honesty through a series of serious challenges. Thus, Orsilago calls upon the other sailors to follow the example of Petrarch, who faced a similar fate: 'tanto più mi piace di esortarvi con tutto il cuore, quanto ch'io conosco messer Francesco Petrarca [...] anch'egli per uno amaro pelago fra mostri e scogli essersi ritrovato assai tempo, sì come per la maggior parte delle sue dolcissime rime veder si puote' ('I would like to exhort you with all my heart, all the more so as I know that sire Francesco Petrarca [...] too found himself for a long time on a bitter sea between monsters and rocks, as it appears from most of his sweet poems').[39]

In the same academy Annibale Rinuccini chose Petrarch's sonnet 'La gola e 'l somno et l'otïose piume' (*Rvf* 7) to illustrate to his fellow members the danger of moral decay and of vicious habits of mind. In the exordium of his lecture, Rinuccini discharges fathers of responsibility for their sons' mistakes and emphatically asserts the individual's responsibility. According to Rinuccini, Petrarch's poem provides a double benefit in order to rectify conduct in life. First, it shows that indulging in short-term pleasures, such as idleness and gluttony, leads to an immoral outcome because this proclivity towards mundane appetites only excites the feral nature of human beings:

> Il poeta in questa prima parte [...] dimostra i nostri appetiti esser la cagione d'ogni nostro male, i quali, non bene retti da noi, s'impadroniscono di noi stessi [...]. Dove è da notare il poeta aver nominati particolarmente questi duo vizi [la gola e l'indolenza], come quelli che più hanno del bestiale e che spogliandone perciò l'humana dignità [...] in bestie ne convertono.[40]

> [The poet in this first part [...] shows that our appetites are the cause of all our evils. These appetites are not well governed by us and take possession of us [...]. Where it is to be noted that the poet specifically mentioned these two vices [gluttony and indolence] as those which have a marked bestial inclination and that turn human beings into beasts by stripping away human dignity.]

Second, encouraging his friend to pursue further his literary studies in the second tercet of the sonnet, Petrarch shows the way that will ultimately lead to virtue. This is the path — in Rinuccini's words — 'contraria al vizio' ('opposite to vice'), followed only by elect members and unknown to the benighted. In addition to stigmatizing immoral conduct, Petrarch's poem also provides an inspiring model for effective moral improvement based on the learning of sciences and literary studies. This is explicitly stated in the concluding passage of the lecture, where Rinuccini invites other members of the academy to celebrate, as the Romans did with their illustrious ancestors, the example of Petrarch and of other important Tuscans. Rinuccini urges his fellow academy members to follow in the footsteps of 'tanti famosi [...] antecessori e cittadini vostri che la vostra famosissima e bellissima città e questo celebratissimo luogo hanno con perpetuo nome onorato' ('many famous [...] ancestors and citizens who honoured your very famous and beautiful city and this celebrated place with its perpetually illustrious name').[41]

Although never directly questioned, Petrarch's moral guidance is often a matter of debate in the lectures dealing with the most difficult challenge he faced in the *Canzoniere*. His 'youthful error', that is, his love for Laura, led him away from loving God and from the due devotion of himself to divine things. Thus, numerous academic lectures on his poems deal with Petrarch's enamourment and offer conflicting interpretations in the light of a rich body of Renaissance theory on love. Reporting the various shades of these interpretations would exceed the scope of this essay. Suffice it to observe that the prevailing interpretations were as follows: on the one hand, some lectures interpreted his love for Laura as chaste and pure, with the aim of lessening its pernicious effect on Petrarch; on the other hand, other lectures recognized the spiritual threat posed by Petrarch's youthful love but then emphasized his later repentance. Either way, Petrarch, as a 'christianissimo' ('most Christian') or 'osservandissimo' ('most observant') poet, sets a useful moral standard, showing an exemplary — or a reformed deviant — model of behaviour.

For this reason, some sections of the academic lectures are devoted to defending Petrarch from accusations of being lascivious.[42] In his *Settima Lettione*, Orsilago explicitly argues against previous readers of Petrarch's *Canzoniere*, who gave a licentious interpretation of his collection of lyrics. In so doing, these interpreters not only damaged Petrarch's reputation but also compromised the utility of his work. According to Orsilago, as many exegetes disregarded the moral trajectory of his *Canzoniere*, which proceeds from vanity to honesty, 'di qui è nato che tutti [i suoi interpreti] hanno esposte lascivamente quasi tutte le sue rime, con poco honor del poeta e men frutto di chi l'ascolta' ('it follows that all [his interpreters] interpreted lasciviously almost all of his rhymes, with little honour for the poet and lesser utility for those who listen to him').[43] More specifically, the defence of Petrarch in Giovanni Talentoni's lecture given in 13 September 1587 in front of the Accademia Fiorentina stems from the rejection of an observation by Castelvetro on the first sonnet of the *Canzoniere*. The Modenese commentator had identified the reason for Petrarch's request for forgiveness in the composition, enjoyment, and divulgation of his amorous compositions.[44] According to Talentoni, Petrarch would have had time to throw them into the fire and not to publish those works, since he composed the proem after all the other poems, including the amorous ones. Hence, Talentoni defends Petrarch for proving himself to be a Christian poet. As such, he wrote the proem as an act of repentance, to ask for forgiveness for his previous love life. In the first sonnet, Petrarch expresses a condemnation of this earthly passion, although in this life too he proved honest and chaste:

> Egli amò anni ventuno ardentissimamente una giovanetta, mentre visse, e dieci poi che fu morta, né mai non solo in occulto le fece parola, cenno o atto che disdicesse a persona onestissima e religiosissima.[45]
>
> [For twenty-one years he loved a young girl most ardently, while she lived, and for ten after she was dead, and never, not even in secret, did he give her a word, a sign or an act that would not suit a most honest and most religious person.]

In addition to the spiritual message that emerges from Petrarch's proem, Talentoni discerns an equally important didactic aim, which is intimately connected with the moral dimension of poetry. Petrarch composed the proem as a warning sign to promote a self-conscious and detached reading of his love poems:

> L'utile che ci dà il Petrarca col metter questo epilogo innanzi e farlo principio di tutto 'l *Canzoniere* è che non ci lascia entrare a leggere questi suoi pensieri amorosi [...] senza averci avvertiti, con l'esempio de' suoi propri danni, che quella non è materia di vita da seguire, portando seco vergogna e pentimento.[46]
>
> [The benefit that Petrarch gives us by placing this epilogue before and making it the beginning of the whole *Canzoniere* is that he does not let us embark on reading these loving thoughts of his [...] without having warned us, with the

> example of the damage to himself, that his pattern of life is not to be followed, bringing with it shame and repentance.]

The discussion of moral topics was often connected to philosophical topics, either explored or alluded to in Petrarch's poems, and sometimes even going beyond Petrarch's intentions. As *dottrina* was seen as strongly connected to ethics, exegetes emphasized the doctrinal content of the poem, developing it in an ethical perspective in order to reinforce and expand the *utile* of the exposition. Within this framework, the insistence that Giovan Battista Gelli shows in highlighting the erudition to be derived from Petrarch's poetry appears clearer. In his lectures on 'Per mirar Policleto a prova fiso' (*Rvf* 77) and 'Quando giunse a Simon l'alto concetto' (*Rvf* 78), Gelli argues against the majority of Petrarch's readers who strongly favoured the style of his poems over the ideas expressed in them. For his part, Gelli proposes to place them on the same level in Petrarch's works because 'pocchissimi anzi rarissimi sieno stati quegli, i quali habbino considerato in lui la dottrina, la quale [...] non è minore che si sia in lui la bellezza' ('very few and very rare indeed were those who recognized the knowledge in his poems, which [...] is no less than their beauty').[47] It is once again Gelli in his aforementioned lecture on 'Io son de l'aspectar omai sì vinto' (*Rvf* 96) who clearly delineates a fruitful combination of erudition and ethical values in the series of Petrarch's compositions that he views as less swayed by his fierce youthful love. Indeed, as Federica Pich has argued, Gelli aims to demonstrate that 'Petrarch's *dottrina* is intertwined with a broader moral interpretation'.[48]

The most common case in which doctrine and ethics overlap is represented by the numerous lectures that illustrate the topic of love. In these lectures, the exposition of the amorous theme relies upon a sequence of philosophical authorities, which illustrate the various aspects and manifestations of this phenomenon, such as its origin, its nature, its effects on the lover and on the beloved, its inner and exterior symptoms, and so on. This depiction often does not exhaust the discussion of the theme that, almost inevitably in Petrarch's case, raises ethical issues of great interest to educated society of the time. As already mentioned above, the various members of the academies used their lectures to ponder if and to what extent Petrarch's love was legitimate, if it was justifiable from a religious point of view, and if it was characterized by some immoral nuances. In his exposition of the sonnet 'Amor, che 'ncende il cor d'ardente zelo' (*Rvf* 182), the *Accademico Insensato* Contolo Contoli proceeds from a philosophical definition to address a moral question. Contoli explicitly declares in the passage of his lecture that follows the lines of the sonnet that in the exposition he will be discussing the nature of love, its characteristics, and that he will be focusing on two feelings potentially connected with Petrarch's experience of love, namely 'timore' ('dread') and 'gelosia' ('jealousy'). Eventually, Contoli will demonstrate that Petrarch was never jealous in his love for Laura. In the first part of his very convoluted lecture, Contoli provides a definition of love relying on a wide range of authorities, such as Aristotle, Plato, Leone Ebreo, and Alessandro Piccolomini. In the second part of the lecture, Contoli extensively discusses the topic of jealousy as a form of fear. As such, it is contrary to hope, which is that which fuels love, and so prevents perfect love. This premise, built on the authorities of Sperone Speroni and Alessandro Piccolomini, constitutes the theoretical framework in which the ethical question of Petrarch's jealousy addressed in the lecture is articulated. In the development of the question, Contoli shows that Petrarch has been honestly in love with Laura for many years, showing an absence of jealousy, which would have been harmful and contrary to his true love:

> Essendo adunque tale quale habbiam veduto questa brutta macchia della gelosia distruggitrice d'ogni contento amoroso, nemica d'ogni quiete, la quale con vero amore non può mai trovarsi, chi sarà mai tanto ardito che voglia affermare il Petrarca essere stato geloso e nel sonetto hoggi da noi interpretato haver di questo pestilentissima peste parlato?[49]
>
> [Since jealousy is thus such an ugly stain, as we have seen, harmful to all amorous pleasure, enemy of all stillness, which can never be found with true love, who will ever be so daring as to affirm that Petrarch was jealous and that he spoke of this very pestilent plague in the sonnet that we have interpreted today?]

Similarly, in Ottaviano Aureli's academic lecture on *Rvf* 89 ('Fuggendo la pregione ove Amor m'ebbe'), the exposition of the sonnet allowed a philosophical treatment of ideas to be combined with a display of ethical values. It was delivered in April 1569 before the Accademia degli Insensati of Perugia. His philosophical exposition regarding this sonnet adopts Petrarch's poem as a pretext for introducing the topic of liberty, the actual subject of the lecture. Drawing a parallel between his own experience and Petrarch's, the author explains in the exordium that the choice of the sonnet fell on *Rvf* 89 because it suitably reflects his own personal loss of liberty. As much as Petrarch tried to no avail to detach himself from his human love for Laura, Aureli attempted to leave the academy without success. Once deprived of the Insensati's 'dolcissima, onestissima e utilissima conversatione' ('very delightful, honest, and useful conversation'), Aureli felt a sense of loss and strongly desired to return to the institution.[50] After this witty and slightly humorous reminiscence of this failed attempt to achieve individual freedom, Petrarch's poem swiftly fades into the background. Aureli's lecture abandons the poem and concentrates on the chosen topic, providing the definition of liberty, an illustration of three different kinds of liberty in accordance with the theories of Augustine and Bernard of Clairvaux, and the recognition of the most suitable form of liberty for human beings. In the final section of the lecture, Aureli compares liberty of nature with liberty of Grace, identifying the latter as the most appropriate form of liberty for human beings. Aureli's preference for liberty of Grace, which implies the removal of the corporeal dimension and a sublimation of the spiritual part of human beings, clearly defines a moral stance on the issue of liberty. Furthermore, Aureli ingeniously connects the effects of liberty of Grace with the ethical scope of the academy, that is, to free its members from the burden of the empirical senses and make them Insensati, that is, senseless.

Conclusions

This essay has attempted to show that, according to Renaissance thinkers, not only Petrarch's poems but also their readings in the academy were conceived of as a mixture of the useful and the pleasurable according to Horace's formula. In fact, not only was the academic exegesis a new literary text in all respects, and was therefore expected to satisfy the Horatian poetics, but it was also delivered in a distinctive cultural setting, the academy, which by its nature was oriented towards a shared moral programme in a courteous environment. Within the (moral) framework of the *utile dulci*, we see the appearance of a triangular mirroring among the subject of the exposition (Petrarch's poem), the exegetical tool (the academic lecture), and the cultural setting (the academy).

Hence, the delivery of ethical content in lectures on Petrarch's poems in the academy responded to the common aim, one shared by both the lecture and the academy, of generating some utility for its membership while it was gathered for a pleasant and engaging activity. The second part of this essay examined the treatment of ethical material in Petrarch's lectures. The delivery of ethical content appears to be strongly influenced both by the academy, which rejected specialization and fostered moral development and education, and by the more general phenomenon of Petrarchism, which identified Petrarch as the undisputed literary and ethical point of reference. As a result, topics of moral philosophy in academic lectures on Petrarch were interpreted according to Petrarch's own ethical experience as conveyed in the *Canzoniere*; they were explained and embellished by means of literary authorities, which formed a strong barrier to philosophical specialization; and, finally, they were linked with erudition, by emphasizing the ethical implications of knowledge of some aspects of reality or of human nature.

By way of conclusion, I would like to outline briefly some promising new lines of enquiry that may be suggested by this chapter. First, the current analysis might be expanded to include individual or scattered lectures composed in little-known academies that will enrich the picture. Moreover, scholars might also consider how ethical content was treated in academic expositions of literary works beyond Petrarch's vernacular poems. In other words, in academic lectures on other authors (such as Dante, Pietro Bembo, Laudomia Forteguerri, Jacopo Sannazaro, Giovanni Della Casa, and so forth), how was the ethical content addressed compared to what was carried out in the lectures on Petrarch's poems? Here again another question arises: were particular authors more readily associated with a certain range of ethical problems? If, for example, Petrarch's poems were customarily associated with the topic of love, could it be that Dante's lines may have been linked with themes more closely related to theology or metaphysics? Much remains to be done in this regard but my hope is that this essay has at least suggested a methodology of investigation that can be applied to other still unknown cases and to other literary authors.

Notes to Chapter 7

1. Franco Tomasi, 'Esegesi di Petrarca nelle accademie del XVI secolo (1530–1550)', in *Studi sulla lirica rinascimentale (1540–1570)* (Rome and Padua: Antenore, 2012), pp. 177–218.
2. Virginia Cox, 'Un microgenere senese: il commento paradossale', in *Il poeta e il suo pubblico. Lettura e commento dei testi lirici nel Cinquecento. Convegno internazionale di Studi (Ginevra, 15–17 maggio 2008)*, ed. by Massimo Danzi and Roberto Leporatti (Geneva: Droz, 2012), pp. 329–56 (pp. 350–56).
3. David A. Lines, 'From Schools to Courts: Renaissance Ethics in Context', in *Rethinking Virtue, Reforming Society: New Directions in Renaissance Ethics, c. 1350–c. 1650*, ed. by David A. Lines and Sabrina Ebbersmeyer (Turnhout: Brepols, 2013), pp. 57–80.
4. Peter Mack, 'Informal Ethics in the Renaissance', in *Rethinking Virtue, Reforming Society*, pp. 189–213.
5. Michele Maylender, *Storia delle accademie d'Italia, con una prefazione di S.E. L. Rava*, 5 vols (Bologna: Cappelli, 1926–30). Maylender's data have been critically and extensively analysed in Amedeo Quondam, 'L'Accademia', in *Letteratura Italiana*, ed. by Alberto Asor Rosa, 9 vols (Turin: Einaudi, 1982–92), I, 823–98.
6. Simone Testa, 'Le accademie senesi e il network intellettuale della prima età moderna in Italia (1525–1700). Un progetto online', intro. by Jane E. Everson, *Bollettino senese di storia patria*, 117 (2010), 613–37 (p. 621).
7. Alessandro Vellutello, *Le volgari opere del Petrarcha con la espositione di Alessandro Vellutello* (Venice: Nicolini da Sabbio e fratelli, 1525). On Petrarch's commentaries, see Gino Belloni, *Laura tra Petrarca e Bembo. Studi sul commento umanistico-rinascimentale al 'Canzoniere'* (Padua: Antenore, 1992); William J. Kennedy, *Authorizing Petrarch* (Ithaca, NY: Cornell University Press, 1994). Specifically on Vellutello's commentary, see Simone Albonico, 'Osservazioni sul commento di Vellutello a Petrarca', in *Il poeta e il suo pubblico*, pp. 63–100; Sabrina Stroppa, 'Oltre la questione dell'"ordine mutato". Il commento di Alessandro Vellutello al Petrarca volgare', *Atti e memorie dell'Accademia Galileiana di Scienze, Lettere ed Arti. Parte iii. Memorie della classe di Scienze Morali, Lettere ed Arti*, 131 (2018–19), 375–99.
8. On Infiammati's exegesis on Petrarch, see Franco Tomasi, 'Le letture di poesia e il petrarchismo nell'Accademia degli Infiammati' and 'Esegesi di Petrarca nelle accademie', both in *Studi sulla lirica rinascimentale*, pp. 148–76, 202–09.
9. Tomasi, 'Le letture di poesia', p. 162; idem, 'Esegesi di Petrarca', p. 208.
10. Michael Sherberg, 'The Accademia Fiorentina and the Question of the Language: The Politics of Theory in Ducal Florence', *Renaissance Quarterly*, 56.1 (2003), 26–55 (p. 27). A comprehensive overview on the academy is offered in Michel Plaisance, *L'Accademia e il suo Principe. Cultura e politica a Firenze al tempo di Cosimo I e di Francesco de' Medici* (Manziana: Vecchiarelli, 2004). On Petrarch's readings in the Florentine Academy, see Franco Tomasi, '"Cose nel vero tutte misteriose e belle": le forme dell'esegesi petrarchesca nell'Accademia Fiorentina', in *Dissonanze concordi. Temi, questioni e personaggi intorno ad Anton Francesco Doni*, ed. by Giovanna Rizzarelli (Bologna: il Mulino, 2013), pp. 149–69.
11. This is the case notwithstanding a subtler politics of dissent: Sherberg, 'The Accademia Fiorentina', pp. 43–53.
12. On the exegetical practice regarding Petrarch's poems of the *Accademia degli Insensati*, see Lorenzo Sacchini, 'Scritti inediti dell'Accademia degli Insensati nella Perugia del secondo Cinquecento', *Lettere italiane*, 65.3 (2013), 376–413; idem, *Identità, lettere e virtù. Le Lezioni inedite degli Accademici Insensati di Perugia (1561–1608)* (Bologna: I libri di Emil, 2016), pp. 89–104.
13. The Insensati lectures are collected in MSS. I 49, I 50, I 53, and I 60 of the Biblioteca Attilio Hortis in Trieste and MS. 1717 of the Biblioteca Augusta in Perugia. For a detailed list of Insensati lectures, see Sacchini, *Identità, lettere e virtù*, pp. 187–206. A description of Hortis' manuscripts is provided by Stefano Zamponi, *I manoscritti petrarcheschi della biblioteca civica di Trieste. Storia e catalogo* (Padua: Antenore, 1984), pp. 118–27, 131–32.
14. [Filippo Massini], 'Della difesa del Petrarca intorno all'opposizioni fatteli dal Castelvetro nel suo comento della "Poetica" di Aristotele', in *Lettioni dell'Estatico Insensato, recitate da lui publicamente*

in diversi tempi nell'Academia de gli Insensati di Perugia. Nuovamente poste in luce (Perugia: Petrucci, 1588), pp. 1–38.
15. The print is *Poetica d'Aristotele vulgarizzata e sposta per Lodouico Casteluetro* (Vienna: Stainhofer, 1570). Castelvetro's work was reprinted in 1576.
16. Sacchini, *Identità, lettere e virtù*, pp 57–58. This manuscript copy of the lecture is housed in Siena, Biblioteca Comunale degli Intronati, MS. G VII 51, fols 176^r–188^v.
17. Francesco Venturi, 'Introduction', in *Self Commentary in Early Modern European Literature, 1400–1700*, ed. by Francesco Venturi (Leiden and Boston: Brill, 2019), pp. 1–27 (pp. 6–8).
18. For a clear example of this self-referential component in academic lectures, see below on Ottaviano Aureli's exposition on *Rvf* 89, p. 000.
19. Lucio Oradini, 'Lettura di Lucio Oradini da Perugia sopra il sonetto "Se mai foco per foco non si spense"', in *Due lezzioni di messer Lucio Oradini, lette publicamente nell'Accademia Fiorentina* (Florence: Torrentino, 1550), pp. 47–96 (p. 53).
20. [Ottaviano Aureli], 'Lettione dello Svogliato letta da lui nell'Academia degli Insensati il dì 11 di dicembre 1575. Sopra il sonetto "Io vo piangendo i miei passati tempi"', MS. I 53, Trieste, Biblioteca Attilio Hortis, fols 23^r–38^v (fol. 35^r–35^v).
21. Giovan Battista Gelli, 'Lettione seconda, di Giovam Battista Gelli. Sopra un sonetto di messer Francesco Petrarcha', in *Tutte le lettioni di Giovambattista Gelli fatte da lui nella Accademia Fiorentina* (Florence: [Torrentino], 1551), pp. 49–95 (p. 53). On Gelli's exegesis on Petrarch, with a focus on his inconsistencies and contradictions, see Federica Pich, 'Dante and Petrarch in Giovan Battista Gelli's Lectures at the Florentine Academy', in *Remembering the Middle Ages in Early Modern Italy*, ed. by Lorenzo Pericolo and Jessica N. Richardson (Turnhout: Brepols, 2015), pp. 169–91.
22. Pietro Orsilago, *La settima lettione di messer Pietro Orsilago da Pisa sopra il sonetto del Petrarca 'Passa la nave mia colma d'oblio'* (Florence: [Torrentino], 1549), fol. A6^v.
23. Giovan Battista Gelli, *Il Gello sopra un sonetto di messer Francesco Petrarca* (Florence: [Torrentino], 1549), pp. 11–12.
24. Ibid., pp. 13–14.
25. Cox, 'Un microgenere senese', p. 351: 'in una zona ambigua tra dottrina e intrattenimento'.
26. On women's participation in early modern Italian academies see Virginia Cox, 'Members, Muses, Mascots: Women and Italian Academies', in *The Italian Academies 1525–1700: Networks of Culture, Innovation and Dissent*, ed. by Jane E. Everson, Denis V. Reidy and Lisa Sampson (London and Oxford: Routledge-Legenda, 2016), pp. 132–69.
27. On teaching of ethics in Renaissance universities, see Paul F. Grendler, *The Universities of the Italian Renaissance* (Baltimore, MD: The Johns Hopkins University Press, 2002), pp. 393–407; David A. Lines, *Aristotle's Ethics in the Italian Renaissance (ca. 1300–1650): The Universities and the Problem of Moral Education* (Leiden, Boston and Cologne: Brill, 2002); idem, 'From Schools to Courts', pp. 61–65.
28. Lines, *Aristotle's Ethics*, pp. 90, 92–98.
29. Ibid., pp. 224–30.
30. Ibid., pp. 229–30, 235–38; Lines, 'From Schools to Courts', p. 64.
31. Ibid., pp. 104–05.
32. Lines, 'From Schools to Courts', p. 75.
33. Quondam, 'L'Accademia', p. 830.
34. Stefano Jossa, 'Petrarchismo europeo. Leggere e scrivere Petrarca nel Rinascimento (Presentazione)', *Italique*, 14 (2011), 13–17 (p. 13).
35. Lucio Oradini, 'Lettura di Lucio Oradini da Perugia, sopra il sonetto "Quanta invidia ti porto avara terra", letta da lui publicamente nella Accademia Fiorentina la prima domenica di giugno', in *Due lezzioni di messer Lucio Oradini*, pp. 11–45. A manuscript copy of this lecture attributed to Giovanni Maria Oradini is held at the BNCF (MS. Magl. VII. 286).
36. Lelio Bonsi, 'Lezzione seconda di Lelio Bonsi sopra quel sonetto del Petrarca che comincia "Pommi ove 'l sole occide i fiori e l'herba"', in *Cinque lezzioni di messer Lelio Bonsi, lette da lui publicamente nella Accademia Fiorentina* (Florence: Giunti, 1560), fols 15^r–34^v (fol. 16^v).
37. On the passage, see Simon A. Gilson, *Reading Dante in Renaissance Italy: Florence, Venice and the 'Divine Poet'* (Cambridge: Cambridge University Press, 2018), p. 298, n. 37.

38. Orsilago, *La settima lettione*, fol. A4^v.
39. Ibid., fols A5^v–A6^r.
40. Annibale Rinuccini, 'Lezzione seconda del medesimo, esponendo il sonetto "La gola, e 'l sonno, e l'oziose piume". Recitata nel consolato di messer Piero Covoni gentiluomo fiorentino', in *Quattro lezzioni di messer Annibale Rinuccini Academico Fiorentino. Lette publicamente da lui nell'Academia Fiorentina* (Florence: Torrentino, 1561), fols B5^v–D4^r (fol. D1^r–D1^v).
41. Ibid., fol. D4^r.
42. Massini's aforementioned lecture against Castelvetro's objections ('Della difesa del Petrarca') is possibly the most eminent example of an academic exposition in Petrarch's defence, though it focuses more on the theoretical issues posed by his poetry rather than on ethical concerns. On this lecture, see Uberto Motta, 'Petrarca a Milano al principio del Seicento', in *Petrarca in Barocco. Cantieri petrarcheschi. Due seminari romani*, ed. by Amedeo Quondam (Rome: Bulzoni, 2004), pp. 227–73 (pp. 257–61); Rosaria Antonioli, 'Il Parnaso dell'"Armidoro". Giovanni Soranzo e il suo poema per i contemporanei (1611)', *Studi secenteschi*, 51 (2011), 106–50 (pp. 132–33).
43. Orsilago, *La settima lettione*, fol. A4^v. On this passage, see Tomasi, 'Esegesi di Petrarca', pp. 215–16.
44. Lodovico Castelvetro, *Le Rime del Petrarca brevemente sposte* (Basel: Sedabonis, 1582), pp. 1–9. For a detailed examination of the religious implications behind Talentoni's criticism that reveals his debt to and misrepresentations of Castelvetro's thought, see Laura Paolino, 'Giovanni Talentoni da Fivizzano e l'incipit del "Canzoniere" di Petrarca', *Italian Studies*, 75.1 (2020), 41–54 (pp. 48–54).
45. Giovanni Talentoni, *Lettione di messer Giovanni Talentoni da Fivizano, lettor di medicina, ordinario nello studio di Pisa, fatta da lui sopra 'l principio del 'Canzoniere' di Petrarca* (Florence: Giunti, 1587), fol. E4^v.
46. Ibid.
47. Giovan Battista Gelli, *Il Gello accademico fiorentino, sopra que' due sonetti del Petrarcha che lodano il ritratto della sua Madonna Laura* (Florence: [Torrentino], 1549), pp. 19–20.
48. Pich, 'Dante and Petrarch', p. 186. See also Cox, 'Un microgenere senese', pp. 348–49.
49. Contolo Contoli, 'Lettione di Contolo Contoli Academico Insensato perugino sopra il sonetto del Petrarca "Amor che 'ncende il cor d'ardente zelo"', in MS. I 53, Trieste, Biblioteca Attilio Hortis, fols 81^r–109^r (fol. 105^r).
50. [Ottaviano Aureli], 'L'ultima domenica di aprile 1569, a dì 24. Lettione dello Svogliato letta nell'Academia degli Insensati. Sopra il sonetto "Fuggendo la prigione"', in MS. I 53, Trieste, Biblioteca Attilio Hortis, fols 39^r–46^v (fol. 39^r).

CHAPTER 8

La traduzione del Canzoniere di Petrarca di Vasquin Philieul (1548) e il suo commento letterario-morale

Jean Balsamo

Nel 1548, un anno prima della *Deffense et illustration de la langue française* del Du Bellay, fu pubblicata a Parigi la raccolta *Laure d'Avignon*, traduzione dalla prima parte del Canzoniere di Petrarca ad opera di Vasquin Philieul, un canonico di Avignone.[1] Sulle origini e sul contesto di tale impresa si sa poco. Du Bellay, di cui Philieul era esatto coetaneo, fece una breve allusione a questa pubblicazione in un capitolo del suo trattato. Sosteneva che a chiunque si proponesse di tradurre Petrarca, fosse pure Omero e Virgilio redivivo, fosse impossibile renderlo con la stessa grazia e autenticità che erano nel suo volgare toscano, e aggiungeva, alludendo al Philieul, 'purtroppo, qualcuno dei nostri tempi ha preso l'iniziativa di farlo [Petrarca] parlare francese'.[2] Tale disprezzo non esprimeva un giudizio obiettivo sulla qualità della traduzione ma il risentimento di chi si trovava sorpassato da un modesto rivale nella gara per imporre un nuovo modello di poesia ad uso della corte. A lungo trascurata dalla critica, l'opera del Philieul è stata rivalutata soltanto a partire dal 1950.[3] Non tornerò ad esaminare la sua versione nel dettaglio. Più cruciale mi pare sia la questione della forma e dell'importanza di tale raccolta, non tanto nella lunga storia delle traduzioni francesi della poesia del Petrarca, quanto nella storia della poesia francese stessa: è in relazione ai nuovi modi di leggerla che prende senso la questione del commento.[4]

Philieul e la sua *Laure d'Avignon*: una poetica della raccolta

Laure d'Avignon segnò una doppia rottura. Da una parte, mettendo l'accento sul Canzoniere, rompeva con una prima tradizione petrarchista francese, incentrata sui *Trionfi*, più volte tradotti e pubblicati,[5] che si era però limitata ad un approccio più frammentario e sperimentale alle poesie per Laura. La traduzione di Philieul poneva invece le rime in una dimensione quantitativa, in una specie di *continuum*, nel quadro di una raccolta ordinata e unificata dal suo oggetto. Certo, poco prima di Philieul, Clément Marot (1542) e Jacques Peletier du Mans (1547) avevano aperto la strada, pubblicando traduzioni di rispettivamente sei e dodici sonetti del

Petrarca, che avevano dato un contributo decisivo all'introduzione di questa forma in lingua francese. Philieul conosceva i lavori dei predecessori che si erano mossi in questa direzione; rendeva un omaggio almeno al primo, annettendo alla propria versione due sonetti già tradotti dal Marot (i sonetti 49 e 179, cioè *Rvf* 161 e 248), nonchè sonetti del meno noto Bussely de Lenoncourt (il sonetto 51, cioè *Rvf* 134, e forse i sonetti 52–54, cioè *Rvf* 95, 97 e 96). Ma alle sperimentazioni puntuali ed eterogenee dei poeti della corte di Francesco I e del re stesso, che si era esercitato a tradurre qualche sonetto, e ai tentativi di tradurre certi componimenti e di adattare risorse formali italiane in forme francesi (il sonetto tradotto in epigrammi di dieci versi), Philieul opponeva una maggiore fedeltà formale e una raccolta ordinata. Questa conteneva 229 testi, tra i quali 196 sonetti, 24 canzoni, 6 madrigali e 3 stanze e riproduceva in francese, con qualche adattamento, l'intera prima parte delle *Rime*, quale l'aveva pubblicata Alessandro Vellutello (196 sonetti, 16 canzoni, 8 sestine, 6 ballate e 3 madrigali) in un'edizione arricchita da un ampio commento, stampata nel 1525. Il *Petrarcha* vellutelliano conobbe una larga diffusione e giunse anche in Francia.[6] *Laure d'Avignon* costituiva un vero e proprio laboratorio di forme poetiche, che permise al Philieul di sperimentare tutte le possibilità appropriate alla lingua francese, fino al sonetto in versi alessandrini, scostandosi dalla semplice riproduzione del prototipo petrarchesco: egli riunì in una forma unica canzoni e sestine, trasformò le ballate in madrigali, i madrigali in stanze o 'pose', con un radicale cambiamento degli schemi metrici e della rima.

Nel pubblicare una raccolta poetica concepita come un insieme coerente, organizzato secondo una raffinata disposizione retorica e biografica (fosse quella imposta da Vellutello) e una sottile *varietas* formale, Philieul, sul modello offertogli dal Petrarca, inventava in francese una nuova forma del libro di poesia e, di conseguenza, una nuova poesia, non più basata su pezzi isolati ma ordinata secondo una *poetica della raccolta*, capace di combinare le esigenze formali dei singoli testi e un'unità di ispirazione. Prima di lui, per più di trent'anni la poesia di corte si era sviluppata sia nella forma del lungo poema di tipo epico, sia attraverso il frammentarsi delle forme, dei toni e dell'ispirazione. Le poche raccolte allestite dagli autori stessi seguivano un ordine casuale, o, per meglio dire, erano ordinate secondo la gerarchia dei generi, presentando una disposizione formale, per la quale il modello era offerto dalle *Opere* di Marot, pubblicate nel 1538–1544 dall'autore stesso per riordinare la produzione di tutta una vita. Eccezione notevole ma in margine fu la *Délie* (1544) di Maurice Scève, una raccolta di 449 epigrammi in dieci versi di dieci sillabe, di perfetta unità tematica e formale, ispirata al Canzoniere petrarchesco, ma priva della sua varietà. Da questo doppio punto di vista, e non tenendo conto della qualità o delle improprietà delle traduzioni, la raccolta o, meglio, il canzoniere del Philieul, aprì nuovi orizzonti: confermava l'efficacia in lingua francese di certi strumenti adattati dall'italiano, offriva nuove soluzioni ai poeti francesi e le adoperava per esprimere una nuova ispirazione, capace di rinnovare il discorso amoroso, materia eletta della poesia in lingua volgare. Infine, mettendo direttamente il testo-fonte di Petrarca in francese *ad usum* di lettori che si dilettavano di poesia o che erano poeti, Philieul offriva loro la materia e le forme di una nuova poesia attraverso una mediazione che l'avrebbe resa più facilmente comprensibile rispetto all'originale. Nello stesso tempo, liberando i poeti principianti dall'ambizione di tradurre l'insieme del *Canzoniere*, permetteva loro di concentrarsi su un più fecondo lavoro creativo, basato su un processo di imitazione-emulazione e di riscrittura.

Benché fosse introdotta da una epistola di dedica a Caterina de' Medici, la raccolta *Laure d'Avignon* non era arricchita da un paratesto critico: non conteneva né un proemio al lettore destinato a giustificare i modi della traduzione, né la solita *Vita* di Petrarca, né un'introduzione alle sue opere, e, nonostante il titolo, neppure una presentazione del personaggio di Laura, simile all'"Origine di Madonna Laura" che apriva l'edizione curata da Vellutello. Per contro, Philieul introduceva 145 testi su 229 con un commento, nella forma di una serie di argomenti in prosa.[7] In genere, tali argomenti sono di breve estensione, lunghi appena da una a tre righe stampate. Solo 37 superano le tre righe e sono tutti, eccetto l'ultimo, concentrati sui primi 72 sonetti; due soli propongono sviluppi veri e propri, rispettivamente di quindici righe (sonetto 17; *Rvf* 42) e di diciannove righe (sonetto 70; *Rvf* 225). In generale, gli argomenti introducono i sonetti mentre trascurano la maggior parte delle canzoni, per quanto più lunghe e complesse. La loro distribuzione è irregolare e intere serie di componimenti non sono commentate, soprattutto nella seconda metà della raccolta, come se il traduttore-commentatore si fosse stancato della sua stessa glossa: esempi di questa noncuranza sono i sonetti 84–86, 88–92, 104–07, 116–21, 127–33.

Per la sua traduzione, Philieul seguiva il testo e l'ordine dell'edizione curata da Vellutello mentre contrariamente a quanto è stato affermato, non ne traduceva l'ampio commento. I suoi argomenti se ne distinguono sia nella forma che nel contenuto, anche se ne riprendono qualche elemento, in particolare i lemmi *a–c* individuati da Albonico.[8] La maggior parte degli argomenti, spesso ridotti a una sola riga o a una semplice frase nominale, precisano il senso generale del testo, per esempio: 'Du souvenir de sa Dame en Italie' ('Del ricordo della sua donna in Italia': sonetto 141; *Rvf* 124). La lunghezza dell'argomento non è proporzionata a quella del componimento commentato o alla sua complessità: la canzone 14 (*Rvf* 37), lunga 120 versi, è introdotta da una semplice formula descrittiva, 'Plaintifz d'amy absenté de sa Dame' ('Pianto dell'amico in assenza della dama'). Inoltre, certi argomenti sono ripetitivi, se non ridondanti, per esempio quelli dei sonetti 108 (*Rvf* 174) e 109 (*Rvf* 217). A causa di tali limiti e di questa incoerenza, gli argomenti di Philieul sono stati giudicati in modo negativo anche da chi si proponeva di rivalutarne la traduzione: Jean Paul Barbier-Mueller riteneva che fossero spesso privi di interesse;[9] altri studiosi hanno tentato di intenderli all'interno della concezione d'insieme che Philieul aveva della sua raccolta, ma purtroppo senza analizzarli più precisamente.

In genere, questi argomenti si presentano in una veste neutra, obiettiva e fattuale, come una parola narrativa e storica, che serve solo a chiarire il testo. Il commento non si presenta come un discorso metapoetico, nel senso di un discorso sulla traduzione o sui modi di tradurre. Philieul non commenta la traduzione né le difficoltà che avrebbe dovuto affrontare il traduttore. Solo in un caso l'argomento sopperisce a una mancata traduzione. Nel testo originale, il sonetto 6 (*Rvf* 5) sviluppa ingegnosamente una raffinata figura di parola, che rivela il nome di Laura due volte, al modo di un acrostico:

> LAUdando, s'incomincia udir di fore [...]
> Vostro stato Real [...]
> Cosi LAUdare et Reverire insegna. (*Rvf* 5, vv. 3, 5, 9)

Nella sua versione, Philieul ha l'intuizione di tale figura, che non riesce però a rendere in francese; incapace di tradurla e di analizzarla precisamente nell'argomento, ne spiega almeno il significato: 'Icy est le nom de ma dame Laure, soit en françoys ou en italien, compris dedans ce mot, laudare.'

Nonostante la generale neutralità del commento, in un certo numero di argomenti, e in particolare in quelli relativi al sonetto 45 (*Rvf* 115, 'J'ay peur que ce soleil ...') e alla canzone 5 (*Rvf* 66, 'Je ne sçay pas qu'il avoit ... '), si evidenzia un discorso alla prima persona, che mette l'accento sul traduttore-commentatore stesso, capace di interpretare il testo che traduce e di dare un suo giudizio. Per un lettore moderno, questo effetto è accresciuto dalla grafia non lessicalizzata 'ma dame Laure' (invece di 'madame Laure'), che suppone un rapporto affettivo e personale. Nel primo caso, si tratta di un commento ironico: Philieul fa la parafrasi del discorso petrarchesco che accenna al geloso dispetto del Sole quando la dama distoglie lo sguardo dalla sua luce; poi ne confuta la favola e ne dà un'interpretazione in termini di relazioni amorose: 'J'ai peur que ce soleil fust quelque aultre serviteur' ('io temo che questo sole fosse qualche altro amante'). In un caso preciso, l'argomento si intreccia al testo di Petrarca, come se la voce di Philieul raddoppiasse quella del poeta toscano. L'argomento del sonetto 98 (*Rvf* 133, 'Io canterei d'Amor ...'), 'Si ce qui est dit au Sonnet precedent estoit vray' ('Se quello che è stato detto nel sonetto precedente fosse vero'), rimanda al sonetto che lo precede, 97 (*Rvf* 65), e lo riassume. Costituisce così non solo un argomento, ma il vero *incipit* del sonetto 98, in quanto primo termine esplicito della costruzione ipotetica ellittica che lo apre: 'Si ce qui est dit au Sonnet precedent estoit vray | Je chanterois si nouveau chant d'amour' ('Se quello che è stato detto nel sonetto precedente fosse vero | Io canterei d'Amor ...'). Le edizioni moderne, nelle quali l'ordine dei sonetti non è lo stesso e che dunque non stabiliscono un legame tra *Rvf* 13 e *Rvf* 65, propongono di sottintendere 'se non ne fossi impedito' per rendere comprensibile questo sonetto.[10]

Gli argomenti e il commento d'insieme che essi compongono agiscono a due livelli. In primo luogo, danno un senso determinato ai singoli testi; cercano di rendere chiara una poesia complessa, difficile, resa enigmatica dalla sua concisione. In un certo modo, riflettono e proseguono il lavoro del traduttore che interpreta strutture retorico-poetiche e trasmette un senso morale. In secondo luogo, gli argomenti offrono al lettore il Canzoniere in lingua francese, e assicurano la continuità di tale lettura, mettendo in evidenza la coerenza tematica e narrativa dell'opera. Così procedendo, Philieul proponeva un nuovo modo di leggere un testo poetico, secondo un'ambiziosa lettura d'insieme, coerente e continua, che non aveva precedenti nella tradizione lirica del tempo, almeno in lingua francese.

La definizione di un'opera poetica e retorica

L'argomento prende in considerazione il discorso del poeta Petrarca e, al pari del commento vellutelliano, propone un senso per i singoli componimenti, mediante i modi tradizionali della parafrasi e del riassunto, introdotti da formule topiche: 'icy est traicté . . .' ('qui si tratta ...') (sonetto 4; *Rvf* 4); 'icy est monstré le deuil' ('qui si fa vedere il duolo') (sonetto 9; *Rvf* 17). La priorità è sempre concessa alla spiegazione, al rivelare o proporre un senso, ma Philieul non è meno attento a mettere in rilievo la dimensione retorica e poetica dei testi che sta commentando. Da una parte, egli sottolinea le risorse formali e retoriche che Petrarca mette in opera. L'argomento del primo sonetto definisce dall'inizio un quadro poetico formale ('cestuy sonnet', ossia 'questo sonetto'), il proposito che sviluppa ('le Poête recognoissant son erreur de vie use de confession', 'Il poeta, riconoscendo l'errore della sua vita, si dedica a confessarsi'), la sua forma retorica ('avec deprecation aux lecteurs', 'con una *deprecatio* al lettore'). D'altra parte, Philieul identifica il carattere di certi testi mettendo in luce l'intenzione retorica che li sottende. Procedendo in questo modo, ricollega la lirica petrarchesca a precisi generi retorici, come il dimostrativo o epidittico (nella maggior parte dei casi), il deliberativo e il giudiziario. I diversi componimenti sono così caratterizzati dal commentatore secondo una doppia modalità, micro- e macrostrutturale, in termini formali e di genere (in quanto dialoghi, descrizioni, paragoni) o in quanto atti di parola performativi (pianti, preghiere, richieste), che definiscono le risorse della lirica petrarchesca e ne costituiscono la finalità, almeno per quello che riguarda gli ultimi, che ne fanno un discorso che cerca di convincere.

Nella prima categoria si può collocare il sonetto 15 (*Rvf* 33), definito una descrizione. Nello stesso modo, il sonetto 81 (*Rvf* 133) è definito una descrizione della 'grace de ma dame Laure'; il sonetto 27 (*Rvf* 84) un dialogo; il sonetto 83 (*Rvf* 150) un dialogo tra il poeta e la sua anima; il sonetto 72 (*Rvf* 220) una 'comparaison amoureuse' ('paragone amoroso'); il sonetto 77 (*Rvf* 242) un monologo; la canzone 17 (*Rvf* 23) una narrazione; il sonetto 192 (*Rvf* 250) un sogno profetico. Philieul precisa che più sonetti sono delle epistole (o riscritture di epistole) mandate a Sennuccio (38, *Rvf* 113; 39, *Rvf* 108; 47, *Rvf* 112; 185, *Rvf* 90), o a Stefano Colonna, nelle quali le diverse forme retoriche già citate sono sviluppate. I sonetti 39 e 40 (*Rvf* 108-09) sono definiti degli encomi; il sonetto 115 (*Rvf* 192) come una 'enhortation [sic] à l'amour' ('esortazione all'amore'); il sonetto 138 (*Rvf* 89) un'apologia per la quale 'respond Petrarque aux reproches à luy faictes par aucunes damoyselles à Parme' ('Petrarca risponde ai rimproveri a lui fatti da alcune damigelle di Parma'), analogamente al sonetto 185 (*Rvf* 90); il sonetto 169 (*Rvf* 172), è un' 'excuse', un'*excusatio*; la canzone 23 (*Rvf* 264) un'ammonizione. Può essere caratterizzato come atto linguistico il sonetto 19 (*Rvf* 38), che Philieul definisce con precisione une *'querelle'*, traduzione di *querela*, nel senso di canto lamentoso o di lamento (Virgilio, *Georgiche*, I, 378). Nel sonetto 25 (*Rvf* 36), il poeta 'se plaint' ('si lamenta'), come fa nelle canzoni 5, 20, 22 (*Rvf* 20, 64, 45) o nel sonetto 55 (*Rvf* 210), che è un lamento sulla vecchiaia. La canzone 14 (*Rvf* 37) è definita 'un plainctif', la canzone 12 (*Rvf* 50) nell'argomento è ridotta ad una successione di 'plainctes amoureuses' ('pianti amorosi'). I due piani, quello della forma poetico-retorica e quello degli affetti, si intrecciano: nel sonetto

78 (*Rvf* 243) Philieul mette in rilievo il combinarsi di un paragone e di un lamento, o più esattamente, il modo in cui un paragone sostiene e rafforza un lamento.

Infine, in un certo numero di argomenti, Philieul abbozza un'arte poetica che pone la questione della natura e della specificità del discorso poetico, sviluppandone le due parti topiche, quella dell'*inventio* e quella dei generi e delle forme, che vengono denominate. La più frequente è il sonetto, che fino al 1548 era una rarità nel repertorio poetico francese. Philieul non lo descrive e non ne dà la formula di composizione, ma nell'argomento del sonetto 13 (*Rvf* 184) lo definisce un *epigramma*. Riprenderà la stessa parola per qualificare i sonetti 17–18 (*Rvf* 43–43), nonchè i madrigali 1 et 2 (che corrispondono a *Rvf* 11 e 59). In realtà, sonetti e madrigali sono due forme distinte,[11] ma per il Philieul appartengono a uno stesso genere poetico. Il primo a definire il sonetto era stato Thomas Sébillet nell'*Art poétique français*, pubblicata nello stesso anno di *Laure d'Avignon*. Sébillet equiparava il sonetto e l'epigramma, pure precisandone la distinzione:

> Il sonetto segue l'epigramma e ne è vicino, di maniera e di misura. Non è altra cosa che l'epigramma perfetto dell'italiano, come il *dizain* lo è del francese. Ma perché noi l'abbiamo preso in prestito dall'italiano, e ha una forma diversa dagli epigrammi nostrali, ho pensato che fosse meglio trattarlo a parte.[12]

Il sonetto era stato considerato una forma nazionale, italiana o italianizzante, del genere epigrammatico. Per quanto riguarda il madrigale, e in particolare il madrigale *Rvf* 121, 'Or vedi amor ...', tradotto in un'ottava rimata ABABBCBC, Philieul lo denomina 'couplet, ou Stanse', dove la seconda parola è tratta dal commento di Vellutello; nell'edizione del 1555 della sua traduzione, Philieul la cambierà in 'Pose'. La canzone 1 (*Rvf* 22) è descritta come 'un chant sans rithme' ('un canto senza rime'), per il quale Philieul precisa 'mais plus difficile à composer que toutes rithmes' ('ma che è più difficile da comporre che se ci fossero rime'). Si tratta in realtà di una sestina, nella quale non ci sono rime nelle singole strofe, ma tra le strofe, con la ripresa degli stessi vocaboli alla fine dei versi, in un ordine cambiato ('terra', 'sole', 'giorno', 'stelle', 'selva', 'alba'). Philieul riesce a rendere tale costruzione, riprendendo gli stessi vocaboli (*terre, soleil, jour, estoilles, boys, aulbe*), e ci offre un'ottima traduzione, che rispetta l'*inventio* e la *dispositio* del testo originale.

L'invenzione poetica è opera dell'immaginazione, nel senso più ampio, e mette in gioco le risorse della memoria. Philieul definisce l'atto poetico: secondo lui, il poeta 'fantasie' ('fa opera di fantasia') (sonetto 35; *Rvf* 208) e il suo discorso è una finzione. Il sonetto 112 (*Rvf* 181) è una descrizione delle bellezze della dama, nella quale il poeta 'par fictions poëtiques, desmontre les beautez par lesquelles il fut mis au joug d'amour' ('mediante finzioni poetiche, fa vedere le bellezze per le quali fu posto sotto il giogo d'amore'). Il verbo 'desmontre' non si riferisce a un ragionamento né a una dimensione razionale, ma all'immaginazione e alla vista, rivela la capacità della poesia di rendere visibili oggetti assenti, di farne la viva rappresentazione o *ipotiposi*.[13] Philieul ricollega questa capacità di creazione a uno stato psichico, un furore. È il primo, o almeno tra i primi studiosi francesi a formulare questa concezione del furore poetico, di origine neoplatonica. L'argomento posto in capo al sonetto 51 (*Rvf* 134) introduce una serie di sonetti, dei quali indica il processo di creazione: 'En ces quatre ou cinq sonnetz, avoit-il bien la fureur amoureuse, ou poetique' ('In questi quattro o cinque sonetti, il poeta aveva per certo il furore amoroso, o poetico'). Sarà sull'insieme di queste basi retoriche e poetiche che Philieul potrà esprimere il suo giudizio sulla poesia che commenta, e permettere al lettore di apprezzarla, rivelandone la bellezza: il sonetto 15 (*Rvf* 33), per esempio, è definito come la descrizione di una mattinata, 'en quatre belles façons' ('in quattro bei modi').

La coerenza della narrazione

Gli argomenti insistono sull'*inventio* e sulla *dispositio* del discorso petrarchesco nei singoli componimenti che cercano di interpretare, se pure in modo sommario. Nondimeno, nel loro insieme costituiscono un commento globale al Canzoniere, di cui mettono in evidenza la coerenza narrativa. Da una parte ne sottolineano le articolazioni e gli episodi salienti: il sonetto 8 (*Rvf* 12) vi è considerato come l'inizio della narrazione, in cui 'nostre pauvre passionné entre en matière' ('il nostro misero appassionato comincia il racconto'). D'altra parte, gli argomenti insistono sulla continuità tra i diversi frammenti, spesso mettendo in luce legami formali o tematici: la canzone 16 (*Rvf* 237), 'fait[e] au clair de lune' ('scritta al chiaro di luna'), pare essere corretta dalla canzone 17 (*Rvf* 23), che la segue nella disposizione velluttelliana e che insegna a 'laisser ces fantaisies amoureuses' ('ad abbandonare tali scherzi amorosi'); il sonetto 169 (*Rvf* 172) e le canzoni 19 et 20 (*Rvf* 206–07) sono legati dal tema della maldicenza e da un connettivo grammaticale, 'le susdit' ('il sopradetto').

Tuttavia, dal sonetto 2 (*Rvf* 3) in poi, gli argomenti, se rivelano la dimensione narrativa del discorso petrarchesco, sviluppano anche una narrazione ad esso parallela. Si presentano non solo come un commento ma anche come un racconto, o più precisamente come un doppio racconto, quello dell'amore vissuto tra il poeta e la sua dama, e quello della scrittura poetica elaborata in relazione a tale esperienza affettiva.

La storia d'amore vissuta rappresenta il Petrarca e Laura, il poeta innamorato e la sua dama. Indicato con l'antonomasia 'le Poëte' ('il Poeta'), nei primi argomenti, a partire da quello che introduce il sonetto 8 (*Rvf* 12), Petrarca assume il ruolo del protagonista della favola, benché la storia narrata sia posta sotto il nome di Laura di Avignone. È sempre nominato in termini spregiativi: 'nostre pauvre passionné' ('il nostro misero appassionato'), 'ce pauvre insensé' ('questo misero forsennato') (sonetto 17; *Rvf* 42). Queste espressioni fanno di lui il prototipo del corteggiatore timido, dell'amoureux transi', dell'innamorato deluso, che verrà ripreso ed amplificato nella tradizione petrarchista francese. Nei loro versi, Ronsard e i suoi seguaci metteranno in rilievo, al contrario, il proprio ritratto di amanti fedeli e fortunati, per gareggiare con la prestigiosa figura del poeta toscano, facendo di lui un oggetto di riso. Nell'argomento del sonetto 31 (*Rvf* 78), Philieul si spinge fino a suggerire l'impotenza sessuale di Petrarca, che sarebbe stata causata dall'eccesso di desiderio: 'à force de souspirer, il estoit tant extenué' ('a furia di sospirare, era del tutto estenuato'). Gli argomenti segnano precisamente le tappe dell'evoluzione fisica e spirituale del personaggio (sonetto 170; *Rvf* 230), 'ayant regret des maux passez' ('che si rammaricava dei passati mali') (sonetto 171; *Rvf* 229). Philieul può così legittimamente concludere sulla conversione del 'pauvre insensé', del 'misero forsennato' trasformato in 'bon esprit', un 'buono spirito' capace di tornare sui mali sofferti per trarne un insegnamento (canzone 23; *Rvf* 264), che gli argomenti sapranno riassumere a lungo.

Per quanto riguarda Laura, gli argomenti ne precisano la figura sociale e morale. Philieul la definisce la nipote della signora di Cabrières (sonetto 27; *Rvf* 84), ne esamina il carattere e dà una spiegazione al mistero dei suoi atteggiamenti ritrosi, che suscitavano i dubbi e la disperazione del poeta innamorato, che credeva che la donna non contraccambiasse il suo amore, che fosse stata 'ennuyée de luy' ('stancata da lui'). Secondo il Philieul, la freddezza che Laura dimostrava e la distanza che manteneva con il poeta erano dovute alla sua pietà e ai sentimenti religiosi (sonetto 20; *Rvf* 64), ma soprattutto alla sua malattia (ibid.). Il suo languore era legato ad un temperamento: Laura 'estoit de nature assez melancolique' ('era di natura piuttosto malinconica') (sonetto 21; *Rvf* 21). Philieul ne deduce una generalizzazione: Laura era malinconica, 'comme sont communément belles damoyselles, qui ont trop grand esprit' ('come sono spesso le belle signore che hanno spirito troppo vivace'). Tale analisi appare come il volgarizzamento di un discorso medico di origine classica. Da un lato, Philieul attribuisce la malinconia a Laura e non, come di solito, a Petrarca.[14] Dall'altro, ci conduce a spostare indietro di una generazione l'apparizione in Francia della malinconia nel campo degli affetti riconosciuti e valorizzati in termini letterari.

Attraverso la serie degli argomenti, il commento racconta la storia d'amore che lega i due personaggi, inscrivendola nella durata e precisandone la cronologia sommaria: l'innamoramento, il momento nel quale 'la dame lui sembla belle quand il en fut pris' ('la dama gli parve bella quando ne fu rapito') (sonetto 5; *Rvf* 20), è situato dal Philieul in un dato giorno dell'anno (ma non in un anno preciso), 'le jour de vendredi sainct le Poëte fut pris d'amour' ('il giorno di Venerdì santo il poeta fu preso dall'amore' (sonetto 2; *Rvf* 3); il ritorno a Valchiusa dal suo primo viaggio ebbe luogo nel mese di luglio (sonetto 16; *Rvf* 41). La storia narrata nei versi è amplificata nel commento, che ne precisa altri particolari. Il lungo argomento del sonetto 17 (*Rvf* 42) menziona il velo che Laura aveva deciso di portare per seguire un voto da lei fatto, 'comme font en Italie les Dames, et faisoient lors en Avignon' ('come usano le signore in Italia, e come si usava allora in Avignone'). Questo velo serviva a Laura a coprirsi ogni volta che incontrava il poeta, suscitando il suo rammarico nel sonetto 18 (*Rvf* 43).

Gli argomenti evidenziano gruppi di componimenti forse non concepiti come tali dal poeta e strutturano i diversi episodi della storia narrata. Gli argomenti stessi sono legati tra loro da connettivi grammaticali: 'la susdite maladie' ('la sopradetta malattia') (sonetto 20, *Rvf* 64) ; 'toujours', ('sempre') (21, *Rvf* 21), oppure, nella serie di sonetti 62–66, che alludono ad un incontro con la dama, 'comme dessus est dict' ('come è stato detto qui sopra') (63, *Rvf* 51), *'encore'* ('ancora') (64, *Rvf* 141), *'tousjours'* ('sempre') (66, *Rvf* 140). Questo sistema di rinvii è così serrato che non solo assicura il legame tra il commento e il testo che descrive e sottolinea la coerenza del testo commentato, ma contribuisce anche alla continuità del commento stesso e ne conferma la dimensione narrativa, al punto che potrebbe essere letto separatamente dai versi che accompagna. Tale coerenza corrisponde alla specifica interpretazione che Philieul dà del testo e ci permette di considerare che gli argomenti, a dispetto della loro brevità, sono più che semplici didascalie.[15]

Il commento individua cinque episodi principali, tutti corrispondenti non tanto alla vita di Laura quanto ai viaggi del poeta, all'interno dei quali si sviluppano episodi secondari: il primo episodio comprende i sonetti da 10 a 20 (il viaggio da Avignone a Valchiusa, la malattia della donna, il sogno, il ritorno, il ritiro della donna, il suo voto); il secondo i sonetti 30–35 (il secondo viaggio di Petrarca a Parigi e nelle Ardenne, prima del quale aveva fatto eseguire il ritratto di Laura, il ritorno via Lione e lungo il Rodano); il terzo va dal madrigale 3 al sonetto 49 (terzo viaggio, per il quale Petrarca accompagna Laura in Provenza e la lascia al porto di Durance per andare in Italia, il suo ritorno, il ritiro a Valchiusa, la visita di Laura a Cabrières); il quarto episodio corrisponde ai sonetti 134–55 (secondo viaggio in Italia, del quale si precisano le tappe: Firenze (135, *Rvf* 68); sul mare, di ritorno da Roma (137, *Rvf* 69); a Parma (138, *Rvf* 89); sul mare, con l'argomento che riprende l'espressione della poesia, 'la mer Thyrenne' ('Del mar Tirreno') (139; *Rvf* 67); il ritorno ad Avignone (madrigale 6, *Rvf* 149)).[16] Questo ultimo lungo episodio, segnato dall'assenza e dalla lontananza, è il pretesto alla base di altri componimenti segnalati dal commento, che li caratterizza in quanto ricordi (141, 144, 147, *Rvf* 175, 257, 100). Infine, il quinto episodio include il sonetto 186 (*Rvf* 144), l'ultimo viaggio per l'incoronazione poetica a Roma, e le sue tappe a Torino (sonetto 190, *Rvf* 180) e a Bologna (191, *Rvf* 249). In qualche modo l'argomento arricchisce il discorso poetico di un substrato di riferimenti legati alla biografia del poeta, sul quale Philieul insiste per chiarire il significato del testo. A proposito del sonetto 38 (*Rvf* 113), scrive: 'Il fault icy sçavoir qu'estant Pétrarque revenu d'Italie' ('Bisogna qui sapere che Petrarca, essendo tornato dall'Italia ...').

Un secondo racconto s'incrocia al primo: quello della scrittura dei diversi componimenti del Canzoniere, in relazione alla storia vissuta che ne è il pretesto. Nella maggior parte dei casi, il legame tra i due piani è sottinteso e l'argomento si limita a definire, in certi sonetti, le parole che il poeta-amante rivolge alla donna amata: 'dit à sa dame [...]. Parle tousjours à sa dame' (sonetti 20–21, *Rvf* 64, 21) ('dice alla sua dama [...]. Parla sempre alla sua dama'). In casi determinati, invece, Philieul precisa l'occasione, il giorno e il luogo in cui furono concepiti e redatti certi testi, talvolta traendo da questi gli elementi stessi della loro interpretazione. Ad esempio, la canzone 16 (*Rvf* 237), che l'argomento definisce una 'chanson', 'a esté faicte au clair de lune' ('è stata composta ai raggi della luna'). Per il sonetto 93 (*Rvf* 62), composto il Venerdì santo, l'argomento integra l'informazione che dà il testo, evocando la fine dell'undicesimo anno di passione. Il sonetto 10 (*Rvf* 19) sarebbe stato composto dopo che Petrarca si era accomiatato da Laura per andare da Avignone a Valchiusa; il sonetto 11 (*Rvf* 18) sarebbe stato scritto strada facendo e il sonetto 12 (*Rvf* 31) la sera del suo arrivo; la stanza o 'pose' 1 (*Rvf* 121)[17] sarebbe stata composta dopo che il poeta aveva contemplato la sua donna, rifugiatasi in un giardino; si sostiene poi che il sonetto 49 (*Rvf* 161) sarebbe stato composto nel cimitiero di Valchiusa e il sonetto 62 (*Rvf* 39) quando Petrarca, accompagnato da parecchi gentiluomini, aveva incontrato Laura davanti a casa sua. Ogni tappa del grande viaggio corrisponde ad una tappa della scrittura: il sonetto 33 (*Rvf* 176) è stato 'faict en passant dedans la forest d'Ardenne' ('fatto passando per la foresta d'Ardenna'), il sonetto 34 (*Rvf* 177) 'faict à Lyon le soir au retour d'Ardenne' ('fatto a Lione la sera del ritorno d'Ardenna'), il sonetto 35 (*Rvf* 208) sul Rodano, la canzone 4 (*Rvf* 129) quando il poeta varcava le Alpi.

Certi argomenti collegano il soggetto di una serie di componimenti ad una stessa origine, a una stessa fonte di ispirazione, un affetto o un principio di creazione: i quattro o cinque sonetti che seguono il sonetto 51 (*Rvf* 134) trovano la loro unità nel doppio furore, amoroso e poetico; le canzoni 6, 7 e 8 (*Rvf* 71–73) nonché il sonetto 59 (*Rvf* 74) sono dedicati a celebrare la virtù degli occhi di Laura e l'argomento del sonetto 60 (*Rvf* 75) ricorda quel tema per interpretare il componimento come una giustificazione del poeta in risposta alla critica fattagli dalla dama che rifiutava tale encomio. Il sonetto 80 (*Rvf* 60) esprimerebbe il geloso dispetto del poeta: 'il fit ce Sonnet estant grandement despité contre la dame, redoutant qu'elle en aymast un autre' ('fece questo sonetto essendo molto risentito nei confronti della dama, temendo che ne amasse un altro').

Commento erudito e chiosa morale

In un certo numero di testi, Petrarca non indica il nome dei luoghi. Al contrario, negli argomenti corrispondenti, Philieul talvolta precisa i nomi di una geografia poetica inscritta in una realtà spaziale. Il sonetto 4 (*Rvf* 4) sviluppa un paragone allusivo tra Gesù Cristo, nato in Giudea anziché a Roma, e la 'si belle dame' ('così bella dama'), nata in un piccolo borgo. L'argomento ci precisa che Laura 'nasquit en Avignon au bourg des Sazes, qui lors estoit respectivement entre le grand Palais et le Rosne' ('nacque in Avignone, nel borgo dei Saze, che allora era situato tra il Palazzo maggiore e il Rodano'). Sono qui precisamente evocati Avignone, la casa di Laura, con il suo orto, nel borgo di Saze (sonetti 4 e 58, *Rvf* 4 e 86, stanza 1, *Rvf* 121), la rocca dei Doms (sonetti 77, *Rvf* 162; 148, *Rvf* 118; 189, *Rvf* 209), il percorso dalla rocca all'isola di Falet (sonetto 26, *Rvf* 35), il porto della Duranza (sonetto 36, *Rvf* 15), Valchiusa (38, 39, *Rvf* 113 e 108), la fonte della Sorga (sonetto 39, *Rvf* 108), il Rodano (sonetto 188, *Rvf* 227). Questo spazio si allarga fino ad Arles, ove Laura 'estoit allée rendre un veu faict à saint Antoine d'Arles' ('era andata a sciogliere un voto fatto a sant'Antonio di Arles'), secondo l'argomento del sonetto 16 (*Rvf* 41). Al contrario del Vellutello, Philieul non menziona mai Graveson, un paese nei dintorni di Avignone dove andava il poeta, e, contrariamente a un'altra tradizione, non allude alla tomba di Laura né alla sua cosiddetta riscoperta nella cappella di Santa Croce del convento di San Francesco in Avignone, quindici anni prima della pubblicazione della sua raccolta. Tale riscoperta fu dovuta a Maurice Scève, che se ne vantava nella sua edizione del *Petrarca* lionese del 1545.[18]

Il commento di Philieul inscrive la poesia del Petrarca nel quadro di una realtà vissuta e in un contesto storico-biografico, sulla base sempre allusiva dei versi del poeta, e, simultaneamente, in un passato sul quale il commentatore cerca di fare luce. L'argomento del sonetto 29 (*Rvf* 238) menziona la visita fatta ad Avignone dal duca d'Anjou, Carlo, conte di Provenza, con i titoli che questi si attribuiva, '*Roy de Sicile et de Hierualem, comme il se disoit*' ('Re di Sicilia e di Gerusalemme, come si pretendeva'). Su questo punto, Philieul trascrive Vellutello ('s'intitolava Re'), pur scostandosene nel menzionare il soggiorno del re ad Avignone e non a Cavaillon. Negli argomenti, Philieul mette in opera un insieme di nozioni tratte dalla tradizione letteraria e in particolare dal commento vellutelliano, senza esitare a modificarlo o a completarlo con dati tratti dalle proprie competenze di letterato e delle informazioni a sua disposizione come cittadino avignonese, storico della sua patria, per interpretare il Canzoniere come un documento di storia locale. È capace, ad esempio, di precisare che il duca fu ospitato al Palazzo maggiore, '*car le petit palais n'estoit pas encore faict*' ('perché il palazzo minore non era ancora stato edificato'). Una tale geografia poetica era in parte già stata resa familiare ai lettori italiani del Petrarca dalla mappa inserita nelle diverse edizioni del commento vellutelliano a partire del 1525, nonché dalle rappresentazioni figurate, delle quali Gabriele Simeoni aveva offerto il prototipo.[19] Tale geografia era segnata, nello sguardo del Philieul, da luoghi e da monumenti, che chiedevano talvolta di essere individuati in relazione alla realtà del suo tempo. A proposito del sonetto 26 (*Rvf* 35), precisa che i luoghi dove il poeta andava a passeggiare e che identifica con l'isola di Falet, un nome che non figura nel commento di Vellutello, '*lors estoient plus vestus d'arbres*' ('erano allora più ricoperti di alberi'). L'argomento del sonetto 70 (*Rvf* 225), lungo 19 righe, è il più esteso: Philieul, in qualità di storico delle antichità della sua città, lo dedica a delineare un ritratto di Avignone '*du temps de Pétrarque*' ('al tempo del Petrarca'), una prefigurazione di archeologia urbana, che mette in luce l'evoluzione della città, segnata da vestigia visibili, che confermano nel presente la storia narrata dal Canzoniere. Egli opponeva sottilmente, da un lato, il tempo storico che riuniva la poesia del Petrarca e la storia d'amore che narra, e, dall'altro, il tempo letterario della sua lettura, in Francia, due secoli dopo, da parte di lettori francesi, se non avignonesi, che erano in grado di conoscere i luoghi descritti.

Al contrario, il commento del Philieul rimane evasivo su altri particolari biografici del poeta e non identifica i personaggi dei quali Petrarca fa menzione: Orso, nel sonetto 19 (*Rvf* 38), è semplicemente caratterizzato, parafrasticamente, come '*un sien amy*', che traduce il 'suo amico' del commento vellutelliano; il pittore Simone (30, *Rvf* 78) è definito un '*painctre de son temps*', un 'pittore del suo tempo', senza aggiungere nulla a quanto ne dice il testo stesso. La lirica di Petrarca era costruita su un insieme di riferimenti letterari e fondata su un'ampia intertestualità, che qui sfugge al commento o non riceve l'attenzione dovuta. L'argomento del sonetto 24 (*Rvf* 44) si limita a formulare un contenuto in forma di luogo comune: '*icy est monstré aucunes dames avoir le cueur plus dur ...* ' ('qui si rappresentano alcune signore che hanno il cuore più aspro ...'); non rende chiara l'allusione al personaggio che '*fit tant en Thessalie*' ('fece tanto in Tessaglia') (Cesare), né, nella seconda quartina, '*le berger qui defit Golie*' ('il pastore che sconfisse Golia') (David), che Vellutello identificava nel proprio commento. Nei sonetti 30, 31 e 32 (*Rvf* 77, 78, 130), i pittori 'Policlet', 'Pygmalion', 'Praxitel ou Phidie', ossia Policleto (in realtà uno scultore), Pigmalione, Prassitele e Fidia (il nome di Zeusi non viene ripreso nella traduzione) non sono identificati. Il sonetto 114 (*Rvf* 185) si conclude sulla locuzione, proverbiale in italiano, l'*araba fenice*; il riferimento all'uccello favoloso offriva al poeta la possibilità di un bel paragone con la dama di cui celebrava le eccelse bellezze. L'argomento insiste sulla figura retorica e sul paragone, '*le Phenix comparé et figuré en sa dame*' ('la fenice paragonata alla dama e rappresentata in quella'), ma non propone una chiosa erudita per spiegare chi fosse la fenice. Solo raramente le allusioni mitologiche sono chiarite o amplificate negli argomenti. Per il sonetto 22 (*Rvf* 45), dove Petrarca accenna a Narciso, Philieul precisa: 'Narcissus, qui en n'aymant que soy, mesprisoit la tant benigne et courtoise Echo' ('Narciso che, non amando che sé stesso, sprezzava la tanto benevola e cortese Eco').

Se letti nella loro continuità, gli argomenti ci offrono un'interpretazione d'insieme del Canzoniere petrarchesco, inteso non come la glorificazione dell'amore tra il poeta e Laura, ma come una deplorazione delle 'folles affections', degli 'affetti disordinati' dai quali il poeta-amante aveva cercato di liberarsi mediante la sua poesia. A più riprese l'argomento si concentra e si riassume in un senso morale, concepito ed espresso sotto forma di una *sententia*, una massima. Generalmente queste sentenze sono strutturate su una vigorosa figura di parola, di costruzione o di ragionamento. L'argomento del sonetto 66 (*Rvf* 140) riunisce e concentra tre sentenze in una. Alcune di esse sono ridotte al nucleo, ad una semplice frase nominale: 'Amour vainqueur de raison' ('Amore, vincitore della ragione') (sonetto 3, *Rvf* 2); 'Cognoissance des peines en amours' ('conoscenza delle pene in amore') (madrigale 4; *Rvf* 55);[20] nel sonetto 95 (*Rvf* 82), 'Le nonchaloir des dames envers leurs amants languissans en amours' ('la noncuranza delle donne nei confronti dei loro amanti disperati per amore') (sonetto 95; *Rvf* 82). Tali formule e la loro brevità possono suggerire che questi argomenti riproducano le postille redatte dal Philieul nei margini della sua copia del Canzoniere, nel corso della lettura. Secondo i modi di lettura cinquecenteschi, tale postille o *marginalia*, in francese '*manchettes*', segnalavano punti del testo, mettendone in evidenza i luoghi salienti, e servivano a costruire repertori di esempi ordinati in luoghi comuni. In un certo modo, il commento del Philieul costituisce probabilmente un riuso editoriale di tali postille e di un tale repertorio.

Le sentenze, o massime, evidenziano l'eccesso del desiderio e della passione, che non solo conduce la relazione d'amore ad uno scacco ma distoglie l'amante dal contemplare le 'choses haultes et spirituelles' ('le cose belle e spirituali') (sonetto 111, *Rvf* 178). Costituiscono i frammenti di un discorso dedicato all'amore, nel quale la persona di Petrarca, autore dei versi commentati, è considerato un *exemplum*. Mettono in luce leggi psicologiche e morali tipiche degli atteggiamenti e delle relazioni amorose, raccolte in un insieme di generalizzazioni capaci di dare al lettore, uomo o donna, una lezione più efficace e più chiara di quella che avrebbero potuto trarre dalla lettura dei soli testi: 'Plus l'amant pense se demettre de fantasie, plus est pensif' ('più l'amante pensa di liberarsi dal fantasticare, più è pensoso') (sonetto 94, *Rvf* 83); 'Les trop ardens amoureux souvent deffaillent à leurs ententes' ('gli amanti troppo ardenti spesso falliscono in quello che bramano') (sonetto 101, *Rvf* 48). Il già menzionato lungo argomento che introduce il sonetto 17 (*Rvf* 42) combina una narrazione, una rappresentazione dei costumi amorosi e un discorso morale che illustra le illusioni che lusingano gli amanti. L'argomento del sonetto 56 (*Rvf* 102) rivela quello che nasconde il viso felice che mostra un timido amante, viso che serve in realtà a 'dissimuler son ennuy', a 'dissimulare la sua frustrazione'. Nella maggior parte dei casi, la lezione proposta dal commento individua le illusioni e gli errori degli amanti, come a proposito del sonetto 17 (*Rvf* 42):

> Les serviteurs des damoiselles pensent que tout ce qu'elles font soit pour quelques esgards qu'elles ont d'eux.
>
> Gli amanti delle damigelle credono che tutto quello che esse fanno sia fatto a causa di qualche riguardo nei loro confronti.

La concezione generale dell'amore che insegnano gli argomenti del Philieul è quella di una malattia dell'animo, che ha conseguenze sul corpo. Il sonetto 50 (*Rvf* 132) è introdotto da una sentenza medica adattata all'amore :

> Bien grande est la maladie quand on ne la peult cognoistre : bien sont donc malades les serviteurs des damoyselles.
>
> Assai grave è la malattia quando non la si può identificare: sono dunque gravemente malati gli amanti delle damigelle.

Se descrive la malattia d'amore, il commento cerca anche di proporre un rimedio. In certi casi, dà una lezione, formulata in precetti. L'argomento che introduce il sonetto 28 (*Rvf* 6) reca una tale lezione, che pare del tutto distaccata dal sonetto, al quale non fa alcun riferimento:

> N'espère aucun frappé d'amour ses maux consoler avec livres traictant telles matieres, car ce ne faict que croistre ses angoisses.
>
> Nessuno colpito dall'amore speri di poter consolare i propri mali con libri che trattino di tali materie, poiché questo non fa che aumentare le sue angosce.

L'argomento della canzone 17 (*Rvf* 23) trasferisce una tale precettistica alla poesia di Petrarca nel suo insieme: essa 'nous enseigne comment pour laisser ces fantaisies amoureuses, vauldroit mieux s'absenter de sa dame que tant la prier' ('ci insegna come, per lasciare queste fantasie amorose, sarebbe meglio allontanarsi dalla dama anziché sollecitarla tanto'). L'ultimo argomento (canzone 23; *Rvf* 264) attribuisce al Petrarca pentito tale lezione, riassumendola in forma di ammonimento:

> Voicy comment le bon esprit nous admoneste de ne trop tacher à l'amour ny aux honneurs mondains, mais à Dieu seulement: sans toutesfois fuyr le travail requis aux honnestes vacations.
>
> Ecco come il buon spirito ci ammonisce di non fare troppi sforzi nel perseguire l'amore e gli onori mondani, ma di dedicarli solo a Dio: senza tuttavia fuggire la fatica richiesta dalle oneste occupazioni.

Un tale discorso dà una lezione più di quanto commenta versi. Illustrando una lettura della poesia d'amore in chiave morale, si inserisce in una lunga tradizione francese illustrata dal *Roman de la Rose*, ancora pubblicato con simili argomenti all'inizio degli anni Trenta del Cinquecento. Ma, nel momento preciso in cui è pubblicato, si ricollega pure ad un'altra tradizione, più recente, cioè a quella che è stata chiamata letteratura di analisi psicologica, sviluppatasi in Francia negli anni 1530–40, segnata dai primi tentativi di romanzo sentimentale, per lo più tradotti dallo spagnolo e dall'italiano, sulla scia dell'*Ecatomphile*.[21] È più probabilmente in questo specifico contesto, quello di una letteratura ad uso delle donne, che Philieul aveva concepito gli argomenti che aggiunse alla sua traduzione del Canzoniere. Era consapevole che tali aiuti alla lettura erano la mediazione più efficace per assicurare une ricezione positiva alla sua raccolta poetica, nonostante l'oscurità dei componimenti tradotti dall'italiano e la novità formale del sonetto. Il commento ne agevolava la lettura, semplificando il senso e presentando il Canzoniere come un romanzo sentimentale, pur mettendone in rilievo la dimensione poetica, ricca di virtuosismi formali e di innovazioni. La dimensione narrativa e morale fu forse gradita alle signore della corte, mentre la novità formale, basata sul sonetto e sulla poetica della raccolta nonché sul commento, fu pienamente riconosciuta come un modello dai poeti della cosiddetta Pléiade, e in particolare da Ronsard, che cinque anni dopo *Laure d'Avignon* pubblicò un canzoniere originale in lingua francese, più ampio di quello del Philieul, arricchito da un vero e ambizioso commento erudito.

Notes to Chapter 8

1. Vasquin Philieul, *Laure d'Avignon extraict du poete florentin Françoys Petrarque et mis en françoys* (Paris: Jean Gazeau, 1548). Se ne conoscono soltanto cinque o sei esemplari. La versione completa, che ci è giunta in un maggior numero di copie (17), fu pubblicata ad Avignone nel 1555 con il titolo *Toutes les Œuvres vulgaires de Françoys Petrarque*. Sul Philieul, cfr. Émile Picot, *Les Français italianisants au XVIe siècle*, 2 voll. (Parigi: Honoré Champion, 1906), II, 43–49.
2. Joachim Du Bellay, *La Deffence et Illustration de la Langue Françoyse* [1549], I.v, a cura di Henri Chamard, 2a ed. (Parigi: Société des Textes français modernes, 1997), p. 37.
3. Cfr. Marcel Françon, 'Vasquin Philieul traducteur de Pétrarque', *French Studies*, 4 (1950), 216–26; Giovanna Bellati, 'Il primo traduttore del Canzoniere petrarchesco nel Rinascimento francese: Vasquin Philieul', *Aevum*, 59/2 (1985), 371–98; Eadem, 'La traduction du Canzoniere de Vasquin Philieul', in *Les Poètes français de la Renaissance et Pétrarque*, a cura di Jean Balsamo (Ginevra: Droz, 2004), pp. 203–24; William J. Kennedy, *The Site of Petrarchism: Early Modern National Sentiment in Italy, France and England* (Baltimore: Johns Hopkins Press, 2003), pp. 112–14.
4. Su tale prospettiva, cfr. Cécile Alduy, *Politique des 'Amours'. Poétique et genèse d'un genre français nouveau (1544–1560)* (Ginevra: Droz, 2007).
5. Cfr. Franco Simone, 'La fortuna del Petrarca nella prima metà del Cinquecento', in Franco Simone, *Il Rinascimento francese, studi e ricerche* (Torino: Società Editrice internazionale, 1965), pp. 141–222; Elina Suomela-Härma, 'Note sulla prima tradizione francese dei *Trionfi* di Petrarca', *Studi francesi*, 129 (1999), 545–53.
6. *Le volgari opere del Petrarca con la espositione di Alessandro Vellutello* (Venezia: Fratelli da Sabbio, 1525). Questa edizione (della quale si conosce una sola copia in Francia: Avignon, Médiathèque, 8° 25718) fu seguita da almeno nove riedizioni o ristampe fino al 1547. Si veda il saggio di Sabrina Stroppa in questo volume.
7. Sugli argomenti, cfr. Giovanna Bellati, 'La traduction', pp. 209–12 ; Alduy, pp. 57–65.
8. Cfr. Simone Albonico, 'Osservazioni sul commento di Vellutello a Petrarca', in *Il poeta e il suo pubblico. Lettura e commento dei testi lirici nel Cinquecento*, a cura di Massimo Danzi e Roberto Leporatti (Ginevra: Droz, 2012), pp. 62–100 (p. 65).

9. Jean Paul Barbier-Mueller, *Ma Bibliothèque poétique*, IV, 5 (Ginevra: Droz, 2019), p. 124.
10. Francesco Petrarca, *Canzoniere*, testo critico e introduzione di Gianfranco Contini; annotazioni di Daniele Ponchiroli (Torino: Einaudi, 1964), p. 183.
11. Sulla definizione del madrigale da parte di Philieul, cfr. Bellati, 'La traduction', pp. 215–17.
12. Cfr. Thomas Sébillet, *Art poétique françois* [1548], in *Traités de poétique et de rhétorique de la Renaissance*, a cura di Francis Goyet (Parigi: Le Livre de poche classique, 1990), p. 107: 'Le Sonnet suit l'épigramme de bien près, et de manière, et de mesure : et [...] n'est autre chose que le parfait épigramme de l'Italien, comme le dizain du Français. Mais pource qu'il est emprunté par nous de l'Italien, et qu'il a la forme autre que nos épigrammes, m'a semblé meilleur de le traiter à part.'
13. Cfr. Agnès Rees, 'Poétiques de la "vive representation" de Marco Girolamo Vida (1527) à Jacques Peletier du Mans (1555)', *Italique*, 12 (2009), 93–122.
14. Cfr. André Chastel, 'La mélancolie de Pétrarque', *Cahiers du Sud*, 40.320 (1953), 25–34; Antonino Musumeci, 'Petrarca e il lessico della malinconia', in *Malinconia ed allegrezza nel Rinascimento*, a cura di Luisa Rotondi Secchi Tarugi (Milano: Nuovi orizzonti, 1999), pp. 489–99.
15. Cfr. Bellati, p. 210.
16. Philieul chiama 'madrigal' la canzone 'Di tempo in tempo ...' (*Rvf* 149).
17. Philieul chiama *'Pose'* o *'Stanse'* la sua traduzione della sestina o canzone 'Or vedi Amor' (*Rvf* 121).
18. Cfr. Enzo Giudici, 'Bilancio di un'annosa questione: Maurice Scève e la "scoperta" della "tomba" di Laura', *Quaderni di filologia e lingua romanze*, 2 (1980), 3–70; Jean Balsamo, 'François Ier, Clément Marot et les origines du pétrarquisme français (1533–1539)', in *Les Poètes français de la Renaissance et Pétrarque*, pp. 33–51 (pp. 42–45).
19. *A lo Illustrissimo gran Duca di Fiorenza Il Signor Cosimo de Medici Gabriello Symeoni Theopisto*, 14 giugno 1539, MS. Ginevra, Fondation Barbier-Mueller, c. 5^{v}, topografia di Valclusa, riprodotta in *Gabriele Simeoni (1509–1570?). Un Florentin en France entre princes et libraires*, a cura di Silvia D'Amico e Catherine Magnien-Simonin (Ginevra: Droz, 2016), p. 4.
20. Philieul chiama *'madrigal'* la canzone 'Quel foco ...' (*Rvf* 55).
21. Cfr. Jean Balsamo, 'La première génération des traducteurs de l'italien (1500–1541)', in *Gens du livre & gens de lettres à la Renaissance*, a cura di Christine Bénévent, Isabelle Diu, e Chiara Lastraioli (Turnhout: Brepols, 2014), pp. 15–31.

CHAPTER 9

'From thowght to thowght': How Thomas Wyatt Read (and Heard) his Petrarch

William T. Rossiter

It is more than sixty years since Patricia Thomson published her article on Wyatt and the Petrarchan commentators, which remains the best discussion of the topic, and indeed the only study devoted exclusively to it. However, the six intervening decades prove that further discussion is long overdue.[1] In this chapter I pick up where Thomson left off by examining Sir Thomas Wyatt's reading of *Le volgari opere del Petrarcha con la espositione di Alessandro Vellutello* (Venice, 1525). In particular I examine the ways of reading already encoded within Vellutello's exposition, and Wyatt's responses to them, and how Wyatt followed the threads between Vellutello's commentaries on individual poems as a means of mapping Petrarch's sequential ordering.[2] Vellutello's radical reordering of the sequence that Petrarch left in MS Vat. Lat. 3195, which was the exemplar for Bembo's 1501 Aldine edition, is reflected in Wyatt's autograph BL MS Egerton 2711, proving that Wyatt's Petrarch was Vellutello's Petrarch.[3] Indeed, I contend that an understanding of how Wyatt followed Vellutello's map provides us with an equally radical reconception of how he both translated and imitated Petrarch, and requires that we reconsider our understanding of Wyatt's poetics *per se*. This reconsideration is predicated upon two coordinates: imitation and sound. Wyatt's translations and adaptations of Petrarch are routinely misread or mislabelled as imitations, despite early modern imitation being characterized by artful concealment. To term certain of Wyatt's poems imitations of Petrarch is to understand them as failures by virtue of their obvious referents.[4] I instead argue that we must distinguish Wyatt's imitations of Petrarch from his translations, and that Wyatt's imitations are far less obtrusive than his translations, in accordance with the principles of *imitatio* laid out by Petrarch himself. It is, however, possible for a single poem to contain both translation and imitation, as recognizably distinct processes, despite criticism's tendency to conflate the two. One way of locating Wyatt's acts of imitation is by echoes of Petrarch's soundscapes. Vellutello's intratextual references also lead us to these echoes, even though Wyatt had most likely first attuned himself to Petrarch at the Henrician court. Far then from being a mere crib for Wyatt's reading of Petrarch, Vellutello's

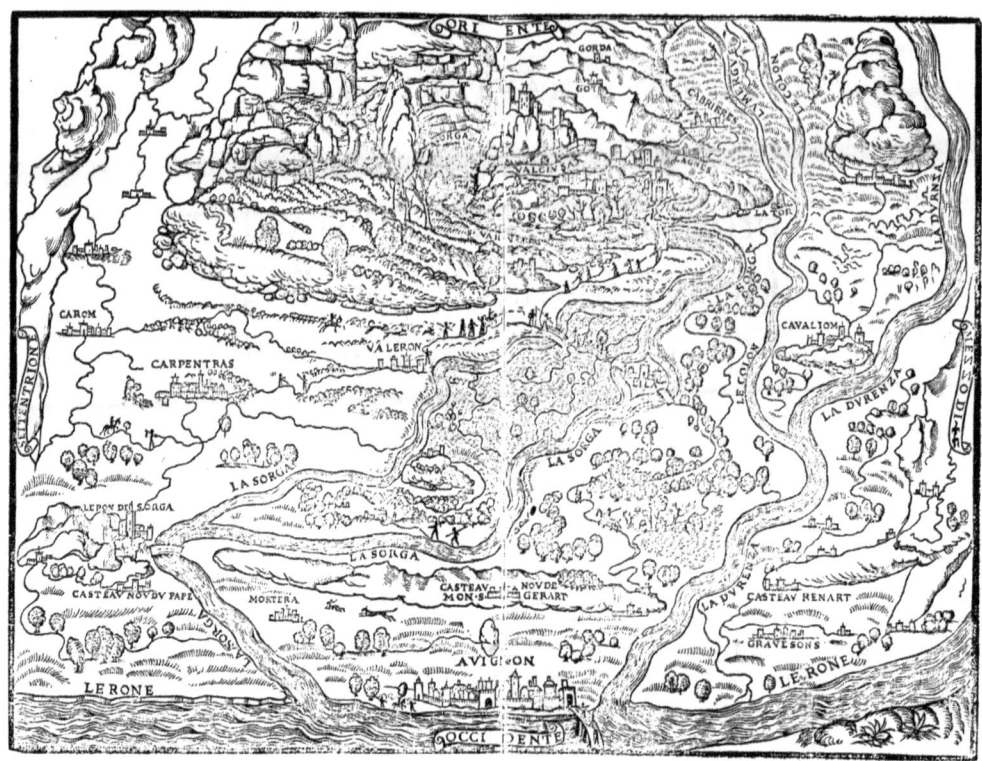

Fig. 9.1. Map of Vaucluse in Alessandro Vellutello's
Le volgari opere del Petrarcha con la espositione di Alessandro Vellutello da Lucca
(Venice: Giovanni Antonio e fratelli da Sabbio, 1525)

edition is integral to Wyatt's development as a poet, to our understanding of how translation, imitation, sound and image operate in his poetics, and to the foundation of English Petrarchism.

Vellutello's Map

Following the unobtrusive title-page (sig. AA1r) and the table of sonnets and canzoni (sigs. AA2–4r), indexed alphabetically by their opening lines, the first thing one reads when opening Vellutello's 1525 edition is a map of Vaucluse, where Petrarch spent much of his life, and Avignon, where he first saw Laura (see figure 9.1).[5]

The map includes various other locations and landmarks that testify to Petrarch's life, such as Carpentras, where he studied the trivium, and the rivers Rhône and Sorgue, which are referenced in the sequence, and given exposition by Vellutello, for example in *Rvf* 190:

> VNA candida cerva sopra l'herba
> Verde m'apparue, con duo corna d'oro,
> Fra due rivere, a l'ombra d'un alloro.[6]

> [A pure-white doe upon the green grass
> Appeared to me, with two horns of gold,
> Between two rivers, in the shadow of a laurel.]

Volse il Poe[ta] nel presente so[netto] far un breue discorso del principio che di M[adonna] L[aura] s'era innamorato, fino alla morte di lei, Et in quello dimostrare il luogo, l'hora, & la stagione di tal principio, & la eta che ella haveva quando uenendo a morte, egli fu dato a douerla sempre piangere, Ma perche di tutto queste cose habbiamo nella origine di lei trattato, & giudicando superfluo in questo luogo volerle replicare, direm[m]o solamente il Poe[ta] per questa candida cerua hauere inteso di lei, laquale gliapparue SOpra l'herbe uerde, rispetto al luogo, oue a principio fu da lui trouata, CON due corna d'oro, per le sue aur[e]ate treccie intese, FRA due riuiere, da noi nel preallegato luogo dimostrate, A L'Ombra d'un albro [sic; 1532 ed. alloro], alludendo al suo nome [...].

[The poet wished in the present sonnet to provide a brief account of how he was first enamoured of Madonna Laura, and continued to be so until her death. In doing so he reveals the location, the hour and the season in which that first encounter took place, and Madonna Laura's age when she died, which caused him always to weep thereafter. However, because we have already treated of these things when detailing Madonna Laura's origins [sigs. BB2^r–A1^r], and judge it superfluous to repeat that information here, we will remark only that the Poet signifies the beloved by means of this milk-white doe, which appeared to him upon the green grass, as regards the place where she was first discovered by him, with two horns of gold signifying her golden tresses, between two rivers — which we have already explained — in the shadow of a laurel, alluding to her name [...].][7]

The Vaucluse map is then an illustrated statement of intent: Vellutello will argue that the poems of the *Canzoniere* chart and are charted by Petrarch's biography, which argument is the predicate of his reordering of the sequence. By extension, the map is an illustration of Vellutello's commentary, which maps the *Canzoniere*, situating its loci and topoi relatively to one another. The text-as-map had long been familiar to readers, notable examples being *The Travels of Sir John Mandeville* and the anonymous twelfth-century *Mirabilia urbis Romae*, but also Petrarch's own *Itinerarium ad sepulchrum domini nostri*, written in March–April 1358 for the Visconti soldier Giovanni Mandelli, and of course his famous letter to Giovanni Colonna, in which he recalls the Roman *mirabilia* himself.[8] As Petrarch wrote to Boccaccio in 1372: 'Nulla calamo agilior est sarcina, nulla iucundior [...] calamus [...] prodest non domino suo tantum sed aliis multis sepe etiam absentibus' ('No knapsack is as easy to move as a pen, none more enjoyable. [...] [The pen] benefits not only its master but many others, often even those who are far away').[9] It is this same ethos that informs Vellutello's project in the *Espositione*. The enclosed, reflexive, interior world of the *Canzoniere* is turned outwards; by reading Petrarch's sonnets we trace the movements of the poet-lover's mind, by reading Vellutello's commentary we trace Petrarch's physical movements, which shaped his mental peregrinations. We follow him from thought to thought (poem), from mountain to mountain (commentary).

Indeed, Vellutello's commentary upon 'Di pensier in pensier, di monte in monte' (*Rvf* 129; sig. 6^{rv}) serves as a useful illustration both of his method, and of the effect of his reordering of Petrarch's sequence upon Wyatt. Commenting on the canzone's opening stanza, Vellutello reminds us that, in the preceding poem (*Rvf* 15), the poet's great discontent came from his 'essere in camino per andare a Roma, hauendo lassato M.L. sua sola & dolce speranza' ('being on the road to Rome, having left behind Madonna Laura, his only, sweet hope'), and so conjectures that Petrarch began writing this canzone as he passed the Alps.[10] Vellutello's reordering of the sequence is predicated on Petrarch's biography, frequently drawing upon his letters and especially the *Epistola posteritati* (*Sen.* XVIII.1), as already noted. He also ranges across Petrarch's *opera omnia* in order to verify his investigations. In this approach, he distinguishes himself from Petrarch's previous commentators — Bernardo Ilicino, Girolamo Squarzafico, Francesco Filelfo, and the pseudo-Antonio da Tempo — all of whom he references and reverences, but, he says, 'noi che nelle altre sue opere, & nelle historie del suo tempo habbiamo di lui molte altre cose inuestigato, uolendoli piu distintamente scriuere, ui giungeremo quelle, che giudericho degne da non esser taciute' ('having found many other things in his other works, and in the histories of his time, and wanting to write about them in a discriminating way, we will particularly set down those things that we judge too important to remain silent').[11]

This biographical approach and the reordering of the sequence did not only distinguish Vellutello from the previous commentators, it also set him in direct opposition to Pietro Bembo. It was Bembo's order that Vellutello was refuting, as Vellutello did not believe that the manuscript Bembo took as his exemplar for his 1501 Aldine edition was a faithful record of Petrarch's intended sequence. Vellutello of course understands the implications of the challenge he is issuing, and so devotes an entire section of his prefatory material ('Trattato de l'ordine de son. et canz. del Pet. mutato', sigs. AA6ʳ–BBʳ) to disagreeing carefully with Manutius and Bembo. In the first instance, Vellutello draws a distinction between Bembo's discussion of Petrarch in the *Prose delle volgar lingua* (also 1525), and his Aldine edition of Petrarch.[12] He notes that his own commentary has a different focus to the *Prose*. Through 'the modest acumen of [his] feeble wit' Vellutello seeks 'to investigate the hidden allegorical meanings' of Petrarch's poems, knowing that Bembo in his newly printed prose grammar has treated Petrarch's rhetorical arts, figures and colours.[13]

This comparison makes Bembo's and Vellutello's work complementary: Bembo addresses the letter, Vellutello addresses the spirit. In so doing Vellutello identifies two critical approaches to Petrarch which remain *in situ* to this day: textual criticism (Bembo) and historicist close reading (Vellutello), or philology and hermeneutics.

These approaches are reinforced when Vellutello turns his attention to the 1501 Aldine edition, which he frames as being Aldo's project more than Bembo's. Vellutello admits that his ordering of Petrarch's sequence 'del tutto fuori d'ogni ragione deura parere a coloro, che nel primo ordine [...] credono hauere alcuna continuatione trouato' ('must appear completely beyond the bounds of reason to those who adhere to the earlier [...] order and believe this to be a consistent ordering'), and who believe it to provide continuity with Petrarch's original sequence; especially Aldo, who 'ultimamente in lettera corsiua fece la presente opera stampare' ('recently published the present work in italic type'), which he claimed was based on Petrarch's autograph manuscript, as verified by the testimony of Bembo.[14] Vellutello proposes a challenge: if he can prove with reasoned evidence that in Aldo's ordering of the sequence there is in fact *no* order, then it must be conceded that the manuscript upon which the Aldine edition was based is not Petrarch's original autograph.[15] Vellutello concedes that Bembo had access to 'certain antique texts', and in particular a text he himself had seen, which was kept in Padua by Daniele da Santa Sofia, but 'of one thing we are certain — that the poet did not leave behind his original *ordinatio*'.[16]

Vellutello was completely wrong, of course. Bembo had indeed used Vat. Lat. MS 3195, Petrarch's autograph manuscript. And despite Vellutello's praise and respect for the *eccellentissimo* Bembo, he had still cast public aspersions upon the textual criticism of Venice's foremost scholar, and as a result was expelled from the privileged Bembo circle.[17] Whereas Vellutello had ostensibly set up his commentary as a hermeneutic, heuristic complement to Bembo's *Prose*, it is here set in opposition to the philological, codicological, palaeographical method underpinning the Aldine Petrarch.[18] Vellutello points to the anniversary poems being disordered in the Aldine edition, and certain of the *in morte* poems being placed in the *in vita* sequence — an argument reached through interpretation of the internal logic of the poems, as opposed to textual witnesses. Indeed, Vellutello provides numerous specific examples of Aldine disorder (sigs. AA6^v–7^v). Yet more importantly for Wyatt's reception of Petrarch, Vellutello explains how, once restored to their 'correct' order, the poems have their meanings both independently and in coordination:

> l'opera non sia continuata, come la Ene. di Virg. o la Commedia di Dante, [...] ma ogni Son. & Canz. hauere il suo proprio soggetto in se, come de gli epigrammi di Mar. o delle Eleg. d'Ouid. ueggiamo, nondimeno, son pur alcuni Son. che hanno dependentia l'uno dal' altro [...] Et alcuni altri fatti in un medesimo tempo o soggetto [...] le quali chi le hauesse l'une dall' altre separato [...] la quale chi diligentemente inuestigando, & con la uita del poeta, che i tempi e luoghi nel uariar di soggetti in gran parte dinota concordandola, la trouera non molto lunge dalla medesima continuatione.

> [the work is not continuous, like Virgil's *Aeneid* or Dante's *Commedia*, [...] rather every sonnet and canzone has its own subject in itself, like the epigrams of Martial or Ovid's *Elegies*. Nonetheless, we see there are still certain sonnets that are dependent upon each other [...] and some others that were composed at the same time or on the same subject [...] and these compositions have been separated from one another [...] [but] whoever goes about diligently discovering — together with the life of the poet — that the times and places in the various subjects in great part denote their concordance, will find that it [the *Canzoniere*] is not far from [possessing] that same continuity.][19]

In her study, Thomson did not confirm that Wyatt definitely used Vellutello's 1525 edition, but suggested the likelihood, on the basis that 'the strongly personal emphasis of [...] Wyatt's renderings of Petrarch reflects more of Vellutello's subjective approach than of Filelfo's generalized one'.[20] I agree, but would add two further qualifications: firstly that we can *prove* Wyatt used Vellutello by virtue of

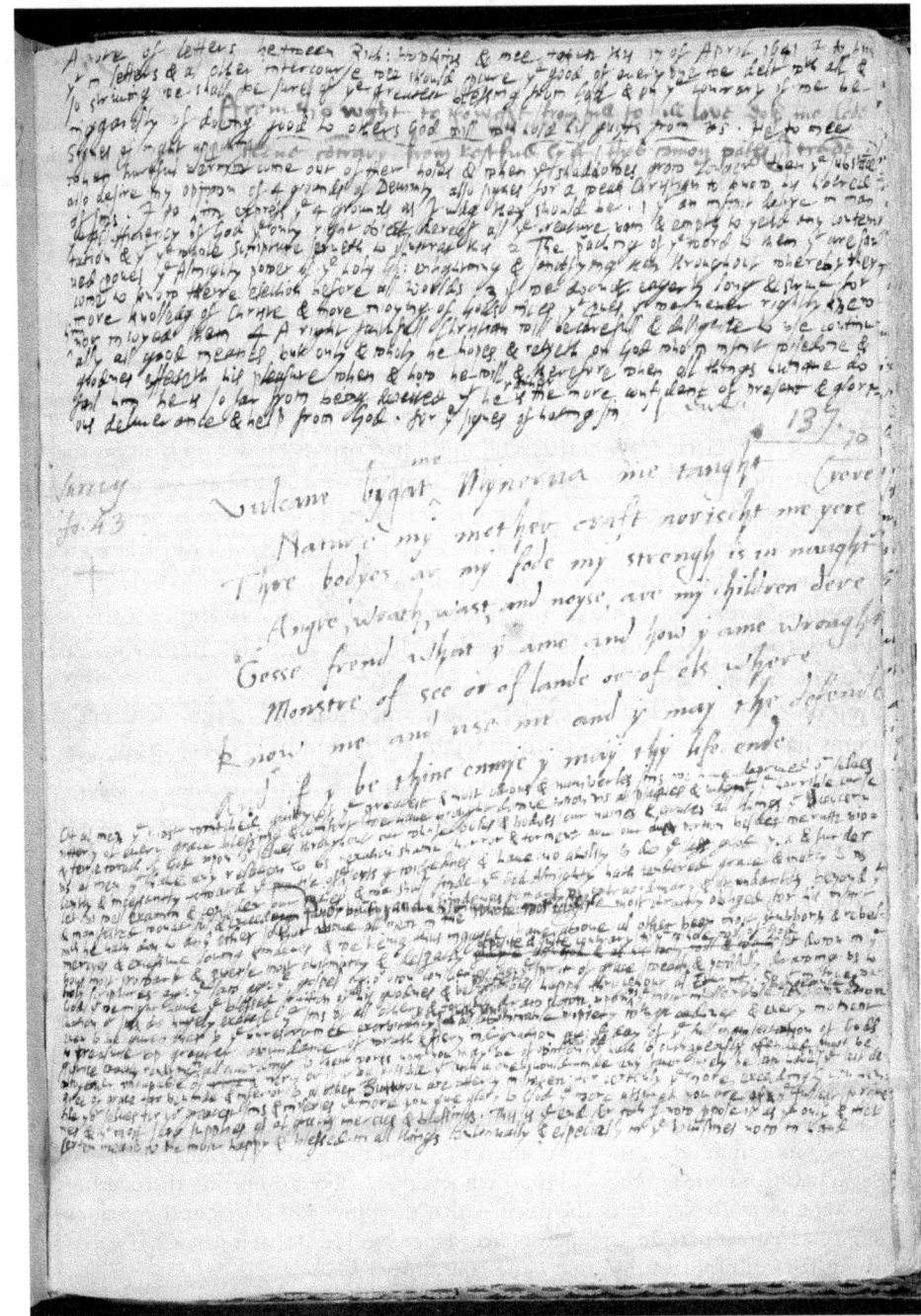

FIG. 9.2 (above, and detail right). Opening lines of Thomas Wyatt's translation of *Rvf* 129. British Library, MS Egerton 2711, fol. 70ʳ

the radical reordering that constituted his act of philological heresy against Bembo, and secondly, that it is Vellutello's biographical cross-referencing or mapping of Petrarch's sequence — not biography per se, but the concordance of the poems to *suggest* a biography — that appealed to Wyatt. It is to Wyatt's navigation of Vellutello that I now turn.

From Edition to Manuscript

On fol. 70[r] of Wyatt's autograph manuscript, BL MS Egerton 2711, albeit cancelled (struck-through) and heavily obscured by a member of the Harington family doing their maths homework in the seventeenth century, can still be read the opening lines of Wyatt's abandoned translation of 'Di pensier in pensier':

> From thowght to thowgt from hill to hill love doth me lede
> Clene contrary from restfull lyff thes comon pathes I trede[.][21]

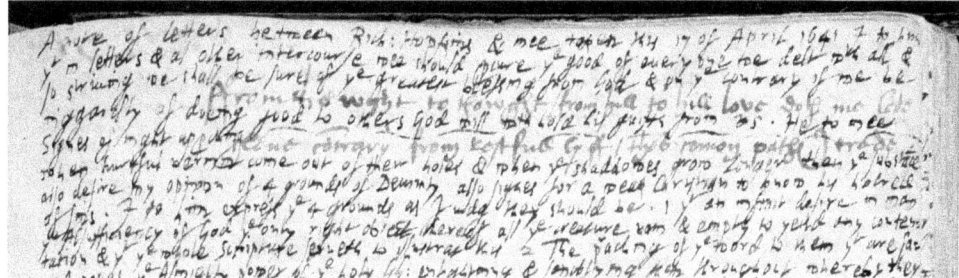

As we know, in his commentary on the opening lines of Petrarch's canzone, Vellutello provides a biographical inference — Petrarch wrote the poem while crossing the Alps as he journeyed from Vaucluse to Rome — and a reference to the previous poem in his edition, 'Io mi rivolgo indietro a ciascun passo' (*Rvf* 15). Two points are to be made here. Firstly, the fragment translation appears in a later section of the Egerton MS that includes poems from Wyatt's imperial embassy (1537–39), which emphasize homesickness. These include, for example, the poem 'Tagus farewell', which bespeaks Wyatt's desire to leave Spain and return to England:

> Tagus fare well that westward with thy strems
> torns vp the grayns off gold alredy tryd
> with spurr and says for I go seke the tems
> gaynward the sonne that shewth her welthi pryd
> and to the town wych brutus sowght by drems
> like bendyd mone doth lend her lusty syd
> My kyng my Contry alone for whome I lyve
> of mighty love the wynges for this me gyve.[22]

A further poem on this theme is Wyatt's translation of Petrarch's canzone 'Si è debile il filo' (fols 67[r]–68[v]), which precedes 'Tagus fare well' (fol. 69[r]), which in turn precedes the fragment 'From thowght to thowght' (fol. 70[r]). In his commentary upon the canzone, Vellutello refers to various other poems in the sequence. One of the poems he refers to is 'Di pensier in pensier':

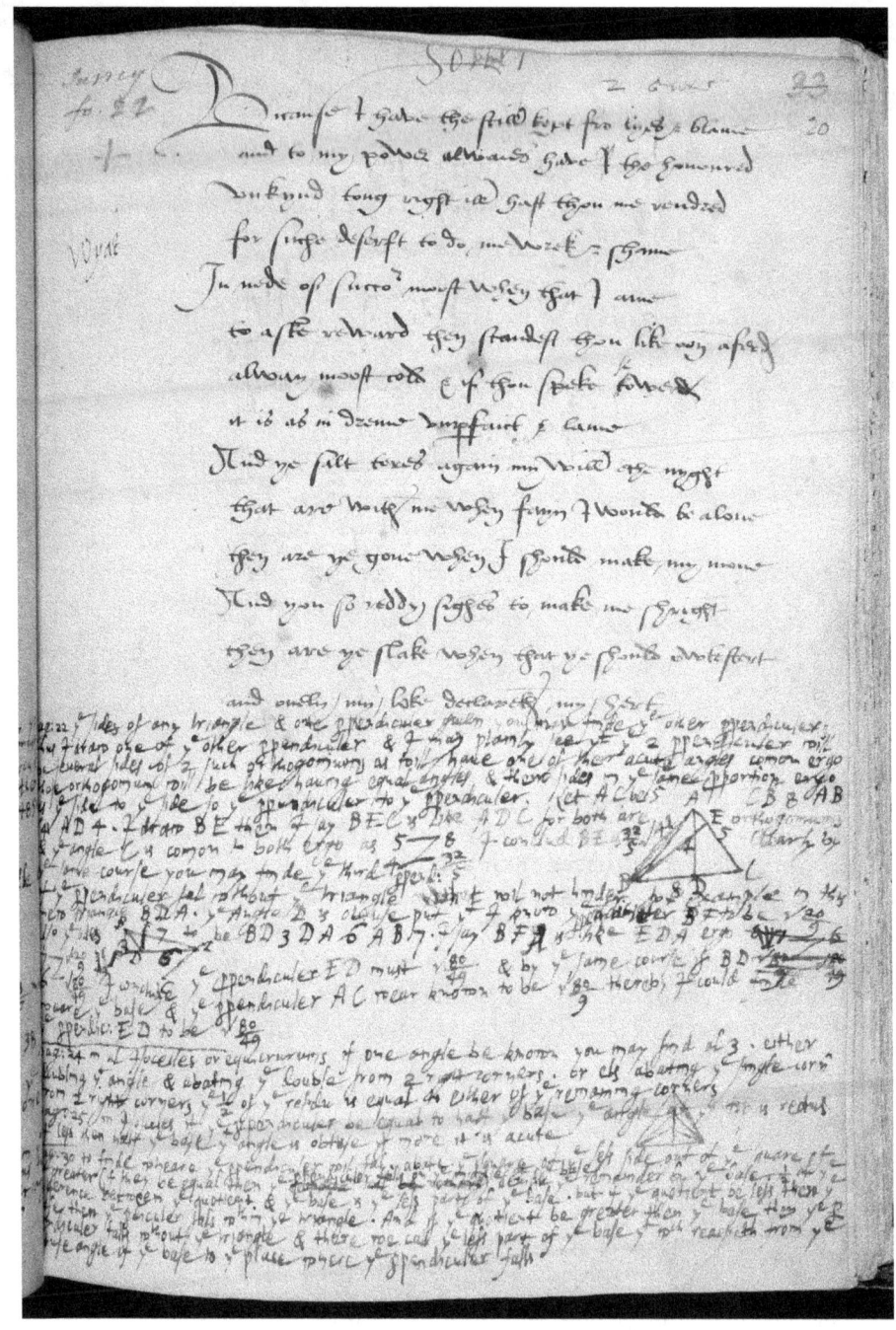

Fig. 9.3 (above and on subsequent pages). Thomas Wyatt's translation of *Rvf* 49, 57 and 173. British Library, MS Egerton 2711, fols 20ʳ–22ᵛ

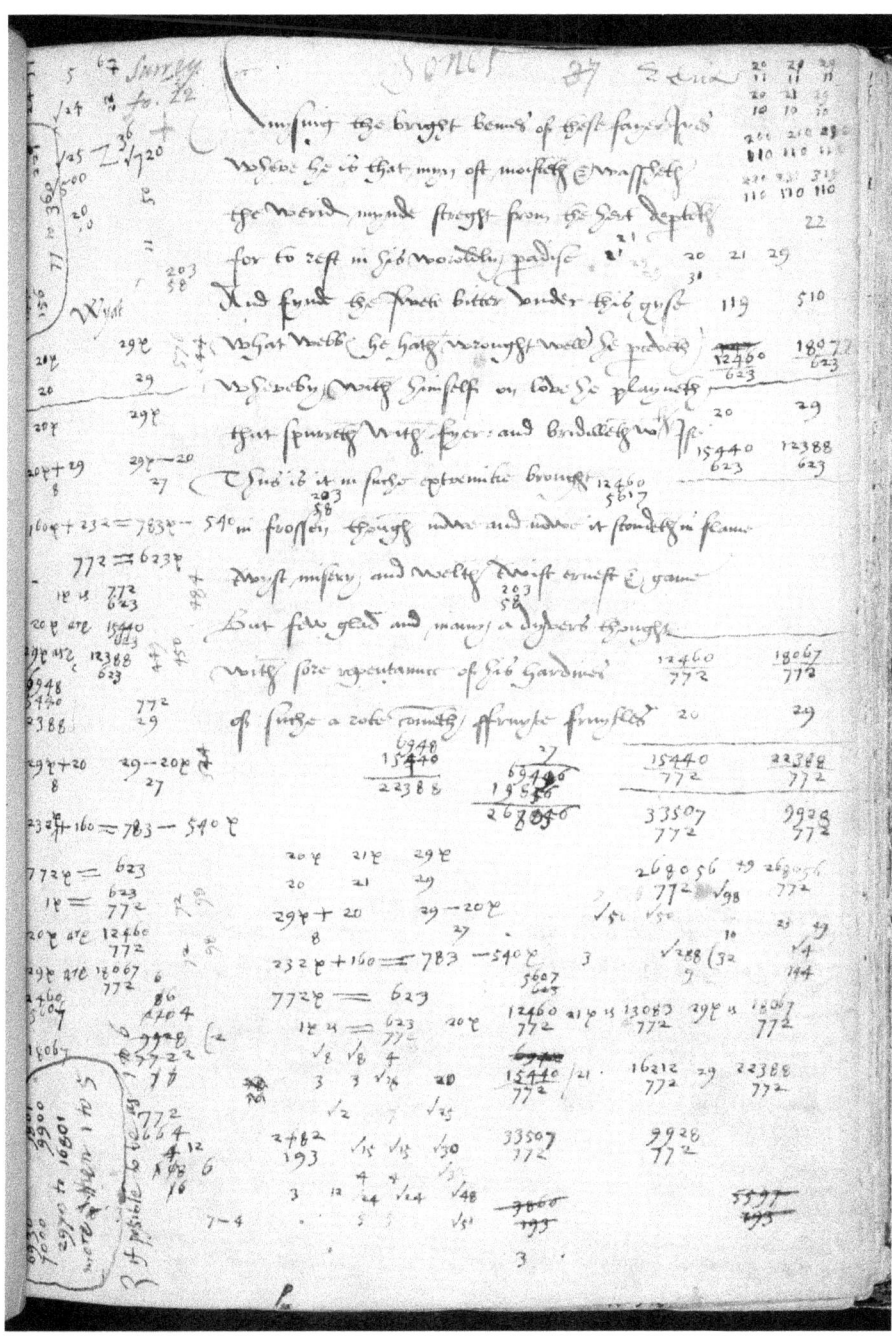

FIG. 9.3 (continued). Thomas Wyatt's translation of *Rvf* 49, 57 and 173. British Library, MS Egerton 2711, fols 20^r–22^v

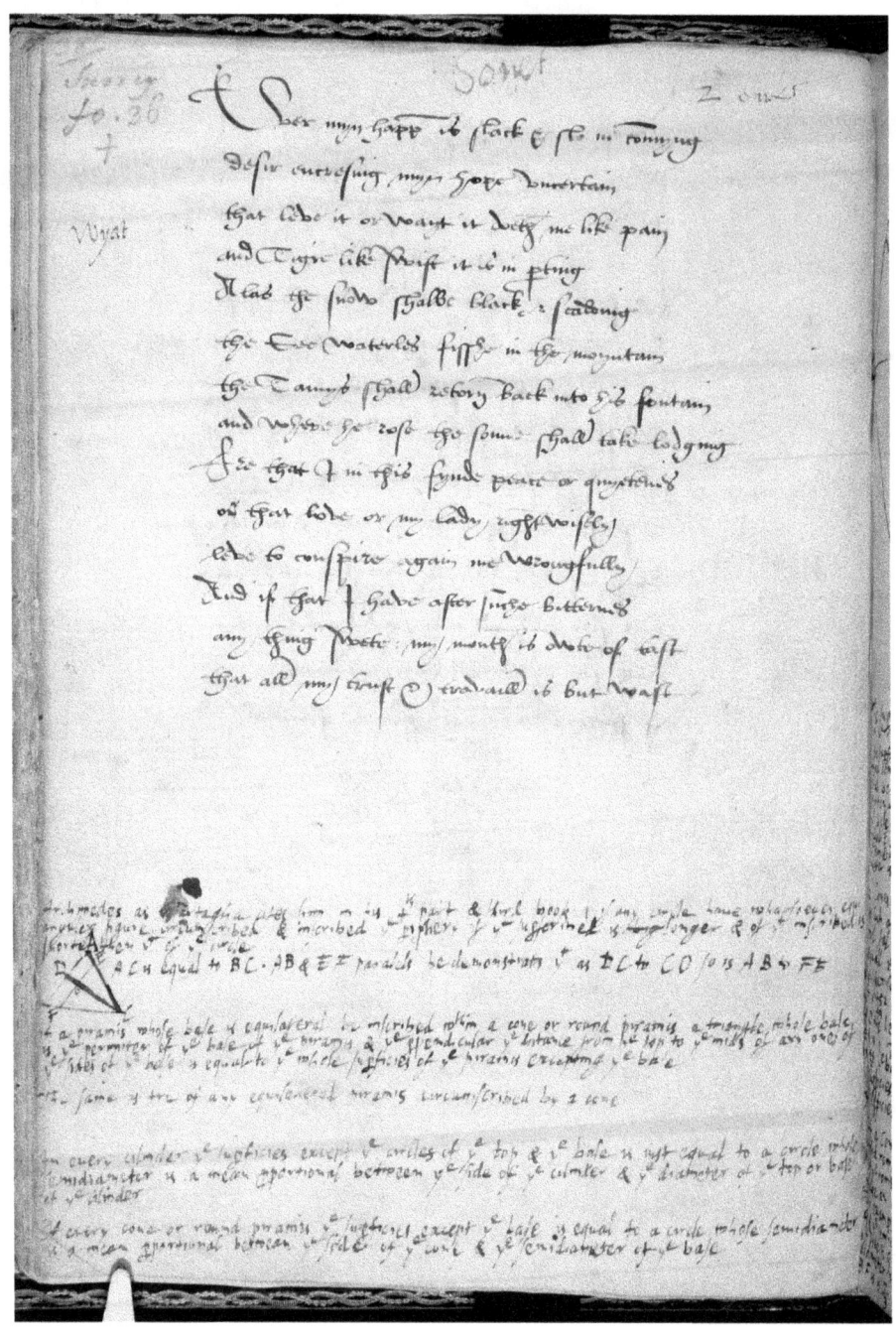

FIG. 9.3 (continued). Thomas Wyatt's translation of *Rvf* 49, 57 and 173. British Library, MS Egerton 2711, fols 20^r–22^v

Nella presente Sta. pigliando il Poe. piacer nel piangere, come di sopra habbiamo ueduto, seguita in narrare le altre degne parti che in M. L. hauea notato, lequali dice, che per anchora piu diletteuolmente piangere, glierano celato da que luoghi alpestri & feri contenuti con gliappenini, & uicini a quella selva Plana nominate, alle confine di Reggio, et oltre al fiume d'Elza, doue nella sua uita dicemmo che egli per giorni stette, essendo lungi dalle persone che tal suo piacere & diletto non poteuano impedire, Onde anchora nella seconda Sta. di quella Can. Di pensier in pensier, di monte in monte, Per alti monti & per selue aspre trouo Qualche riposo; ogni habitato loco e nemico mortal de gliocchi miei [*Rvf* 129.14–16].

[In the present stanza the poet, taking pleasure in his complaint, as we have seen above, continues to describe the other worthy parts of Madonna Laura which he had previously noted. He says that these physical excellences might cause him to weep with yet greater delight, but they are hidden by those mountainous, wild places within the Apennines, near to the forest named Plana, at the edge of Reggio, beyond the River Elba. In these places he would remain for days, removed from those who would impede his pleasure and delight; as he says in the second stanza of the canzone, 'Di pensier in pensier, di monte in monte': 'Among high mountains and through harsh woods I find some repose; | every inhabited place is a mortal enemy of my eyes.'] [*Rvf* 129.14–16][23]

Wyatt's translation of 'Si è debile' sends him, via Vellutello's commentary, to 'Di pensier in pensier', which in turn sends him to 'Io mi rivolgo indietro a ciascun passo'.[24] These three poems, *Rvf* 37, 129 and 15, are not connected to one another in our modern editions of Petrarch's sequence, a sequence that was also used by Bembo, and originally by Petrarch himself in Vat. Lat. 3195. They are connected by Vellutello, and for this reason they are connected in Wyatt's selection of them. Wyatt is mapping Petrarch's sequence in exactly the way Vellutello intended it to be mapped, by virtue of his cross-referencing system, which justifies his reordering, and (to his mind) vindicates his biographical approach.

For example, Wyatt translated *Rvf* 49, 57, and 173. The three poems appear in close proximity to one another in Wyatt's copybook, the Egerton manuscript (BL MS Egerton 2711), from folio 20^r to 22^v, with the latter two poems appearing one after the other in reverse order.

These three poems have no obvious thematic links, except for the characteristic tropes of paradox and antithesis, which would become the core of the English Petrarchan formula, leading one to ask why Wyatt chose them. Yet in Vellutello's edition, these three poems appear one after the other in carte 65–66 (sigs. I1^r–I2^r). Wyatt's ordering of these poems in the Egerton manuscript thus closely corresponds to Vellutello's order.

In addition to finding poems that Wyatt translated clustered together in the 1525 edition, Vellutello frequently opens his commentaries with a reference to the preceding poem. The commentary to *Rvf* 49, 'Perch'io t'habbia' thus makes reference to the preceding poem, pointing back to 'Mie venture', which in turn points to *Rvf* 48, 'Se mai foco per foco'. This lattermost poem has never been referenced as one of Wyatt's sources or analogues, but it has a number of elements in common with Wyatt's *strambotto*, 'Some time I fled the fyre that me brent', and may

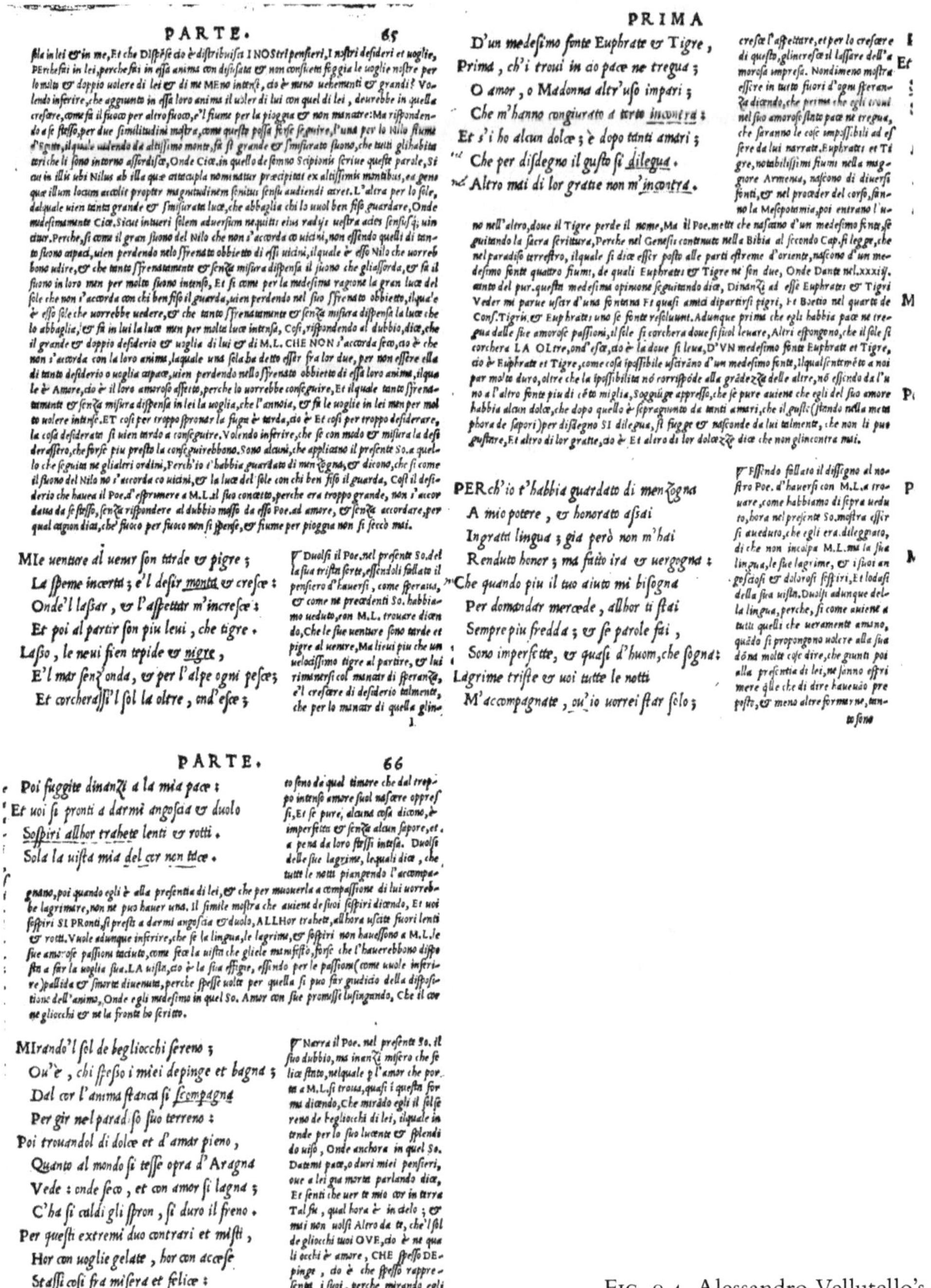
PARTE. 65

MIe uenture al uenir son tarde & pigre;
La speme incerta; e'l desir monta & cresce:
Onde'l lassar, & l'aspettar m'incresce:
Et poi al partir son piu leui, che tigre.
Lasso, le neui fien tepide & nigre,
E'l mar senz'onda, & per l'alpe ogni pesce;
Et corcherassi'l sol la oltre, ond'esce;

PRIMA

D'un medesimo fonte Euphrate & Tigre,
Prima, ch'i troui in cio pace ne tregua;
O amor, o Madonna altr'uso impari;
Che m'hanno congiurato a torto incontra:
Et s'i ho alcun dolce; è dopo tanti amari;
Che per disdegno il gusto si dilegua.
Altro mai di lor gratie non m'incontra.

PERch'io t'habbia guardato di menzogna
A mio potere, & honorato assai
Ingrata lingua; gia però non m'hai
Renduto honor; ma fatto ira & uergogna:
Che quando piu il tuo aiuto mi bisogna
Per domandar mercede, allhor ti stai
Sempre piu fredda; & se parole fai,
Sono imperfette, & quasi d'huom, che sogna:
Lagrime triste & uoi tutte le notti
M'accompagnate, ou'io uorrei star solo;

PARTE. 66

Poi fuggite dinanzi a la mia pace:
Et uoi si pronti a darmi angoscia & duolo
Sospiri allhor trahete lenti & rotti.
Sola la uista mia del cor non tace.

MIrando'l sol de begliocchi sereno;
Ou'è, chi spesso i miei depinge et bagna;
Dal cor l'anima stanca si scompagna
Per gir nel paradiso suo terreno:
Poi trouandol di dolce et d'amar pieno,
Quanto al mondo si tesse opra d'Aragna
Vede: onde seco, et con amor si lagna;
C'ha si caldi gli spron, si duro il freno.
Per questi extremi duo contrari et misti,
Hor con uoglie gelate, hor con accese
Stassi cosi fra misera et felice:
Ma pochi lieti, et molti pensier tristi;
E'l piu si pente de l'ardite imprese:
Tal frutto nasce di cotal radice.

FIG. 9.4. Alessandro Vellutello's *Le volgari opere del Petrarcha con la espositione di Alessandro Vellutello da Lucca* (Venice: Giovanni Antonio e fratelli da Sabbio, 1525), sigs. I1ʳ–I2ʳ. Edition and commentary on *Rvf* 49, 57 and 173.

PRIMA

COme talhor al caldo tempo sole
Semplicettà farfalla al lume auezza
Volar ne gliocchi altrui per sua uaghezza;
Ond'auen, ch'ella more, altri si dole.
Cosi sempr'io corro al fatal mio sole
De gliocchi; onde mi uen tanta dolcezza;
Che'l fren de la ragion amor non prezza;
Et chi discerne, è uinto da chi uole.
Et ueggio ben, quant'elli a schiuo m'hanno,
Et so, ch'i ne morro uerdacemente,
Che mia uertu non pò contra l'affanno.
Ma si m'abbaglia amor soauemente;
Ch'i piango l'altrui noia, & no'l mio danno;
Et cieca al suo morir l'alma consente.

Fa il Poe. nel presente So. comparatione da lui andando a uedere gliocchi di M.L. alla farfalla, quando talhor nel tempo della state usa ne gli altrui occhi uolare, perche da lei due inconuenienti ne seguono, l'uno de quali è, che ella more per mano di colui nel cui occhi uola, l'altro, che il suo intersettore si duole del dispiacere che da lei riceue, Cosi similmente dice, che egli corre sempre AL SVO SOLE, cio è a lume de gliocchi di lei, & sutel di lui, Onde anchora nella quarta St. di quella Can. di esso lume parlando, Et credo da le fasce & da la culla Al mio imperfetto, a la fortuna auersa Questo rimedio proueddesse il cielo, dalla uista de quali occhi li uiene tanta dolcezza, CHE amore, cio è che il suo amoroso affetto non apprezza il freno della ragione, la quale è quella che discerne & ue de che sia male, nondimeno per non esser egli forte da potir resistere alla uoglia che ha di uederli, resta da quella superato & uinto, anchora che conosca quanto s'habbiano a schiuo, onde per lo affanno che ne ha, il quale supera la sua uirtu dice, che ueramente si come la farfalla egli ne morira, Et che amore l'abbaglia si, cio è li leua talmente il lume dello intelletto, che egli non piange il proprio danno di lui, uedendosi per tal uista essere al morir destinato, & l'anima alla propria morte, come cieca consentire, Ma piange la noia che fa a M.L. nel suo uederla, Et in sententia, tenne piu il dispiacere che fa a lei nel suo uederla, che la propria morte. L'anima rationale, quantunque ella sia immortale, come i piu famosi philosophi prouano & la opinione Christiana tiene, nondimeno allhora si dice esser morta, quando è priuata della gratia, Onde dice, Et l'alma cieca consente al suo morire.

QVAND'io uoler, che con duo sproni ardenti
Et con un duro fren mi mena & regge,
Trapassa adhor adhor l'usata legge
Per far in parte i miei spiriti contenti;
Trouà, chi le paure & gliardimenti
Del cor profondo ne la fronte legge;

Nel precedente So. il Poe. ha dimostrato quanto possa il suo amore so affetto piu della ragione in lui, Onde hora in questo mostra, come ogni uolta che quella, nel uolere la bellezza di M.L. considerare, esce fuori de gli honesti termini, sia da lei, mediante la sua turbata uista, raffrenata, Et che il terrore che da quella li uiene habbia similmente forza

PARTE.

Et uede amor, che sue imprese corregge,
Folgorar ne turbati occhi pungenti;
Onde come colui, che'l colpo teme
Di Gioue irato, si ritragge in dietro;
Che gran temenza gran desire affrena;
Ma freddo foco & pauentosa speme
De l'alma, che traluce com'un uetro,
Talhor sua dolce uista rasserena.

la contienti, TR Apassa Adhor adhor, cio è trapassa a tutti l'hore L'VSata legge, l'usata regola del l'honesta, TRoua chi legge, troua M.L. che discerne nella mia fronte le paure & gliardimenti del mio profondo cuore, Et uede amore, & uede M.L. CHE cio è si quale CORregge, cio è affrena le imprese di esso uolere, ne turbati & pungenti occhi folgorare, Onde cio è per laqual cosa, come colui che teme il colpo di Gioue irato (p hauer detto Folgorare) si ritira indietro dalla impresa, per che la gran temenza che ha, uedendo gliocchi di lei turbati, affrena il gran desiderio che haueua di quelli godere, Ma dice, che l'amoroso fuoco, & la speranza che di tal suo amore conseguire haueua, che seno i due ardenti sproni & quali era a ueder M.L. mendo, quel fatto freddo, & questa pauentosa dal timore, che era il freno il quale lo reggeua, raffrenano talhor la sua dolce uista, la qual per lo trapassare che il desiderio fa caua dell'usata legge, haueua prima fatta turbare, Et insententia dice, che quando egli per contenere in parte i suoi spiriti della uista di M.L. trapassa alcuna uolta l'usata regola dell'honesta, non osseruando il modo, ma mostrasdosi di quella oltre a l'usato ingordo, che ella la quale conosce in lui questo troppo sfrenato ardire, per uolerlo raffrenare, se la mostra in uista turbata, Onde egli dal timore assalito, si retira in dietro dalla impresa, Ma ella uedendo questo timore essere in lui, & piacendole, per non uoler la del suo amore disperare, & per confortarlo, rasserena alcuna uolta la sua dolce uista da quel che prima era turbata.

AMOR; che nel penser mio uiue e regna,
E'l suo seggio maggior nel mio cor tene;
Talhor armato ne la fronte uene;
lui si loca; & iui pon sua insegna.
Quella; ch'amare & sofferir ne'nsegna;
Et uol che'l gran desio, l'accesa speme
Ragion, uergogna, & reuerenza affrene;
Di nostro ardir fra se stessa si sdegna;
Onde amor pauentoso fugge al core

Il presente So. è della medesima sententia del precedente, nel quale il Poe. ha dimostrato il repugnar che M.L. contra il suo sfrenato uoler faceua, come anchora in questo, fingendo esso uolere in persona d'amore, Et essendo per la precedente chiaro, non ha bisogno di altra espositione. Domanda quello che egli di altro fare senon fino allhora estremo fusi col suo signore amore, cio è senon fino a l'ultimo giorno della uita sempre amare, Et dice, che fu bel fine chi mor bè amando, per

---

FIG. 9.5. Alessandro Vellutello's *Le volgari opere del Petrarcha con la espositione di Alessandro Vellutello da Lucca* (Venice: Giovanni Antonio e fratelli da Sabbio, 1525), sigs. E8ᵛ–F1ʳ. Edition and commentary on Rvf 140 and 147.

be classified among those original poems of Wyatt's which have their germination in Petrarch, and specifically Petrarchan imitation.

Similarly, Wyatt translates *Rvf* 140 ('Amor, che nel penser mio vive et regna') and the opening of *Rvf* 147 ('Quando 'l voler che con duo sproni ardenti'), the former of which follows the latter in Vellutello's ordering.[25]

In fact, Vellutello opens the commentary to *Rvf* 140 by saying that:

> Il presente So. è della medesima sententia del precedente [*Rvf* 147], nelquale il Poe. ha dimostrato il repugnar che M. L. contra il suo sfrenato uoler faceua, come anchora in questo, fingendo esso uolere in persona d' amore, Et essendo per lo precedente chiaro, non ha bisogno d' altra espositione.

> [The present sonnet is of the same sentiment as its predecessor [*Rvf* 147], in which the Poet had shown the repugnance that Madonna Laura had for his unbridled desire, and so in this poem, in which he transforms his desire into the persona of Love. Being clarified by the preceding sonnet, this one requires no further exposition.][26]

In the case of both *Rvf* 48 and 147 we find Wyatt following the commentary threads between adjacent poems until he reaches one that might offer him a line, a phrase, an image or even a sound — and Wyatt *is* attentive to Petrarch's natural music — which might be productive of a new poem. The trail then goes cold, as it were. However, that is only if we insist on conflating imitation and translation, as previous Wyatt commentators have done. Indeed, there is a long-standing lack of critical clarity with regard to Wyatt's imitations and translations of Petrarch. As such, before I make the case for *Rvf* 15 and 48 to be added to the accepted list of Wyatt's Petrarchan sources and analogues — a case that is predicated upon Wyatt's reading of Vellutello and which will open up an entirely new approach to reading his work — it is necessary first to address this critical lacuna.

Curious Definitions and Subtle Distinctions: Translation and Imitation

The two terms are often used interchangeably despite being, in Wyatt's hands, two different tools. Reed Way Dasenbrock, for example, argues that that 'we need to recover the Renaissance idea of imitation in order to see why Wyatt would translate so much of Petrarch', neglecting to distinguish the two processes, and subsequently collapsing them into one another:

> Wyatt imitates Petrarch partly because he is imitable and partly because he is inimitable. [...] Wyatt also translates Petrarch so as to establish a difference as well as a kinship. This is all part of the process of imitation in the Renaissance.[27]

Rhetoric here is used to gloss over the necessity of methodological distinction. Michael Holahan, in his study of Wyatt's treatment of *Rvf* 140, similarly shifts between the two terms: 'If we wish to extract a general principle, it is that translation does not create a copy so much as change an original into something else. Imitation leads to adaptation and finally to a strange originality.'[28] The lack of critical concern with distinction was encapsulated by Donald Guss:

> It is difficult to determine when Wyatt's imitations are direct and when they are indirect — or even when they are based on a particular passage and when they echo a merely general manner. The points I make do not depend upon such distinctions.[29]

The points I make do. The blurring of the distinction between translation and imitation by modern critics runs contrary to the taxonomies of the sixteenth century. For example, Roger Ascham, in *The Scholemaster* (1570), has separate sections on *Translatio linguarum* and *Imitatio*.[30] Translation, for Ascham, is propaedeutic to *imitatio*. *Translatio* — and specifically double translation — ensures that:

> the mynde by dailie marking, first, the cause and matter: than, the wordes and phrases: next, the order and composition: after the reason and argumentes: than the formes and figures of both the tonges: lastelie, the measure and compas of euerie sentence, must nedes, by litle and litle drawe vnto it the like shape of eloquence, as the author doth vse, which is red.[31]

Imitatio is a more advanced practice. Following Petrarch, Ascham confirms that '*Imitatio* is *dissimilis materei similis tractatio*: and also, *similis materei dissimilis tractatio*, as Virgill folowed Homer.' It is both an exercise and an object of study in its own right, the latter preceding the former: when studying *imitatio* one should

> diligently [...] marke what is kept and vsed in either author, in wordes, in sentences, in matter: what is added: what is left out: what ordered otherwise, either *praeponendo, interponendo*, or *postponendo*: And what is altered for any respect, in word, phrase, sentence, figure, reason, argument, or by any way of circumstance.[32]

Ascham's distinction between translation and imitation as primary and secondary practices is developed by George Puttenham, in *The Arte of English Poesie* (1589), into a value distinction between Renaissance imitation and late medieval translation. The former, famously, he illustrated with reference to Wyatt and Surrey:

> In the latter end of the same kings raigne there sprong vp a new company of courtly makers, of whom Sir *Thomas Wyat* th'elder & *Henry* Earle of Surrey were the two chieftaines, who hauing trauailed into Italie, and there tasted the sweete and stately measures and stile of the Italian Poesie as nouices newly crept out of the schooled of *Dante Arioste* and *Petrarch*, they greatly polished our rude & homely maner of vulgar Poesie, from that it had bene before, and for that cause may iustly be sayd the first reformers of our English meetre and stile.[33]

However, translation fared less favourably. In his account of the fifteenth-century poet John Lydgate, Puttenham wrote that he was 'a translatour onely, and no deuiser of that which he wrate'.[34] Puttenham was clearly dividing the old from the new: medieval makers translated, but Renaissance poets imitate. Puttenham's failure to clarify the nature of the distinction between the two processes evidently irked Sir John Harington, the translator of Ariosto's *Orlando furioso* and subsequent owner of Wyatt's Egerton manuscript, who found the differentiation to be disingenuous:

> I had rather men should see and know that I borrow all, then that I steale any: and I would wish to be called rather one of the not worst translators then one of the meaner makers. Specially sith the Earle of Surrey and *Sir Thomas Wyat*,

that are yet called the first refiners of the English tong, were both translators out of Italian.³⁵

That Harington's 'first refiners of the English tong' is deliberately echoing Puttenham's 'first reformers of our English meetre and stile' is not in doubt, as earlier on in his 'Apologie' Harington declined 'to trouble you [the reader] with the curious definitions of a Poet and Poesie' and 'the subtill distinctions of their sundrie kinds; nor to dispute how high and supernatural the name of a Maker is, so christened in English by that vnknowne Godfather, that this last year saue one, viz. 1589, set forth a booke called *The Arte of English Poetrie*'.³⁶ This is not to say that Harington himself did not distinguish between imitation and translation — he did — rather he is questioning Puttenham's distinctions, which are so curious and subtle that he failed to explain the difference between translating and tasting. So even though Puttenham distinguishes translation (by downgrading it), his failure to explain exactly *how* it is distinct from Wyatt and Surrey's treatment of Petrarch stands behind the failure of modern Wyatt criticism to do the same. Yet there is a distinction between the two processes, as Wyatt well knew, and Vellutello helps us to see it. It becomes apparent when one asks the question of *how* Wyatt used Vellutello; that is, beyond being a means of navigation. There is a fairly straightforward answer to this question, which I will attempt to provide through a couple of examples, but that straightforward answer raises slightly more complex questions concerning the theory and practice of imitation, and the theory and practice of translation, and how co-extensive or conflicting the two were in the 1520s and 1530s.

Two of Wyatt's most famous poems can illustrate how he used Vellutello, and because they are fairly well-known and well-worn examples they need not be dwelt upon at length. In his adaptation of 'Una candida cerva', Wyatt transposed Petrarch's vernacular phrase 'Nessun mi tocchi' back into its Latin source 'Noli mi tangere'. Wyatt's line, 'Noli mi tangere for Cesars I am' is taken directly from Vellutello's commentary, which includes the full phrase found on the collars of Caesar's deer:

> Et a similitudine di quelle cerve che da Cesare erano con uno monile al collo lassate in liberta, nelquale erano impresse queste parole[:] Nolli mi tangere quia Caesaris sum, & cosi da nessuno erano mai toccate ne offese, mostra che M[adonna] L[aura] fatta libera dal suo Cesare, inteso per lo suo & nostro sommo Iddio.

> [The comparison to those deer of Caesar's which remained at liberty, but with jewels about their necks in which were impressed the words *Do not touch me, for I am Caesar's* [*Nolli mi tangere quia Caesaris sum*] — whereby everyone knew not to touch them or do them any offence — shows that Madonna Laura was liberated by her Caesar, meaning her and our supreme God.]³⁷

So the exposition here allows Wyatt to provide a less ambiguous reference, and reinforces his famously plain poetics, which he owes in part to Vellutello's ambition to uncover Petrarch's 'hidden allegorical meanings'.³⁸

The second example comes from Wyatt's poem on the death of his patron and friend Thomas Cromwell, which is to be found in the Arundel MS, not the Egerton MS.³⁹ There is no evidence in the poem itself that Cromwell is the referent;

Wyatt substitutes Petrarch's final tercet for his own lines, which critics have read as referring to Cromwell, and in doing so they are following the biographical suggestions Wyatt learned from Vellutello. Indeed, early English readers of the poem were not aware of any reference to Cromwell either, as when the poem first appeared in print in 1557, in the collection known as *Tottel's Miscellany*, the editor Richard Tottel described it as 'The lover lament[ing] the death of his love'.[40] Rather our understanding that this poem is referring to Cromwell comes from Wyatt having read the exposition of Petrarch's poem in the commentary, which explains that the poem is referring to the death of Petrarch's patron, Stefano Colonna the Younger.[41] Interestingly, Vellutello makes a mistake here: Petrarch's poem is not referring to the death of Stefano Colonna, but to Cardinal Giovanni Colonna, who died in February 1348. This detail in itself is immaterial to Wyatt, as it is the expression of grief for a beloved patron *per se* that matters.[42]

So, one way in which Wyatt read his Petrarch was in order to have certain of the biographical or historical references clarified, in order that he could use the same techniques, which reinforces Thomson's argument for Vellutello's subjective approach appealing to Wyatt.[43] In 'Who so list to hounte', we instead saw a characteristic instance of a practice of translation that had long been established, which can be illustrated succinctly by Rita Copeland's discussion of late medieval translation:

> In medieval education, and in the vernacular literary practice that grows out of it [...] [there is] a merging of the ancient practice of *enarratio* [exegetical commentary] with translation as *exercitatio*, or discovery of literary language [...] [so that] the functions of translation and commentary may become virtually indistinguishable [...] [and] the gloss becomes an integral part of the new poetic text. [...] Exegesis, which grows out of the old grammatical *enarratio* (which had in turn engendered a form of translation as passive absorption of elocutionary rules), merges with translation itself as interpretive activity, for the translated text is a hybrid of old and new *interpretationes*.[44]

Late medieval vernacular translation is then predicated upon the fusion of commentary and paraphrase, whereby the new or *reformed* text incorporates pre-existing commentaries into its own substance, rather than there being a direct, unmediated, linear process of *translatio* from source to target. This is the method Wyatt inherited and practised, the method we observe in his translations of Petrarch, which is distinct from — yet in dialogue with — his humanistic practice of imitation. Vellutello ('the gloss') thus becomes part of Wyatt's new poem.

To reinforce this method we can see Henry Howard, the Earl of Surrey, following the same approach in one of his translations from Petrarch. In his translation of Petrarch's 'Zefiro torna', Surrey incorporates Vellutello's commentary:

> Zephiro torna; e 'l bel tempo rimena,
> E i fiori et lherbe , sua dolce famiglia;
> Et garrir Progne; et pianger Philomena;
> Et primavera candida et vermiglia

> The soote season, that bud and blome furth bringes,
> With grene hath clad the hill, and eke the vale;

> The nightingale, with fethers new she singes:
> The turtle to her make hath tolde her tale.[45]

Like Wyatt, Surrey has stripped away the classical machinery, demythologizing the landscape, revealing the 'nascosti allegorici sentimenti'. After all, Zephiro is understood as being coextensive with, or a privileged signifier of, the 'bel tempo', but Surrey's choice of the word 'soote' owes something to Vellutello's explanation of Zephiro also: 'Zephiro è quel *soaue* uento, che dalle parti occidentali suole in tale stagion uenire' ('Zephiro is that sweet wind that in such a season is wont to come from the western parts').[46] Surrey thus uses a cognate term for *soave*, *soote*, which he uses to replace 'l bel tempo', and which he recognizes from another version of this springtime trope, namely Chaucer's opening line of *The Canterbury Tales*: 'Whan that Aprill with his shoures soote'.[47] The commentary is thus translated to supplement the text and in this case to help 'naturalize' the poem for an English audience by making it half-familiar. This familiarity, embedded within the translation, is achieved through imitation. Both practices are present in the same poem, as we find also in Wyatt's treatments of Petrarch. To reinforce this double presence, Surrey's second stanza, structurally correspondent to its vernal Chaucerian opening, recalls a well-known medieval song, 'Sumer is icumen in', in line 5: 'Somer is come', and proceeds to echo a number of its details.[48] One might of course argue that *soote* is a justifiable translation of *bel*, and indeed Surrey elsewhere translates *bel* as sweet (in his treatment of *Rvf* 140), but *sweet* and *soote* are not exactly the same, just as *bel* and *soave* were recognized as distinct parts of a shared courtly discourse by English readers. We can see this from William Thomas's Anglo-Italian dictionary of 1550, in which *soave* is rendered as *sweete* (sig. Hhiii^r), and *bel* as *fayre* (sig. Div^v).[49] Surrey, like Wyatt, confirms the continued use of a late medieval method of translation, whereby both text and gloss are incorporated, a method which can in turn incorporate a Petrarchan practice of imitation in order to naturalize the new and render it half-familiar. It is not one method going by two different names, translation or imitation, as previous critics have suggested in their blurring and slippage between the two terms, but two discrete processes operant within the same poem.

Had Wyatt been reading the 1501 Aldine edition he would perhaps have become a different poet, as the absence of commentary in that edition would either have led to a different poetics, or might have led Wyatt to reject Petrarch completely. That is, without the commentary, Wyatt would be left to navigate Petrarch's rich, dense imagery without an exegetical map, and it is precisely Petrarch's imagery that he strips away by means of Vellutello's commentary. The unexposed text of the Aldine edition might have proven too inimical to Wyatt's decidedly plain poetics. Yet this plain poetics, I would argue, is partly the *effect* of reading Petrarch via Vellutello, which makes Wyatt's engagement with Petrarchan commentary a far more substantial and formative, or even *transformative* experience. And it is this experience which helps to dispel a critical commonplace concerning Wyatt's 'Protestant poetics', which can be illustrated via Thomas Greene's influential argument:

> This suppression of ornament and Petrarchan decorative richness, this imagistic asceticism, is essential to Wyatt's language because it strips the word of its aesthetic pretentiousness and leaves it as a naked gauge of integrity.[50]

In this reading, Wyatt's lyrics are coextensive with the stripping of the altars after 1534, which positions Wyatt as something of a prophet, as he started composing his Petrarchan lyrics at least as early as 1527. I would argue that Wyatt's suppression of ornament comes in the first instance from reading Vellutello's commentary, and his late medieval method of translation which fuses that commentary with Petrarch's poem in the new work. Wyatt might indeed have favoured a sparse style personally, and so it was congenial to him to use the commentary, but we cannot characterize his style as a lyric equivalent to Luther's assertion of *sola scriptura*, especially when Henry VIII was still *Defensor Fidei* against the Lutheran cause, and Wyatt continued to voice his distaste for Lutherans.[51]

This reading of Wyatt's lyrics as expressive of a Protestant poetics stems for the most part from his augmented translation of Aretino's prose paraphrase of the Penitential Psalms, composed in the later 1530s, and so as a reading it is somewhat retroactive. It would be too long a digression to address the problems of asserting clearly divided confessional identities between Protestant and Catholic in England in the 1530s, or the complex continuity of the penitential psalm tradition across such divisions, or why Wyatt would use Aretino's paraphrase as the base text for a staunchly Protestant translation; my point is that such readings of Wyatt's penitential psalms distort our reading of the lyrics and ignore Wyatt's use of Petrarchan commentary.[52]

However, there is a point concerning Wyatt's translation of the penitential psalms, which might help to shed light on his use of Vellutello. It is a critical consensus that when he came to translate or adapt Aretino's paraphrase of the penitential psalms, Wyatt drew upon a wide range of sources in order to ensure that his theology was in accordance with the developing, inchoate and mutable doctrine of the official English faith in the mid-1530s.[53] It is in the Penitential Psalms that we see the Egerton manuscript downgrade from being a fair copy book to containing works in progress, which are being revised as they are entered.[54] Wyatt has Aretino as his base-text, but supplements it with a range of different materials, which one might term orthodox and reformist, rather than Catholic and Protestant. Of course, one must translate Scripture differently from how one would translate lyric poetry, especially given what is at stake in the mid-late 1530s, but it is surprising that Wyatt would so radically shift his methodology from that which he had practised in his earlier Petrarchan translations. Indeed, he was still translating poems from Petrarch during these years (*c.* 1537–39, during his imperial embassy); as we have seen, the translations of 'Si è debile' and the fragment of 'Di pensier in pensier' date from this period also.

One way of approaching this issue is by saying that Wyatt's treatment of the psalms is *methodologically* a practice of imitation, which has clearly differentiated methods from translation, as noted above. Wyatt was educated either at St John's College or Christ's college in Cambridge, both of which were endowed by Margaret Beaufort and founded under the direction of Bishop John Fisher, who provided a humanist-inflected curriculum.[55] Wyatt's principles in his version of the penitential psalms — though the work is still fundamentally a translation — appear to accord with a humanist method of imitation in which he had been educated, and which had been codified by Petrarch in his 1366 *servatis floribus* letter to Boccaccio (*Fam.* XXIII.19):

> curandum imitatori ut quod scribit simile non idem sit, eamque similitudinem talem esse oportere, non qualis est imaginis ad eum cuius imago est, que quo similior eo maior laus artificis, sed qualis filii ad patrem. In quibus cum magna sepe diversitas sit membrorum, umbra quedam et quem pictores nostri aerem vocant, que in vultu inque oculis maxime cernitur, similitudinem illam facit, que statim viso filio, patrem in memoriam vos reducat, cum tamen si res ad mensuram redeat, omnia sint diversa; sed est ibi nescio quid occultum quod hanc habeat vim. Sic et nobis providendum ut cum simile lateat ne deprehendi possit nisi tacita mentis indagine, ut intelligi simile queat potiusquam dici. Utendum igitur ingenio alieno intendumque coloribus, abstinendum verbis; illa enim similitude latet, hec eminet; illa poetas facit, hec simias. Standum denique Senecae consilio, quod ante Senecam Flacci erat, ut scribamus scilicet sicut apes mellificant, non servatis floribus sed ni favos versis, ut ex multis et variis unum fiat, idque aliud et melius.

> [An imitator must take care to write something similar yet not identical to the original, and that similarity must not be like the image to its original in painting, where the greater the similarity the greater the praise for the artist, but rather like that of a son to his father. While often very different in their individual features, they have a certain something our painters call an 'air', especially noticeable about the face and eyes, that produces a resemblance; seeing the son's face, we are reminded of the father's, although if it came to measurement, the features would all be different, but there is something subtle that creates this effect. We must thus see to it that if there is something similar, there is also a great deal that is dissimilar, and that the similar be elusive and unable to be extricated except in silent meditation, for the resemblance is to be felt rather than expressed. Thus we may appropriate another's ideas as well as his colouring but we must abstain from his actual words; for, with the former, resemblance remains hidden, and with the latter it is glaring, the former creates poets, the second apes. It may all be summarized by saying with Seneca, and Flaccus before him, that we must write as the bees make honey, not gathering flowers but turning them into honeycombs, thereby blending them into a oneness that is unlike them all, and better.][56]

It might then be argued that both Wyatt's imitative methodology (the unification of plurality) and his translational methodology (the unification of text and commentary) converge upon the point of adaptation within the new work, although both processes remain visible and distinct. Yet the principle of *e pluribus unum* that characterizes the method of imitation that Wyatt practices within his translation of the penitential psalms is not exactly the same as the method he practises in his Petrarchan lyrics. Again, both processes are visible — as will be illustrated in the following section — but in the lyrics greater emphasis is placed upon the subtle (*occultum*) effect that creates the air, the mingling of similarity and dissimilarity. Wyatt, as Petrarch decrees, imitates Petrarchan style by concealing it, even as he embeds that imitation within, or places it alongside, direct translations of other Petrarchan poems. By taking Wyatt seriously as an imitator of Petrarch, we open up his poetry from a series of different perspectives.

Expanding the Canon: Wyatt as Imitator

As has been noted, Wyatt's navigation of Petrarch's sequence via Vellutello's commentary reveals strands of connected poems in his selections from the *Canzoniere*. Two of those strands lead to apparent dead-ends, as follows:

> *Rvf* 37: 'Si è debile il filo' (trans. 'So feble is the threde') to
> *Rvf* 129: 'Di pensier in pensier' (trans. 'From thowght to thowght') to
> *Rvf* 15: 'Io mi rivolgo'

> *Rvf* 173: 'Mirando 'l sol' (trans. 'Auysing the bright bemes') to
> *Rvf* 57: 'Mie venture al venir' (trans. 'Ever myn happe') to
> *Rvf* 49: 'Perch'io t'habbia guardato' (trans. 'Bicause I haue thee kept') to
> *Rvf* 48: 'Se mai foco per foco'

Anyone who knows the thirty poems by Wyatt which have sources or analogues in Petrarch will also be aware that *Rvf* 15 and 48 have never been identified among that group. I would argue that this is due to the aforementioned critical error whereby translations and imitations have been repeatedly conflated, and the terms used as synonyms. This error begets a further, tautologous error: poems by Wyatt which do not obviously *translate* poems or sections of poems by Petrarch cannot be counted among Wyatt's *imitations* of Petrarch. Yet we know that early modern imitation, following Petrarch's influential model, was predicated upon suggestive concealment and elusive similarity to the model: 'we may appropriate another's ideas as well as his colouring but we must abstain from his actual words'. Imitation, in other words, is *not* translation. Yet, as we saw in Surrey's treatment of *Rvf* 210, this is not to say that both practices cannot be present in the same poem. We cannot, of course, examine Wyatt's imitations randomly, from an arbitrary starting point, but we do not need to, as by following the threads of cross-reference in Vellutello's commentary — threads which have been made visible in Wyatt's selections from Petrarch — we can examine those poems where the thread, apparently, runs out. In brief, Vellutello's commentary reveals to us Wyatt reading, selecting, translating, *and* imitating.

I contend that *Rvf* 15, 'Io mi rivolgo indietro a ciascun passo', is a source text for one of Wyatt's most famous poems, which we have already touched upon: 'Who so list to hounte'. It has not previously been identified due to the lack of critical clarity with regard to Wyatt's imitations and translations of Petrarch, which has now (hopefully) been corrected. There has long been a critical consensus that 'Who so list to hounte' is a consummate example of how Wyatt can turn a Petrarchan translation into a new poem. Various arguments have been put forward as to why he makes the changes he does, yet none of those arguments has considered the possibility that he is translating one poem while imitating another.[57] Indeed, beyond the image of the deer, Wyatt's long-established source, *Rvf* 190 ('Una candida cerva') furnishes Wyatt's poem with its final four lines only, and Wyatt's use of those lines again confirms the influence of Vellutello, by virtue of his inclusion of the Latin *Noli mi tangere*.[58] The octave — with the exception of its final line — is indebted to *Rvf* 15, due to Vellutello's influence, and shows Wyatt's best imitative practice. Indeed, the final line of the octave, 'Sithens in a nett I seke to hold the wynde' is a translation of *Rvf* 239, 'In rete accolgo l'aura' (l. 37); Wyatt is blending the three poems into a oneness in accordance with the Petrarchan principles of *imitatio*. It remains, however, to make the case for *Rvf* 15, which is best done by comparison:

> Io mi rivolgo indietro a ciascun passo
> col corpo stancho ch'a gran pena porto,
> et prendo allor del vostr'aere conforto
> che 'l fa gir oltra dicendo: Oimè lasso!
>
> Poi ripensando al dolce ben ch'io lasso,
> al camin lungo et al mio viver corto,
> fermo le piante sbigottito et smorto,
> et gli occhi in terra lagrimando abasso. (*Rvf* 15.1–8)

> Who so list to hount: I know where is an hynde,
> But, as for me: helas, I may no more.
> The vayne travail hat werid me so sore,
> I ame of theim, that farthest cometh behinde
> Yet, may I by no means, my weried mynde
> Drawe from the Dier; but as she fleeth afore
> Faynting I folowe. I leve of therefore:
> Sins in a nett I seke to hold the wynde.

In the first instance, Wyatt's /b/ rhymes in his octave echo the final stresses in Petrarch's hendecasyllabic /b/ rhymes: MORE / SORE / -FORE / -FORE recall POR-to / -FOR-to / COR-to / SMOR-to. We are perhaps less used to this kind of aural and syntactic *imitatio* in English, but it was common practice in Latin and Italian imitation, and is more attuned to Petrarch's conception.[59] More obviously, both poems' emphasis upon weariness is unmistakable. Wyatt's 'as for me: helas' is the English equivalent of 'Oimè lasso!', just as 'The vayne travail hath werid me so sore' is equivalent to 'col corpo stancho ch'a gran pena porto' ('with weary body that I move with great pain'), with the 'vayne travail' reminiscent of the 'camin lungo', even as the weary body then gives way to 'my weried mynde' (weary through 'ripensando').[60] The repeated turning back upon oneself as an expression of self-division is also central to both poems: 'I may no more' is balanced by 'Yet, may I by no means, my weried mynde | Drawe from the Dier', and the two impulses are compressed within the seventh line: 'Faynting I folowe. I leve of therefore'. This compressed contrary corresponds to Petrarch's opening line, where every step forward is a turning back, 'Io mi rivolgo indietro a ciascun passo', while Wyatt's separated contraries of may or may not find sources in "l fa gir oltra [...] fermo le piante'. Wyatt decides to 'leve of' *Rvf* 15 exactly halfway through the poem, as the 'aere' of line 3 is replaced in Wyatt's eighth line by the more symbolic 'l'aura' from *Rvf* 239. Structurally, each octave is composed of three turns: Wyatt's 'I may no more [...] *Yet* may I by no means [...] Drawe from the Der [...] Faynting I folowe. I leve of *therefore*' turns back to Petrarch's 'Io mi rivolgo indietro [...] et [...] allor [...] fa gir oltra [...] Poi [...] fermo le piante'. There is just as much of *Rvf* 15 present in 'Who so list' as there is of *Rvf* 190, if not more. The difference is it is present as imitation, in a way that corresponds to Petrarch's own formula, but artfully concealed within a seeming translation.

The thread which leads to Wyatt's imitation of *Rvf* 48 is similar, as Wyatt opens with what appears to be a translation of *Rvf* 55, 'Quel foco ch'i' pensai che fosse spento', but allows the elements of imitation to overtake the original translation:[61]

> Se mai foco per foco non si spense,
> né fiume fu già mai secco per pioggia,
> ma sempre l'un per l'altro simil poggia,
> et spesso l'un contrario l'altro accense,
>
> Amor, tu che' pensier' nostri dispense,
> al qual un'alma in duo corpi s'appoggia,
> perché fai in lei con disusata foggia
> men per molto voler le voglie intense?
>
> Forse sí come 'l Nil d'alto caggendo
> col gran suono i vicin' d'intorno assorda,
> e 'l sole abbaglia chi ben fiso 'l guarda,
>
> cosí 'l desio che seco non s'accorda,
> ne lo sfrenato obiecto vien perdendo,
> et per troppo spronar la fuga è tarda.
>
> Some tyme I fled the fyre that me brent,
> By see by land, by water and by wynd;
> And now I follow the coles that be quent,
> From Dovor to Calais against my mynde.
> Lo how desire is boeth sprong and spent;
> And he may se that whilome was so blynd:
> And all his labor now he laugh to scorne
> Mashed in the breers that erst was all to-torne.

Again Wyatt's method here is in accord with Petrarchan principles of *imitatio* and again he is drawn to how Petrarch sounds — Petrarch's 'music', his euphony, was one of the qualities for which his verse was renowned in Italy, as Vellutello confirms: 'Et benche delle loro historie et fauole mi sia molte volte dilettato, nondimeno, la sonorita d'un terso et elegante poema, d'altra opera in uersi et rime uolgari, sempre mi fa di somma dilettatione' ('while I have often delighted in their [other authors'] histories and fables, nonetheless, the *sonority* of a terse and elegant poem, or other works in verse and vernacular poetry, always gave me most delectation'). And of course the most sonorous poet, in Vellutello's opinion, was Petrarch.[62] Here, as in *Rvf* 15, Wyatt is listening to Petrarch. His opening line, even while drawing on *Rvf* 55, manages to imitate the sound pattern of the opening line of *Rvf* 48: the iambic stress and assonance of 'Se mai' ('If (n)ever') is echoed in 'Some tyme' before the alliteration of 'foco per foco' ('fire by fire') is reproduced in 'fled the fire'. At the end of the line Petrarch's rhyme word 'spense' ('spent', 'extinguished') almost becomes its opposite in 'brent' (burned), except the two terms are bound together by sound. As in 'Who so list' Wyatt echoes the sound of Petrarch's /a/ rhymes: *spense, accense, dispense, intense* find their afterlives in the shared semantic field of *brent, quent* and *spent*.[63] Indeed, Petrarch's poem is built around sound, which is not divorced from image but reinforces it — the deafening sound of the Nile is equivalent to the blinding light of the sun, and the language of heat and burning forms the sonorous frame of the octave — and Wyatt by no means neglects the tenor and vehicle of the poem.

It is commonly thought that Wyatt wrote this poem when he was required to travel to Calais in the train of Henry and Anne in October 1532, in order to meet Francis I.[64] The reluctance to make this journey ('And now I follow [...] against my mind'), given Wyatt's history with Anne, would have been due to a sense of humiliation. Unlike the contrary mind, humiliation is not an immediately obvious focus of Petrarch's poem; it is, however, for Vellutello. Vellutello opens his commentary with a reflection: 'The last thing that unhappy lovers always consider is that which they must consider first; that is, that they can be mocked by their beloved.'[65] Again, Wyatt is drawing on both text and gloss, but this time to facilitate and prioritize imitation rather than translation.

It is the care that Wyatt takes to conceal his model suggestively, including his careful inversions, that long ago led A. K. Foxwell to suggest that that the poem 'is probably a translation, with local colour added to suit Wyatt's case'.[66] Superficially, the Nile is replaced by the English Channel, which is submerged between Dover and Calais. More substantially, and more interestingly, Petrarch's organization of fire, water, heat, extinguishment, desire and blinding is reworked in Wyatt's poem to antithetical effect — he follows Vellutello's dictum, inverting beginning and end (*prima* and *ultima*), or before and after, throughout the sonnet. Thus 'Se mai ... non', the subjunctive never, which opens the poem, becomes 'Some tyme' in the past; the fire, unextinguished by fire in Petrarch's opening line, becomes 'the fire that me brent' in Wyatt, just as the contrary that increases the flame ('l'un contrario l'altro accense') is transposed as 'the coles that be quent', which 'I follow ... against my mynde'. This self-contradiction also draws more closely upon the opening line of Petrarch's tercet: ''l desio che seco non s'accorda' ('desire that accords not with itself'), which Wyatt also fuses with the final line of the tercet, 'et per troppo *spronar* la fuga è tarda' ('and by spurring too much its flight is delayed') to create his fifth line: 'Lo how desire is boeth sprong and spent'. The elements in this line are reconfigured from Petrarch — *desio, spronar, spense* — just as Wyatt's 'desire ... against my mynde' is desire not according with itself. Similarly, Wyatt's 'he may se that whilome was so blynd' is a reversal of Petrarch's 'e 'l sole abbaglia chi ben fiso 'l guarda' ('and the sun blinds who sets well his sight'). By following Vellutello's directions, whereby the last shall be first, Wyatt is able to imitate Petrarch's poem by inverting it against itself. The imitation is produced according to Petrarch's own method: 'if it came to measurement the features would all be different, but there is something subtle that creates this effect'. We can just about extract

Petrarch's subtlety through silent meditation, which explains Foxwell's suspicion. By separating the conflated practices of translation and imitation we can examine properly Wyatt's imitative method, which provides us not only with a new way of reading Wyatt, and understanding his own reading practices, but also with a new range of potential sources. Confirming imitation is, of course, less obvious, less certain, and less immediate than confirming translation, but thanks to Vellutello's commentary one does not begin from an arbitrary position. By following the commentary threads between poems, threads that are dependent on Vellutello's transgressive reordering, and reflected in Wyatt's selections from Petrarch, we can trace and test Vellutello's cross-references against those poems by Wyatt that (thus far) lack definite sources in Petrarch, but which leave one with the suspicion that a given poem 'is probably a translation'.[67] Moreover, not only does Wyatt's confirmed use of Vellutello's commentary help clarify his process of imitation, it also confirms his late medieval practice of translation, whereby text and gloss are incorporated into the new poem.

Voi ch'ascoltate: Listening to Petrarch

As we have seen in his imitations, Wyatt is alert, as was Vellutello, to Petrarch's *sonorità*. He borrows rhymes from Petrarch (as poets would do in a *tenzone*) and imitates prosodical and phonological techniques in order to echo the soundscape of his sources. These include elision, such as in the transposition of 'Cesare, poi che 'l tradittor d' Egitto | li fece il don de l'onorata testa' as 'Caesar, when that the traytor of Egipt | With thonourable hed; did him present', whereby 'thonourable' re-enacts the *sinalefe* of 'l'onorata'. These lines also illustrate metrical imitation. The first line follows Petrarch's syntax but still approximates a prosodic likeness, despite Wyatt being forced to begin on an inverted foot, as the stress pattern follows Petrarch's (with stress in the fourth, sixth, eighth, and tenth positions). Likewise, despite the clauses being inverted, 'thonourable hed' traces the rhythm of 'l'onorata testa'. Indeed, Wyatt's famously uneven metre in his sonnets, rather than being a failure to maintain iambic pentameter, or an attempt at classical logaoedic rhythms, often shows him imitating Petrarch's stress patterns, fusing the rules of the Italian *endecasillabi* with English iambic metre.[68] Indeed, Wyatt frequently has a strong emphasis in the fourth or sixth and tenth positions, which suggests he was aware of the theory of Italian prosody.[69] He also experiments with hendecasyllabic lines. A broken-backed line such as 'Bicause I have the still | kept fro lyes and blame', for example, has eleven syllables (Italian) and falls into two hemistichs (English), and attempts to imitate the stress of 'Perch'io t'habbia guardato di menzogna', with Wyatt's first two stresses following Petrarch ('-ch'i-' / '-cause' and 't'ha-' / 'have'), before the disruption caused by the collision of the hemistichs. Similarly, one of Wyatt's most famous opening lines, 'The Longe love, that in my thought doeth harbar', has no consistent rhythm until one realizes that 'Longe' has a sonant final -e, which renders the line hendecasyllabic, comprising regular iambic rhythm with a final unstressed syllable.[70] However, I am not proposing a further, detailed study of Wyatt's Italianate prosody here; not least of all as I lack the ability of a professional prosodist. Rather Wyatt's attempts at recreating Petrarch's rhythms within his own, largely Chaucerian metrical inheritance are, together with his borrowing of Petrarchan rhyme words, indicative of how and when he heard Petrarch.

The usual assumption is that Wyatt obtained his edition of Vellutello's Petrarch during his diplomatic mission to Italy in 1527, in the service of Sir John Russell. This initially seems reasonable enough, but if one considers the international book trade in this period it seems odd that Wyatt would have to travel to Italy to obtain a copy of Petrarch's poems when he could have done so in London.[71] Moreover, if Henry VIII's interest in Anne Boleyn, which signalled the end of any alleged relationship between Anne and Wyatt, can be dated at least to the Shrovetide Joust of 1526, then it is possible that Wyatt turned to Petrarch prior to the 1527 embassy; the trip to Italy might well have been expedient under the circumstances. Indeed, Wyatt knew Italian prior to the 1527 embassy — like Chaucer before him he was most likely chosen specifically *because* of his Italian.[72] Wyatt had been part of the circle of the Florentine merchant princes of London, Giovanni Cavalcanti and Pierfrancesco de' Bardi, not only before 1527, but before 1525.[73] As he was the son of the king's treasurer, it was expedient for the Florentine bankers and merchants to befriend Wyatt. Yet, as Susan Brigden notes, 'Pierfrancesco was [a] scholar as well as [a] merchant, a collector and donor of books.' His relative Giovanni de' Bardi, 'had served the Medici as manager of the London branch of their bank in the 1460s', and 'imported books and manuscripts from Florence and Venice'.[74] Wyatt may well have obtained his copy of Vellutello's Petrarch via this circle, if not directly from St Paul's Churchyard.

Yet Wyatt may well have been familiar with Petrarch before he obtained Vellutello's commentary edition. There were, as is well known, Italian musicians at Henry's court who would have set Petrarch to music, such as the lutenist Zuan Piero — and indeed a court already attuned to Petrarch's poetry would find greater delight in Wyatt's translations and adaptations, as they would recognize his departures from the original.[75] Indeed, Wyatt almost certainly set his own poems to music, such as 'My lute, awake!' and 'Blame not my lute'. Indeed, 'Blame not my lute' is listed among other song and dance tunes in the flyleaf of BL Sloane MS 3501, while the lute tablature for the poem is found on fol. 4^v of Folger MS V.a.159 (formerly MS 448.16).[76] This MS dates from *c.* 1571–1600 (not 1558, as was earlier thought), and thus postdates the publication of 'Blame not my lute' in Tottel's 1557 *Miscellany*. However, the music had been published in France in 1555, as the melody for 'Mes pas semez' by the lutenist, guitarist, and publisher Adrian le Roy (*c.* 1521–90). This is an example of the musical theme known as the *folía*, the most popular versions of which were the Italian variants known as 'Cara cosa' and 'La gamba'.[77] The connection of Wyatt's poem with the 'Cara cosa' tradition 'suggests that a practice comparable to the manner of singing popular poetry in Italy had also become current in England and is here associated specifically with one of the most popular Italian *basso ostinato* grounds'.[78] One cannot help but recall Anne Boleyn's darkly comic comment to Lady Kingston, made while she was held prisoner in the Tower, recorded by William Kingston: 'then she [Anne] say[d the]y myght make balettes well now, bot ther ys non bot [Rochfor]de that can do it. Yese, sayd my wyf, Master Wyett.'[79]

How does this *divertimento* pertain to Vellutello? In the first instance, the setting of Wyatt's poems to music, including Wyatt setting his own poems to music, confirms the Italianate influence of sung popular poems, of which Wyatt had first-hand experience via Italian musicians at court.[80] This aural introduction to Petrarch's musical euphony, his *dolcezza e gravità*, shaped how Wyatt read his Petrarch. Wyatt *listened* to Petrarch. He read for sound, and this practice informed, and was in turn informed by, the humanist practice of *imitatio* in which he had been trained; a practice with a distinct method, development, and history from that of *translatio*, with which it ought not to be confused in Wyatt's oeuvre. The borrowings that Wyatt makes visible in his translations are made audible in his imitations; 'something felt rather than expressed'. By tracking the connections between poems made by Vellutello in his cross-referencing system of commentary, we are able in turn to follow the threads which connect Wyatt's selection of poems to be translated. However, that cross-referencing system also allows us to identify certain poems that Wyatt imitated, even within poems that are, or began as, translations. This opens up a number of new Petrarchan sources, analogues and models, which were not examined previously due to the practices of imitation and translation having been conflated by the critical tradition. However, this conflation was for the most part alien to poets and theorists of the sixteenth century, such as Sir John Harington, who clarified the two processes as being discrete and distinct from one another. Vellutello helps us to observe both practices at work in Wyatt's selections from the *Canzoniere*.

Wyatt's keen ear for how Petrarch *sounds*, and his setting of his own *balets* to music, was then part of his success as a courtier-poet. One question remains, however: was Wyatt reading as well as hearing Petrarch before 1525? And if so, which edition? There is no evidence for this, and Wyatt's reading of Vellutello's edition coincides with Henry's first public expression of his interest in Anne Boleyn, at the Shrovetide joust of 1526, and following the first record of Wyatt's financial obligation to the Florentine merchants of London in November 1524. By way of speculation, had Wyatt been reading Petrarch before 1525 the most likely candidate is the 1519 reprint of the 1507 variorum edition of Petrarch, which included the combined commentaries of Filelfo, Da Tempo, and Squarzafico. It is worth briefly pursuing this speculation by pointing to the arrangement of the sonnets in this edition. As in Vellutello one finds clusters of poems which Wyatt translated, although these clusters do not quite map onto the Egerton MS in the way that the Vellutello ordering does.

So, in the 1519 edition one finds the following clusters of poems, all of which were translated by Wyatt:

> 'Son animali' (sigs. Cii^v–Ciii^r)
> 'Ben mille fiate' (sigs. Ciii^v–Ciiii^r)
>
> 'Hor vedi Amor' (sigs. Kviii^v–Li^r)
> 'Amor, fortuna' (sig. Li^v)

'Pace non trovo' (sig. Mii^r)
'Amor che vive et regna' (sig. Miiii^v)
'Ite caldi sospiri' (sigs. Mvii^v–Mviii^r)

'Passa la mia nave' (sig. Nvi^v)
'Vna candida cerva' (sigs. Nvi^v–Nvii^r)[81]

These obviously are spread rather differently across Vellutello's sequence, as follows:

'Son animali' (sig. A6^r)

'Mille fiate' (sigs. B2^v–B3^r)
'Hor vedi Amor' (sig. B3^r)

'Amor, fortuna' (sigs. K7^v–K8^r)

'Pace non trovo' (sig. D5^r)

'Amor; che nel pensier mio' (sig. F1^{rv})

'Ite caldi sospiri' (sig. G7^{rv})

'Passa la mia nave' (sigs. P5^v–P6^r)

'Vna candida cerva' (sigs. T5^v–T6^r)

If one were to plot all this in a graph and then set the coordinates against Wyatt's Egerton manuscript there would be no correlation, in part because there are too many variables. The clusters of poems in the 1519 edition are not reflected in the order of poems in Egerton, nor are they reproduced by Vellutello. One might argue that the ordering of these poems is not reflected in Vellutello either, the response to which is that certain other clusters of Vellutello's ordering *are* reflected in Egerton, and that Wyatt's use of Vellutello's cross-referencing system is arguably of greater importance in tracing his process of selection. Moreover, Egerton 2711 began life as a fair-copy manuscript and does not necessarily reflect the order of composition exactly before it degrades into a working manuscript. The later poems with revisions and errors can be dated with greater certainty than the earlier entries, and, as Jason Powell has shown, through difference in ink-fade, which attests to the use of powdered ink, such as was employed by English agents abroad.[82] None of this detracts from Wyatt's use of Vellutello's exegetical map.

This discussion has proved, I hope, that Wyatt definitely used Vellutello's edition, and this was his primary source *as a writer* of Petrarchan sonnets. This does not entirely rule out the possibility — which at present cannot be confirmed — that Wyatt used the 1519 edition as a *reader* of Petrarchan sonnets, as the clusters of poems in that edition also reflect certain of Wyatt's choices over poems to translate. One might also point to the fact that the commentaries in the 1519 edition also contain the detail of the Latin inscription on the collars of Caesar's deer and the correct reference to Cardinal Colonna, which is mistaken by Vellutello. However, this is circumstantial: there is far greater correlation between the order and especially the cross-referencing system in Vellutello's commentary and Wyatt's selections; there is no reason to believe the *Noli mi tangere* reference came from the 1519 edition rather than from Vellutello; and it was immaterial to Wyatt as to which of the Colonna was Petrarch's actual patron. Moreover, it is in-keeping not only with Wyatt but with the book market and with print culture more generally that one would replace an old edition with a new one, so even if Wyatt had read the 1519 edition (for which there is no real evidence), then it was superseded by Vellutello. The comparative practice we find in Wyatt's translation of the Penitential Psalms certainly reinforces the possibility that Wyatt moved between various editions of the same work. However, in the absence of convincing evidence, his reading of another edition of Petrarch must remain a conjecture.

In conclusion, I agree with Patricia Thomson that Vellutello provided Wyatt with a subjective emphasis, and would add that Vellutello is the reason for Wyatt's stripped-back translations, rather than an anachronistic Protestant poetics, as Wyatt's inherited method of translation incorporated both source text and commentary into the new poem. I also believe that Wyatt's selection of sonnets from Petrarch to translate was directly influenced by Vellutello's reordering and cross-referencing of the sequence, and that by distinguishing Wyatt's methods of translation and imitation from one another, we allow ourselves a new and fruitful way of reading and understanding his poems, and his poetics; including how he heard and responded to Petrarch's soundscape. As far as Wyatt was concerned, Petrarch came with commentary included, which means that certain features of earlier scholarship that imagined an unmediated meeting of minds between Petrarch and Wyatt across the centuries require correction, as such a meeting is dependent upon Wyatt having used the Aldine edition, which the evidence of his poems repeatedly disproves. Ultimately, Vellutello's divestment of Petrarch's allegories, and his insistence upon a biographical navigation, programmed into his commentary, whereby the poet's life might be revealed through his poems, had a lasting impact not only upon Wyatt but also upon the generations of critics who have sought to locate Wyatt in his verse, attempting to follow him *from thowght to thowght*, but without the benefit of a map.

Notes to Chapter 9

1. Patricia Thomson, 'Wyatt and the Petrarchan Commentators', *Review of English Studies*, NS, 10.39 (1959), 225–33. Cathy Shrank returned to the topic in her 2007 British Academy Chatterton Lecture, agreeing that 'Wyatt was almost certainly using Vellutello's edition of Petrarch's poems, which reorders the poems', although her focus was not primarily on the commentators. See '"But I, that knew what harbred in that hed": Sir Thomas Wyatt and his Posthumous "Interpreters", *Proceedings of the British Academy*, 154 (2008), 375–401 (p. 375). I will return to Shrank's lecture shortly. William Kennedy's *Authorizing Petrarch* (Ithaca, NY: Cornell University Press, 1994) discusses Vellutello, but not Wyatt. I myself have written elsewhere on the topic, but within a different context: see William T. Rossiter, *Wyatt Abroad: Tudor Diplomacy and the Translation of Power* (Woodbridge: Brewer, 2014), pp. 96–99, 103ff.
2. On this point I collegially diverge from Shrank's reading, as she argues that Wyatt 'plucks individual sonnets out of Vellutello's carefully arranged and interwoven sequence' ('"But I, that knew what harbred in that hed", p. 394), whereas I argue for Wyatt's careful use of that interwoven rearrangement. I agree with Shrank that Vellutello's biographical ordering of Petrarch's sequence is an important factor in Wyatt's own suggestive play: '[Petrarch's] poetry was being read as a narrative of his own life. Wyatt's poems play on this. Translating Petrarch, he is engaging with what had become a biographical tradition' (ibid.).
3. On Petrarch's autograph MS see Stefano Zamponi, *Rerum vulgarium fragmenta: Codice Vat. lat.*

3195. *Commentario all'edizione in facsimile*, ed. by Gino Belloni, Furio Brugnolo, H. Wayne Storey, and Stefano Zamponi (Rome and Padua: Editrice Antenore, 2004), pp. 13–72. On Wyatt's Egerton MS, see Jason Powell's superlative edition of Wyatt's *Prose* in *The Complete Works of Sir Thomas Wyatt the Elder*, 1 (Oxford: Oxford University Press, 2016), pp. 343–44, and his article 'Thomas Wyatt's Poetry in Embassy: Egerton 2711 and the Production of Literary Manuscripts Abroad', *Huntington Library Quarterly*, 67.2 (2004), 261–82. For the Aldine edition, overseen by Bembo, see *Le cose volgari di messer Francesco Petrarcha* (Venice: Aldus Manutius, 1501). I will also make reference to the 1519 reprint of the 1507 variorum edition, which included the combined commentaries of Antonio da Tempo, Francesco Filelfo and Girolamo Squarzafico. See *Li sonetti canzoni triumphi del Petrarcha con li soi commenti non senza grandissima evigilantia et summa diligentia correpti et in loro primaria integrita et origine restituti in littera cursiva studiosissimamente impressi* (Venice: Gregorio de Gregorii, 1519).

4. There is a form of parodic referencing that comes under the remit of imitation, best exemplified by those poems of Gaspara Stampa that open upon Petrarchan lines or phrases and operate in sustained dialogue with their models. Yet this is not what Wyatt is doing in his imitations, even though he found a similar model in the *strambotti* of Serafino Aquilano. Wyatt follows Petrarch's rules, detailed below. The nature of Stampa's dialogic imitations is determined by their musical settings. Stampa was a virtuosa, performing her poems in Venetian salons. Her opening lines, such as 'Voi ch'ascoltate in queste meste rime' have the effect of allowing her audience to think initially that they are hearing a setting of one of Petrarch's sonnets (one might compare Sigismondo d'India's setting of *Rvf* 1), only for the poem to turn away, into itself. I have discussed Wyatt's practice of this in *Wyatt Abroad*, pp. 13–17.

5. In the 1525 edition, I have followed the printer's signature marks, not Vellutello's page numbering (*chartae*), for accuracy. I have included Petrarch's sonnets as they appear in Vellutello, not in accordance with modern editions. However, when referring to specific poems I do so in accordance with their standard numeration (as in this example, *Rvf* 190). Vaucluse in the North and Avignon in the south are the map's two key coordinates, and have a similar positioning relative to one another as the earthly and heavenly Jerusalems in the *mappaemundi*.

6. In his introductory section on Petrarch's life and habits ('Vita et costumi del poeta', sigs. AA6^v–BB2^r), largely but not entirely based on Petrarch's *Epistola posteritati* (*Seniles* XVIII.1), Vellutello notes that Petrarch's father, Ser Petracco, upon realizing his son's keen intellect, see *Le volgari opere*, sig. AA8^r: 'lo mandò a Carpentras, piccola città e quattro leghe ad Auignone distante, doue grammatica, dialetica et rettorica imparò' ('sent him to Carpentras, a little town four leagues away from Avignon, where he learned grammar, dialectic and rhetoric'). The letter to posterity is titled in accordance with the commentary tradition in the 1581 *Opera omnia*: 'De origine, vita, conversatione, et studiorum suorum successu, ipsiusmet autoris Epistola. Fran. Petrarcha. Posteritati S.' (sig. ††1^r). It is also separated from the rest of the *Seniles*, which it was written to conclude, instead appearing at the outset of the volume, reinforcing Vellutello's earlier paratextual use of the letter. See Karl Enenkel, 'A Critical Edition of Petrarch's *Epistola Posteritati* with an English Translation', in *Modelling the Individual: Biography and Portrait in the Renaissance, with a Critical Edition of Petrarch's Letter to Posterity*, ed. by Karl Enenkel, Betsy de Jong-Crane and Peter Liebregis (Amsterdam: Rodopi, 1998), pp. 243–82 (p. 254).

7. Vellutello, *Le volgari opere*, sigs. T5^v–T6^r. As well as the extended account provided in the paratext ('Origine di Madonna Laura con la discrittione di Valclusa et del luogo ove il poeta di lei a principio s'innamoro', sigs. BB2^r–A1^r), Vellutello frequently confirms references to the Sorgue (Sorga) and Rhône (Rodano). See, for example, his commentary upon 'Mille piagge in un giorno' (*Rvf* 177; sig. 5^{rv}); 'Chiare fresche & dolce acque' (*Rvf* 126; sig. F6^r–F7^v); and 'Laura gentil' (*Rvf* 194; sig. M2^r) for the Sorgue; 'Rapido fiume' (*Rvf* 208; sig. C4^v); 'Quanto piu desiose' (*Rvf* 139; sigs. Z1^v–Z2^r); and 'Nel dolce tempo' (*Rvf* 23; sigs. M7^r–N3^v) for the Rhône, among many others.

8. For the *Itinerarium*, see Theodore J. Cachey Jr, *Petrarch's Guide to the Holy Land: Itinerary to the Sepulcher of Our Lord Jesus Christ* (Notre Dame, IN: University of Notre Dame Press, 2002). The letter to Mandelli was printed separately as the *Itinerarium Syriacum* in the sixteenth-century *Opera omnia*. For the letter to Colonna (*Fam.* VI.2) see Francesco Petrarca, *Letters on Familiar*

Matters (Rerum familiarium libri), I: *Books I–VIII*, ed. and trans. Aldo S. Bernardo (Baltimore, MA: Johns Hopkins University Press, 1975), pp. 290–95. Thomas Greene directly compares the anonymous *Mirabilia* with Petrarch's letter to Colonna to illustrate a shift in the cultural imagination, saying of the former that '[its] mingling of Christian miracles and topographical errors betokens an incapacity or unwillingness to perceive the passage of history'. See Thomas M. Greene, *The Light in Troy: Imitation and Discovery in Renaissance Poetry* (New Haven: Yale University Press, 1982), pp. 90–91.

9. Petrarch, *Sen.* XVII.2 in Francesco Petrarca, *Letters of Old Age (Rerum senilium libri)*, II: *Books X–XVIII*, ed. and trans. Aldo S. Bernardo, Saul Levin and Reta A. Bernardo (Baltimore, MA: Johns Hopkins University Press, 1992), p. 653. For the original Latin, see Petrarch, *Opera omnia* (Basle, 1581), p. 968 (the letter is listed there as *Sen.* XVI.2).

10. Vellutello, *Le volgari opere*, sig. 6^{rv}.

11. Ibid., sig. AA7^v. I have translated *inuestigato* as *discovered* on the basis of Florio's 1611 definition of *inuestigare*: 'to discouer by steps or prints of the foot'. See John Florio, *Queen Anna's New World of Words, or Dictionarie of the Italian and English tongues* (London: W. Stansby for Edward Blunt and William Barret, 1611).

12. Vellutello refers to 'Messer Pietro Bembo nella sua uolgar grammatica nouamente data ad imprimere' [Messer Pietro Bembo in his vernacular grammar recently sent to be printed] on the one hand, and 'Aldo Romano, che ultimamente in lettera corsiua fece la presente opera stampare' [Aldo the Roman who most recently had the current work printed in italic type] on the other; see *Le volgari opere*, sig. AA6^{rv}.

13. The full passage in Vellutello, *Le volgari opere*, sig. AA6^r: 'quanto il picciolo acume del mio debile ingegno ha potuto in quello uedere, i loro nascosti allegorici sentimenti inuestigare [...] sapendo, che de l'arte, figure et rettorici colori, lo eccellentissimo Messer Pietro Bembo, nella sua uolgar grammatica, nouamente data ad imprimere, ne ha [...] trattato.' as much as the little light of my weak intelligence has been able to see, I have investigated their hidden allegorical senses [...] aware that the most excellent Messer Pietro Bembo had dealt with artistry, figures of speech and rhetorical colours in his vernacular grammar that has recently been published in print.

14. 'Ma del tutto fuori d'ogni ragione deura parere a coloro, che nel primo ordine, a lor modo interpretando, credono hauere alcuna continuatione trouato, Et tanto maggiormente, per essere da Aldo Romano, che ultimamente in lettera corsiua fece la presente opera stampare affermato, lui hauerla dal proprio originale et scritto di mano del poeta cauata, adducendo il testimonio dello eccellentissimo Messer Pietro Bembo.' (sig. AA6^v) However it [Vellutello's own ordering] must seem entirely without reason to those that believe they have found a sequence in the first order proposed, interpreting it in their own way. And this must seem all the more to them so on account of the fact that Aldus Manutius, who most recently had the present work printed in italic type, affirmed — with the support of the most excellent Messer Pietro Bembo — that his text was taken from the very original written by the hand of Petrarch the poet. Vellutello is responding to Aldo's appendix to the readers in *Le cose volgari di messer Francesco Petrarcha* (Venice: Manutius, 1501), in which he confirms that Petrarch's autograph, which he left in fair copy for future readers, was the exemplar for the edition (sig. Biii^r).

15. See Vellutello, *Le volgari opere*, sig. AA6^v: 'Ma se io per euidentissime ragione prouero, in esso ordine non essere ordine alcuno, ragioneuolmente mi si concedera non esser uero che Aldo nell'originale del Poeta habbia questa opera cauato' ('But if I will be able to prove with most evident reasoning that in this order there is no order to be found, then reasonably one will concede me the point that it is not true that Aldo has taken his work from the original of the poet himself').

16. Vellutello, *Le volgari opere*, sig. AA7^v: 'noi tegniamo per cosa certa, che dal poeta non ne sia stato lassato originale ordinato' ('we hold it to be certain that the poet did not issue an ordered original copy').

17. See Kennedy, *Authorizing Petrarch*, pp. 45–52 (p. 46), and Gino Belloni, *Laura tra Petrarca e Bembo: Studi sul commento umanistico-rinascimentale al 'Canzoniere'* (Padua: Antenore, 1992), pp. 71–79.

18. See 'Aldo a gli lettori': 'Petrarcha medesimo [...] di sua mano cosi ha lasciato alle genti, che doppo lui haueuano a uenire, in testo diligentissimamente da esso scritto in buona charta [...]

e dalquale questa forma a lettra per lettra è levato.' (sig. Biii^r) Petrarch himself [...] in his own hand has in this way left to posterity, to those that the will come after him, a text that is mostly diligently written by him on fine parchment ... and from this text this form — letter by letter — has been taken.

19. Vellutello, *Le volgari opere*, sig. AA6^v.
20. Thomson, 'Wyatt and the Petrarchan Commentators', p. 228; cf. Shrank, 'Wyatt and His Posthumous "Interpreters"', pp. 392–94.
21. BL MS Egerton 2711, fol. 70^r (full stop missing in original manuscript). The poem is in Hand B of Egerton, which is Wyatt's own.
22. BL MS Egerton 2711, fol. 69^r. I have not included corrections and abbreviations. For a complete transcription, see Chris Stamatakis, *Sir Thomas Wyatt and the Rhetoric of Rewriting: 'Turning the word'* (Oxford: Oxford University Press, 2012), pp. 60–61.
23. Vellutello, *Le volgari opere*, sig. L5^{rv}.
24. I provide a full discussion of this poem below.
25. *Rvf* 140 is translated as 'The longe love, that in my thought doeth harbar' (IV), while the opening lines of *Rvf* 147 appear in Wyatt's translation of Petrarch's *Rvf* 98 ('Orso, al vostro destrier si pò ben porre'), 'Though I my self be bridilled of my mynde' (XVII). On Wyatt's use of *Rvf* 147 within this translation, see Sergio Baldi, *La Poesia di Sir Thomas Wyatt* (Florence: Le Monnier, 1953), p. 222.
26. Vellutello, *Le volgari opere*, sig. F1^r.
27. Reed Way Dasenbrock, 'Wyatt's Transformations of Petrarch', *Comparative Literature*, 40.2 (1988), 122–33 (pp. 125–26).
28. Michael Holahan, 'Wyatt, the Heart's Forest, and the Ancient Savings', *English Literary Renaissance*, 23.1 (1993), 46–80 (p. 58).
29. Donald L. Guss, 'Wyatt's Petrarchism: An Instance of Creative Imitation in the Renaissance', *Huntington Library Quarterly*, 29.1 (1965), 1–15 (p. 3, n. 7). This is an older study, but my point is exactly that this lack of distinction between the two processes, as Wyatt uses them, has not since been corrected.
30. In fact, Ascham notes that '[t]here be six wayes appointed by the best learned men, for the learning of tonges, and encrease of eloquence, as 1. Translatio linguarum. 2. Paraphrasis. 3. Metaphrasis. 4. Epitome. 5. Imitatio. 6. Declamatio. [...] The fiue last, be fitter, for the Master, than the scholer: for men, than for children: for the vniuersities, rather than for Grammer scholes.' See Roger Ascham, *The Scholemaster* (London: Iohn Daye, 1570), sig. L1^{rv}.
31. Ascham, *The Scholemaster*, sigs. Liii^{rv}.
32. Ibid., Diii^r, Pii^v.
33. *The Arte of English Poesie* (London: Richard Field, 1589), sigs. H4^v–I1^r.
34. Ibid., sig. I1^v.
35. Sir John Harington, *Orlando furioso in English heroical verse* (London: Richard Field,1591), sig. ¶viii^r.
36. Ibid., sig. ¶iii^r.
37. Vellutello, *Le volgari opere*, sig, T5^v.
38. This plainness includes a rejection of Platonist Petrarchism, a rejection Wyatt shares with (and inherits from?) Vellutello. See Kennedy, *Authorizing Petrarch*, p. 47, and Patricia Thomson, *Sir Thomas Wyatt and His Background* (London: Routledge and Kegan Paul, 1964), p. 148.
39. Arundel, Arundel Castle, Harington MS Temp. Eliz., fol. 60^v.
40. *Songes and Sonettes, written by the right honourable Lorde Henry Howard, late Earle of Surrey, and Other* (London: Richard Tottel, 1557), sig. Ki^v.
41. Vellutello, *Le volgari opere*, sig. Q5^r: 'Per l'esser rotta l'alta colonna, il Poe. nel presente so. intendiamo che uolesse la morte del Signore Stephane Colonna, il Giouane, significare laqual segui poco tempo dopo quella do M.L' ('By the high column being broken we understand that the poet in the present sonnet wanted to signify the death of Lord Stefano Colonna the younger which happened a little after the death of Madonna Laura').
42. We find the correct Colonna in the 1519 edition, in the commentary of Girolamo Squarzafico, who refers to the death of Cardinal Colonna: 'Messer Francesco in questo sonetto .ccxxx. si

dole di la morte di monsignore il cardinale di colonna e di la morte di la sua madonna Laura' ('Messer Francesco in this sonnet, number 230, expresses his pain at the death of Monsignor Cardinal Colonna and at the death of his lady Laura') (sig. Qiiii^v).

43. To evidence this approach one might compare the commentary on 'Orso, al vostro destrier si pò ben porre' (*Rvf* 98) by Francesco Filelfo in the 1519 edition with Vellutello. Filelfo provides a lengthy (erroneous) political context to the tournament supposedly referred to in the poem, focussing on Florentine–Milanese tensions, reinforcing again Filelfo's own Visconti bias (sig. Iv^v). Vellutello notes that the *destrier* is an allegory of Orso's desire (sig. Aa3^r). Rosanna Bettarini notes that 'words such as *destriere* [...], *campo* and *arme*, have led commentators to imagine a specific combat of the Colonna, [Orso's] kin, or rather a joust or tournament, which Orso for some reason could not attend'. See *Canzoniere: Rerum vulgarium fragmenta*, ed. Rosanna Bettarini, 2 vols (Turin: Einaudi, 2005), I, 462.
44. Rita Copeland, 'Rhetoric and Vernacular Translation in the Middle Ages', *Studies in the Age of Chaucer*, 9 (1987), 41–75 (pp. 51–68).
45. Vellutello, *Le volgari opere*, sig. R3^v; Henry Howard, Earl of Surrey, *Poems*, ed. Emrys Jones (Oxford: Clarendon Press, 1964), p. 2.
46. Vellutello, *Le volgari opere*, sig. R3^v.
47. *General Prologue*, I.1, in *The Riverside Chaucer*, gen. ed. Larry D. Benson (Oxford: Oxford University Press, 1988), p. 23.
48. The song, also known as the Cuckoo song, is in BL MS Harley 978, fol. 11^v.
49. *The Principal Rules of the Italian Grammer, with a dictionarie for the better understanding of Boccacce, Petrarcha and Dante: gathered into this tongue by William Thomas* (London: Thomas Berthelet, 1550), sigs. Hhiiir, Divv.
50. Greene, *Light in Troy*, p. 256.
51. When he was accused of being 'papyshe' in 1541, Wyatt, somewhat glibly, wrote in his *Defence* that 'I thynke I shulde have more adoe with a great sorte in Inglande to purge my selffe of suspect of a Lvtherane then a papyst'. See 'Wyatt's *Defence*', in *The Complete Works of Sir Thomas Wyatt the Elder*, 1: *Prose*, ed. by Jason Powell (Oxford: Oxford University Press, 2016), p. 307. This glibness of course is designed to render both possibilities risible. Wyatt drew on Luther's *Enarratio psalmorum LI* (Strasbourg: C. Mylius, 1538) when composing his own Penitential Psalms, but he also drew on the commentary of the Catholic Bishop Fisher (see below). I have discussed this elsewhere: see 'What Wyatt really did to Aretino's *Sette Salmi*', *Renaissance Studies*, 29.4 (2015), 595–614.
52. I have addressed the issue of Wyatt's supposed Protestant Poetics, and its critical lineage from H. A. Mason to Stephen Greenblatt and R. A. Rebholz, and the question of confessional identities, in the '*Sette Salmi*' article. See also my *Wyatt Abroad: Tudor Diplomacy and the Translation of Power* (Woodbridge: Brewer, 2014), p. 156.
53. See Rossiter, *Wyatt Abroad*, pp. 152–97.
54. See Jason Powell, 'Thomas Wyatt's Poetry in Embassy: Egerton 2711 and the Production of Literary Manuscripts Abroad', *Huntington Library Quarterly*, 67 (2004), 261–82.
55. See n. 50, above.
56. *Fam.* XXIII.19, in *Le Familiari di Francesco Petrarca*, ed. by Umberto Bosco and Vittorio Rossi, 4 vols (Florence: Sansoni, 1933–42), IV, 206, and *Rerum familiarium libri: XVII–XXIV*, ed. by Aldo S. Bernardo (Baltimore, MA: Johns Hopkins, 1985), pp. 301–02. There is a superabundance of well-known material on the principles and practices of Renaissance *imitatio*, far too much even to skim the surface here. Among the *loci classici* Greene has already been referenced, and see also Martin McLaughlin's *Literary Imitation in the Italian Renaissance: The Theory and Practice of Literary Imitation in Italy from Dante to Bembo* (Oxford: Clarendon Press, 1995) remains indispensable. McLaughlin has recently edited, together with Colin Burrow, Stephen Harrison, and Elisabetta Tarantino, *Imitative Series and Clusters from Classical to Early Modern Literature* (Berlin: De Gruyter, 2020), which updates a number of the critical perspectives on early modern imitation.
57. Influential discussions of 'Who so list' include Stephen Greenblatt, *Renaissance Self-Fashioning: From More to Shakespeare* (Chicago: University of Chicago Press, 1980), pp. 145–50, 152–53; Alastair Fox, *Politics and Literature in the Reigns of Henry VII and Henry VIII* (Oxford: Blackwell,

1989), pp. 262–64; Seth Lerer, *Courtly Letters in the Age of Henry VIII: Literary Culture and the Arts of Deceit* (Cambridge: Cambridge University Press, 1997), pp. 106–07; and Elizabeth Heale, *Wyatt, Surrey and Early Tudor Poetry* (London: Longman, 1998), pp. 56–57.

58. It must be noted that the Latin phrase can also be found in the 1519 edition in the commentary of the pseudo-Antonio da Tempo (sig. N7^v). I raise the possibility below that Wyatt read this edition before Vellutello's edition.

59. For a classic example of this kind of analysis see Paolo Trovato's *Dante in Petrarca: per un inventario dei dantismi nei 'Rerum vulgarium fragmenta'* (Florence: Olschki, 1979).

60. Wyatt's line 'The vayne travail hath weried me so sore' also casts an eye at Vellutello's paraphrase: 'stanco da gli amorosi affanni' ('tired from amorous strivings'), in Vellutello, *Le volgari opere*, sig. C6^r.

61. Vellutello's commentary to *Rvf* 55, which is a madrigal, begins with a reference to the preceding poem, *Rvf* 82, 'Io non fu' d'amar voi lassato unquancho', which Wyatt translated as 'Was I never yet of your love greved' (BL MS Egerton 2711, fol. 11^r). It might have been that Wyatt found *Rvf* 82 more congenial, as *Rvf* 55 does not lend itself readily to adaptation as a sonnet or *strambotto*, which were Wyatt's favoured forms. Wyatt's translation of *Rvf* 82 is far more faithful to its source than his treatment of *Rvf* 55. D. G. Rees, addressing the earlier critical consensus that Wyatt's second quatrain is less faithful, noted that: 'The interpretation of the second quatrain as one of defiance is not only legitimate but is the natural one in the context of the whole sonnet, and it is this reading which predominates in Italian commentaries on the *Canzoniere*. [...] Vellutello (Wyatt's contemporary) says that in this quatrain the poet is 'giving her to understand that he was not so much overcome by the passion of love as to be unable to live'.' See D. G. Rees, 'Wyatt and Petrarch', *Modern Language Review*, 52.3 (1957), 389–91 (p. 390). Rees does not confirm Wyatt was using Vellutello. Rather Vellutello is cited as an analogous contemporary reader of Petrarch. Mario Domenichelli, following Muir and Thompson, argues that 'Petrarch's *Quel foco ch'i' pensai che fosse spento* (*Rvf* 55) [is] translated with clearly personal references into *Some tyme I fled that fyre that me brent* (much in Serafino Aquilano's manner)'. See Mario Domenichelli, 'Wyatt's "translation" of Petrarch's "Una candida cerva"', *Italique: Poésie italienne de la Renaissance*, XV (2012), 1–11 (p. 10; original emphasis), https://doi.org/10.4000/italique.354 [accessed 31 January 2021]. Serafino's manner is akin to that of Stampa detailed above, whereby the model is referenced in the opening line only for the secondary poem then to turn away from it.

62. Vellutello, *Le volgari opere*, sig. AA6^r. Petrarch famously complained to Boccaccio in *Sen*. V.2 that the street-singers (*canterini*) had taken his songs.

63. *Rvf* 55, by comparison, has no such scheme. Its opening line ends in 'spento' but it is immediately followed by a couplet, rhyming 'fresca / rinfresca'. Following this initial tercet (*abb*) the poem shifts to two stanzas rhyming cdcddbb / efeffbb, or rhyme royal (ababbcc).

64. I have addressed the historical evidence for this claim in *Wyatt Abroad*, pp. 85–87.

65. 'L'ultima cosa a che sempre i miseri amanti pensano, è quella allaquale prima dourebbono pensare, cio è, che dalle loro amate che possino essere beffati' ('The last thing about which miserable lovers wlasys thing is that which they should think about first, namely, that they might be mocked by their loved ones') (sig. H8^v).

66. See *The Poems of Sir Thomas Wiat: Edited from the MSS. and early editions*, ed. by A. K. Foxwell, 2 vols (London: University of London Press, 1913), II, 64.

67. [See Appendix for a list of Wyatt's translations from Petrarch, their original/modern numbering, their position in Vellutello, and the cross-references made by Vellutello in commentary to each poem.]

68. A great deal of ink has been spilt on this topic. See (in chronological order) Frederick Morgan Padelford, 'The Scansion of Wyatt's Early Sonnets', *Studies in Philology*, 20 (1923), 137–52; D. W. Harding, 'The Rhythmical Intention in Wyatt's Poetry', *Scrutiny*, 14 (1946), 90–102; Alan Swallow, 'The Pentameter Lines in Skelton and Wyatt', *Modern Philology*, 48 (1950), 1–11; Robert O. Evans, 'Some Aspects of Wyatt's Metrical Technique', *Journal of English and Germanic Philology*, 53.2 (1954), 197–213; Elias Schwartz, 'The Meter of Some Poems of Wyatt', *Studies in Philology*, 40 (1963), 155–65; Robert B. Ogle, 'Wyatt and Petrarch: A Puzzle in Prosody', *Journal of*

English and Germanic Philology, 73.2 (1974), 189–208; Joost Daalder, 'Wyatt's Prosody Revisited', *Language and Style*, 10 (1977), 3–15; Ingeborg Heine, 'The metrical intentions of Wyatt's sonnets "Who so List to Hount", "I Fynde no Peace", and "The Longe Love"', *Kwartalnik Neofilologiczny*, 25 (1978), 407–20; George T. Wright, 'Wyatt's Decasyllabic Line', *Studies in Philology*, 82 (1985), 129–56.

69. 'The hendecasyllable (*endecasillabo*) is, by all standards, the most excellent of meters; it is determined not by the number of syllables in the line, which would normally be eleven, but by the occurrence of the major stress (') on the tenth syllable, and the secondary stress (') on either the fourth syllable (*endecasillabo a minore*) or the sixth syllable (*endecasillabo a maiore*).' ('Italian Prosody' in *Medieval Italy: An Encyclopedia*, ed. Christopher Kleinhenz (New York: Routledge, 2004), p. 558.) This model is frequently consistent with Wyatt's 'unmetrical' or extrametrical lines, which are also affected by their potential musical settings.

70. Wyatt's verse tends to be edited into modern English forms, whereas a number of Chaucerian metrical practices (such as selective sonant -e) are occasionally present in his verse. For this reason, I have used Muir and Thompson's edition, which includes original spelling, correcting minor errors via BL MS Egerton 2711.

71. 'Florentines had been bringing books into London since the beginning of printing'. See Susan Brigden, 'Wyatt among the Florentines', *English Historical Review*, 134.571 (2019), 1405–39 (p. 1421).

72. See ibid., p. 1408. This seems more likely than the account of Wyatt's courtly *sprezzatura*: 'Travelling down the Thames, he met Sir John Russell who told him that he was sent to Rome. "I … if you please, wil aske leave, get mony and goe with you", said Wyatt. "No man more welcome", Russell replied' (quoted in Brigden, p. 1410).

73. Wyatt first appears in the Florentine company ledgers in November 1524, when he purchased expensively fashionable black silk. Brigden, 'Wyatt among the Florentines', p. 1424.

74. Ibid., pp. 1420–21.

75. On Zuan Piero, or John Peter de Bustis, see Ivy L. Mumford, 'The identity of "Zuan Piero"', *Renaissance News*, 11.3 (1958), 179–83.

76. See Ivy L. Mumford, 'Musical Settings to the Poems of Sir Thomas Wyatt', *Music and Letters*, 37.4 (1956), 315–22 (p. 319). The Folger MS is available at: https://luna.folger.edu/luna/servlet/slideshow/group/2503. For more recent accounts of lute-settings and aurality, see Graham Freeman, 'The Transmission of Lute Music and the Culture of Aurality in Early Modern England', in *Beyond Boundaries: Rethinking Music Circulation in Early Modern England*, ed. by Linda Phyllis Austern, Candace Bailey, and Amanda Eubanks Winkler (Bloomington and Indianapolis: Indiana University Press, 2017), pp. 42–53; on the manuscript tradition, see Matthew Spring, *The Lute in Britain: A History of the Instrument and its Music* (Oxford: Oxford University Press, 2001) and Julia Craig-McFeely's unpublished PhD thesis, 'English Lute Manuscripts and Scribes, 1530–1630' (University of Oxford, 2000).

77. Mumford, 'Musical Settings', pp. 319–20.

78. Ibid., p. 320.

79. *LP*, X.798. Kenneth Muir provides an expanded version, having filled in the lacunae, in *Life and Letters of Sir Thomas Wyatt* (Liverpool: Liverpool University Press, 1963), pp. 29–30: 'Soon afterwards she asked Lady Kingston whether the prisoners [who included Wyatt] had anybody to make their beds for them. 'Nay, I warrant you,' she replied. 'They might make balettes well now,' said Anne, quibbling on pallets [mattresses] and ballets [ballads], 'but there is none but Rochford that can do it.' 'Yes,' rejoined Lady Kingston, 'Master Wyatt.' 'By my faith,' said Anne, 'thou hast said true'.'

80. 'Blame not my lute' is not the only example. 'A Robyn, joly Robyn' was set to music by William Cornyshe, but it is possible the version of that poem that we find in Egerton (fol. 37^v) postdates the setting, as Cornyshe d. 1523. The musical setting of 'Heven and erth' is found in BL Royal Appendix MS 58, ff. 52, 55^v. The MS can be accessed at: http://www.bl.uk/manuscripts/FullDisplay.aspx?ref=Royal_Appendix_MS_58.

81. The third cluster we cannot really claim as such given the dispersal of the poems over five leaves.

82. Powell, 'Thomas Wyatt's Poetry in Embassy'.

CHAPTER 10

Visual Exegesis of the *Fragmenta*: Book Illustrations and Emblematic Invention

Andrea Torre

> I read books about photography, imitated as best I could the kind of photographs I saw in *Life* and other magazines. I believe I was interested in being present at the moment when truth revealed itself, a moment which one half discovered but also half created.
>
> — J. M. COETZEE, *Remembering Photography*

The visual elements that can be found in manuscripts and printed copies of the *Fragmenta* have fundamental semantic and hermeneutic functions. They mark the key points of the structure of the book (especially its division into 'Rime in vita' and 'Rime in morte'), thus facilitating its understanding and indicating possible reading paths. They also offer a portrait of the author who is engaged in the act of creation by drawing on the main variants of that genre, namely, the poet as an inspired lover, the knowledgeable humanist at his desk, and the melancholic lover. They sometimes also draw attention to the intertextual allusions that can be found in the text (such as those which constitute its fundamental Ovidian subtext) and emphasize its most intense imagery.[1] From that point of view, *fragmenta* such as the poem 'of visions' (*Rvf* 323) and that 'of metamorphosis' (*Rvf* 23) are the chosen subjects of the *inventio* of images in that they both develop in a more extensive and detailed way the main clusters of imagery of the collection (namely the funeral metaphor of memory and the metamorphic power of love) and explicitly treat the notion and the experience of vision as the motives and mechanisms of Petrarch's poetry. Most of these illustrations are placed either at the beginning of Petrarch's book or right above the first lines of the *fragmenta* that are most replete with imagery, thus acting as an iconographic threshold which guides the reading of the text and offers a graphic layout which is conventionally considered appropriate to the literary genre to which the work belongs. Yet, there are also a few much more complex cases in which the image is not merely placed at the beginning of the text but also follows its development in the form of a precise comment in the margins.

The most famous and complex example of a complete illustration of the text of the *Canzoniere* (and simultaneously also of the *Triumphi*) appears in the last decade of the fifteenth century in a copy of the incunabulum printed by Vindelin da Spira in Venice in 1470, and preserved in the Queriniana library in Brescia. Its author is the Venetian writer and artist Antonio Grifo,[2] who was particularly active at the Sforza Court in Milan and was also the author of the illustrations of a copy of Dante's *Comedy* printed in Venice by Pietro de Piasi in 1491, and now preserved in the Casa di Dante in Rome.[3] In both incunabula, a plethora of textual annotations and visual glosses renders Petrarch's and Dante's volumes unique, thus challenging the standardization and uniformity typical of printed texts. By looking at the drawings which appear in the two volumes it is possible to discern different levels of interaction ('inter-expressivity') between the codes, which offer either a plain visual translation of the poetic material, or a more or less original interpretation of it, or else a less impartial rewriting in emblematic form. The mere comparison of the first pages of the incunabulum of the *Canzoniere* with that of the *Comedy* may be enough to prove that they were written by the same author, even without trying to decode the symbolic annotations (such as the images of a griffin which appear in the margins of both incunabula)[4] or offering a stylistic analysis which would place the two sets of illustrations 'within the tradition of Lombard miniature painting, which was characterised by a meticulous attention to details and by a naturalistic representation of plants and animals, typical of illustrated books and notebooks'.[5]

Following a 'rather old-fashioned and post-Mantegnesque' convention of 'Venetian miniature painting',[6] on the opening page of the Venetian incunabulum (fol. 1^r), the text is written on a parchment painted as a *trompe l'oeil* and illusively perceived as standing out against a naturalistic background, which occupies the rest of the page.[7] It is particularly important to note that the same kind of visual conceits are linked not only with Petrarch's writing, but also with Grifo's textual glosses, as if the latter were a sort of authorial interpretation of the text, one which is simultaneously iconographic and textual, and which plays a subordinate and subsidiary but equally significant role in relation to the poetic text. It is thus no coincidence that the parchments are represented as being affixed to marble slabs, which hang from a laurel tree: that is indeed a rather explicit allusion to the origin and the aim that the poems in the *Canzoniere* and Grifo's verbo-visual comment have in common (namely Laura and Petrarch's lyric poetry, and poetic glory and recognition as an *interpres* respectively). A similar image also appears in *Triumphi* at fol. 119^r of the *Incunabulo Queriniano*: a marble slab rests on two supports and it seems to be hiding the nearly endless sequence of faces that appear in the six triumphal processions.[8]

Throughout the volume, Grifo appears to be extremely aware of the specificities of the text that he illustrates, and to be skilled at selecting from the text the verbal images that could be best translated into a visual gloss. That expertise also combines with his awareness of the hermeneutic value of his work, as is indicated by his extremely accurate use of iconographic elements that have an intrinsic metatextual value. An example is offered by the semantic device of the window, which Grifo repeatedly employs in the *Incunabulo Queriniano* in order to solve the problem of how to represent Laura and her condition as an obsessive interior image.⁹ As is often the case, Grifo, who is a perceptive reader of poetry, manages to identify the most effective graphic representation within the text itself. A relevant example is the single long sentence which constitutes *fragmentum* 100, in which the gaze of the lyric 'I' goes through Laura's window and then shifts to a mental vision that brings back to the poet-lover memories of the object of his desire:

> Quella fenestra ove l'un sol si vede,
> quando a lui piace, e l'altro in su la nona;
> e quella dove l'aere freddo suona
> ne' brevi giorni, quando borrea 'l fiede;
>
> e 'l sasso, ove a gran dí pensosa siede
> madonna, e sola seco si ragiona,
> con quanti luoghi sua bella persona
> coprí mai d'ombra, o disegnò col piede;
>
> e 'l fiero passo ove m'agiunse Amore;
> e la nova stagion che d'anno in anno
> mi rinfresca in quel dí l'antiche piaghe;
>
> e 'l volto, e le parole che mi stanno
> altamente confitte in mezzo 'l core,
> fanno le luci mie di pianger vaghe.

[That window where one sun can be seen whenever it pleases her and the other at noon, and that window where the cold air rattles in the short days when Boreas strikes it,

and the stone where, when the days are long, my lady sits thoughtful and converses alone with herself, with however many places her lovely body ever covered with its shadow or marked with a foot,

and the cruel pass where Love struck me, and the new season that year by year renews on that day my ancient wounds,

and the face and the words that are fixed deep in my heart — these make my eyes desire to weep.]¹⁰

In the margin of the *Incunabulo Queriniano* (fol. 36ʳ), the list of the things seen by Laura is conveyed in a concise but literal form through the emphasis placed on the guiding image of the window, which appears in the first stanzas of the text, where two windows are mentioned, one which contains Laura and the sun (symbolized by a green laurel branch which is set against a naturalistic background), and the other which is deprived of them (the branch is lifeless and it emerges from a dark background).¹¹ The memorial function of this *fragmentum* — that is to say, its implicit semantic content, which has been brilliantly investigated by Sabrina Stroppa¹² — appears to have been grasped by Grifo who, following Petrarch in his visual *quête* for Laura, combines three possible readings of the window, which could allude to the awareness of a physical absence, the perception of a symbolic absence, and the act of meditating on a mental image, on a memorial *imago*.¹³ Grifo thus successfully employs an iconographic detail (the window) that was traditionally considered a metaphoric image of the notions of representation and vision because of its ability to 'frame' the world, a sort of '"autobiographic confession" of the image', to borrow Victor Stoichita's useful definition.[14] While poetry cannot fully describe the complexity of the *visio* of Laura, the illustrator successfully gives a realistic visual depiction of a metaphor that is in itself the sign of an experience of representation that can hardly be expressed through words.

Another visual device which Grifo employs to guide the reader's interpretation of some *fragmenta*, and to emphasize the meaning of intertextual allusions within the *Canzoniere*, is the mirror. That object appears frequently in Petrarch's lyric poetry and it is generally a metaphor or a metonymy that represents the beloved woman as an object of desire which is nothing but a self-referential, distant and unattainable presence. If you reach her, she disappears and leaves the desiring subject to gaze at himself in his solitude. This is exactly the scene described in the famous diptych of *fragmenta* 45 and 46, in which Petrarch, building on the Ovidian idea that gazing at themselves in the mirror makes women cruel (*Amores* II.17), chooses the mirror as the true representational correlative to indicate Laura's identity within the relational contexts that shape the entire collection of poems. The mirror represents Laura's visual nature (the woman is indeed a true sacred image to be contemplated, a mental projection of the poet's desire). It signals her distinctive traits as a literary character, that is to say, as an anthropological model of indifferent cruelty which excludes the lover and banishes him to an 'exilio' from which he can merely long for the object of his desire. And the mirror is the symbol of Petrarch's representation of that character as a true human being; she is an autonomous object of desire but also a narcissistic desiring subject as is shown in line 11 of both sonnets: 'a voi stessa piacendo' ('because you pleased yourself') and 'veggendo in voi finir vostro desio' ('seeing your desire ended in yourself'):[15]

> Il mio adversario in cui veder solete
> gli occhi vostri ch'Amore e 'l ciel onora,
> colle non sue bellezze v'innamora
> piú che 'n guisa mortal soavi e liete.
>
> Per consiglio di lui, donna, m'avete
> scacciato del mio dolce albergo fora:
> misero exilio, avegna ch'i' non fôra
> d'abitar degno ove voi sola siete.
>
> Ma s'io v'era con saldi chiovi fisso,
> non devea specchio farvi per mio danno,
> a voi stessa piacendo, aspra e superba.
>
> Certo, se vi rimembra di Narcisso,
> questo e quel corso ad un termino vanno,
> benché di sí bel fior sia indegna l'erba.

[My adversary in whom you are wont to see your eyes, which Love and Heaven honour, enamours you with beauties not his but sweet and happy beyond mortal guise.

By his counsel, Lady, you have driven me out of my sweet dwelling: miserable exile! Even though I may not be worthy to dwell where you alone are.

But if I had been nailed there firmly, a mirror should not have made you, because you pleased yourself, harsh and proud to my harm.

Certainly, if you remember Narcissus, this and that course lead to one goal — although the grass is unworthy of so lovely a flower.]

> L'oro e le perle e i fior' vermigli e i bianchi,
> che 'l verno devria far languidi e secchi,
> son per me acerbi e velenosi stecchi,
> ch'io provo per lo petto e per li fianchi.
>
> Però i dí miei fien lagrimosi e manchi,
> ché gran duol rade volte aven che 'nvecchi:
> ma piú ne colpo i micidiali specchi,
> che 'n vagheggiar voi stessa avete stanchi.
>
> Questi poser silenzio al signor mio,
> che per me vi pregava, ond'ei si tacque,
> veggendo in voi finir vostro desio;
>
> questi fuor fabbricati sopra l'acque
> d'abisso, e tinti ne l'eterno oblio,
> onde 'l principio de mia morte nacque.

[The gold and the pearls, and the red and white flowers that the winter should have made languid and dry, are for me sharp and poisonous thorns that I feel along my breast and my sides.

Therefore, my days will be tearful and cut short, for it is rare that a great sorrow grows old, but most I blame those murderous mirrors which you have tired out with your love of yourself.

These imposed silence on my lord, who was praying to you for me; and he became still, seeing your desire ended in yourself.

These were made beside the waters of hell and tempered in the eternal forgetfulness whence the beginning of my death was born.][16]

Petrarch's innovation within the medieval lyric tradition lies indeed in the motif of self-referentiality, which problematizes the relationship between lover and beloved, thus turning Laura into a 'sort of narcissistic "double" of the poet-lover',[17] with whom she shares both the condition of solitude caused by a protracted exacerbation of desire and the common mistake of polluting their own memory.

Just as was the case with the memory of Petrarch as an *agens* (*Franciscus*) in the *psychomachia* taking place in the *Secretum*, Laura's memory is equally put under trial and interrogated by another *Augustinus*-like figure, namely the lyric 'I' himself, who denounces its unreliability with a conditional clause (45.9: 's'io v'era con saldi chiovi fisso' [but if I had been nailed there firmly']). The speaker then suggests a beneficial *remedium* by mentioning the example of Narcissus' tragic destiny (45.12: 'se vi rimembra di Narciso' ['if you remember Narcissus']).[18] That of Narcissus is a mythological model which should be born in mind so as to behave in a different way; it is a warning which raises questions as to the choices that should be made when faced with a crossroads in life. 'Neque te Narcissi terruit fabula?' ['Weren't you alarmed by the tale of Narcissus?'], wonders *Augustinus* in the *Secretum*, when he blames *Franciscus* for taking pleasure in physical beauty. Just as the protagonist of the *Secretum* is blamed for confusing love for the Creator with love for one its creatures,[19] so Laura, in these two sonnets, is accused of longing for vain reflections, false images, second-hand reproductions of reality.[20] In this portrait of Laura looking in the mirror, it is also possible to see a sort of implicit self-portrait of the poet-lover, who is lost in oblivious contemplation not so much of the object of desire but rather of 'beauties that are not her own' and that are obsessively re-evoked by the poet's mind, causing his perceptions of reality to be channelled into a memorial recreation of a world whose centre is Laura: 'l'oro e le perle e i fior vermigli e i bianchi' ('The gold and the pearls, and the red and white flowers'). The poet is lost in an illusory suspension of time (46.6: 'ché gran duol rade volte aven che 'nvecchi' ['for it is rare that a great sorrow grows old'], which also entails a suspension of writing poems (46. 9: 'Questi poser silenzio al signor mio' ['These imposed silence on my lord']). The passivity of the lover who contemplates his beloved in the mirror is emphasized also by the verbal and visual annotations which accompany the diptych of Petrarch's sonnets in the *Incunabulo Queriniano*. A gloss placed in the margins of the two texts, right above an image which portrays the protagonists of the poem, explains: 'Chiama l'auctor qui il specchio di madonna Laura suo adversario, però che lui li mostra le sue proprie belleçe: per che, inamorandosi di lei stessa, non cura de lui' ('The author calls Laura's mirror his enemy in that it shows to her her own beauty: Laura thus falls in love with herself and neglects him').[21] The image depicts Laura with her paronomastic *senhal* (the laurel tree), the mirror in which she admires herself, and the lyric 'I' emblematically transformed into a book pierced by an arrow, wrapped in the coils of a snake and threatened by the 'saldi chiovi' of his obsession for Laura (fol. 19^v).

Because of its association with the identity of the author, the symbolic image of the book in the *Incunabulo Queriniano* appears to be a (self-)portrait *in aenigmate*, just as emblems and *imprese* are generally recognized to be, and it certainly suggests a precise reading of the *agens* of the *Canzoniere* and of his story, the story of a man who is aware of the juvenile error which left its mark on his life, and, willing to embark on a journey of moral and spiritual salvation, tells his readers about that journey.[22] It is no coincidence that Grifo's illustration of sonnets 45 and 46 seems to focus especially on the representation of Petrarch's sick memory: the nails of erotic obsession are indeed stuck in the lyric 'I' rather than in Laura. The two frames of the visual narration describe, by being vertically juxtaposed, the fact that the lover is entirely engrossed by images of Laura's beauty (the nails/memories), which are both direct visions of his beloved and indirect mirror reflections.

In the diptych analysed above, the mirror thus takes on all the traits of a *speculum vanitatis* and the role of enemy of the lyric 'I'. In another *fragmentum*, which was also illustrated by Grifo, the mirror is instead a *speculum virtutis*, in the medieval sense of the term, which was well known to Petrarch, as is indicated by line 103 of *Triumphus Fame* Ia: 'questo fu di virtù l'ultimo speglio' ('he was the highest example of virtue'). That *speculum virtutis* reveals to the lyric 'I', who was then in his old age, that he no longer needed to hide behind false and illusory images of himself. The mirror, which was previously an object that signalled the ambiguity and deceptiveness of the visual relationships between the lyric 'I' and the object of his desire, thus becomes a tool that helps the subject to reappropriate his identity:

> Dicemi spesso il mio fidato speglio,
> l'animo stanco, e la cangiata scorza,
> e la scemata mia destrezza e forza:
> – Non ti nasconder piú: tu se' pur vèglio.
>
> Obedir a Natura in tutto è il meglio,
> ch'a contender con lei il tempo ne sforza.–
> Súbito allor, com'acqua 'l foco amorza,
> d'un lungo et grave sonno mi risveglio:
>
> e veggio ben che 'l nostro viver vola
> e ch'esser non si pò piú d'una volta;
> e 'n mezzo 'l cor mi sona una parola
>
> di lei ch'è or dal suo bel nodo sciolta,
> ma ne' suoi giorni al mondo fu sí sola,
> ch'a tutte, s'i' non erro, fama à tolta.

[My faithful mirror, my weary spirit, and my changing skin and diminished agility and strength often say to me: 'Do not pretend anymore, you are old;
to obey Nature in all is best, for time takes from us the power to oppose her'. Quickly then, as water puts out fire, I awake from a long and heavy sleep,
and I see well that our life flies by and that one cannot be alive more than once; and in the midst of my heart there sounds a word
of her who is now freed from her beautiful knot but in her day was so unique in the world that, if I do not err, she deprived all others of fame.][23]

That tool is the 'faithful mirror' mentioned in sonnet 361, whose wise encouragement to become aware of the inescapable flow of time by looking at the marks which it left on the body seems to awaken the lyric 'I' from the 'lungo e grave sonno' ('deep and long slumber') (or dream) into which he had fallen from the first poem of the collection.[24] Sonnet 361 interestingly appears to be a Christian reinterpretation and rewriting of the first one in the collection (as is demonstrated by the differences between *Rvf* 361, 8–9 and *Rvf* 1, 9–14).[25] In sonnet 361, Petrarch mentions the conceptual link between the mirror and time, which he had already employed in relation to himself in *Rvf* 168.9–11: 'in questa passa 'l tempo, e ne lo specchio | mi veggio andar ver' la stagione contraria | a sua impromessa, e a la mia speranza' ('In the meanwhile time passes, and in the mirror I see myself nearing the season that is contrary to his promise and to my hope'); and in relation to Laura in *Rvf* 184.9–11: 'così lo spirto d'or in or ven meno | a quelle belle care membra oneste | che specchio eran di vera leggiadria' ('Thus the breath moment by moment is failing in those lovely dear virtuous limbs that have been a mirror of true gracefulness').[26] Petrarch recalls too the Socratic teaching on the use of the mirror as an instrument of prudence, one which has the function of urging those who gaze at their exterior beauty to replicate it also in their inner selves (as their body is nothing but a vain surface) or encouraging those who see the reflection of their ugly appearance to compensate for it with inner beauty, which becomes manifest through reflections of virtue.[27]

In Petrarch's re-elaboration of the motif of the mirror, though, the scopic relation between the lyric 'I' and the mirror changes. In Sonnet 361, unlike the diptych of *Rvf* 45–46, Petrarch is no longer the passive spectator and powerless rival of a visual relationship between Laura and the mirror, between the unattainable real image and the reflected and self-admiring one. He is rather the active protagonist of the act of looking at his own image in the mirror. That image shows his real physical condition and it especially speaks to him, the *agens*, so as to awaken his consciousness, just as *Augustinus* did with *Franciscus* when he reminded him of Seneca's useful lesson: 'Memento quid in *Quaestionibus naturalibus* scriptum est. Ad hoc enim "inventa sunt specula, ut homo ipse se nosceret"' ('Remember the passage in the *Natural Questions*: "Mirrors were invented so that man should know himself"').[28] Laura's voice blends with that of the mirror ('mi sona una parola | di lei' ['there sounds a word of her'], with the emphasis added by the *enjambement*) and, from the heaven, it shows the lyric 'I' the path to salvation, thus anticipating the last poem of the collection, which praises the Virgin.[29] In the margins of the *Incunabulo Queriniano* (fol. 113ʳ), the referential representation of old Petrarch is thus fittingly placed beside the symbolic correlative of the book so as to indicate the different level of awareness reached by the protagonist during his path of personal development, which, as the gloss states, led him to devote himself to the quest for truth and to honest studies, thus leaving amorous thoughts to the young ('darsi hormai al ver et a qualche honesto studio e lassar i pensieri amorosi ai zoveni').[30]

Grifo's visual illustration evocatively combines the two faces staring at each other in the mirror: the book and the man, the lyric 'I' and his consciousness, but also the *agens* and the *auctor*, or the character of *Franciscus* and that of *Augustinus*, the protagonists of the *Secretum*. The visual interpretation of sonnets 45 and 361 given by Antonio Grifo thus appears to emphasize the meaningful link between *fragmenta* which focus on the image of the mirror, but it especially shows that his set of illustrations offers a careful reading of Petrarch's ideas, metaphors, and allusions.[31] Grifo focuses not only on the motifs contained within a single poem but also on those which can reveal a common interpretative thread that links several different *fragmenta*.

The second example of visual illustration of Petrarch's poems, upon which the last part of this essay focuses, also seems to suggest (or reveal) intertextual links between *fragmenta* placed far apart in the *Canzoniere*, or even between different works written by Petrarch. That illustrated volume is the Aldine edition of *Le cose volgari di Francesco Petrarca* (Venice, August 1514), preserved in the Duke of Devonshire's private collection in the Chatsworth House Library.[32] In the margins, there are numerous colour illustrations, which were probably created through the collaboration between the *auctor intellectualis* Aurelio Morani — a poet and diplomat from Ascoli Piceno who worked at the papal court[33] — and the painter Cola dell'Amatrice, whose painting style during those years was influenced by that of Raphael. In his work journal, Cola dell'Amatrice draws sketches which have stylistic similarities with the more elaborate illustrations of the *Triumphi* in the Chatsworth volume, but he especially writes down quotations from Petrarch and descriptions of allegorical representations which, in some cases, correspond to the 'potential emblems' of the Aldine volume.[34]

I have used the expression 'potential emblems' in order to suggest that the illustrations are connected to a specific line of the poem by means of a golden thread, but, in most cases, they offer a visual representation of a verbal message that is conveyed in another portion of the same poem, or of its general meaning, or even of that of other poems in the collection. Through that graphical element, the visual comment to the *Canzoniere* invites the reader to read the text allegorically (in that it draws attention to its metaphors and sententious statements), but it also offers true *imagines agentes* to which the reader can anchor his memory of Petrarch's poem and of its meaning. The illustration is generally linked to a line that aptly summarizes the theme of the poem (or of the entire collection), and that has a proverbial tone which makes it stand out as a *sententia* that has its own meaning independent of the text. The illustrator shows great skill in interpreting Petrarch's text and recognizing its main themes. For instance, he often draws on the mythological motif of metamorphosis, which is a key element of the rhetoric of love that pervades Petrarch's poems, and which is here represented both as the metamorphosis of human figures into animals or plants and as that of animals that acquired human traits. A particularly interesting example can be found in the margins of *fragmentum* 65, where the image of a spider wearing female clothes and spinning at a loom is linked to line 8 ('ma così va, chi sopra 'l ver s'estima' ['but so he goes who esteems himself too highly']).[35] This is a clear allusion to Ovid's myth of Arachne. The memory of her act of pride is here associated with a line that alludes to the same motif but in an amorous context: the lyric 'I' also deceives himself in thinking that he is strong enough to resist Love.[36] Instead of representing the content of Petrarch's poem, the illustrator drew from his own poetic memory an image which was apt to convey its message and, in doing so, he offered a sort of creative interpretation of the poem (see Fig. 10.1).

The visual gloss in the margin of sestina 142 follows a similar pattern. The miniaturist portrays the content of *Triumphus Pudicitae* (*TP* 120–44) with great philological accuracy and hermeneutic skill by representing the scene of the punishment inflicted on Love by a Laura *triumphans*, who is the personification of Chastity, and by a cohort of holy and chaste women (see Fig. 10.2). The detail of the wreath of flowers and the setting of the scene itself also evoke the motif of the fight between Eros and Anteros, with which this image shares semantic similarities. The artist draws on one of the key symbols of the *Canzoniere* and portrays Cupid tied not to a column of 'bel diaspro' ('beautiful jasper') but rather to a laurel tree: 'vidi, e farne quello strazio | che bastò bene a mille altre vendette' ('I saw him bound, and saw him then chastised | Enough to wreak a thousand vengeances'). Laura-Chastity is followed by a woman who is killing herself with a sword ('Lucrezia da man destra era la prima'), and by another woman who is holding a cloth in her hand ('l'altra Penelopè' ['and among them all | Lucretia and Penelope were first']); in the

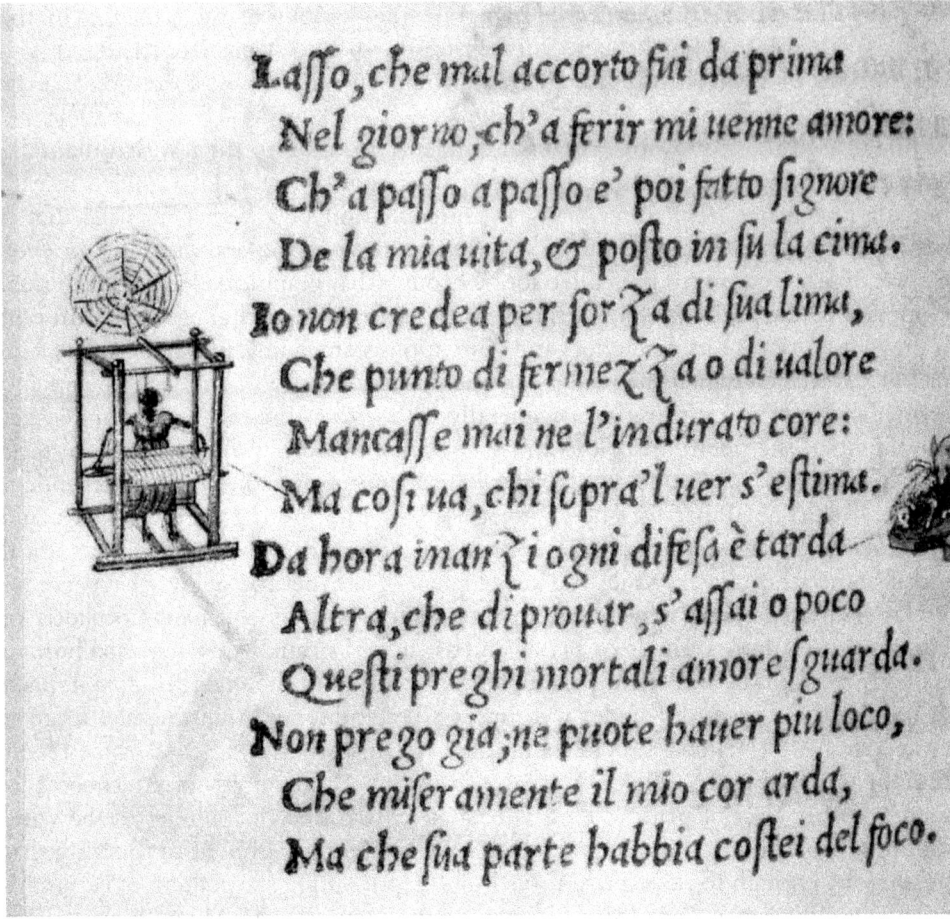

Lasso, che mal accorto fui da prima
Nel giorno, ch'a ferir mi uenne amore:
Ch'a passo a passo e' poi fatto signore
De la mia uita, & posto in su la cima.
Io non credea per forza di sua lima,
Che punto di fermezza o di ualore
Mancasse mai ne l'indurato core:
Ma cosi ua, chi supra'l uer s'estima.
Da hora inanzi ogni difesa è tarda
Altra, che di prouar, s'assai o poco
Questi preghi mortali amore sguarda.
Non prego gia, ne puote hauer piu loco,
Che miseramente il mio cor arda,
Ma che sua parte habbia costei del foco.

FIG. 10.1. Marginal illustration to *Rvf* 65 at fol. 29ᵛ in a print copy of *Le cose volgari di Francesco Petrarca* (Venice: Aldo Manuzio, 1514), housed in the Devonshire Collection at Chatsworth House. © Devonshire Collection, Chatsworth.
Reproduced by permission of Chatsworth Settlement Trustees

second row, a third woman with a pensive look appears ('Verginia a presso ['Then came Virginia']) and then, in the background, are depicted two other women, one of them hanged (probably representing the two 'tedesche che con aspra morte | servaron lor barbarica onestate' [German women who chose death | Their own barbaric honour to preserve']).[37] By portraying the main theme of the second *triumphus* as part of the visual comment on a poem of the *Canzoniere*, the illustrator purposely emphasizes the close connection between those two texts and, more specifically, he offers a triumphal reading of the poet's path towards conversion aimed at renouncing sensual love, which is described in the final of sestina 142:

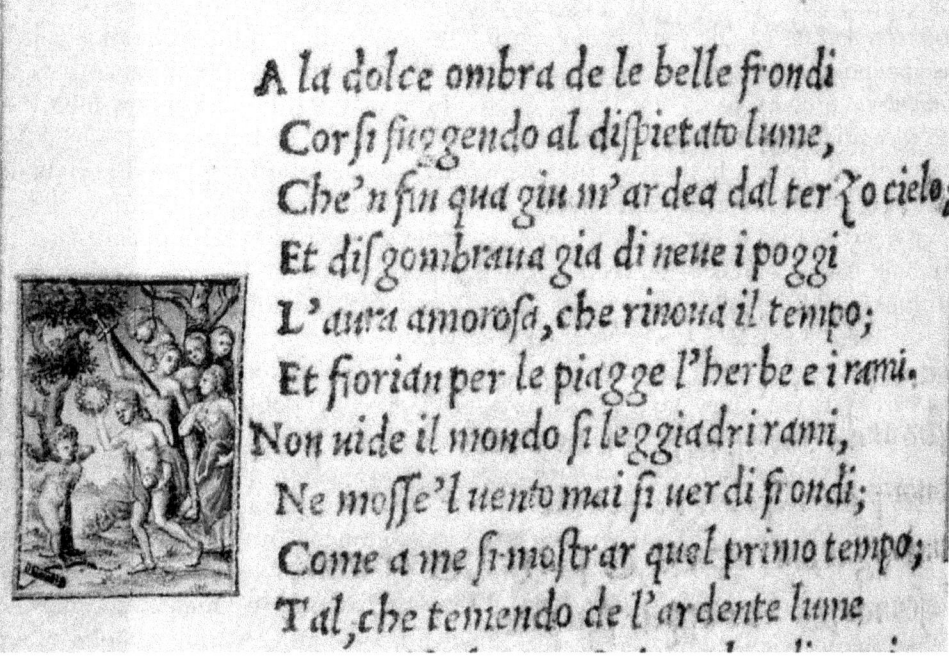

FIG. 10.2. Illustration to *Rvf* 142 at fol. 65ᵛ in a print copy of *Le cose volgari di Francesco Petrarca* (Venice: Aldus Manutius, 1514), housed in the Devonshire Collection at Chatsworth House. © Devonshire Collection, Chatsworth. Reproduced by permission of Chatsworth Settlement Trustees

> Tanto mi piacque prima il dolce lume
> ch' i' passai con diletto assai gran poggi
> per poter appressar gli amati rami:
> ora la vita breve e 'l loco e 'l tempo
> mostranmi altro sentier di gire al cielo
> et di far frutto, non pur fior' et frondi.
>
> Altr' amor, altre frondi et altro lume,
> altro salir al ciel per altri poggi
> cerco, ché n' è ben tempo, et altri rami.

[So pleasing to me at first was that sweet light that joyfully I traversed great hills in order to approach the beloved branches.
  Now the shortness of life and the place and the season show me another pathway to go to Heaven and bear fruit, not merely flowers and leaves.
  Another love, other leaves, and another light, another climbing to Heaven by other hills I seek (for it is indeed time), and other branches.][38]

The vignettes thus hermeneutically highlight some passages of Petrarch's poems, but they can also be detached from the pages of the illustrated volume and reworked into new and different contexts. Even so, they still carry with them fragments of the text that they originally illustrated and preserve the poetic memory of the *Canzoniere*, adapting it to the new context. An interesting example of that kind of interpretation and reuse of Petrarch's poems is offered by a manuscript collection of 16 *strambotti* (single stanzas of eight lines) composed by Aurelio Morani, which is appended to the Chatsworth copy of the Aldine edition of the *Canzoniere*. Each *strambotto* presents as its title a verse quoted from one of Petrarch's poems and, next to those titles, the author indicates the page number of the Aldine edition where the quotation is found. Below that title, the reader is given information on the symbolic subject, which is visually represented on that specific page, and, after that, comes the *strambotto* itself, whose last line repeats the verse of Petrarch's poem that was quoted in the title: the epigrammatic and gnomic quality of Petrarch's verse is thus emphasized. This creative process, then, involves the following steps: the author reads one of Petrarch's *fragmenta*, he then selects one of its verses, he associates it with the image which illustrates and/or interprets the content of the *fragmentum* or of part of it, and, lastly, he reworks that image, whose iconographic subject is turned into a linguistic or textual subject (into the speaker or the content) of a new text.

This writing technique characterizes Morani's poetic output. For instance, among the texts contained in the collection *Stanze sopra vari soggetti* (1593), there is a group of 16 stanzas written as a sort of poetic comment on Petrarch's verse 'Onde co'l tuo gioir tempro il mio duolo' (*Rvf* 287.8), or another group of 16 stanzas dedicated to 'un cavaliere che portava il fiore di giacinto' ('a knight who bore the hyacinth flower') as his heraldic symbol, which thematizes the symbolic mode of expression (the *devise*) that pervades the Chatsworth volume. Lastly, the most famous and complex groups of poems (the ones dedicated to the Vatican statues of Laocoön and Venus and Apollo) testify to the poet's interest in poetic corpora, which he analyses in an extremely detailed way and regards both as repertoires of formulas to express emotions and as well-ordered collections of *mirabilia* which confirm the paradigmatic influence of Petrarch's *descriptio puellae* on later poets.

Following the established genre of the 'poetic cento' and especially the Spanish use of *glosas*, Morani rewrites Petrarch's hypotext in his works and especially in the poems that appear in the Chatsworth volume (poems that he composed according to specific semantic mechanisms), and he does so in a very specific way: Petrarch's *sparsa fragmenta* are always cited in the same position within a new and original text and they are made to fit perfectly into its morphologic, syntactic, and metric structure. The decontextualization of Petrarch's verses by no means erases the memory of their original textual collocation but it rather creates a hermeneutic link between source and hypertext; it turns the latter into a sort of verbo-visual gloss of the former. The second text of the series of manuscript *strambotti* appended to the Aldine edition of the *Canzoniere*, for instance, quotes the last line of Petrarch's *fragmentum* 4 and puts it in the mouth of a woman who seems to emerge from an egg:

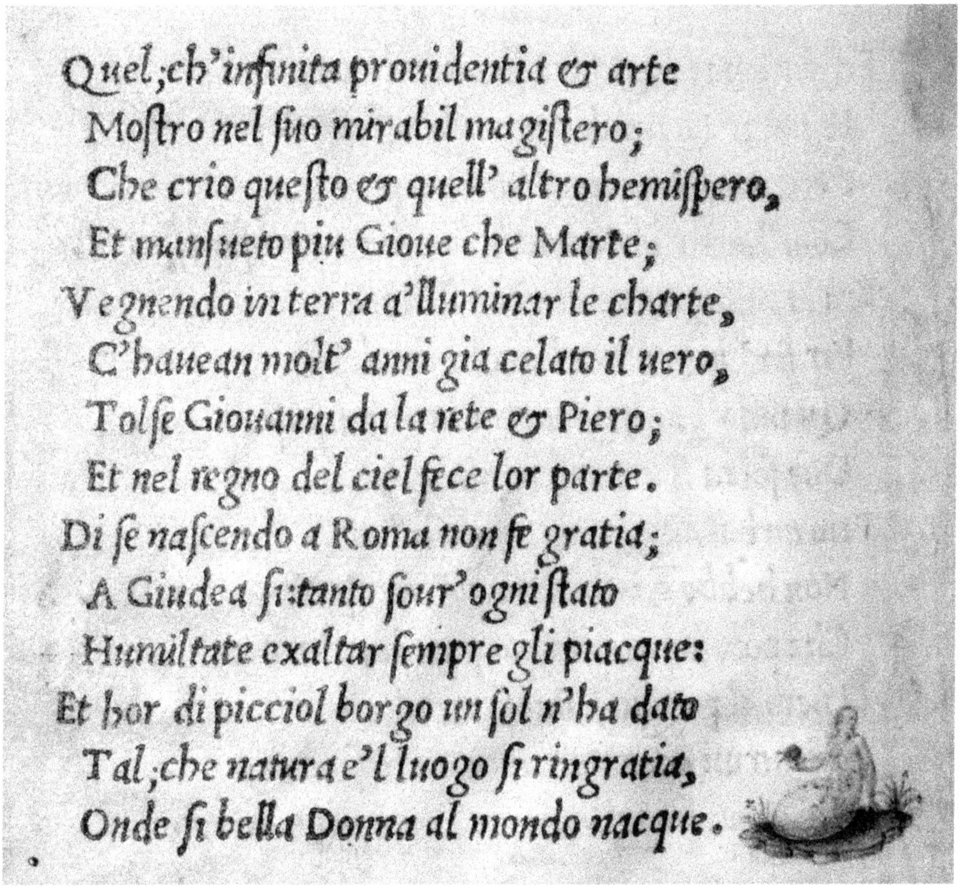

Quel, ch'infinita providentia et arte
Mostro nel suo mirabil magistero;
Che crio questo et quell' altro hemispero,
Et mansueto piu Gioue che Marte;
Vegnendo in terra a'lluminar le charte,
C'hauean molt' anni gia celato il uero,
Tolse Giouanni da la rete et Piero;
Et nel regno del ciel fece lor parte.
Di se nascendo a Roma non fe gratia;
A Giudea si tanto sour' ogni stato
Humiltate exaltar sempre gli piacque:
Et hor di picciol borgo un sol n'ha dato
Tal, che natura e'l luogo si ringratia,
Onde si bella Donna al mondo nacque.

FIG. 10.3. Illustration to *Rvf* 4 at fol. 3ᵛ in a print copy of *Le cose volgari di Francesco Petrarca* (Venice: Aldo Manuzio, 1514). © Devonshire Collection, Chatsworth. Reproduced by permission of Chatsworth Settlement Trustees

> fol. 3ᵛ Onde si bella Donna al mondo nacque
> Parla l'uovo
> Ovo non son di quel che spande l'ale
> al sol tra li suavi e dolci odori,
> né son parto di quel che porta strali
> che dieno a i fier' giganti onte e ardori,
> né giacqui mai sotto le penne uguali
> a' lumi d'Argo con sì bei lavori.
> Ma sol di Leda, che sì a Giove piacque,
> onde si bella Donna al mondo nacque.

That so lovely a Lady was born to the world — The egg speaks
I am not an egg laid by a creature which spreads its wings under the sun, among sweet and pure fragrances, nor was I born of the god who bears darts which aroused shame or ardour in the fierce giants, nor did I ever lie under feathers that are similar to Argus' eyes and are like works of art. It is only of Leda, whom Jove greatly admired, that so lovely a Lady was born to the world.]

In this case, the golden line which links the *pictura* with the (future) *motto* is absent, but the illustration, which is aligned with the last verse of sonnet 4, cannot but refer to it and establish a link between Laura's birth in the 'picciol borgo' ('small village') of Valchiusa and the mythological birth of Helen from an egg laid by Leda after she had coupled with Jove disguised as a swan (see Fig. 10.3).

The way the poet focuses on the celebration of his beloved's beauty usurps the role of protagonist from the lyric 'I' in Morani's visual and verbal hypertext. In other words, the beloved's beauty shifts its role from silent object of ekphrastic contemplation to speaking subject who conveys an emblematic message. The complexity of Petrarch's message, though, is mitigated; Petrarch's poem depicted Laura as *alter Christus*, as a salvific sun which brightens not only the 'small village' ('Judea' or Valchiusa) but also the entire world. The evocative line 'vegnendo in terra a 'lluminar le carte' ('coming to earth to illuminate the pages'),[39] which, in Petrarch's poem, alluded to the comment on the allegorical prophecies of the Old Testament offered by Christ's incarnation and passion, is here altered into a metatextual declaration of poetics offered by the poet and designer of emblems, who analyses Petrarch's poem so as to illustrate, interpret, rewrite, and adapt it to the new artistic and communicative needs of the courtly culture of his time.

In analysing a similar but later example of visual and verbal representation, namely the *Blasons anatomiques*, Nancy Vickers investigates the link between the texts and the minimal illustrations of the body parts that are praised in the poems. Did those illustrations of body parts represent images that lay as *phantasmata* in the poet's mind or real objects that the poet could see with his own eyes as he was writing the poem? Or did the printer add them to the text so as to increase the appeal of the volume? What is undeniable is that the association of images and words has a profound impact on the overall meaning of the *blason*, a hybrid form which combines text and image. The simple, referential, illustrations of a body part isolated and severed from the rest of the body cannot but exert some influence on the texts that it illustrates. It cannot but suggest that those texts are also an autonomous part of a greater and cohesive whole; it can even encourage the reader/observer to fragment that text, to select a portion of it (perhaps the one which is more closely linked with the image) and to lift it from its original context so as to use it in new literary works or in other forms of art. As Vickers explains,

> unlike the more contextualized images in medical treatises, the blazons' woodcuts undermined any suggestion of bodily integrity the poems themselves might have made; they displayed a body disembodied, divided, and conquered. A described body has as many parts as it has names for parts: it can be re-divided (re-membered) in accordance with the lexicon applied to it by any inventive poet. If you can think of a new part, you can write a new poem.[40]

Similarly, by linking the visual and textual fragments of the Aldine volume following the hints offered by Morani, readers are actively involved in a process of emblem composition. Such readers somehow personally perform the acts of reading, symbolic appropriation, and poetic rewriting of Petrarch's poems that were commonly carried out by early modern authors and readers of emblems and *imprese*, as well as by all those artists and writers who dissected Petrarch's texts and images to extrapolate a sign that could be reused in a different context, as if it were a new *fragmentum*.[41] That practice, which can be legitimately defined as a practice of 'creative reading', testifies to the awareness that there can be a critical connection between an original text and a visual and textual form of expression that is derived from it. The poetic hypotext is both the source of the creative impulse of the author who devised the symbolic art form and the hermeneutic key to interpret that very art form. The hypertext of the emblem is an autonomous invention, but, at the same time, it is also an interpretation of Petrarch's *fragmentum*, in that it was conceived by an individual who is simultaneously an author and a reader. As such, he gives prominence to the poetic hypotext and contributes to its preservation in collective memory, but he also interprets and creatively rewrites it, thus encouraging the readers to do the same and to adopt specific points of view on Petrarch's poems.

Notes to Chapter 10

1. See Lucia Battaglia Ricci, 'Illustrare un canzoniere. Appunti', *Cuadernos de filología italiana*, 11 (2005), 41–54. For more bibliographic references on the visual representations of Petrarch's text and for examples of those illustrations see: Joseph B. Trapp, 'Petrarch's Laura: The Portraiture of an Imaginary Beloved', *Journal of the Warburg and Courtauld Institutes*, 64 (2001), 55–192; Id., *Studies of Petrarch and his influence* (London: Pindar, 2003); *Petrarca nel tempo. Tradizione lettori e immagini delle opere*, ed. by Michele Feo (Pontedera: Bandecchi e Vivaldi, 2003); Alessandro Giacomello-Francesca Nodari, *Le Rime del Petrarca. Un'edizione illustrata del Settecento (Venezia, Antonio Zatta, 1756)* (Gorizia: Leg, 2003); Francesca Toniolo, 'Petrarca e l'umanesimo: l'illustrazione delle Rime e dei Trionfi nella miniatura veneta del Rinascimento', in *Petrarca e il suo tempo*, ed. by Gilda P. Mantovani (Milan: Skira, 2006), pp. 87–106; *Italy's Three Crowns: Reading Dante, Petrarch, and Boccaccio*, ed. by Zygmunt G. Barański and Martin McLaughlin (Oxford: Bodleian Library, 2007).
2. For bio-bibliographic information on the author, see Luca Marcozzi, 'Grifo, Antonio', in *Dizionario Biografico degli Italiani*, LIX (Rome: Istituto della Enciclopedia Italiana, 2002), pp. 400–02.
3. Grifo's poetic output has survived in the autograph manuscript Ital. Z 64 [=4824] in the Biblioteca Marciana in Venice, which features graphical elements which are similar to those of the two aforementioned incunabula, and which thus enabled scholars to identify the author of their verbo-visual comment. The similarities between these three documents, especially as far as their set of illustrations is concerned, were noted for the first time by Nicholas Mann in his 'Petrarch manuscript in the British Isles', *Italia medioevale e umanistica*, 18 (1975), 139–514 (p. 403), and then thoroughly examined by Giuseppe Frasso in his 'Antonio Grifo postillatore dell'incunabolo queriniano G V 15', in *Illustrazione libraria, filologia e esegesi petrarchesca tra Quattrocento e Cinquecento*, ed. by Giordana Mariani Canova, Giuseppe Frasso, and Ennio Sandal (Padua: Antenore, 1990), pp. 19–145 (p. 51): 'But how are the codex Marciano, the volume of Dante's *Comedy* in Rome, and that of Petrarch's *Canzoniere* in Brescia related? The answer to the first question is easy (and I will only offer one proof, but one which will leave no doubts): the handwriting of the person who wrote, revised, expanded, and added an index to the codex Marciano It. Z 64 (4824), and did so with such dedication and freedom that are generally typical of the author himself, is identical to that of the person who minutely annotated the *Comedy* preserved in the Casa di Dante. Although, at some points, it is more similar to the characters of a book — especially when the author wrote entire compositions — that handwriting is characterized by letters and links that are in no way different from those which the annotator of the *Commedia* had previously declared to be his own. The many vernacular and Latin annotations on the Roman copy of the *Commedia* were thus not left by the authoritative and

learned Franciscan friar Pietro di Figline, who revised the printed text, but rather by Antonio Grifo, who was nearly making a living out of reading the poem during his stay in Milan.' (Translation mine.)
4. See Giordana Mariani Canova, 'Antonio Grifo illustratore del Petrarca queriniano', in *Illustrazione libraria, filologia e esegesi petrarchesca tra Quattrocento e Cinquecento*, ed. by Giordana Mariani Canova, Giuseppe Frasso and Ennio Sandal (Padua: Antenore, 1990), pp. 147–200 (p. 153: translation mine).
5. *Comedia di Dante con figure dipinte. L'incunabolo veneziano del 1491 nell'esemplare della Casa di Dante in Roma con postille manoscritte e figure dipinte*, ed. by Luca Marcozzi (Rome: Salerno editrice, 2015), p. 17.
6. Mariani Canova, 'Antonio Grifo illustratore', p. 166.
7. For the images of the *Incunabolo Queriniano* cited in my essay, please see the complete digital reproduction of the book: <http://www.misinta.it/biblioteca-digitale-misinta-2/1400-2/1470-petrarca-canzoniere-e-trionfi-miniato/>.
8. The detail of the marble slab has also been noted by Maria Luisa Meneghetti, who draws attention to the difference between the beginning of the *Incunabulo Queriniano* and that of the volume in the Casa di Dante, in which 'the parchment scroll illusorily fluctuates against the landscape and a "providential" opening in the form of a small square window shows the first scene of the *Comedy*'; see Maria Luisa Meneghetti, 'Come lavorava Antonio Grifo: ancora sulla decorazione (e la data) dell'incunabolo della Casa di Dante in Roma', in *'Per beneficio e concordia di studio': studi danteschi offerti a Enrico Malato per i suoi ottant'anni*, ed. by Andrea Mazzucchi (Cittadella: Bertarelli, 2015), pp. 611–20 (p. 614: translation mine).
9. On this matter see Philippe Hamon, 'La letteratura, la linea, il punto, il piano', in *Cultura visuale. Paradigmi a confronto*, ed. by Roberta Coglitore (Palermo: duepuntiedizioni, 2008), pp. 63–80 (p. 70): 'The framing and the geometrical arrangement of the framed elements draw the reader's attention to the object that is being described, give an effect of logical composition (which benefits the author and shows his mastery of descriptive techniques), place emphasis on the subject of the vision (that is the character who experiences it) as the origin of and the vehicle for that vision, covertly allude to painting (which is an added value) by drawing on the jargon of geometry, and organize and rationally arrange the piece of reality that is represented.' (Translation mine.)
10. *Petrarch's Lyric Poems: The 'Rime sparse' and Other Lyrics*, trans. and ed. by Robert M. Durling (Cambridge, MA: Harvard University Press, 1976), p. 202.
11. See Giorgio Bertone, *Lo sguardo escluso. L'idea di paesaggio nella letteratura occidentale* (Novara: Interlinea, 2000), p. 140, note 9: 'As for the window, it acquires value in itself: it is no longer a metaphor of the eyes [...] but rather an essential tool to look at the world or to frame, in a modern way, the portrait of the Lady. In other words, it is influenced by a new 'criterion of division' by which the frame is a spatial and optical parameter and also a symbol.' (Translation mine.)
12. Sabrina Stroppa, 'Composizione di luogo con donna che pensa. Lettura di *Rvf* 100', *Per leggere*, 14 (2008), 5–24. On the theme of memory in the *Canzoniere* and in Petrarch's oeuvre more in general, see also Andrea Torre, 'Memoria', in *Lessico critico petrarchesco*, ed. by Romana Brovia and Luca Marcozzi (Bologna: Carocci, 2016), pp. 182–94.
13. As far as Petrarch's works are concerned, the representational logic that underlies this symbolic system is illustrated in Stefano Agosti, *Gli occhi le chiome. Per una lettura psicoanalitica del Canzoniere di Petrarca* (Milan: Feltrinelli, 1993), p. 12: 'The depiction of an empty window, that is an 'empty' element which contrasts with the other 'full' elements of the text, is simply the representation of a symbolic lack, of lack itself. In other words, it is the empty box (the joker in a pack of cards) which, as such and only as such, can unleash the processes of substitution produced by all the other boxes. It is the *terminus a quo* which leads to the production of representations that have nothing to do with external reality but rather have to do with an internal reality, namely the sole reality of the Subject, which influences and impresses its mark upon the external one, the sole reality of the *Canzoniere*.' (Translation mine.)
14. Victor I. Stoichita, *L'invenzione del quadro. Arte, artefici e artifici nella pittura europea* (Milan: Il Saggiatore, 1998), p. 64.

15. See Beatrice Rima, *Lo specchio e il suo enigma. Vita di un tema intorno a Tasso e Marino* (Padua: Antenore, 1991), pp. 28–29: 'the highly symbolic motif of mirroring, intended as duplication in son. 45 (vv. 3; 5–6; 10) and as identification in son. 46 (v. 11), leads to the simile between Laura who falls in love with herself and Narcissus, in which her disorientation is caused by the mirror in the first poem (45, 3: 'colle non sue bellezze v'innamora') and by herself in the second (46, 11: 'veggendo in voi finir vostro desio').' (Translation mine.)
16. *Petrarch's Lyric Poems*, pp. 110–12.
17. Furio Brugnolo, 'Il "Desio che seco non s'accorda": sintonie, rispecchiamenti e fraintendimenti (*RVF* 41–50)', in *Il Canzoniere. Lettura micro e macrotestuale*, ed. by Michelagelo Picone (Ravenna: Longo, 2007), pp. 115–40, quoted from p. 128, where he concludes 'mirroring, self-identification, self-referentiality: a dizzying game of mirrors [...] which does not lead to the fulfilment of desire but rather to its isolation and exacerbation' (translation mine). See also Andrea Tagliapietra, *La metafora dello specchio. Lineamenti per una storia simbolica* (Turin: Bollati Boringhieri, 2008), p. 85: 'the ambiguous nature typical of a mirror reflection becomes the characteristic trait of the universal and endless equivocations of love, by which love is often on the verge of becoming a mere misunderstanding, an instrument of self-love. Like in Wilde's short poem, the absolute and metaphysically paradoxical image of a mirror which needs *another* mirror to be able to gaze at itself and only at itself also appears to emerge from those ambiguous equivocations.' (Translation mine.)
18. On this sonnet, see Adelia Noferi, *Frammenti per i 'Fragmenta' di Petrarca* (Rome: Bulzoni, 2001), pp. 97–104; and Paola Vecchi Galli, 'Petrarca allo specchio', *Studi e problemi di critica testuale*, 86 (2013), 27–48, especially pp. 35–36: 'but, as is the case with [Simone Martini's] portrait, the image reflected by Laura's mirror does not reciprocate the lover's gaze and her face appears still and lifeless. Somehow, she is experiencing the same feelings that her faithful lover generally experiences, namely the alienation of her soul, the loss of her own essence. As a consequence, Laura, too, looks at herself in the mirror — or looks at the mirror — without really seeing or recognizing herself: neither the mirror nor the portrait enables her to reassemble and rearrange her own fragmented and scattered image. On the contrary, her image is silent, still and lifeless, her visual double is inert and does not bring awareness but rather a 'Medusan' metamorphosis: like the poet, Laura has also turned into an 'ark of stone'.' (My translation.)
19. Francesco Petrarca, *My Secret Book*, III, ed. by Nicholas Mann (Cambridge, MA: Harvard University Press, 2016), pp. 166–68: '*Augustinus*. Quia cum creatum omne Creatoris amore diligendum sit, tu contra, creature captus illecebris, Creatorem non qua decuit amasti, sed miratus artificem fuisti quasi nichil ex omnibus formosius creasset, cum tamen ultima pulcritudinum sit forma corporea.' [*Augustine*. Because while every creature must be loved for the love of God, you have not loved God as you should, but were instead seduced by the creature, and have loved Him as her maker, as if she were the most beautiful thing that He had ever created — whereas physical beauty is the lowest form of beauty.] The previous quotation mentioning Narcissus is at p. 74.
20. The mirror is presented as the symbol of deceptive knowledge of reality in Augustine's *Soliloquia*. See Augustine, *Soliloquia* II, 6, 9, in Id. *Dialoghi*, ed. by Domenico Gentili (Rome: Città Nuova, 1982), 444: '*Ratio*. Dicimus item falsam arborem quam pictam videmus, et falsam faciem quae de speculo redditur, et falsum turrium motum navigantibus, falsamque infractionem remi, ob aliud nihil nisi quod verisimilia sunt' ('*Reason*. We say that the painted tree that we see is a false one, and that the face reflected in the mirror is false, that the movement of towers is false when we see it from a moving ship, and that the bending of an oar in water is false, all because they are like the true thing'). For Petrarch's ownership and profound knowledge of this Augustinian text, see Éveline Luciani, *Les Confessions de Saint Augustin dans les lettres de Pétrarque* (Paris: Études augustiniennes, 1982); Claudia Corfiati, 'Petrarca e Agostino', *Quaderni Medievali*, 50 (2000), 137–40; *Petrarca e Agostino*, ed. by Roberto Cardini (Rome: Bulzoni, 2004); Gur Zak, 'Petrarch and the Ancients', in *The Cambridge Companion to Petrarch*, ed. by Albert R. Ascoli and Unn Falkeid (Cambridge: Cambridge University Press, 2015), pp. 141–53.
21. Francesco Petrarca, *Canzoniere* (Venice: Vindalin da Spira, 1490), 19^v. An anastatic copy is *Incunabolo Queriniano*, ed. by Ennio Sandal (Brescia: Grafo di Brescia, 1995). On this copy,

see Pietro Gibellini, 'Il Petrarca per immagini del Dilettante Queriniano', *Annali Queriniani*, 1 (2000), 41–62; Giovanna Zaganelli, *Dal 'Canzoniere' del Petrarca al Canzoniere di Antonio Grifo: percorsi metatestuali* (Perugia: Guerra, 2000); Fabio Cossutta, 'Tra iconologia ed esegesi petrarchesca. Note sulla Laura Queriniana', *Humanitas*, 59.1 (2004), 66–82.

22. See Fabio Cossutta, 'Il Maestro Queriniano interprete di Petrarca', *Critica Letteraria*, 26 (1998), 419–48, especially p. 425: 'As for the snake [...] this is certainly the representation of a recurring symbol but, in this specific case, it is also a precise echo of a verse in Petrarch's poem, namely 'so come sta tra fiori ascoso l'angue', which appears among a long list of cognitive acquisitions which took place after Petrarch had been hit by the lethal arrow and enslaved.' (Translation mine.)

23. *Petrarch's Lyric Poems*, p. 570.

24. The warning offered by the mirror echoes the invitation to contemplate those marks addressed by the woman's eyes to those of the lover (which traditionally mirror those of the beloved): 'Taciti sfavillando oltra lor modo, | dicean: — O lumi amici che gran tempo | con tal dolcezza feste di noi specchi, | il ciel n'aspetta: a voi parrà per tempo, | ma chi ne strinse qui, dissolve il nodo, | e 'l vostro, per farv'ira, vuol che 'nvecchi' (*Rvf* 330.9–14 [*Petrarch's Lyric Poems*, p. 518]: 'Silently, sparkling beyond their wont, they were saying: "O friendly lights, who for a great time with such sweetness have made us your mirrors, Heaven awaits us; to you it will seem early, but He who bound us here dissolves the knot and in order to cause you sorrow ordains that the knot of your life shall grow old"'). See also Cecilia Gibellini, 'Petrarca e le maschere degli antichi', *Critica letteraria*, 166.1 (2015), 3–28.

25. On this interpretation of the sonnet and, in general, for a detailed reading of *senectus* as the hermeneutic key of the last part of the *Fragmenta*, see Sabrina Stroppa, '"Senectus" e meditazione allo specchio: su "Rvf" 361', *Petrarchesca*, 2 (2014), 119–39 (esp. p. 132): 'in *Rvf* 361, the sequence of 'veggio ben' and 'mi sona una parola' thus suggests that Petrarch was re-reading and substantially rewriting 'Voi ch'ascoltate'. He indeed replaces *vita* — which cannot be duplicated — with *fabula vulgi*, which was also introduced, in the first sonnet, by the phrase 'ben veggio', which indicates that the lyric 'I' has a 'clear understanding' of himself (and yet, 'veggio ben' reveals a much deeper level of awareness in sonnet 361 than in sonnet 1). He also replaces the mysterious *word* which rings 'within' him with the 'sound of sighs', which is his personal, subjective, self-fuelling, and 'vain' *nutrimentum cordis*: this episode, that is the act of listening to the 'word' of others, is probably the beginning of his utter reliance on the Woman.' (Translation mine.)

26. *Petrarch's Lyric Poems*, pp. 314 and 330.

27. See Sabine Melchior-Bonnet, *Storia dello specchio* (Bari: Dedalo, 2002), p. 127: 'If it is used correctly, the mirror may encourage men to meditate on themselves and on morality. Diogenes Laërtius [*Vite*, II, 3] tells us that Socrates used to encourage boys to look at themselves in the mirror so that they would be worthy of their beauty in case they thought they were handsome, or so that they could learn to hide their ugliness through their education if they thought they were unattractive.' (Translation mine.)

28. Petrarca, *My Secret Book*, III, 214.

29. See once again Stroppa, '"Senectus" e meditazione allo specchio', p. 135: 'it is worth pointing out that the sonnet begins with the 'parola' pronounced by the mirror and ends with the 'parola' of Laura, which appears as the last *salus* of the mind. The mirror does not 'show', nor does the subject 'look': the former rather *tells* and the latter listens, wakes up and finally hears the *sound* of a word. The sonnet thus links the motif of vision with those of the mirror, of speech, and of the sound of words, thus originally re-elaborating it while at the same time drawing on a medieval tradition by which the mirror speaks, albeit ambiguously.' (Translation mine.) Interestingly, the mirror also has a symbolic meaning associated with the Virgin Mary; see Jurgis Baltrusaitis, *Lo specchio. Rivelazioni, inganni e science-fiction* (Milan: Adelphi, 1981), p. 83: 'The *Speculum sine macula*, which had always been the symbol of the Virgin, lends itself to subtle allegorical exegesis. Maria's eyes are mirrors. She even identifies herself with a clear mirror [...] A mirror is made of glass and lead. Glass is the symbol of virginity, lead of ductility, its ash-colour is that of humility. 'All things can be reflected in a mirror just as they are reflected in the Virgin Mary,

who is a mirror of God. She is the mirror of God in which Christ is reflected, who is the image of the Father'.' (Translation mine.)

30. Petrarca, *Canzoniere*, fol. 113ʳ.
31. These illustrations also reveal a strategy which characterizes Grifo's entire work. See Giovanna Zaganelli, *Dal 'Canzoniere' del Petrarca al Canzoniere di Antonio Grifo: percorsi metatestuali* (Perugia: Guerra, 2000), p. 27: 'Signals of a narration can also be traced in the continuity which Grifo manages to create between the poems by establishing a sort of intertextual net by means of different methods, such as the repetition of significant visual elements (which emphasize the thematic motifs) and their placement at strategic points of the text. For example, he may place an illustration at the end of a poem and the beginning of the next, thus almost erasing the white space between them, or in the margin, beside the poem (as is often the case), thus creating a sort of horizontal line along which the gaze moves, thus almost automatically flowing from the image to the text.' (Translation mine.)
32. For a description of that copy, see Nicolas Barker, *The Devonshire Inheritance: Five Centuries of Collecting at Chatsworth* (Alexandria: Art Services International, 2003), pp. 256–58. Joseph Trapp and Simona Cohen have drawn attention to that volume for the beautiful monochrome illustrations of the *Triumphi* contained in it, see Trapp, 'Petrarch's Laura', p. 88, note 100); Simona Cohen, 'An Aldine volume of Petrarch Illuminated for a Prestigious Patron', *Zeitschrift für Kunstgeschichte*, 73 (2010), 187–210. On the illustrations of other Aldine copies of the *Canzoniere*, see Helene Szèpe, 'The Book as Companion, the Author as Friend: Aldine Octavos Illuminated by Benedetto Bordon', *Word and Image*, 11 (1995), 77–99.
33. For information on Morani's life and for an analysis of his works, see Emilio Debenedetti, 'Notizie sulla vita e sugli scritti di Eurialo Morani da Ascoli', *Giornale storico della letteratura italiana*, 39 (1902), 1–31; Sandro Baldoncini, 'Prendi pur maraviglia o buon Plutarco (Nota alla "Vita disperata" di Eurialo d'Ascoli)', *Quaderni di filologia e lingue romanze*, 2 (1980), 387–96; idem, *Per vaghezza d'alloro. Olimpio da Sassoferrato, Eurialo d'Ascoli e altri studi* (Rome: Bulzoni, 1981), pp. 39–54; Giuseppe Crimi, 'Morani, Aurelio (Eurialo da Ascoli)', in *Dizionario Biografico degli Italiani*, LXXVI (Rome: Istituto della Enciclopedia Italiana, 2012), pp. 499–502.
34. For a thorough study on Cola dell'Amatrice, see *Cola dell'Amatrice. Da Pinturicchio a Raffaello*, ed. by Stefano Papetti and Luca Pezzuto (Milan: Silvana Editoriale, 2018). In a forthcoming essay, I will offer a detailed analysis of the similarities between the potential emblems which appear in the Chatsworth volume and the iconographic subjects based on Petrarch in Cola's diary.
35. *Petrarch's Lyric Poems*, p. 142.
36. See Byron Harries, 'The Spinner and the Poet: Arachne in Ovid's *Metamorphoses*', *Proceedings of the Cambridge Philological Society*, 36 (1990), 64–82; Teodolinda Barolini, 'Arachne, Argus, and St. John: Transgressive Art in Dante and Ovid', *Mediaevalia*, 13 (1987), 207–26.
37. *The Triumphs of Petrarch*, trans. by Ernest Hatch Wilkins (Chicago: University of Chicago Press, 1962), pp. 44–45.
38. *Petrarch's Lyric Poems*, p. 288.
39. *Petrarch's Lyric Poems*, p. 38.
40. Nancy Vickers, 'Members Only', in *The Body in Parts: Fantasies of Corporeality in Early Modern Europe*, ed. by David Hillman and Carla Mazzio (New York–London: Routledge, 1997), pp. 3–22 (p. 18); see also p. 8: 'While we do not know who introduced the pictures, and while we cannot tell whether poets had them in mind when they penned their texts or whether printers introduced them to enhance the market value of their products, they are a prominent feature of every extant sixteenth-century edition of *blasons anatomiques*.'
41. See Daniel Russell, *Emblematic Structures in Renaissance French Culture* (Toronto: University of Toronto Press, 1995), pp. 7 and 166: 'The emblematic image is a detachable, ornamental image, but by the very fact that it can stand alone, detached from the development it is intended to support and illuminate, it is also independent from that development, and provides an open field for the free association of the reader. It is no longer held captive by this *signifié*, and as if absorbed by it. [...] the world of emblem is a world of allegorical fragments; it is a landscape cluttered with a debris of a collision of sign systems. Lacking the narrative framework of a complete allegory, the structure of the early emblem picture provides no context to guide the viewer's

understanding of the signs before him. The sense of the sign is then initially polysemous because of its tacitly acknowledged place in more than one sign system. So its intended meaning remains undecidable without some interpretative text, and the picture, or even the surrounding emblems in the collection, generally provide nothing to indicate within which sign system it should be considered.' For an analysis of that mode of reception of Petrarch's *Canzoniere*, see Andrea Torre, *Vedere versi. Un manoscritto di emblemi petrarcheschi* (Naples: La stanza delle scritture, 2012).

INDEX

Abravanel, Judah Leon 155
Abulese (Alonso Fernández de Madrigal/ Alonso Tostado) 114
Academies 1, 8, 18, 141–60
  Florence:
    Accademia Fiorentina 18, 123, 143, 145–47, 151–52, 154
    Accademia degli Umidi 143
  Naples 59, 61
  Padua:
    Accademia degli Infiammati 143
  Perugia:
    Accademia degli Insensati 6, 143, 145, 149, 155–56
  Rome:
    Accademia della Nuova Poesia 85
    Accademia dello Sdegno 85
  Siena:
    Accademia degli Intronati 142, 144
Acciapaccia, Francesco 99
Achates, Leonardus, de Basilea 97–98
acrostics 163
adaptation, relation to translation 190–201
Ajax 50
Alberini, Rutilio 52
Alberti, Filippo 149
Alberti, Leon Battista:
  Ecatomphile 174
Albonico, Simone 163
Alicarnasseo, Filonico 74 n. 20
Allenspach, Josef 25, 26
the Alps 169, 180, 183
Alunno, Francesco 80, 83
  Osservationi 80
dell'Amatrice, Cola 19
dell'Anguillara, Orso 171
Amor (god of love) 31–32, 38 n. 41, 50, 53, 90, 97, 99, 102–06, 109, 111, 134, 215, 221
Andrea di Bonaiuto 132
annotations, *see* Exegesis, modes of, annotations
Antandros 49
Anteros 221
Antiochus 38 n. 40
Apennines 187
Apollo 134, 224
Aquilano, Serafino 206 n. 4
Aquinas, Thomas 114, 151
Arachne 221
Archivi del Rinascimento platform 7

Ardennes¹ 169, 170
Aretino, Pietro 80, 130, 195
  Penitential Psalms 195
Argus 225
Ariani, Marco 33, 35 n. 2, 50
Ariosto, Ludovico 90, 191
  Orlando furioso 191
  1556 *Orlando Furioso* (ed. Ruscelli) 90–91
  Satire 90
Aristotelianism 125, 130
Aristotle 125, 143, 151, 155
  Ars poetica 125, 144
  Ars rhetorica 125
  Nicomachean Ethics 143, 149
Arles 170
Arrigo da Settimello 77 n. 52
  Elegia 77 n. 52
Arrivabene, Andrea 80
art, *see* visual arts; exegesis
Ascham, Roger 191
  The Scholemaster 191
Ascoli Piceno 220
Augustine 114, 156
Aureli, Ottaviano 145, 149, 156
Averroes 151
Avignon 42, 101, 132–33, 161, 167–71, 178, 206 n. 5
  convent of St Francis 170
d'Azzia, Giovambattista 80

Bacchini, Giovanbattista 71, 77 n. 57
Barbarigo family 10, 13
Barbier-Mueller, Jean Paul 163
Barbieri, Edoardo 47
Bardi, Pierfrancesco de' 202
Basel 42, 67, 71, 76 n. 38
Beatrice 151
Beaufort, Margaret 195
Beccadelli, Ludovico 115
Bede 114
Bellini, Giovanni (commentator), *see* Silvano da Venafro
Belloni, Gino 1, 41
Bembo family 10, 11, 13
Bembo, Pietro 42, 47, 57 n. 29, 60–62, 73 n. 13, 89, 99–101, 103, 116, 143, 180–82
  Prose della volgar lingua 89, 103, 116, 143, 157, 180–81, 187
Bernard of Clairvaux 156

Bernardini, Martino 55 n. 12
Bertano, Giovanni Antonio 43
Bettarini, Rosanna 209 n. 43
Bevilacqua, Bonifacio 149
Bevilacqua, Nicolò 43, 54
Bianca, Concetta 25
Bible 77 n. 52, 151, 195
    Gospels 51, 111
Biblioteca Italiana platform 2
Bindoni, Francesco 83
blazons 226
Boccaccio, Giovanni 38 n. 43, 57 n. 29, 73 n. 14, 80–81, 83, 108, 179, 196
    Amorosa visione 38 n. 41
    Decameron 73 n. 14, 91, 131
    1552 *Decameron* (Valgrisi, ed. Ruscelli) 80–81, 83–84, 86–87, 91–92
Boleyn, Anne 200, 202–03
Bologna 42, 84, 98, 169
Bonciari, Marco Antonio 149
Bonelli, Giovanni Maria 80
Bonsi, Lelio 143, 152
book trade 202, 211 n. 71
Borghini, Vincenzo 91
Bovarini, Leandro 149
Brescia 214
    Biblioteca Queriniana, 'Incunabulo Queriniano' 213–32
Brigden, Susan 202
Brocardo, Antonio 129
Brovia, Romana 69
Brucioli, Antonio 79, 119 n. 37
Bruni, Leonardo 115
Bulgarini, Bellisario 144
Bullock, Walter Llewellyn 10, 11
Buonarroti, Michelangelo, *see* Michelangelo
de Bustis, John Peter, *see* Zuan Piero

Cabrières 168, 169
Caesar, Julius 171, 192, 201, 204
Calais 199–200
Cambi Importuni, Alfonso 113–14
Cambridge 195
    St John's College 195
    Christ's College 195
Camillo, Giulio 79, 120 n. 50
Cancer, Mattia 59
Cane di Verona, Camilla 62
Canzoniere *see Rvf*
Caporale, Cesare 149
di Cardona, Maria 73 n. 6
Cardona, Pietro 55 n. 14
Caro, Annibal 54
    Apologia 54
Carpentras 178, 206 n. 6

Della Casa, Giovanni 133, 143, 157
Castelvetro, Iacopo (Giacomo) 59
Castelvetro, Lodovico 21 n. 5, 42, 51, 54, 59, 108–10, 112, 114, 144, 154
    commentary on Aristotle *Poetica di Aristotele vulgarizzata e sposta* 144
    Ragione 54
Castiglione, Giovanni Battista 103–05, 116
    I luoghi difficili del Petrarcha 103–05
Cavaillon 171
Cavalcanti, Giovanni 202
Cennini, Cennino 124
centoni (centos) 61, 74 n. 20, 224
Cesari, Cesare de' 82
    Scilla 82
Charles d'Anjou 171
Chastel, André 131
Chastity 221
Chatsworth House Library 19, 221–24
    illustrated copy of 1514 Aldine Petrarch 220–27
Chaucer, Geoffrey 194, 202
    Canterbury Tales 194
Christ 28, 89, 97, 99, 102, 106, 111–12, 114–15, 170, 226, 230–31 n. 29
Christie, Richard Copley 10, 11
Cicero 29, 127–28, 151–52
Cino da Pistoia 54
classical literature 8, 29, 32–33, 50, 151
Clement VII 60
Cleiton (classical sculptor) 126
Cola dell'Amatrice 220–21
Collenuccio, Pandolfo 80
Colonna family 209 n. 43
Colonna, Giovanni 179, 193, 204, 206 n. 8, 208 n. 42
Colonna, Maria 82
Colonna, Stefano 165, 193
Colonna, Vittoria 17, 61, 74 n. 19
Comin da Trino 43, 80
Conti, Carlo 149
Contoli, Contolo 143, 149, 155–56
Conversini, Giovanni 36 n. 4
Copeland, Rita 193
Correggio family 67
Cosimo I, Duke of Florence 143
courts 8, 162, 177
    of Henry VIII 177; papal 220; Sforza (Milan) 214
Cox, Virginia 141, 148
Cremona 74 n. 16
Cromwell, Thomas 192–93
Croton 126
Cupid, *see* Amor

Daniele da Santa Sofia 181
Daniello, Bernardino 42–43, 51, 79, 106–08, 110, 120 n. 50

Dante 8, 34, 50–51, 54, 57 n. 29, 108, 110, 120 n. 50,
    123–26, 143, 151–52, 157, 181
  Commedia 34, 124–25, 151, 181
  commentaries 124
  copy of 1491 edition with Grifo illustrations 214,
    227 n. 3, 228 n. 8
  Convivio 126; lectures on 143
Dartmouth Dante Project 7
Dasenbrock, Reed Way 187
David (biblical) 172
Devonshire, Dukes of 220
dialoghi, *see* exegesis, modes of, dialogues
Diogenes Laërtius 230 n. 27
Diomedes 50
Dionisotti, Carlo 1
Dolce, Lodovico 10, 56 n. 19, 79–80, 83–84
Domenichi, Lodovico 10, 52, 79
Doria, Giacomo 55 n. 12
Dover 199–200
Du Bellay, Joachim 161
  Deffense et illustration de la langue française 161
Durance 169

Echo 172
ecphrasis 124, 130, 226
Edit16 catalogue 47
Egypt 201
Elba (river) 198
Eros 221
Euclid 143
  Elements 143
Evander 49
exegesis, modes of 95–122
  annotations 3–6, 13, 17, 45, 47, 48–54, 59, 63, 79,
    88, 95, 107–08, 119 n. 37, 141, 214
  commentaries 4, 6, 16, 25–40, 41–57, 59–77, 79–95,
    141, 177
  dialogues 3, 5, 9
  discourses 3
  doctrinal content 123, 155
  lectures 3–4, 6–9, 12, 16, 18, 123–39, 141–60
  lives 3–4, 6, 55 n. 12, 66–68, 75 n. 37, 83, 102, 111,
    133, 163
  tools for the reader 3–6, 16–17, 54, 72 n. 10, 79–94
    addresses 6, 52, 60
    aids for composition 85, 91
    epitaphs 3
    epithets 6, 80, 83
    glossaries 3–4, 17, 80, 83
    glosses 214
    indexes 3–6, 79–80
    letters 3–4, 41, 52, 55 n. 12, 60, 67, 71, 79–83, 87,
      92, 93 n. 25, 94 n. 43, 113, 163
    lists 3–4, 80, 83
    maxims 172

    poems 4, 52
    rimari 5–6, 17, 83, 119 n. 37
    summaries 5, 18, 172
    vocabularies 81, 83–86, 91
  visual 4, 16, 18, 19, 171, 213–32
    decoration 4
    illumination 4
    illustration 4, 19, 52, 79, 80, 213–32
    maps 4, 41, 171, 177–79, 187, 206 n. 5
    portraits 4, 19
    visual glosses 214
    woodcuts 5, 80

Falet, isle of 170–71
Fano 99
Fausto da Longiano, Sebastiano 60, 68, 71, 77 n. 52 &
  58, 83, 100–05, 110, 116
Ferlito, Girolamo 82
Ficino, Marsilio 149, 151
Filelfo, Francesco 21 n. 5, 26, 36 n. 3, 36 n. 6, 60, 64,
  69, 98–99, 120 n. 50, 180–81, 203
Filippo di Lannoy 60, 67
Filotesio, Nicola, *see* Cola dell'Amatrice
Fisher, John (bishop) 196, 209 n. 51
Fiske collection, Cornell University Library 9, 10
Florence 9, 74 n. 16, 124, 132, 151, 169, 202, 209 n. 43
  Cappellone degli Spagnoli, Santa Maria Novella 132
  Florentine merchants in London 202–03
  Santo Spirito 132
Florio, John 206 n. 11
Foresti, Arnaldo 62
Forteguerri, Laudomia 143, 157
Fowler, Mary 9
Foxwell, A. K. 200–01
Franco, Nicolò 5
  Petrarchista 5
François I 68, 162, 200
Frasso, Giuseppe 227 n. 3

Gallica 55 n. 13
Gelli, Giambattista 10, 18, 123–39, 143, 145
  *Il Gello accademico fiorentino sopra quei due sonetti del
  Petrarca* (1549) 123
  Venti vite 18, 124
Gesualdo, Giovan Andrea 12, 17, 21 n. 5, 39 n. 66, 51,
  55 n. 14, 59–62, 65, 66, 68–69, 71–72 n. 6, 79–80,
  100–02, 105–07, 110, 112, 116, 120 n. 50
Gherardo, Paolo 80
Ghiberti, Lorenzo 124
Giambullari, Pierfrancesco 87
Giglio, Domenico 43, 79
'Giovanni da Ravenna' 25
Giovanni della Speranza 43
Giolito de Ferrari, Gabriel 43, 44, 47, 52, 79, 80
Giolito, Giovanni 92 n. 1

Giotto di Bondone 124, 132
    Poliziano epitaph 124
Giuntini, Francesco 114
Goliath 172
Gonzaga, Susanna 55 n. 14
Greene, Thomas 194, 95, 206 n. 8
Griffio, Giovanni 43, 81–83, 87
Grifo, Antonio 19, 213–32
Guerrini, Gemma 66
Guidetti, Lorenzo 55 n. 6
Guidiccioni, Giovanni 61
Guss, Donald 190

Harington family 183
Harington, John 191–93; 203
Helen of Troy 126, 226
Henrician Reformation 195
Henry VIII 177, 195, 200, 202–03
Holahan, Michael 190
Homer 49, 50, 87, 89, 123, 161, 191
Horace 18, 29, 51, 70, 77 n. 52, 130, 145, 146, 157, 196
    Ars poetica 130
    utile dulci 141–60
Howard, Henry, Earl of Surrey 191–93, 197

IIIF 9, 12, 13, 15
Ilicino, Bernardo 21 n. 5, 23 n. 4, 38 n. 41, 44, 65, 98, 180
imitation, relation to translation 177–211
Incunable Short-Title Catalogue 15
d'India, Sigismondo 206 n. 4

Jerusalem 171, 206 n. 5
Jisc Library Hub Discover union catalogue 15
John Rylands Library, University of Manchester 2, 7–15
    Bullock Collection 10, 11
    Christie Collection 10, 11
    Spencer Collection 10, 11
Jossa, Stefano 150
Jove 89, 127, 225–26
Judea 170, 226
Justin (Marcus Junianus Justinus Frontinus) 29
Juvenal 29

Kennedy, William J. 2
Kingston family:
    Lady Kingston 202–03
    William Kingston 202–03

Landino, Cristoforo 55 n. 6, 124
    commentary to Dante 124
Lanfranco, Giovanni Maria 83
languages:
    Greek 10, 81, 149
    Latin 81, 149
    regional usage 84–87, 90

Laocoön 224
Last Judgement 34
Laterza 80
Lauer, Georg 97
Laura 6, 18, 26–29, 31–33, 39 n. 53 & 59, 42, 51–52, 67–69, 71, 83, 95–122, 123–39, 146, 151, 153–56, 161, 163, 167–70, 172, 178–90, 214–21, 229 n. 15 & 17
    historicity of 68
    lives of 67–68, 71, 76 n. 45, 83, 102, 163
    portraits of 18, 123, 125–29, 131, 229 n. 18
    tomb of 69, 170
Leda 225–26
Lelli, Antonio 75 n. 37
Lenoncourt, Bussely de 162
Leo Hebraeus, *see* Abravanel, Judah Leon
Leporatti, Roberto 7, 16
Lessing, Gotthold Ephraim 134
lettioni/lezioni see exegesis, modes of, lectures
library catalogues 47
Lines, David A. 142, 149
lives, *see* exegesis, modes of, lives; Laura
Livy 29
Lombardy 84, 87, 90, 214
London 202
    Italians in London 202–03, 211 n. 71
    St Paul's Churchyard (book trade) 202
Lucan 29
Lucca 42, 79
Lucido, Giovanni 113
Lucretia 221
Luther, Martin 194, 209 n. 51
Lydgate, John 191
Lyon 11, 107–08, 113, 169, 170
lyric poetry 8

Mack, Peter 142
Macrobius 29, 32
    Commentarius in Somnium Scipionis 32
Magno, Celio 6
Malatesta, Pandolfo 62, 133
Malpaghini, Giovanni 36 n. 4
Manetti, Giannozzo 115
Mandeville, John 179
    The Travels of Sir John Mandeville 179
Mandelli, Giovanni 179
Mann, Nicholas 227 n. 3
Mantegna, Andrea 214
Manuzio, Aldo 10, 41, 47, 83, 87, 99, 100, 101, 180–81, 220
MARC21 14
Marcozzi, Luca 66
Marot, Clément 161–62
    Oeuvres 162
Mars 29

Marsili, Luigi 2
Martial 181
Martini, Simone 18, 123, 126–28, 132–34, 155, 171,
    229 n. 18
Martinus de Septem Arboribus 97
Mary 132, 230–31 n. 29
    Canzone alla Vergine (*Rvf*) 63–64
Massari, Buonaccorso 55 n. 6
Massini, Filippo 144, 149
Massinissa 38 n. 40
Maylender, Michele 142
Medici, Caterina de' 163
Medici family 202
    London branch of bank 202
Melchiori, Francesco 83
Meneghetti, Maria Luisa 228 n. 8
Michelangelo 18, 124, 130
Milan 42, 74 n. 16, 84, 98, 209 n. 43, 214, 227–28 n. 3
Minerva 127
Minturno, Antonio 17, 51, 59–62, 71, 72 n. 3, 72 n. 6
Mirabilia urbis Romae 179, 206 n. 8
Mirador, *see* IIIF
mise-en-page 4, 213–14
Moles, Gabriel 82
Morani, Aurelio 19, 220, 224–26
    Stanze sopra vari soggetti 224
Moschetti 50
musical settings (for poetry) 202–03, 206 n. 4,
    211 n. 76

Naples 17, 42, 59–62, 66–67, 72 n. 1, 72 n. 6, 80,
    84–85, 87, 90, 100
Narcissus 172, 217, 229 n. 15
Nicolini da Sabbio, Giovann'Antonio 42, 43, 46
Nicolini da Sabbio, Pietro and Giovanni Maria de 79
Nifo, Agostino 17, 61, 62, 92, 94 n. 43
the Nile 199–200

OCLC Worldcat union catalogue 15
Oddi, Sforza 149
Opac SBN (Servizio del bibliotecario nazionale) 56 n. 19
Oradini, Lucio 145, 151
Oregon Petrarch Open Book project 2
Orsilago, Pietro 146–47, 152
orthography 81–92
Ottaviani, Aurelio 143
Ovid 29, 51, 77 n. 52, 181, 213, 221
    Amores 216
    Elegies 181

Pacca, Vinicio 33, 35 n. 2, 50
Padua 97, 181
Pallavicino, Sforza 115
Panofsky, Erwin 127
Paolino, Laura 35 n. 2
Parma 16, 25, 36 n. 3, 67, 83, 165, 169

Parmegiano, Lanfranco 81
Paris 161
Parrhasius of Ephesus (classical painter) 126
Pasini, Maffeo 83
Patrizi, Francesco 98, 111
Pederzano, Giovanni Battista 79
Peletier du Mans, Jacques 161
Penelope 221
Persius 20
Perugia 143–44, 149, 156
Petoletti, Marco 8
Petrarch Commentary and Exegesis in Renaissance Italy
    (PERI) project, *see* PERI project
PERI project 1, 2, 9, 16
    PERI database 2, 3, 5, 6, 8, 9, 10, 14, 15, 16, 19,
        42, 141
    Petrarch Digital Library 2, 7, 9–15, 19, 20 n. 3
Petrarca, Francesco:
    Africa 33, 67
    (auto)biography 41, 42, 66, 68–69, 71–72, 83, 102,
        111–15, 162, 169–71, 179–80, 183, 187, 213,
        215–16, 218
    biography (spiritual) 27, 32, 35, 39 n. 66, 218
    Buccolicum carmen 68
    censorship 52
    commentaries 16, 25–40, 41–57, 59–77
        Acciapaccia, Francesco 99
        Brucioli, Antonio 119 n. 37
        Castelvetro, Ludovico 42, 51, 59, 108–10, 112
        Castiglione, Giovanni Battista 103–05, 116
        Daniello, Bernardino 43, 51, 79, 106–08, 110,
            120 n. 50
        Fausto da Longiano, Sebastiano 60, 71, 77 n. 52,
            100–05, 110, 116
        Filelfo / Filelfo-Squarciafico 45, 63, 69, 98–99,
            120 n. 50, 180
        Gesualdo, Giovan Andrea 17, 39 n. 66, 43, 46, 51,
            55 n. 14, 59, 60, 62, 65–66, 69, 71, 74 n. 15,
            79, 100–02, 105–07, 110, 112, 116, 120 n. 50
        Ilicino, Bernardo 21 n. 5, 23 n. 4, 38 n. 41,
            40 n. 71, 41, 45, 55 n. 14, 65, 98, 180
        Patrizi, Francesco 98, 111
        Poggio, Iacopo 36 n. 3
        Portilia 16, 25–40
        pseudo-Antonio da Tempo 75 n. 29, 98, 111, 180
        Tassoni, Alessandro 110
        Vellutello, Alessandro 16–18, 41–57, 60, 64–65,
            69, 79, 81, 99–101, 112, 143, 162–63, 165,
            171–72, 177–211
        da Venafro, Silvano 17, 42, 59–77, 100, 105–07
    De remediis 68
    defences of 6
    'disperse' 5, 7
    Eclogues 33, 68
        Laurea Occidens 68
    Epistole 33

238 INDEX

extravagant poems 5
Familiares 48, 69, 133, 179, 196
Itinerarium ad sepulchrum domini nostri 179
knowledge of Greek 69–70
Latin works 11, 48, 67–72, 76 n. 38
letter to Pandolfo Malatesta 62, 65
'Letter to Posterity' 66–67, 72, 180, 206 n. 6
letters 179, 196, 206 n. 8
loci paralleli (textual recurrences) 46, 54, 66, 69–70, 111
note on Laura 6, 42, 83
parody 5, 8
poetic coronation 32, 169
portraits 4, 133, 218
printed editions of Petrarch's vernacular poetry:
   1470 *princeps* (Windolin of Speyer) 9, 13, 19, 214
   Biblioteca Queriniana copy, *see* Brescia, 'Incunabulo Queriniano'
   1471 (Lauer) 97
   1472 (Valdezocco and Septem Arboribus) 83, 97
   1473 (Portilia) 9, 25–40 25, 26
      1473 (Gabriele di Pietro) 97
   1474 (Sant'Orso) 97
   c. 1475 [n. pub.?] 13
   1475 (Malpigli) Ilicino commentary to *Triumphi* 27, 36 n. 21, 41, 44
   Filelfo-Ilicino editions (1475-) 41, 43–44, 98
   1477 (Siliprandi) pseudo-Antonio da Tempo commentary 75 n. 29, 98–99
   1482 (Filippo di Pietro) 12, 98
   1484 (Cremonese) Filelfo-Squarciafico commentary 64, 75 n. 29, 98
   1496 (Amerbach) *Opera omnia* 67, 71–72, 76 n. 38, 77 n. 60
   'doi commenti' editions (1500-) 43–44, 60, 64, 98–99, 203–05
   1501 (Manuzio), 6, 7, 10, 11, 13, 41, 47, 61, 63, 65, 66, 79, 83, 99, 116, 142, 177, 180–81, 194, 205; Lyon editions 99
   1501 (Venice) *Librorum Francisci Petrarche* 76 n. 38
   1503 (Venice) *Librorum Francisci Petrarche* 76 n. 38
   1503 (Soncino) 99
   1507 (Scinzenzeler) 203–05
   1514 (Aldo Manuzio) 19, 60, 63, 65, 66, 79, 83, 220–27
   illustrated Chatsworth copy, *see* Chatsworth House Library
   1519 (de Gregori) 203–05, 208 n. 42, 209 n. 43
   1525 (Nicolini da Sabbio) Vellutello commentary 18, 19, 41–57, 60, 64–65, 69, 79, 99–102, 143, 162–63, 165–66, 170–71, 177–211
   reissues 1528 (Vitali) 43, 46, 100; 1531 (Stagnino) 42, 55 n. 12; 1532 (Vitali) 43, 55 n. 12, 60; 1538 (Zanetti) 43, 46, 92 n. 1; 1541 (Nicolini da Sabbio) 42, 46
   1532 (Bindoni and Pasini) Fausto da Longiano commentary 60, 71, 77 n. 52, 83, 100–05
   1533 (Cancer) Silvano da Venafro commentary 42, 59–77, 100, 105–06
   1533 (Nicolini da Sabbio) Gesualdo commentary and reissues 12, 46, 60, 62, 100–01, 105–06, 116
   1544 (Giolito) 52, 79
   1545 (Giolito) 79
   1545 (Jean de Tournes) Scève edition 170
   1546 (heirs of Ravani) 79
   1547 (Giolito) 47, 52, 56 n. 19, 79
   1548 (Brucioli) 79
   1548 (Giolito) 79
   1549 (Nicolini da Sabbio) Daniello commentary 79, 106–07
   1550 (Giolito) 79
   1550 (Rouillé) Brucioli commentary 119 n. 37
   1551 (Rouillé) Brucioli commentary 119 n. 37
   1551 (Giglio) uncommented edition 79
   1552 (Giolito) 52
   1552 (Giglio) Vellutello commentary 79
   1553 (Giglio) uncommented edition 79
   1553 (Giglio) Gesualdo commentary 79, 80
   1554 editions edited by Ruscelli 17, 79–94
   1554 Griffio edition (March) 81–82, 87, 89–91
   1554 Pietrasanta edition (October) 81, 83–92
   1555 (Gazeau) Philieul translation 166
   1558 (Rouillé) Ridolfi edition 107–08, 112–13, 116, 119 n. 37
   1564 (Rouillé) Ridolfi edition 113–14
   1563 (Bevilacqua) 54
   1581 (Henricpetri) *Opera omnia* 206 n. 6
   1582 Castelvetro commentary 59, 108–10
   1586 (Angelieri) 9
reception:
   in England 16, 18, 177–211
   in France 16, 18, 161–75
   in Roman Curia 75 n. 37
Rvf:
   autograph ms. (Vat. Lat. 3195) 19, 61, 63, 177, 181, 187
   'forma Malatesta' 63–65, 74 n. 24, 97
   French translations:
     de Lenoncourt 162
     Marot 161–62
     Peletier 161
     Philieul 161
   English translations:
     Wyatt 177–211
   geographies 168–71, 178–80, 183, 187
   'innamoramento' sonnets 95–122
   ordering 5, 17, 19, 41, 43, 45, 62–64, 83, 97–101, 116, 177, 179–81, 183, 187, 190, 201, 203–05
Secretum 38 n. 43, 67–72, 77 n. 52, 77 n. 58 & 60, 217–18, 220
   editions of 77 n. 60
Seniles 62, 133, 179, 180

tomb 68
translation 8, 18, 66–67, 71–72, 161–75
  relation to imitation 177–211 (190–201)
  vulgarizations:
    of *Letter to Posterity* 66–67, 72
    of *Secretum* 71–72
Triumphi:
  Triumphus Cupidinis 26, 27, 28, 29, 30, 31, 32, 36, 46, 49, 50, 51, 53, 65, 109
  Triumphus Pudicitie 28, 29, 30, 32, 65, 221–23
  Triumphus Mortis 28, 29, 30, 32, 33, 49, 51, 65, 111
  Triumphus Fame 25, 25, 28, 29, 30, 35, 49, 53, 65, 66, 218
  Triumphus Temporis 28, 29, 30, 32, 34, 66, 86
  Triumphus Eternitatis 27, 28, 29, 30, 32, 34, 66
  will 83
Petrarch Online project 8
Petrarchism 1, 8, 9, 20 n. 1, 21 n. 5, 42, 47, 75 n. 34, 93 n. 22, 118 n. 23, 150, 157, 158 n. 8, 159, n. 34, 174 n. 3, 178, 208 n. 29
Phaeton 48
Philieul, Vasquin 18, 19, 161–75
  Laure d'Avignon 18, 161–75
Phoebus, *see* Apollo
photography 213
di Piasi, Pietro (printer) 214
Piccolomini, Alessandro 151, 155–56
Pich, Federica 129, 155
Piero, Zuan 202, 211 n. 75
Pietrasanta, Plinio 81, 83
Pietro da Lucca, Giovanni 55 n. 6
Pietro di Figline 227–28 n. 3
di Pietro, Filippo (printer) 98
di Pietro, Gabriele (printer) 97
Pignatelli, Stefano 115
Phidias (classical sculptor) 127, 172
Plana 187
Plato 125, 127–28, 151, 155
  Symposium 151
Platonism 26, 31, 33, 70, 76 n. 49, 125, 126, 128, 149, 166
  platonic Ideas 126–29
Pléiade 174
Pliny the Younger 29
Pliny the Elder 29, 129, 131
  Historia Naturalis 129, 131
Plutarch 29
poetics 5
Polenton, Sicco 115
Poliziano, Angelo 124
Polykleitos (Polyclitus) (classical sculptor) 132, 155, 172
Portilia, Andrea 9, 25–40
postille, *see* annotations; glosses
Powell, Jason 204
Praxilites (classical sculptor) 172
privileges (printing) 42, 43, 60, 71, 74 n. 16

Prodicus of Ceos 71
Propertius 53, 70
Protestantism 194–95, 205
Provence 169, 171
pseudo-Antonio da Tempo 75 n. 29, 98–99, 111, 180, 203
Puttenham, George 191–92
  Arte of English Poesie 191–92
Pygmalion 129–30, 172

Raphael 220
Ravani, Pietro, heirs of 79
Reggio 187
rhetoric 8
Rhône 169, 170, 178
Ridolfi, Luca Antonio 43, 107–08, 110, 112–14
Rime Disperse del Petrarca project 16
Rinuccini, Annibale 153
Rizo, Bernardino 64
Rizzardi, Sandra 25, 26
Roman de la Rose 174
romance, sentimental (literary genre) 174
Rome 5, 74 n. 16, 84–85, 90, 169, 170, 183, 211 n. 72
  Casa di Dante 214, 227 n. 3, 228 n. 8
  Sack of 74 n. 15
  St Peter's Basilica 132
Ronsard, Pierre de 167, 174
Rouillé, Guillaume 107–08, 119 n. 37
le Roy, Adrian 202
Ruscelli, Girolamo 17, 79–94
Russell, John 202, 211 n. 72
Rylands, Enriqueta 10

Salerno 61, 69
Sallust 29, 33
Salvucci, Rubino 143
Sannazaro, Jacopo 157
Sansevarino, Ferrante 61, 62, 69
Sansovino, Francesco 79, 80
  life of Boccaccio 80
Sant'Orso 97
Santagata, Marco 70
Savelli, Silvio 149
Saviozzo, il, *see* Simone Serdini
Savona 74 n. 16
Scaliger, Joseph Justus 114
Scève, Maurice 162, 170
  Délie 162
Scipio Africanus 32, 33, 34
Scriptures, *see* Bible
Sébillet, Thomas 166
  Art poetique français 166
Segre, Cesare 70
Seleuco 38 n. 40
Selvapiana 67

Seneca 29, 33, 39 n. 61, 48, 151, 196, 220
  Ad Lucilium 39 n. 61
  Naturales quaestiones 220
Sennuccio del Bene 165
Sforza family 214
Shrank, Cathy 205 n. 1 & 2
Sicily 171
Siena 71, 132, 142
Simeoni, Gabriele 171
Simpson, Julianne 8, 14
Socrates 126, 230 n. 27
Soncino, Girolamo 99
Sophonisba 38 n. 40
Sorgue (Sorga) 47, 68, 101, 170, 178
Spain 183
Speroni, Sperone 156
Spica, Tommaso 85
Squarciafico, Girolamo 45, 60, 64, 98, 180, 203
St Antoine of Arles 170
Stagnino, Bernardino 43
Stampa, Gaspara 206 n. 4
Stampa, Massimiliano, Count 130
Statius 51
  Thebaid 51
Stoichita, Victor 215–16
Storni, Fabrizio 113
strambotto form 187, 210, 224
Stratonice 38 n. 40
Stroppa, Sabrina 100, 215
Strozzi, Clarice 130
Suetonius 29
Sulmona 60
Surrey, *see* Henry Howard, Earl of

Talentoni, Giovanni 154
Tassoni, Alessandro 110, 114–15
  Considerazioni sopra le Rime del Petrarca 110, 114
TEI-XML 14, 15
Terence 29
Tertullian 114
Thessaloniki 171
Thomas, William 194
  The Principall Rules of the Italian Grammar, with a dictionarie 194
Thomson, Patricia 177, 181, 193, 205
Tibullus 152
Tinnoli, Giovanni 149
Titian 130, 134
Tolomei, Claudio 85–87, 89
Tolomei, Scipione 149
Tomasi, Franco 141
Tomasini, Giacomo Filippo 115
  Petrarca redivivus 115
Tottel, Richard 193, 202
  Tottel's Miscellany 193, 202

treatises 5, 8
Trieste 143
Trionfi see Petrarch, *Triumphi*
Trissino, Gian Giorgio 87, 128
  Ritratti 128
Troy 50
Turin 169
Tuscan 84–85, 87, 90
Tuscany 87

Ulysses 50
Umbria 84
universities 148–49

Valchiusa, *see* Vaucluse
Valdezocco, Bartolomeo 97
Valerius Maximus 29
Valgrisi, Vincenzo 43, 80–81
Varchi, Benedetto 143
Vasari, Giorgio 124
  Vite 124, 132–33
Vatican statuary 224
Vaucluse 47, 68, 83, 168–70, 178–79, 183, 206 n. 5, 226
Vecchi Galli, Paola 5
Vecelli, Tiziano, *see* Titian
Vellutello, Alessandro 5, 11, 16, 17, 18, 19, 21 n. 5, 41–57, 60, 64–65, 68–69, 79, 81–83, 92 n. 1, 99–102, 111–12, 143, 162–63, 165–66, 170–72, 177–211
Venafro (place) 60
da Venafro, Silvano 17, 59–77, 100, 105–07
Venice 10, 13, 17, 42, 67, 71, 79, 80, 84, 97, 103, 202, 214
Venus 29, 224
Vergerio, Pier Paolo 67, 115
vernacularization 65–67, 71, 75 n. 37, 143, 168
Verona 62
Vickers, Nancy
Villani, Filippo 124
  De origine civitatis Florentiae 124
Virgil 40 n. 71, 48, 51, 54, 83, 123, 152, 161, 165, 181, 191
  Aeneid 40 n. 71, 181; *Georgics* 165
Virgin Mary, *see* Mary
Virginia 222
Visconti family 179, 209 n. 43
visual arts 123–39
  lives of artists 123–24, 132–33
  mimesis 125, 128, 130
  miniature painting 214
  relation to nature 124–25, 131
  relation to poetry 123, 133
Vitali, Bernardino 42, 46, 55 n. 12
Viterbo 84

Vulcan (god) 29

Wilde, Oscar 229 n. 17
Wilkins, Ernest Hatch 9, 62
Windolin of Speyer 214
women readers 174
Wyatt, Thomas 19, 177–211
    translation of *Penitential Psalms* 195–97, 205, 209 n. 51

Xenophon 126
    Memorabilia 126

Zanetti, Bartolomeo 43, 46, 92 n. 1
Zanni, Bartolomeo 43, 44
Zephyr 193–94
Zeuxis (classical painter) 126, 172
Zingarelli, Nicola 50
Zuccari, Federico 149